An den Schnittstellen von Recht und Wirtschaft

André M. Latour / Eva-Maria Lewkowicz / Mike Wienbracke (Hrsg.)

An den Schnittstellen von Recht und Wirtschaft

Jubiläumsband aus Anlass des 20-jährigen Bestehens des Fachbereichs Wirtschaftsrecht an der Westfälischen Hochschule Gelsenkirchen Bocholt Recklinghausen

PL ACADEMIC RESEARCH

Bibliografische Information der Deutschen Nationalbibliothek
Die Deutsche Nationalbibliothek verzeichnet diese Publikation in der Deutschen Nationalbibliografie; detaillierte bibliografische Daten sind im Internet über http://dnb.d-nb.de abrufbar.

Der Druck dieses Jubiläumsbandes erfolgte mit finanzieller Unterstützung der Westfälischen Hochschule und der Vestische Freundegesellschaft e.V. (VFG)

ISBN 978-3-631-67877-0 (Print)
E-ISBN 978-3-653-07012-5 (E-Book)
DOI 10.3726/978-3-653-07012-5

PL Academic Research ist ein Imprint der Peter Lang GmbH.

Peter Lang – Frankfurt am Main · Bern · Bruxelles · New York · Oxford · Warszawa · Wien

Diese Publikation wurde begutachtet.

www.peterlang.com

Grußwort

Der Standort Recklinghausen der damaligen Fachhochschule Gelsenkirchen (heute: Westfälische Hochschule) startete mit 66 Studienanfängern.

Gemeinsam mit dem Wirtschaftsingenieurwesen/Transport, Verkehr, Logistik war der Fachbereich Wirtschaftsrecht einer der beiden ersten Studiengänge in der Hochschulabteilung Recklinghausen. Er wurde im September 1995 gegründet.

Zunächst firmierte er unter dem Begriff Betriebswirtschaft/Wirtschaftsrecht. Von den 42 Studienbeginnern im Wirtschaftsrecht waren 20 Frauen und 22 Männer.

Heute hat die Westfälische Hochschule am Standort Recklinghausen über 2.000 Studentinnen und Studenten.

Die Wahl der Fächer für Lehre und Forschung orientierte sich bei der Gründung der Hochschule in Zeiten des Strukturwandels in der Emscher-Lippe-Region an den Prognosen zu wichtigen Zukunftsbereichen.

Im September 1995 gehörte der Studiengang Wirtschaftsrecht nicht nur zu den ersten Angeboten der Fachhochschulabteilung Recklinghausen, sondern war damals insgesamt ein ganz junger Studiengang in Deutschland: um die Studierenden umfassend in rechtlichen und wirtschaftlichen Fragestellungen mit praktischem Bezug sowie Internationalität auszubilden.

Das Einsatzgebiet eines Wirtschaftsjuristen liegt im Bereich Wirtschaftsunternehmen, es besteht auch eine Möglichkeit zur Beschäftigung im öffentlichen Dienst.

Der Fachbereich ist Standort der ELSA, der European Law Students Association. Die ELSA mit ihren 40.000 Mitgliedern ist die weltgrößte unabhängige Jurastudentenvereinigung und bietet Möglichkeiten zum internationalen Austausch.

Jährlich nehmen Studierende an einem Projekt der Vereinten Nationen teil, wo sie in diesem und im letzten Jahr einen Award gewonnen haben. Der Fachbereich Wirtschaftsrecht ist zudem Kooperationspartner des Vestischen Unternehmenspreises. Bevor eine Jury eine Entscheidung über Preisträger trifft, werden durch ein studentisches Projektteam die Bewerbungsunterlagen ausgewertet. Auch waren in Recklinghausen Studierende des Wirtschaftsrechts bereits Preisträger des Wissenschaftspreises der Sparkasse Vest Recklinghausen.

Auf diese innovative und wichtige Bildungseinrichtung für unsere Gegenwart und Zukunft sind Stadt und Region sehr stolz.

Ich gratuliere der Westfälischen Hochschule zum 20-jährigen Bestehen des Recklinghäuser Fachbereichs Wirtschaftsrecht sehr herzlich und wünsche weiterhin viel Erfolg in Studium und Lehre.

Mit freundlichen Grüßen
Ihr

Christoph Tesche
Bürgermeister der Stadt Recklinghausen

Geleitwort

Als der Studiengang Wirtschaftsrecht vor 20 Jahren am Standort Recklinghausen der damaligen Fachhochschule Gelsenkirchen auf den Weg gebracht wurde, war das ein Experiment. An einer Fachhochschule für ein Berufsbild zu qualifizieren, das vermeintlich den Volljuristen mit universitärem Abschluss vorbehalten zu sein schien, barg Risiken. Wie attraktiv ist das Studienangebot für junge Menschen? Wie akzeptiert ist der Abschluss am Arbeitsmarkt?

Inzwischen kann man selbstbewusst Zwischenbilanz ziehen. Das Studienangebot wird gut nachgefragt und unsere Absolventinnen und Absolventen sind nach dem Studium sowohl fit für den Arbeitsmarkt als auch bereit für einen weiteren wissenschaftlichen Qualifizierungsschritt. Die Profilfelder im Studium bereiten mit der curricularen Komposition – wie unsere Absolventenbefragungen zeigen – gut auf den Arbeitsmarkt vor. Bei den Unternehmen sind die Absolventinnen und Absolventen hoch geschätzt. Auch die Umstellung von Diplom- auf Bachelor- und Masterstudiengänge hat daran nichts geändert – der Übergang ist gut gelungen.

Doch nicht nur der Bereich der Lehre ist vom Fachbereich erfolgreich entwickelt worden, sondern – und das ist unerlässliches Element von Hochschule – auch die Forschung. Dabei liegt der Fokus nicht auf belanglosen Mainstream-Projekten, sondern auf einer wissenschaftsbasierten Positionierung. So überrascht es kaum, dass Mitglieder des Fachbereichs immer wieder in den unterschiedlichsten Zusammenhängen gefragte Experten sind.

Ein weiterer Beleg für die den Fachbereich tragende Kompetenz ist der vorliegende Sammelband. Mit ausgeprägter Fachexpertise und erkennbar interdisziplinärem Zugang widmen sich die Autoren einem breiten Themenspektrum, das aktuelle Entwicklungen aufgreift, analytisch durchdringt, Lösungshinweise gibt und Positionen bezieht.

Wir freuen uns auf die nächste Fachbereichsetappe!

Prof. Dr. Bernd Kriegesmann
Präsident der Westfälischen Hochschule
Gelsenkirchen Bocholt Recklinghausen

Vorwort

20 Jahre Fachbereich Wirtschaftsrecht an der Westfälischen Hochschule – das sind 40 Semester praxisorientierte Lehre und Forschung auf den Gebieten Jura und Ökonomie. Aus Anlass dieses Jubiläums ist der vorliegende Band entstanden, der schaukastenartig einen Einblick in den sich durch seine juristisch-ökonomische Interdisziplinarität sowie seine Praxisorientierung bei der Ausbildung auszeichnenden Fachbereich gibt.

Entsprechend dieser beiden Charakteristika unterscheidet sich der hiesige Jubiläumsband denn auch von Festschriften klassischen Zuschnitts: Es sind zum ganz überwiegenden Teil aus Juristen und Ökonomen zusammengesetzte Autorenteams, die eng mit dem Fachbereich Wirtschaftsrecht verbunden sind und jeweils ein wirtschaftsjuristisches Thema aus der Berufspraxis fallstudienartig sowohl aus rechts- als auch aus wirtschaftswissenschaftlicher Perspektive beleuchten.

Lassen sich die einzelnen Beiträge gegenständlich den unterschiedlichen Profilfeldern der vom Fachbereich angebotenen Bachelor- und Master-Studiengängen zuordnen, so sind sie freilich auch inhaltlich nicht homogen, sondern kommt in ihnen auf vielfältige Weise das gesamte Spektrum der (nicht-studentischen) Fachbereichsangehörigen zum Ausdruck. Zudem bietet dieser Band – in begrenztem Umfang – ebenfalls eine Plattform für zuvor noch unveröffentlichte Autoren.

Die Herausgeber danken allen Beteiligten für ihr Mitwirken am erfolgreichen Gelingen dieses Jubiläumsbandes. Besonderer Dank für die redaktionelle Überarbeitung sämtlicher Beiträge gebührt Frau Dipl.-Wirtschaftsjuristin (FH) *Mareike Frey*, LL. M., wissenschaftliche Mitarbeiterin am Fachbereich Wirtschaftsrecht der Westfälischen Hochschule.

Prof. Dr. Eva-Maria Lewkowicz
Vertr.-Prof. Dr. André M. Latour
Prof. Dr. Mike Wienbracke, LL. M.

Inhaltsverzeichnis

A. Allgemeiner Teil

Prof. Dr. Bernhard Bergmans

„Recht" und „Wirtschaft": Systematisierung der Interdependenzen und ihrer wissenschaftlichen Aufarbeitung

A. Einleitung

1. Problemstellung

Unsere Gesellschaft wird entscheidend durch die beiden Kräfte ‚Recht' und ‚Wirtschaft' geprägt, die viele als Antagonismen betrachten und mit den Gegensatzpaaren ‚Zwang-Freiheit', ‚Staat-Markt' oder ‚Gemeinwohl-Profit' gleichsetzen. Bereits eine oberflächliche Betrachtung zeigt jedoch, dass die Realität nicht so einfach ist, sondern dass es eine Vielzahl von Verflechtungen und Überschneidungen zwischen beiden Sphären gibt. Dass in den letzten Jahrzehnten sowohl die ‚Verrechtlichung der Wirtschaft' als auch die ‚Ökonomisierung des Rechts' deutlich zugenommen hat, weist auf die hohe Komplexität dieser Ausgangslage hin, welche für die Gesellschaft insgesamt und die politischen, aber auch privaten Gestalter und Entscheider eine große Herausforderung darstellt.

Obschon dies historisch betrachtet eine neuere Entwicklung ist, gehören die Fragen, wie die Interdependenzen von ‚Recht' und ‚Wirtschaft' zu erklären und bewerten sind, welche Schlussfolgerungen sich hieraus hinsichtlich der Gestaltung sowohl des einen als auch der anderen ergeben können oder sollen, seit langem zu den Untersuchungsgegenständen der Rechts- und Wirtschaftswissenschaften, sowohl disziplinär als auch interdisziplinär.

Die wissenschaftliche Beschäftigung mit diesem vielfältigen und vielschichtigen Themenkomplex hat allerdings zu einer kaum überschaubaren Ausdifferenzierung der gedanklichen Ansätze geführt, die sowohl in wissenschaftlicher Hinsicht als auch beim Versuch der praktischen Verwertung der Erkenntnisse (auch in der Lehre) die Gefahr birgt, den Blick auf das Ganze bzw. das Verständnis der grundlegenden Zusammenhänge zu verlieren.

Es soll daher im Folgenden versucht werden, diese Wechselwirkungen, ihre Wirkungsweisen und die hiermit ggf. verbundenen wissenschaftlichen Auseinandersetzungen aufzuzeigen, um einen besseren Überblick und eine höhere Transparenz zu schaffen. Nicht bezweckt ist eine vertiefte Darstellung der zahlreichen Fragestellungen oder gar Auseinandersetzung hiermit, da dies den Rahmen der Arbeit sprengen würde.

2. *Vorgehensweise*

Die folgende Analyse geht davon aus, dass die gesellschaftliche Realität abstrahierend aus unterschiedlichen Blickwinkeln in mehr oder weniger gut unterscheidbare Ausschnitte unterteilt werden kann. Hierzu zählen die Teilsegmente ‚Recht' und ‚Wirtschaft', aber auch die sich mit diesen beschäftigende ‚Rechtswissenschaft' und ‚Wirtschaftswissenschaft', die auf vielfältige Weise jeweils ‚Recht' und ‚Wirtschaft' und den Umgang der Teilsysteme miteinander prägen.

Jeder dieser Teilausschnitte steht in Wechselwirkung zu allen anderen in jeweils unterschiedlicher Art und Weise. Hieraus resultiert folgendes Gesamtmodell:

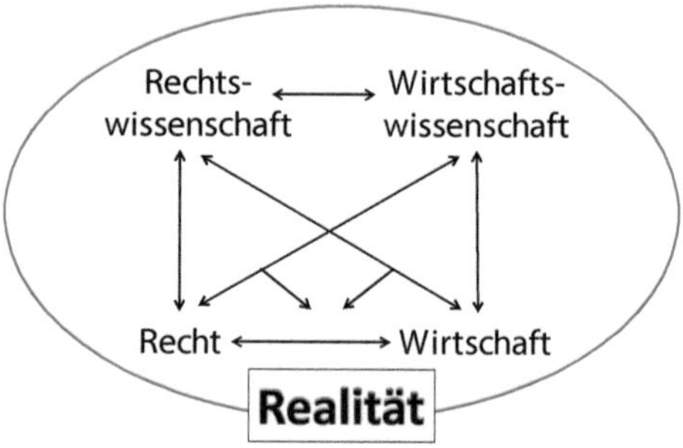

Im Mittelpunkt des Interesses stehen grundsätzlich die Interaktionen zwischen ‚Recht' und ‚Wirtschaft' auf der Realebene. Aber deren Komplexität kann wesentlich besser dargestellt und verstanden werden, wenn zusätzlich die Wissen(schaft)sebene, getrennt von der Realebene, einbezogen wird. Dabei interessiert im vorliegenden Zusammenhang die Frage, wie jede Wissenschaft mit ihrem ‚eigenen' Gegenstand interagiert, allenfalls zwecks Identifizierung der wissenschaftlichen Ansätze. Von Interesse ist vielmehr, wie jede Wissenschaft mit dem jeweils ‚fremden' Realitätsausschnitt interagiert und wie sie diesen sowie dessen Interaktionen mit dem ‚Eigenen' wissenschaftlich bewältigt. Wird dies noch um die Fragestellung ergänzt, wie beide Wissenschaften ‚inter-disziplinär' miteinander verkehren, ergibt sich die Basisstruktur der folgenden Analyse anhand der folgenden ‚Begriffspaare'[1]:

- Recht und Wirtschaft
- Rechtswissenschaft und Wirtschaft

1 Dass jeweils das ‚Juristische' vorangestellt ist, reflektiert nur die aktuelle berufliche Prägung des Autors, hat im Übrigen aber keinerlei Bedeutung im Sinne einer Präferenz oder gar Dominanz.

- Recht und Wirtschaftswissenschaft
- Rechtswissenschaft und Wirtschaftswissenschaft.

Diese Aufteilung erlaubt eine differenzierte und übersichtliche Herangehensweise. Sie vermeidet zudem den auch in wissenschaftlichen Arbeiten häufig anzutreffenden Fehler der Gleichsetzung von Real- und Metaebene, der insbesondere zur Folge hat, dass die Wissenschaftler sich nicht mehr mit der Realität, sondern mit gedanklichen Konstrukten beschäftigen, ohne dies zu bemerken.

Es soll aber nicht der Eindruck erweckt werden, es solle und könne hierdurch eine perfekte Systematik geschaffen werden. Ziel der Methode ist es, nicht nur die Vielfalt der Aspekte deutlich zu machen, sondern auch dazu beizutragen, den Kern der wesentlichen Fragen herauszuarbeiten und so eine gewisse ‚Ordnung‘ in die gedankliche Auseinandersetzung mit diesem Problemfeld zu bringen.

Dieses Modell darf – insbesondere auch mit Blick auf die ‚Binnensystematik‘ der einzelnen Themenbereiche – demnach keinesfalls als ‚Kategorisierung‘ verstanden werden. Dies ist weder bezweckt noch sinnvoll möglich. Schon die Unterteilung in ‚Recht‘ und ‚Wirtschaft‘ stellt keine echte Dichotomie dar. Auch die Wissenschaftsdisziplinen sind weder intern eindeutig kategorisierbar noch in ihrer gegenseitigen Abgrenzung immer trennscharf.

Es kann im Folgenden auch nicht darum gehen, jede (Gedanken-)Verästelung zu erfassen und einzuordnen und die gesamte Literatur auszuwerten. Ziel ist es vielmehr, eine nachvollziehbare und für weitere Arbeiten brauchbare Systematik zu schaffen und dies anhand der wichtigsten Aspekte bzw. wissenschaftlichen Ansätze zu untermauern.

Dementsprechend wird der Fokus auch auf die Situation in Deutschland gerichtet sein. Ausländische und internationale Aspekte bzw. Quellen werden berücksichtigt, soweit dies zur Vollständigkeit unerlässlich ist oder ausländische Einflüsse prägend für die Sachlage in Deutschland sind.

B. Recht und Wirtschaft

I. Einleitung

1. Aufgabenstellung

Die Realebene ist jene, auf der sich unser Leben abspielt. Sie ist es, die wir ‚in den Griff‘ bekommen müssen, aber dazu müssen wir sie zunächst gedanklich in Teilsegmente unterteilen und diese ‚in Begriffe‘ fassen, in casu die Dimensionen ‚Recht‘ und Wirtschaft‘ (s. Abschnitt 2).

Die Zusammenhänge und wechselseitigen Einflüsse der beiden werden anhand eines Interdependenzmodells dargestellt (s. Abschnitt II), das jedoch der weiteren Konkretisierung hinsichtlich der tatsächlichen Wirkungsweisen bedarf (s. Abschnitt III).

2. Begriffe

Es gibt nur eine Realität, aber diese besteht aus vielen Dimensionen. In unserer Gesellschaft erkennt und bezeichnet die Sprache (als Ausdruck eines allgemein akzeptierten Realitätsverständnisses) ‚Recht' und ‚Wirtschaft' als zwei trennbare Einheiten der gesellschaftlichen Realität. Bei näherer Betrachtung entpuppen beide sich jedoch als praktische Sammelbegriffe sehr unterschiedlicher Bestandteile, deren jeweilige Gemeinsamkeiten zu definieren nur auf einer abstrakten und allgemeinen Ebene gelingt.

Unter den Begriff der ‚Wirtschaft'[2] werden unstrittig z.B. gewerbliche oder industrielle Aktivitäten gefasst, aber auch das gemeinnützige ‚Wirtschaften' und von vielen auch ‚das Wirtschaftliche' als Dimension unseres Daseins. Diese ‚Wirtschaft' vom ‚Gesellschaftlich-Sozialen' und/oder ‚Politischen' zu trennen z.B., ist durch gedankliche Abstraktion und ‚Verbegrifflichung' möglich. In der Realität aber vermischt sich alles, sind selbst Familie und Bildung, Medizin und sogar Religion unter gewissen Blickwinkeln immer ‚wirtschaftlich', wenn diese mit dem Versuch einer quantifizierten Bewertung oder Geld verbunden sind.

Aber auch das ‚Recht' ist nicht ohne weiteres eindeutig zu greifen, nicht nur hinsichtlich der darunter zu fassenden Normen, sondern auch weil hierunter oft das gesamte (faktische oder als Idealzustand gedachte) Rechtssystem (ggf. auch nur die Judikative) oder auch der Staat als primär ‚Verantwortlicher' der Rechtsordnung verstanden werden.

Im Folgenden soll davon ausgegangen werden, dass es in der Realität Teilbereiche gibt, bei denen zumindest ein Kernbereich als ‚Recht' bzw. ‚Wirtschaft' eindeutig definiert werden kann. Entsprechend werden beide im Folgenden als Arbeitsbegriffe verwendet (allerdings der Einfachheit halber ohne Anführungszeichen).

---

2 Als Synomym für ‚Ökonomie' im heutigen Sinne gebräuchlich erst ab dem 19. Jhdt: Berlin-Brandenburgische Akademie der Wissenschaften, Digitales Wörterbuch der Deutschen Sprache, Stichwort ‚Wirtschaft (www.dwds.de) [Alle Internetquellen wurden zuletzt am 1.6.2015 überprüft]. Der Begriff ‚Ökonomie' wird im Übrigen mal als ‚Wirtschaft' (‚economy'), mal als ‚Wirtschaftswissenschaft' (‚economics') verwendet: s. Kapitel D.

II. Interdependenzmodell

1. Basismodell

Als theoretisches Modell können die Wechselwirkungen zwischen Recht und Wirtschaft wie folgt beschrieben werden, wobei beide als mit einer gewissen Autonomie ausgestattete Realitätsausschnitte betrachtet werden:[3]

- Das Recht wirkt auf die Wirtschaft als ‚Regulator‘ gesellschaftlichen bzw. wirtschaftlichen Handelns (s. Abschnitt 2).
- Das Recht entsteht als Folge wirtschaftlicher Aktivitäten bzw. unter dem Einfluss und im Interesse des Teils des Soziallebens, der als Wirtschaft bezeichnet wird (s. Abschnitt 3).

Analog kann gesagt werden, dass die Wirtschaft das Recht prägt und sich seinerseits in seiner Entfaltung der rechtlichen Möglichkeiten bedient bzw. durch diese geleitet wird.

Recht und Wirtschaft werden dabei ihrerseits von dritten Ursachen beeinflusst bzw. beeinflussen diese, so dass es neben direkten auch indirekte Wechselwirkungen gibt.[4] Aus diesem sonstigen Umfeld werden in den folgenden Kapiteln nur die Rechts- und Wirtschaftswissenschaft berücksichtigt.

Hieraus entsteht eine komplexe Realität, in der Recht und Wirtschaft untrennbar verwoben sind (s. Abschnitt 4), was eine nuancierte Beantwortung der Frage erfordert, ob und ggf. in welchem Maße ggf. einer der beiden Teilbereiche einen dominierenden Einfluss ausübt (s. Abschnitt 5).

2. Einfluss des Rechts auf die Wirtschaft

Das Recht gibt zunächst die Rahmenbedingungen und Restriktionen vor, innerhalb derer sich das Wirtschaften vollziehen darf oder soll. Es liefert gleichzeitig die Instrumente (subjektive Rechte, Organisationsformen, Verfahren, staatliche Strukturen) zur rechtssicheren Abwicklung der Aktivitäten der Wirtschaftsakteure. Und es legt schließlich fest, welche Konsequenzen mit dem Nichteinhalten dieser Spielregeln verbunden sind, wie ihre Einhaltung sichergestellt und Übertretungen effektiv sanktioniert werden.

---

3 Vgl. analog zur wechselseitigen Interdependenz von Recht und Gesellschaft *Rehbinder*, Rechtssoziologie, 7. Aufl., 2009, S. 1–2.

4 S. *Röhl*, Rechtssoziologie, 1987, online-Aktualisierung 2013, § 50a, S. 8 (http://www.ruhr-uni-bochum.de/rsozinfo/).

In der jeweiligen konkreten Umsetzung reicht die Bandbreite der hieraus resultierenden Rechts-/Wirtschaftsordnungen auf Makro- und Mikroebene von der vollregulierten Planwirtschaft bis hin zur maximalliberalen Marktwirtschaft über eine Vielzahl von Zwischenstufen, zu denen auch die deutsche soziale Marktwirtschaft oder sonstige Modelle des ‚dritten Weges' zählen.

Entsprechend unterschiedlich ist auch die jeweilige Bedeutung der Normen, die nach modernem (deutschem) Verständnis dem Privatrecht und dem öffentlichen Recht zugerechnet werden können. Dabei ist im Übrigen zu beobachten, dass liberale Volkswirtschaften keineswegs immer unregulierte Ökonomien sind. Die Erkenntnis, dass die ‚freie' Marktwirtschaft dazu neigt, sich selbst zu zerstören, hat dazu geführt, dass in vielen Fällen die ‚Marktfreiheiten' rechtlich abgesichert werden (müssen), gegen sowohl nicht-marktkonforme Eingriffe des Staates als auch insbesondere auf Marktmacht und auf Profitgier beruhenden Manipulationen der Marktteilnehmer. Auch der Bereich des Strafrechts spielt in allen Rechtsordnungen eine inhaltlich unterschiedliche, aber wesentliche Rolle.

Die Menge der Normen, insbesondere auch solche mit Bezug zur Wirtschaft, hat im Laufe des 20. Jahrhunderts deutlich zugenommen. Insbesondere seit den siebziger Jahren wird über eine Gesetzes- und Verordnungsflut geklagt, und diese Entwicklung ist unter dem Stichwort der ‚Verrechtlichung'[5] bzw. den – insbesondere im Interesse der Wirtschaft – geforderten bzw. umgesetzten Gegenmaßnahmen (Deregulierung, Bürokratieabbau u.ä.) weiterhin ein aktuelles Thema, wobei immer noch umstritten ist, was ein akzeptabler bzw. optimaler Regulierungslevel wäre.

3. *Einfluss der Wirtschaft auf das Recht*

Der Einfluss der Wirtschaft auf das Recht äußert sich in erster Linie in der staatlichen oder privaten Rechtsetzung. Die Inhalte wirtschaftsrelevanter Normen sind Folge von objektiven Bedürfnissen bzw. Entwicklungen in Gesellschaft und Technik, aber auch von politischen Präferenzen hinsichtlich des staatlichen Wirtschafts- und Sozialmodells bzw. privater Geschäftsmodelle. Das Wirtschaftliche spiegelt sich demnach in Inhalten, Normzweck und Regelungstechnik.

Je stärker das Wirtschaftsleben durch den Staat gelenkt wird bzw. staatlicher ‚Regulierung' unterliegt, desto stärker manifestiert sich die wirtschaftliche Dimension zudem in der staatlichen Verwaltung und ihrem Handeln. Und je größer

---

5 S. z.B. *Teubner*, Verrechtlichung – Begriffe, Merkmale, Grenzen, Auswege, in: Kübler (Hrsg.), Verrechtlichung von Wirtschaft, Arbeit und sozialer Solidarität, 1984, S. 289 ff.; *Gericke*, Möglichkeiten und Grenzen eines Abbaus der Verrechtlichung, 2003.

die Bedeutung der Wirtschaft in einer Gesellschaft, desto größer ist ihr Anteil am ‚Gesamtkonfliktpotenzial‘ und die Bedeutung spezifisch wirtschaftsorientierter Streitregelung. Schließlich sind auch Quantität und Qualität des Rechtsstabs geprägt durch die relative Bedeutung der Wirtschaft und nicht zuletzt deren Finanzkraft.

Neben diesen wirtschaftlich geprägten inhaltlich-strukturellen Besonderheiten der Rechtsordnung wird in neuerer Zeit ein verstärkter Einfluss des wirtschaftlichen Modells bzw. des ökonomischen Denkens auf Staat und Recht wahrgenommen. Diese (neutral) als ‚Ökonomisierung‘ bezeichnete Tendenz wird inhaltlich jedoch weitgehend mit ‚Entstaatlichung‘, ‚Deregulierung‘ oder ‚Liberalisierung‘ gleichgesetzt, die in verschiedenen Aspekten zum Ausdruck kommt:[6]

- Verfahrensmäßige Dimension: Eröffnung formeller Märkte in Gesellschaftsbereichen, die bis dahin durch andere Koordinationsmechanismen geprägt waren; Einflussnahme privater auf staatliche Verfahren oder vollständige Privatisierung von Verfahren,
- Institutionelle Dimension: Integration nichtstaatlicher (aber von/mit wirtschaftlichen Interessenträgern erstellte) Regelwerke in normative Rahmenvorgaben (Selbstregulierung der Wirtschaft),
- Organisatorische Dimension: Privatisierung öffentlicher Aufgaben z. B. durch PPP, Besetzung öffentlicher Gremien durch Einbeziehung von Wirtschaftsvertretern,
- Personelle Dimension: Stärkerer Einbezug von Personen mit wirtschaftlicher Qualifikation in Staat, Verwaltung, Unternehmen usw.

Nicht minder bedeutsam für diese ‚Ökonomisierung‘ ist die Prägung des politischen, aber z. T. auch des privaten Denkens und Handelns durch ökonomische – insbesondere neoklassische – Ziele und Wertmaßstäbe, die sich letztlich auch im Recht bemerkbar machen und das mit der Besonderheit, dass diese ‚Infiltrierung‘ sich nicht auf ‚wirtschaftstypische‘ Materien beschränkt, sondern die gesamte Rechtsordnung erfasst:

- Materielle Dimension: Priorisierung der Effizienz oder anderer ökonomischer Ziele und Kriterien als Maßstab zur rechtlichen Bewertung für Legislative, Exekutive und Judikative,

6 So z. B. *Schneider*, Zur Ökonomisierung von Verwaltungsrecht und Verwaltungsrechtswissenschaft. Begriffsbildung und einführende Analyse ausgewählter Beispielsfälle, Die Verwaltung 34 (2001), S. 317 ff (320–322). S. auch *Gröpl*, Ökonomisierung von Verwaltung und Verwaltungsrecht, VerwArch. 93 (2002), S. 459 ff.

- Methodische Dimension: Akzeptanz ökonomischer Rationalität in der rechtlichen Methodik,
- Strukturelle Dimension: Wettbewerb der Rechtsordnungen im wirtschaftsrechtlichen Bereich, nicht nur hinsichtlich der Normsetzung, sondern auch hinsichtlich des Verwaltungshandelns und der Gerichtstätigkeit.

4. *Untrennbarkeit*

Aus dem Vorstehenden ergibt sich, dass in der modernen Gesellschaft Recht und Wirtschaft untrennbar miteinander verwoben sind. Diese enge Verzahnung ist aber nicht erst ein Produkt der Moderne, sondern schon seit den ersten Stufen der Zivilisation gegeben:

- Die Entstehung des Wirtschaftens und des ökonomischen Denkens sind ethnologisch eng verbunden mit Schulden, dem ‚In-der-Schuld- Stehen', sowie den damit verbundenen einklagbaren und durchsetzbaren Ansprüchen. Aus diesem ‚Kreditsystem' ist das Geld als Mittel zur Quantifizierung und Begleichung der Schulden entstanden.[7]
- Gemeinschafts- bzw. Individualeigentumsrechte sowie Verträge bilden von Beginn an die Basis für die Entwicklung der Gesellschaften und ihrer ‚Wirtschaften'.
- Tributzahlungen, Steuererhebungen und Zölle haben seit frühester Zeit nicht nur mit faktischen Machtverhältnissen zu tun, sondern mit geordneten Verfahren und Regeln.
- Auch das kaufmännische Rechnungswesen als ein wesentlicher Ursprung der Wirtschaftswissenschaft ist undenkbar ohne Normierung.[8]

Eine Wirtschaft ohne begleitende Rechtsordnung wäre letztlich nur in einem sehr elementaren Zustand denkbar, aber ebenso ist eine Rechtsordnung ohne wirtschaftliche Aktivitäten nur in entwicklungsgeschichtlich ‚primitiven' Gesellschaften vorstellbar. Die wirtschaftliche Tätigkeit des Menschen ist einer der Motoren für die Weiterentwicklung der Rechtsordnungen, die wiederum die (sicheren) Rahmenbedingungen hierfür bereitstellen, und ähnlich dem Henne-Ei-Problem wäre es müßig zu diskutieren, was zuerst da war. Gleichzeitig sind auch Staat (bzw. dessen Frühformen) und Markt demnach keine entgegengesetzten Prinzipien, sondern gemeinsam entstanden und seit jeher miteinander verwoben.[9]

---

7 S. *Graeber*, Schulden. Die ersten 5.000 Jahre, 2012, S. 24 ff, 274 und passim.

8 *Brockhoff*, Betriebswirtschaftslehre in Wissenschaft und Geschichte, 4. Aufl., 2014, S. 91 ff.

9 *Graeber* (Fn. 7), S. 24, 274.

Allerdings ist diese grundsätzliche Untrennbarkeit in unterschiedlichen Ausprägungen gegeben. Während in Planwirtschaften eine Trennung der beiden Sphären gar nicht möglich erscheint, da es keine freien, spontanen Wirtschaftsaktivitäten gibt (es sei denn außerhalb der Legalität), ist die Verschränkung in Marktwirtschaften zwar weniger ausgeprägt, aber äußerst real, denn manche wirtschaftlichen Aktivitäten werden durch das Recht überhaupt erst ermöglicht (z.B. Gesellschaften, Wertpapierhandel, Franchising). Außerdem scheint es im Laufe der Zeit eine Steigerung der Intensität (Breite, Tiefe, Reichweite) und des Tempos der Wechselwirkungen zu geben.

5. *Primat?*

Untrennbarkeit bedeutet nicht Gleichwertigkeit in den Beziehungen zwischen Recht und Wirtschaft. Entsprechend taucht in den Diskussionen über deren Verhältnis gelegentlich (in expliziter oder impliziter Form) die Frage auf, welche der beiden Kräfte die dominierende sei und damit das entscheidende Ordnungsprinzip – oder zumindest das historisch oder entwicklungsgeschichtlich erste – um daraus in der einen oder anderen Form ein Primat im Sinne eines dauerhaft faktisch dominierenden oder politisch herzustellenden Einflusses[10] abzuleiten.

Aus einer historischen Analyse des Verhältnisses Recht-Wirtschaft kann zumindest für Deutschland ein Primat nicht abgeleitet werden,[11] und dies dürfte analog für andere marktwirtschaftlich ausgerichtete Staaten gelten.

Dies gilt zumindest in einer Mittel-/Langfristperspektive und bei pauschaler Betrachtung der beiden Sphären. Wird die Betrachtung auf bestimmte Perioden und einzelne Teilbereiche fokussiert, können hingegen Muster unterschiedlicher Dominanz festgestellt werden.

Eine solche kann z.B. das ‚technische‘ Resultat einer unterschiedlichen Geschwindigkeit in den Eigenentwicklungen von Recht und Wirtschaft oder vorübergehender faktischer Umstände sein.[12] Darüber hinaus darf nicht ver-

---

10 Z.T. wird unter ‚Primat‘ auch verstanden, dass Recht sich nur aus den ökonomischen Verhältnissen ableite oder vollkommen unabhängig von den sozialen Gegebenheiten erkläre. Dabei handelt es sich um Verabsolutierungen, die einer Realitätsprüfung nicht standhalten.

11 *Schmoeckel*, Rechtsgeschichte der Wirtschaft, 2008, S. 15–17, 473–474, m.w.N.

12 *Schmoeckel* (Fn. 11), S. 17. S. z.B. den Rückzug der Juristen aus der wirtschaftsrechtlichen Diskussion im 19. Jhdt, was dazu führte, dass die Nationalökonomen die Deutungshoheit in den rechtspolitischen Diskussionen übernahmen und die Juristen nur an der Umsetzung arbeiteten. Fast zeitgleich wurden jedoch staatswissenschaftliche Fakultäten oder Rechts- und Staatswissenschaftliche Institute gegründet, da die in der

gessen werden, dass das positive Recht immer Resultat eines Kräftemessens unterschiedlicher Interessen und Überzeugungen ist, und dass im konkreten Einzelfall eines Gesetzes oder Streitfalls die Frage, ob ‚dem Recht' oder ‚der Wirtschaft' der Vorrang einzuräumen ist, immer wieder aufs Neue gestellt wird und zu beantworten ist.

Dabei wird ‚Recht' oft als Sammelbegriff für alle ‚nicht-wirtschaftlichen Werte' verstanden und das Kräfteverhältnis von Recht und Wirtschaft als Maßstab für bestimmte Werteordnungen. Letzteres erklärt dann auch, dass in den diesbezüglichen Diskussionen immer wieder das Primat des einen oder anderen gefordert oder aus den Fakten herausgelesen wird. So ist ein Primat der Wirtschaft naheliegend (und weitgehend unbeanstandet) in unmittelbar wirtschaftsnahen oder -relevanten Bereichen, nicht jedoch, wenn andere gesellschaftliche Bereiche betroffen sind.

Unverkennbar war bzw. ist die Primatdiskussion (sehr) ideologiebehaftet, nicht zuletzt als Folge der marxistischen Überbautheorie, die in den kommunistischen Staaten zu einer eindeutigen Dominanz der Ideologie, des Parteiprogramms und auf diesem Wege der Wirtschaft geführt hat.[13]

III. Wirkungsmechanismen

Das vorstehende Modell der Wechselwirkungen von Recht und Wirtschaft liefert weniger erklärende Antworten als es Fragen aufwirft und auf Probleme hinweist. Es ist zu grob, um zum einen die involvierten Ebenen und Akteure, zum anderen die konkreten Wirkungsweisen identifizieren und beschreiben zu können.

Bei der Beantwortung der Frage, wie die gegenseitige Einflussnahme tatsächlich erfolgt bzw. wie sie idealerweise erfolgen könnte oder sollte, bzw. wie die Balance zwischen Recht und Wirtschaft erreicht und bewahrt werden kann, spielen die Wissenschaften eine wichtige Rolle.

Sie arbeiten den Akteuren auf der Realebene zu, indem sie die Realitätsausschnitte erfassen, analysieren und entsprechend ihrer jeweiligen Aufgabe ‚bearbeiten'. Zwar haben die Rechtswissenschaft als Normwissenschaft und die

---

öffentlichen Verwaltung und den staatlich geführten Unternehmen tätigen Juristen (universitär ausgebildete Ökonomen gab es nicht bzw. diese wurden mangels Staatsexamen nicht zum öffentlichen Dienst zugelassen) ökonomisch ausgebildet werden sollten. S. hierzu auch *Winkel*, Wirtschaftswissenschaften I: Geschichte, in: Handwörterbuch der Wirtschaftswissenschaften Bd. 9, 1982, Sp. 413 ff (416).

13 Zur marxistischen Rechtstheorie s. z.B. *Rüthers/Fischer/Birk*, Rechtstheorie mit Juristischer Methodenlehre, 6. Aufl., 2011, Rn. 495 ff. Als Beispiel, wie weit sich dies auf das Recht auswirken kann s. z.B. *Heuer*, Recht und Wirtschaftsleitung im Sozialismus, 1982.

Wirtschaftswissenschaft als Realwissenschaft unterschiedliche Aufgaben, Ziele und Methoden, aber auch die Rechtswissenschaft ist realitäts- bzw. anwendungsbezogen und die Wirtschaftswissenschaft in Teilen normativ ausgerichtet. Beide beschäftigen sich zudem damit, eine unter ihrem jeweiligen Blickwinkel optimale Ordnung (Teilordnung des Realitätsausschnitts) herzustellen. Dementsprechend sind sie sowohl Partner als auch Konkurrenten in der Erklärung bzw. Deutung und Gestaltung der Interaktionen zwischen Recht und Wirtschaft.

Um dies deutlich herauszuarbeiten wird in den folgenden Kapiteln untersucht, wie beide Wissenschaften mit dem jeweils anderen Realitätsausschnitt sowie mit der Interaktion zwischen beiden sowie der jeweils anderen Wissenschaft ‚umgehen'.

Diese Vorgehensweise wird es erlauben, nicht nur die Wirkmechanismen auf der Realebene besser zu verstehen, sondern auch, welchen Einfluss auf die Realebene die Wissenschaften selbst (direkt oder indirekt) ausüben.

C. Rechtswissenschaft und Wirtschaft

I. Einleitung und Interdependenzmodell

In diesem Kapitel geht es um die gegenseitige Bedingtheit von Rechtswissenschaft und Wirtschaft, d.h.

- die Art und Weise, wie die Rechtswissenschaft den Regelungsgegenstand Wirtschaft und seine Besonderheiten sowie die Interdependenz von Recht und Wirtschaft erfasst und verarbeitet,
- faktische Einflüsse der Wirtschaft auf die Rechtswissenschaft (und insbesondere die Rechtswissenschaftler), sowie der Rechtswissenschaft auf die Wirtschaft.

Die Bedeutung dieser Interaktionsebene ergibt sich daraus, dass die Rechtswissenschaft als ‚Vordenkerin' des Rechtsstabs Einfluss auf das Recht ausübt. Daneben spielt die Rechtswissenschaft als Teil der Gesamtrealität eine eigenständige Rolle im System der Interdependenzen.

Grundsätzlich kann die Beschäftigung der Rechtswissenschaft mit dem Realitätsausschnitt Wirtschaft folgende Formen annehmen:

- Die wirtschaftliche Realität muss in die Rechtssprache übersetzt werden, sowohl was einzelne Begriffe betrifft als auch was umfangreichere wirtschaftliche Normtatbestände betrifft.
- Die juristischen Methoden (von Auslegung bis Gestaltung) könnten Eigenheiten aufweisen, die sich aus ihrer Anwendung auf die Wirtschaft ergeben.

- Die (zumindest in der deutschen Rechtsordnung) angestrebte interne Widerspruchsfreiheit des Rechtssystems erfordert insbesondere eine Systematisierung der Normen. Auch hier könnte es besondere Systematisierungsformen geben, die aus den Besonderheiten der Wirtschaft resultieren.
- Die Rechtswissenschaft kann sich schließlich mit der Frage beschäftigen, welche Interdependenzen es empirisch zwischen Recht und Wirtschaft bzw. zwischen Rechtswissenschaft und Wirtschaft gibt.

Ausgehend von der üblichen Unterteilung der Rechtswissenschaft sollen demnach vier Teilbereiche auf die vorerwähnten Aspekte hin befragt werden:

- Methodenlehre (s. II) und Dogmatik (s. III) als theoretische (normativ ausgerichtete) Wissenschaften,
- Rechtsgeschichte (s. IV) und Rechtssoziologie (s. V) als empirische (positive) Wissenschaften.

Dies wird ergänzt durch den Aspekt der direkten faktischen gegenseitigen Beeinflussung (s. VI).

II. Methodenlehre

In der juristischen Methodenlehre gibt es grundsätzlich verschiedene Ansatzpunkte für eine Berücksichtigung der Wirtschaft bzw. eine inhaltliche Prägung durch diese. In der Realität werden diese aber sehr unterschiedlich genutzt:

1. Rechtsquellenlehre

Es gilt zwar grundsätzlich, dass aus dem Sein kein Sollen abgeleitet werden kann. Dennoch kann die Wirtschaftspraxis als Gewohnheitsrecht (insbesondere Handelsbräuche, Verkehrssitte) Geltung erlangen. Außerdem können die Wirtschaftenden im Rahmen der Privatautonomie vertraglich im gesetzlichen Rahmen ihr eigenes Recht schaffen und dabei auch ‚soft law' zur Verbindlichkeit verhelfen (z.B. lex mercatoria, INCOTERMS, technische Standards). Hieraus ergibt sich der Themenkomplex der ‚Selbstregulierung der Wirtschaft', der die Rechtswissenschaft immer wieder beschäftigt.[14]

14 S. z.B. *Bach*, Gescheiterte Selbstregulierung im Pressegrosso, NJW 2012, S. 728 ff.; *Fischerauer*, Zwischen Regulierung und Selbstregulierung – Zur Ausarbeitung europäischer Netzkodizes im Energiesektor, Zeitschrift für Neues Energierecht 2012, S. 453 ff., *Weiss*, Selbstregulierung der Wirtschaft – Noch sinnvoll nach der Finanzkrise?, Der Staat 2014, 555 ff. sowie z.B. die Literatur zu Verhaltenskodices im Zusammenhang mit Compliance und Corporate Governance.

2. *Normauslegungslehre*

Auch die klassische Normauslegungsmethodik bietet die Möglichkeit, die Besonderheiten der Wirtschaft in ihr System und ihr Denken einzubauen bzw. zu berücksichtigen: Denn alle vier kanonischen Methoden können dazu verwendet werden, juristische Begriffe mit ökonomischen Bedeutungen zu konkretisieren.

In den Beispielen der Lehrbücher zur Methodenlehre taucht dieser Anwendungsbereich allerdings allenfalls am Rande auf. Eine besondere Auslegungsmethodik zur speziellen Würdigung dieses Realitätsausschnitts (z.B. im öffentlichen Wirtschaftsrecht) gibt es nicht, allenfalls Ansätze hierzu in der sogen. ‚wirtschaftlichen Betrachtungsweise‘ (s. Abschnitt 3 hiernach). Auch in der sich entwickelnden europarechtlichen Methodenlehre finden sich trotz dessen wirtschaftsrechtlichem Fokus keine klaren Ansatzpunkte, sondern noch *„Forschungsbedarf bzgl. der Transformation außerrechtlicher Argumente“*[15].

Wenn überhaupt, wird eine Berücksichtigung wirtschaftswissenschaftlicher Erkenntnisse gefordert oder ins Auge gefasst (s. z.B. den ‚More Economic Approach‘ im europäischen Kartellrecht[16]) (s. hierzu Kapitel D und E).

3. *Rechtsanwendungs-, -fortbildungs- und Argumentationslehre*

Wird die methodische Perspektive auf die einzelfallbezogene juristische Entscheidungstätigkeit ausgerichtet, wird die Textorientierung der Methodenlehre bestätigt: Bzgl. des klassischen Subsumtionsmodells gibt es zum einen keine klaren Regeln zum Umgang mit dem (wirtschaftlichen) Sachverhalt und zur Fakteninterpretation (außer bzgl. der formellen Beweiserhebung und -würdigung im Prozess). Ebensowenig ist in der traditionellen Lehre anerkannt – von Ausnahmen abgesehen –, dass nicht nur ein ‚Hin- und Her-Wanden des Blicks‘ zwischen Norm und Sachverhalt erfolgt, sondern de facto auch ein ‚Schielen‘ auf die Rechtsfolgen, die insbesondere bei Urteilen mit erheblichen wirtschaftlichen Auswirkungen eine wichtige Rolle spielen.[17] Schließlich wird auch in der Rechtsfortbildung das Paradigma aufrechterhalten, sie dürfe nur ausgehend vom Normbestand erfolgen, ohne Berücksichtigung der faktischen (wirtschaftlichen) Umstände.

---

15 *Fleischer,* Europäische Methodenlehre: Stand und Perspektiven, RabZS Bd. 75 (2011), S. 700 ff. (724 ff.).

16 S. z.B. *Christiansen*, Der "More Economic Approach" in der EU-Fusionskontrolle: Entwicklung, konzeptionelle Grundlagen und kritische Analyse, 2010.

17 S. *Deckert,* Folgenorientierung in der Rechtsanwendung, 1995. Zur Folgenorientierung im Verwaltungsrecht s. *Franzius,* § 4 Modalitäten und Wirkungsfaktoren der Steuerung durch Recht, in: Hoffmann-Riem/Schmidt-Aßmann/Voßkuhle (Hrsg.), Grundlagen des Verwaltungsrechts, Bd. I, 2006, Rz. 67 ff.

In der Wirklichkeit halten diese Theorielücken Rechtsprechung und Rechtspraxis jedoch nicht davon ab, Normen und vor allem Rechtsgebilde und -institutionen ‚wirtschaftlich' zu betrachten. Diese ‚wirtschaftliche Betrachtungsweise' ist ausdrücklich nur im Steuerrecht verankert (§§ 39–42 AO)[18], wird allerdings auch in anderen Bereichen angewendet, auch wenn dies nur selten systematisch erfasst und dann ggf. mit anderen Bezeichnungen versehen wird.

Die wirtschaftliche Betrachtungsweise kann zum einen eine am wirtschaftlichen Zweck orientierte gesetzeskonforme Typologie oder Argumentation bedeuten und damit einen Anwendungsfall der klassischen Auslegungslehre darstellen.

Der BGH z. B. hat eine ‚wirtschaftliche Betrachtungsweise' in folgenden Konstellationen angewendet:[19]

- Fälle, in denen es eigentlich um die Auslegung eines Rechtssatzes geht, namentlich um eine extensive, auch Umgehungen betreffende Auslegung. Hier kommt die Gegenüberstellung formalrechtlich – wirtschaftlich oft vor.
- Fälle, in denen sich eine mehr oder weniger rechtssatzfreie richterliche Fortbildung abspielt, wobei die wirtschaftliche Betrachtungsweise als Scheinargument dient.
- Fälle, in denen es in verschiedenster Weise um die Berücksichtigung wirtschaftlicher Gesichtspunkte geht. Verschieden sind hier sowohl Funktionen innerhalb der Argumentationsprozesse wie auch der inhaltliche Bezug (z. B. wertmäßig, finanziell, im Wirtschaftsverkehr bedeutsam).

Auch wenn dies nicht immer transparent ist, geht es auch um eine Beurteilung von (oft wirtschaftlichen) Sachverhalten, zu deren als adäquat erachteter rechtlicher Bewertung neben der Gesetzesanalogie auch die Institute von Treu und Glauben, Rechtsmissbrauch sowie Gesetzesumgehung/-erschleichung verwendet werden. Ökonomische Argumente werden dabei meist in juristische Begriffe gefasst (z. B. Gläubigerschutz, Schutz des Rechtsverkehrs), um Rechtsfortbildung (z. B. Durchgriffshaftung) zu betreiben oder Rechts- und Sachverhaltsgestaltungen auszuhebeln.[20]

---

18 S. z. B. *Klein*, Abgabenordnung, 12. Aufl., 2014; zur älteren Rechtslage z. B. *Möller*, Die wirtschaftliche Betrachtungsweise im Privatrecht. Dargestellt an den Kapitalaufbringungs- und -erhaltungsvorschriften im Recht der GmbH, 1997, S. 63 ff.

19 *Rittner*, Die sog. Wirtschaftliche Betrachtungsweise in der Rechtsprechung des BGH, 1975, S. 32.

20 *Möller* (Fn. 18), S. 27 ff., 79 ff. mit Fällen aus dem Privat-, insbesondere Gesellschaftsrecht. S. auch *Raisch/Schmidt*, Rechtswissenschaft und Wirtschaftswissenschaften, in: Grimm (Hrsg.), Rechtswissenschaft und Nachbarwissenschaften, Band 1, 1973,

Schließlich verpflichtet der Gesetzgeber die Gerichte in vielen Fällen (meist generalklauselartig) zu einer ‚wirtschaftlichen Betrachtungsweise‘ und Abwägung im Einzelfall, ohne dass dies zu einem ausdrücklichen Bestandteil der Methodenlehre geworden wäre. Alleine aus dem BGB seien hier beispielhaft erwähnt: Umdeutung eines Rechtsgeschäfts (§ 140), Berücksichtigung der Verkehrssitte (§§ 157, 242), Verbot von Umgehungsgestaltungen (§ 306a), Störung der Geschäftsgrundlage (§ 313) Berücksichtigung der beiderseitigen Interessen (§§ 314 Abs. 1, 543 Abs. 1, 626 Abs. 1), angemessener Unterhalt (§§ 519, 528, 829 Abs. 2), wirtschaftliche Zumutbarkeit (§ 906 Abs. 2). Auch die Verwendung von Begriffen wie ‚(un)verhältnismäßig‘ (§ 309 Nr. 8 dd, 320 Abs. 2), ‚(un)wesentlich‘ (§§ 309 Nr. 5 b, 490 Abs. 1) oder ‚(un)erheblich‘ (§§ 281 Abs. 1, 439) gibt dem Richter den Auftrag einer wirtschaftlichen Quantifizierung und Abwägung.

4. *Rechtsetzungs- und -gestaltungslehre*

In der Rechtsetzungs- und -gestaltungslehre, die nur für die Teilbereiche der Gesetzgebungslehre und der Vertragsgestaltung ausgearbeitet ist, zeigt sich erneut das Erfordernis nicht nur der juristischen (technischen) Kompetenz, sondern auch der (wirtschaftlichen) Qualifikation i.S. des fachlichen Verständnisses des Regelungsgegenstands.

In der Gesetzgebungslehre ist die Gesetzesfolgenabschätzung (insbesondere hinsichtlich der Auswirkungen auf die Wirtschaft, z.B. Bürokratiekosten) als Teil des Gesetzgebungsverfahrens zwar formell verankert[21], aber eine spezielle wirtschaftsrechtliche Regelungstheorie hat sich hieraus nicht entwickelt.

5. *Rechtswissenschaft als Realwissenschaft?*

Die Schwierigkeiten und fehlende Systematik im Umgang mit dem Realitätsausschnitt Wirtschaft sind entscheidend darauf zurückzuführen, dass die Rechtswissenschaft zwar anerkannterweise eine Norm- und keine Realwissenschaft ist[22],

---

S. 143 ff. (165); *Lehmann*, Primat der Wirtschaft oder Primat des Rechts?, in: Recht und Wirtschaft. Jahrbuch Junger Zivilrechtswissenschaftler 2007, 2008, S. 25 ff.

21 S. hierzu Abschnitt D. VI. 2.

22 S. z.B. *Albert*, Rechtswissenschaft als Realwissenschaft. Das Recht als soziale Tatsache und die Aufgabe der Jurisprudenz, 1993; *Eidenmüller*, Rechtswissenschaft und Realwissenschaft, JZ 1999, 53 ff.; *Huster*, Rechtswissenschaft als Realwissenschaft? Anmerkungen zu Hans Alberts Konzeption der Jurisprudenz, in: Hilgendorf (Hrsg.), Wissenschaft, Religion und Recht. Hans Albert zum 85. Geburtstag am 08.02.2006, 2006, S. 385 ff.; *Petersen*, Braucht die Rechtswissenschaft eine empirische Wende?, Der Staat 2010, S. 435 ff.

dass aber die Methodenlehre keinen systematischen Ansatz zum unvermeidlichen rechtlichen Umgang mit der Realität, in casu der Wirtschaft, entwickelt hat.[23]

Dieses Problem wird der Praxis überlassen. Da Juristen üblicherweise nur eine rechtswissenschaftliche Ausbildung erhalten (eine Ausnahme bilden die wirtschafts-juristischen Studiengänge), wenden diese dann bei Bedarf ihr Alltags- bzw. Allgemeinwissen an, es sei denn, die Hinzuziehung von Fachexperten ist vorgegeben oder opportun.

Es liegt in der Logik dieser Auffassungen, dass es auch keine Lehre der rechtswissenschaftlichen Interdisziplinarität gibt.

III. Dogmatik

1. Einleitung

Die Dogmatik als Wissenschaft der Begriffs-, System- und Prinzipienbildung des geltenden Rechts kommt nicht nur durch die Anwendung der vorbeschriebenen Methodenaspekte mit der Wirtschaft in Berührung, sondern mehr noch durch den Gegenstand der wirtschaftsrelevanten Normen, die z. T. ein hohes wirtschaftliches Verständnis erfordern.

So wie sich die entsprechenden Rechtsquellen insbesondere in den letzten 150 Jahren schrittweise entwickelt haben, so hat sich auch die Dogmatik mit ihnen beschäftigt, wobei anzumerken ist, dass Normen europäischen und internationalen Ursprungs in den letzten drei Jahrzehnten erheblich an Bedeutung gewonnen haben.

Dies erklärt verschiedene Phänomene:

- Die unterschiedlichen Bereiche des Rechts der Wirtschaft haben sich schrittweise entwickelt, und zwar weitgehend unabhängig voneinander. Einige Teilbereiche haben sich relativ problemlos verselbständigt (z. B. Steuerrecht, Kartellrecht, gewerbliche Schutzrechte, Insolvenzrecht), bei anderen wurde es versucht, aber ohne bzw. mit mäßigem Erfolg (z. B. Unternehmensrecht, Verbraucherrecht). Wiederum andere haben sich als sektorspezifische Teilbereiche

---

23 S. zumindest ansatzweise z. B. *Larenz/Canaris*, Methodenlehre der Rechtswissenschaft, 3. Aufl., 1995, S. 99 ff.; *Pawlowski*, Einführung in die juristische Methodenlehre, 2. Aufl., 2000, S. 207 ff. *Rüthers/Fischer/Birk* (Fn. 13) vertreten zwar eine sehr integrative Rechtstheorie, die das Recht als Spiegel der gesellschaftlichen Gesamtsituation versteht (s. insbesondere Rn. 303–307a, 624–636), aber in die Methodenlehre fließt dies nicht ein (Sachverhaltsfeststellung z. B. wird nur als verfahrensrechtliches Problem betrachtet: Rn. 669–671).

etabliert, die sich vor allem als praxisnahe Querschnittsmaterien darstellen (z. B. Bankrecht, Versicherungsrecht).

- Eine einseitige Zuordnung zum Privatrecht oder öffentlichen Recht ist oft nicht möglich (z. B. Kapitalmarktrecht, Energiewirtschaftsrecht).
- Das Recht der Wirtschaft i.w.S. ist in hohem Maße Ergebnis unterschiedlicher und noch dazu immer wieder wechselnder wirtschaftspolitischer Überzeugungen und Kompromisse. Dies spiegelt sich in der z. T. widersprüchlichen Zielen folgenden Gesetzgebung wider, welche die dogmatische Arbeit erheblich erschwert.
- Das Recht der Wirtschaft ist insgesamt ein äußerst komplexes Konglomerat, in dem Spezialisierung unabdingbar ist.

Die genaueren Probleme der Dogmatik mit der Materie Wirtschaft sollen im Folgenden anhand von zwei Beispielen dokumentiert werden:

2. *Wirtschaftsrecht*

a) Überblick

Trotz der langen Tradition wirtschaftsrelevanter Normen (s. Kapitel B), hat die Rechtswissenschaft sich erst ab dem 19. Jahrhundert zusammenhängend hiermit beschäftigt, als sich ein Verständnis der Wirtschaft entwickelte, das über die Hauswirtschaft hinausging und den gesamten Staat erfasste (Nationalökonomie). In den Anfängen wurde dabei der ‚Gedanke‘ eines Wirtschaftsrechts unter unterschiedlichen Begriffen verwendet, immer dann, wenn Normen irgendwie mit Wirtschaft zu tun hatten.[24] Begriffsgeschichtlich beginnt die Auseinandersetzung mit dem ‚Wirtschaftsrecht‘ in Deutschland erst mit bzw. nach dem 1. Weltkrieg, bei inhaltlicher Anknüpfung an staatlichen Interventionismus auch schon etwas früher unter dem Begriff ‚Industrierecht‘.[25]

Im Laufe der Zeit entwickelten sich unterschiedliche Herangehensweisen an dieses Phänomen.[26] Insbesondere in den ersten Jahren gab es philosophische oder weltanschauliche Annäherungen, wie z. B. die Ideen, die Rechtsordnung stehe zum Wirtschaftsleben im selben Verhältnis wie Form zum Stoff, oder das Wirtschaftsrecht stelle eine neue Betrachtungsweise des Rechts dar.

---

24 *Jugel*, Zum Begriff des Wirtschaftsrechts in Westeuropa, Diss. 1995, S. 4–5.

25 *Schmidt*, Öffentliches Wirtschaftsrecht. Allgemeiner Teil, 1990, S. 5–6. Zur ersten intensiven Debatte nach dem 1. Weltkrieg s. auch *Stolleis*, Wie entsteht ein Wissenschaftszweig?, Wirtschaftsrecht und Wirtschaftsverwaltungsrecht nach dem 1. Weltkrieg, in: Bauer u. a. (Hrsg.), Umwelt, Wirtschaft und Recht, 2002, S. 1 ff.

26 *Jugel* (Fn. 24), S. 6 ff.

Überwiegend ging es jedoch um eine mögliche Systematisierung der vielfältigen (neuen) Erscheinungen, insbesondere den Versuch, Wirtschaftsrecht als eigenständige Rechtsdisziplin neben dem Privatrecht und dem öffentlichen Recht zu etablieren (s. Abschnitt b). Immer wieder diente das Thema ‚Wirtschaftsrecht' auch als Anknüpfungspunkt für politisch-ideologische Auseinandersetzungen über die Rolle der Wirtschaft bzw. das wirtschafts-/sozialpolitisch dominierende Modell in Deutschland (und auf europäischer und internationaler Ebene) (s. Abschnitt c).

b) Wirtschaftsrecht als dogmatisches Projekt[27]

Wirtschaftsrecht als dogmatisches Projekt *„verfolgt das Ziel, für diesen Regelungsbereich übergeordnete Sachzusammenhänge und -strukturen aufzuzeigen. Unter Einbeziehung der Wirklichkeit des Wirtschaftslebens will sie ein in sich stimmiges Gefüge juristischer Begriffe, Institute und Grundsätze anbieten, welche die Handhabung des Rechts steuern und leiten, ihr Orientierung und Sicherheit geben."*[28]

Dementsprechend wurden im Laufe der Zeit unterschiedliche Definitions- bzw. Abgrenzungsvorschläge erarbeitet.[29] Letztlich hat jedoch keine der Theorien oder Lösungsvorschläge überzeugen können, und die Versuche, aus dem ‚Recht, das für das Wirtschaften bedeutend ist', ein engeres Rechtsgebiet ‚Wirtschaftsrecht' herauszufiltern, müssen als gescheitert angesehen werden.[30]

Als Grund hierfür kann die überwältigende Menge der bei einer weiten Definition einzubeziehenden Normen, oder bei enger Definition ein fehlendes überzeugendes Abgrenzungskriterium angesehen werden. Auch darüber hinaus ist es selbst in Teilbereichen wie dem Wirtschaftsverwaltungsrecht nicht gelungen, dessen Eigenheiten herauszuarbeiten, und die Materie ist terminologisch, definitorisch, konzeptionell und inhaltlich gleichermaßen umstritten.[31]

---

27 *Jugel* (Fn. 24), S. 14 ff. S. z.B. auch *Fikentscher*, Wirtschaftsrecht, Band 1: Weltwirtschaftsrecht, Europäisches Wirtschaftsrecht, 1983, S. 16–34; *Rittner/Dreher*, Europäisches und deutsches Wirtschaftsrecht. Eine systematische Darstellung, 3. Aufl., 2008, Rn. 36 ff.

28 *Schmidt* (Fn. 25), S. v (vgl. S. 37–38) zum öffentlichen Wirtschaftsrecht.

29 S. z.B. *Jugel* (Fn. 24), S. 14 ff., *Schmidt* (Fn. 25), S. 40 ff.

30 *Schmidt* (Fn. 25), S. 54. Als letzte versuchen *Rittner/Dreher* (Fn. 27), ein eigenes Rechtsgebiet zu etablieren. Ihr Definitions- bzw. Abgrenzungsversuch (Rn. 44–54) ist jedoch eher ein mehrschichtiges Programm als ein operationalisierbares Kriterium.

31 *Stober*, Allgemeines Wirtschaftsverwaltungsrecht, 18. Aufl., 2015, S. 5–6. Für ihn ist das öffentliche Wirtschaftsrecht sogar ein ‚*chaotischer Zweig des Rechtssystems auf der Suche nach klaren Strukturen*' (S. 7).

Im Ergebnis wird demnach pragmatisch vorgegangen: Wirtschaftsrecht wird zunächst üblicherweise weit als ‚die Summe aller Rechtsregeln, die für das Wirtschaften bedeutend sind‘[32], verstanden. Gebiete, die sich als eigenes Lehr- und Forschungsgebiet verselbständigt haben, bleiben ausgenommen,[33] ansonsten wird klassisch nach privatem und öffentlichem Recht unterschieden.[34] In der Fachliteratur wird unter Wirtschaftsrecht heute überwiegend ‚öffentliches Wirtschaftsrecht‘ (z.T. auch als ‚Wirtschaftsverwaltungsrecht‘ bezeichnet) verstanden.[35] Die Bezeichnung ‚Privates Wirtschaftsrecht‘ wird überwiegend im Ausbildungskontext (Recht für Wirtschaftswissenschaftler) verwendet.

c) *Wirtschaftsrecht als politisch-ideologisch dominierter Normenkomplex*

Erschwert wurde und wird die dogmatische Arbeit dadurch, dass es bei den Diskussionen über das Wirtschaftsrecht immer um mehr ging als um ein kohärentes neues Rechtsgebiet oder einen neuen Zweig der Rechtswissenschaft. Bereits in der Weimarer Zeit war der Begriff ‚Wirtschaftsrecht‘ *„die Überschrift für alles Neue und für Zukunftsprojektionen, zugleich aber auch ein Instrument für die Verwirklichung solcher Vorstellungen. Ebenso stand der Begriff für neue Entwicklungen des Rechts, die sich nicht in das traditionelle Rechtssystem einfügen ließen. Der Begriff des Wirtschaftsrechts diente mithin als Zusammenfassung zahlreicher Versuche, ein Erklärungsmodell für den Wandel des Rechts zu entwickeln. Es wurden die ‚Grundfragen der Rechts- und Wirtschaftsordnung aufgerührt‘, mehr noch: ‚es ging um die Rollenverteilung zwischen Individuum und Staat, um das Menschenbild, von dem sich die Rechtsordnung im Bereich der Wirtschaft lenken lassen sollte.“*[36]

Seither hat sich der Schwerpunkt in Richtung (wirtschafts- bzw. sozial)politischer Aspekte verschoben. Das Wiederaufleben eines intensiveren Interesses am Wirtschaftsrecht in den 70er und 80er Jahren[37] hatte nicht zuletzt auch eine

---

32 *Schmidt* (Fn. 25), S. 44.

33 S. z.B. *Meessen*, Wirtschaftsrecht im Wettbewerb der Systeme, 2005, S. 13: Wirtschaftsrecht ist das für die Wirtschaft relevante Recht, abzüglich Arbeitsrecht, Steuerrecht und Prozessrecht.

34 *Schmidt* (Fn. 25), S. 53–57.

35 S. z.B. *Badura*, Wirtschaftsverfassung und Wirtschaftsverwaltung, Ein exemplarischer Leitfaden, 4. Aufl., 2011; *Ruthig/Storr*, Öffentliches Wirtschaftsrecht, 3. Aufl., 2011.

36 *Jugel* (Fn. 24), S. 2. Ähnlich *Fikentscher* (Fn. 27), S. 17: *„Schließlich verbirgt sich hinter der Forschung nach dem Gegenstand ‚Wirtschaftsrecht‘ eine Menge von Gesellschafts-, Wirtschafts- und Wissenschaftspolitik.“*

37 S. z.B. *Mertens/Kirchner/Schanze*, Wirtschaftsrecht, 1978; *Assmann*, Wirtschaftsrecht in der Mixed Economy, 1980; *Weimar/Schimikowski*, Grundzüge des Wirtschaftsrechts,

politische Dimension, die sich als (nicht zuletzt wirtschaftswissenschaftlich-paradigmatisch geprägtes) Vorverständnis der Wissenschaftler auch heute noch wiederfindet. Besonders deutlich zeigt sich diese Problematik am Begriff der „Regulierung".[38]

Auch dieser Aspekt lässt es als letztlich unergiebig erscheinen, sich dogmatisch mit Wirtschaftsrecht zu beschäftigen.

3. *Unternehmensrecht*

a) *Überblick*

Der Begriff ‚Unternehmen' (bzw. ‚Unternehmer') taucht in unterschiedlichen Rechtsgebieten (Zivil-, Handels-, Gesellschafts-, Steuer-, Umweltrecht usw.) auf, was insofern nicht verwundert, als es sich hierbei um einen zentralen Akteur der Wirtschaft handelt. Es liegt also nahe, hieraus dogmatisch ein ‚Unternehmensrecht' zu entwickeln.

Dies ist auch verschiedentlich versucht worden, zumindest in Teilbereichen des Wirtschaftsrechts (s. Abschnitte b und c), allerdings ohne Erfolg. Das liegt zum einen daran, dass der Begriff nicht einheitlich verwendet wird, z.T. nicht einmal innerhalb einzelner Rechtsbereiche,[39] zum anderen daran, dass der Begriff per se mehrere Bedeutungen (die sich im Einzelfall auch überschneiden können) besitzt:[40]

- ‚Unternehmen' als Bereich unternehmerischer (betrieblicher, beruflich-gewerblicher) Tätigkeit,
- ‚Unternehmen' als komplexes Rechtsobjekt, das Gegenstand von Transaktionen sein kann und einem Rechtsträger zugeordnet ist,

---

1983; *Nörr*, Zum Wirtschaftsrecht als „kritischem" Begriff: Ein Blick auf die Polemik der 1970er Jahre, in: Bürgerliche Freiheit und christliche Verantwortung, Festschrift für C. Link zum 70. Geburtstag, 2003, 911 ff.

38 *Ruthig/Storr* (Fn. 35), Rn. 20–22. Zur Regulierung s. z.B. *Ruffert*, Begriff, in: Fehling/Ruffert (Hrsg.), Regulierungsrecht, 2010, § 7 (S. 332 ff.); *Möstl*, Perspektiven des Regulierungsrechts, GewArch 2011, S. 265 ff.; *Kühling*, Das Regulierungsrecht im Binnenmarkt, in: Müller-Graff (Hrsg.), Enzyklopädie Europarecht, Bd. 4. Wirtschaftsordnungsrecht, 2015, § 20, Rn. 1 ff.; *Baer*, Rechtssoziologie, 2. Aufl., 2015, § 2 Rn. 89, § 4 Rn. 3 ff.

39 S. z.B. *Petersen/Zwirner*, Unternehmensbegriff, Unternehmenseigenschaft und Unternehmensformen – Anmerkungen zu nicht kodifizierten Sachverhalten in der Rechnungslegung und Implikationen für die Prüfungspraxis, DB 2008, S. 481 ff.

40 *Raiser/Veill*, Recht der Kapitalgesellschaften, 5. Aufl., 2010, § 6, Rz. 4–7.

- ‚Unternehmen' als Rechtssubjekt und unmittelbarer Adressat gesetzlicher Vorschriften.

Entsprechend wird der Begriff je nach dem Willen und Zweck des Gesetzes und der Norm bestimmt, die ihn verwenden. Das kann zu unterschiedlichen, aber jeweils funktional richtigen Abgrenzungen führen.[41]

Mit einem über einzelne Rechtsgebiete hinausgehenden Anspruch wird Unternehmensrecht gelegentlich thematisiert als geeigneter Begriff zur ‚Gruppierung' aller Rechtsnormen, die ein Unternehmen aus einer Praxisperspektive betreffen. Meist haben diese Publikationen jedoch keinen theoretischen Anspruch, sondern es geht um eine konsistente Darstellung einer wirtschaftlichen Querschnittsmaterie, der je nach gewähltem Schwerpunkt diverse relevante Rechtsmaterien zugeordnet werden, die das ‚Recht des Unternehmens' darstellen.[42]

Für die Dogmatik bedeutsam ist über die Systematisierung hinaus schließlich das Konzept des ‚Unternehmensinteresses', das als Leitlinie für die Unternehmensleiter und als Bewertungs- bzw. Haftungsmaßstab möglicher Pflichtverletzungen durch diese dient.[43]

b) *Unternehmensrecht als weiterentwickeltes Handelsrecht*[44]

Am intensivsten diskutiert wurde bzw. wird der Begriff des Unternehmens im Handelsrecht als Alternative zum Begriff des Kaufmanns oder Handelsgeschäfts, und zwar mit unterschiedlichen Schwerpunkten seit Mitte des 19 Jh-

41 *Baumbach/Hopt/Hopt*, HGB, 35. Aufl., 2012, Einl. V. § 1, Tn. 31.

42 S. z.B. *Großfeld*, Internationales und europäisches Unternehmensrecht: Das Organisationsrecht transnationaler Unternehmen, 2. Aufl., 1995; *Wagner*, Unternehmensrecht, 1997 (Schwerpunkt Gesellschaftsrecht für Ökonomen).

43 S. z.B. *Brinkmann*, Unternehmensinteresse und Unternehmensrechtsstruktur. Aufgaben und Grenzen eines normativen Regulatives unternehmenspolitischer Prozesse, 1983; *Teubner*, Unternehmensinteresse – das gesellschaftliche Interesse des Unternehmens "an sich"?, ZHR 1985, S. 470 ff.; *Kort*, Vorstandshandeln im Spannungsverhältnis zwischen Unternehmensinteresse und Aktionärsinteressen, AG 2012, S. 605 ff; *Krieger/Schneider*, Handbuch Managerhaftung, 2. Aufl., 2010 (passim) sowie die Kommentare zu § 93 Abs. 2 S. 1 AktG (‚business judgement rule').

44 *Schmidt*, Handelsrecht. Unternehmensrecht I, 6. Aufl., 2014, § 2 Rn. 10 ff. S. auch z.B. *Schmidt*, Vom Handelsrecht zum Unternehmens-Privatrecht?, JuS 1985, S. 249 ff.; *Vossius*, Noch einmal: Vom Handelsrecht zum Unternehmensprivatrecht?, JuS 1985, S. 936 ff.; *Schmidt*, Spekulation oder skeptischer Empirismus im Umgang mit kodifiziertem Recht, JuS 1985, S. 939 ff.

dts.[45] Im Mittelpunkt steht dabei eine Veränderung der Perspektive: Statt vom Kaufmann und dem ihn betreffenden Sonderprivatrecht soll die Blickrichtung vom Unternehmen als Organisationsform ausgehen und das Handelsrecht damit zu einem Außenprivatrecht der Unternehmen werden. Damit könnten zwar einige systematische Probleme des Handelsrechts behoben werden, ein allgemein akzeptiertes Gesamtkonzept ist daraus aber bislang nicht entwickelt worden.

c) Unternehmensrecht als weiterentwickeltes (Kapital-)Gesellschaftsrecht[46]

Seit den fünfziger Jahren gab es Bestrebungen, die mehr politischen als juristischen Ursprungs waren, das Gesellschaftsrecht als Unternehmensrecht weiterzuentwickeln. Zum einen floss dort die Überzeugung ein, dass Unternehmen mehr sind als privatwirtschaftliche Veranstaltungen im Interesse der Anteilseigner, sondern dass sie auch Gemeinwohlaufgaben wahrnehmen sollen und als sozialer Verband zu betrachten sind, an dem Arbeitnehmer, Gesellschafter/Inhaber, Gläubiger, Lieferanten usw. beteiligt sind (heute auch als Stakeholder-Ansatz bezeichnet).

Im internen Bereich führte daneben insbesondere in Großunternehmen die Machtverschiebung von den Anteilseignern zum Management, die ‚Bürokratisierung' und in Deutschland die Unternehmensmitbestimmung zu Diskussionen über die Unternehmensverfassung und die geeigneten Führungsstrukturen, die sich (zusammen mit anderen Einflüssen) in der Thematik der ‚Corporate Governance' bündelten.

Auch Konzernrecht, europäisches und internationales Gesellschaftsrecht, Steuerrecht, Rechnungslegung, Managementhaftung (inkl. Compliance) und nicht zuletzt Kapitalmarktrecht flossen und fließen in diesen Fragenkomplex ein.

Die Vielfalt dieser Aspekte hat dazu geführt, dass der ursprüngliche Ansatz der Entwicklung eines (gesellschafts- bzw. organisationsrechtlich orientierten) Unternehmensrechts zum Erliegen gekommen ist.

IV. Rechtsgeschichte

Die Wirtschaft ist zwar nicht eigentlicher Gegenstand der Rechtsgeschichte, aber diese könnte die im vorigen Kapitel identifizierten Interdependenzen in ihre Dar-

45 *Schmoeckel* (Fn. 11), S. 116–118.

46 S. z.B. *Kunze*, Unternehmen und Gesellschaft, ZHR 147 (1983), S. 16; *Rittner/Dreher* (Fn. 27), § 8, Rn. 23; *Raiser/Veill* (Fn. 40), § 6 (ausführlicher in den Vorauflagen).

stellung und Analyse einbeziehen und so nicht nur zu deren besserem Verständnis durch die Rechtswissenschaft beitragen, sondern ggf. auch zu einer Verbesserung des positiven Rechts.[47]

In der Regel stellen die allgemeinen rechtsgeschichtlichen Arbeiten keinen nennenswerten Bezug zum wirtschaftlichen Kontext her. Hinweise zum Stand der Wirtschaftsentwicklung[48] werden zwar gelegentlich eingeflochten, aber nicht mit der Entwicklung des Rechts oder seiner Wissenschaft korreliert.[49]

Am häufigsten finden sich geschichtliche (i.W. wissenschaftsgeschichtliche) Rückblicke auf die Entstehung und Entwicklung des ‚Wirtschaftsrechts', die nur grobe Bezüge zum Realitätsausschnitt ‚Wirtschaft' herstellen, dessen Entstehung als eigenständiges Phänomen mit dem Merkantilismus verbunden wird.[50]

Es gibt allerdings auch vereinzelte Arbeiten, die versuchen, die Rechtsgeschichte speziell unter dem Blickwinkel der beschriebenen Interdependenzen darzustellen.[51] Dabei spielen insbesondere die Fragen, ab wann von ‚Wirtschaft' und ‚wirtschaftsrelevantem Recht' überhaupt sinnvoll gesprochen werden kann, welche Rolle die Unterscheidung von Privatrecht und öffentlichem Recht spielen kann und soll, und wie folglich das ‚Recht der Wirtschaft' überhaupt abgegrenzt werden kann, eine wichtige Rolle.[52] Auch hier erfolgt eine Beschränkung auf die Zeit ab ca. 1800, auch wenn anerkannt wird, dass für das Verständnis der Interdependenzen eine Berücksichtigung der älteren Zeit hilfreich wäre, in denen disziplinäre Eigenheiten und die Suche nach begrifflichen und systematischen Klärungen aus einer komplexen Gemengelage sich überhaupt erst entwickelt haben.[53]

---

47 *Schmoeckel* (Fn. 11), S. 474–475.

48 Z.B. *Wesel,* Geschichte des Rechts in Europa, 2000, der fast jedes Kapitel mit dem Abschnitt ‚Geschichte und Wirtschaft' beginnt.

49 Ähnlich verhält es sich im Übrigen lt. *Schmoeckel* (Fn. 11), S. V mit wirtschaftshistorischen Werken, die meist ohne Berücksichtigung der normativen und kaum einer durchgehenden Betrachtung der institutionellen Entwicklung verfasst sind.

50 S. *Schmoeckel* (Fn. 11), *Brockhoff* (Fn. 8), S. 3; *Röhl* (Fn. 4), § 50a, S. 18. So die übliche Darstellung in den Lehrbüchern zum Wirtschaftsrecht (s. Fn. 25 ff.). Auch *Hattenhauer*, Europäische Rechtsgeschichte, 4. Aufl., 2004, berücksichtigt zwar die ökonomische Dimension (z.B. S. 730 ff., 751 ff, 807 ff.), aber erst ab dem 19. Jhdt.

51 S. insbesondere *Schmoeckel* (Fn. 11), sowie die in seiner Fn. 42, S. 15 aufgeführte Literatur.

52 S. z.B. *Schmoeckel* (Fn. 11), S. 4–14.

53 Zur Komplexität einer solchen Aufgabe s. z.B. *Stolleis,* Geschichte des öffentlichen Rechts in Deutschland, Erster Band: Reichspublizistik und Policeywissenschaft 1600–1800, 2. Aufl., 2012, S. 394–395.

V. Rechtssoziologie[54]

Rechtssoziologie als die „Wirklichkeitswissenschaft vom Recht“[55] untersucht die wechselseitige Abhängigkeit (Interdependenz) von Recht und Sozialleben.[56] Zu letzterem zählt zwar auch die ‚Wirtschaft‘, aber die Rechtssoziologie beschränkt sich üblicherweise auf Analysen des ‚Rechtslebens‘ und des klassischen ‚Rechtsstabs‘ und überlässt Wirtschaft und Wirtschaftende der Wirtschaftssoziologie oder gleich ganz der Wirtschaftswissenschaft.[57]

Zwar ist die Soziologie als Wissenschaft zu Beginn des 20. Jahrhunderts u.a. aus der Staatswissenschaft bzw. Nationalökonomie entstanden, und auch ihre ‚Urväter‘ (insbesondere M. Weber[58]) waren oft juristisch qualifiziert. Aber die seinerzeitigen Ansätze zur Analyse der Wechselwirkungen von Wirtschaft, Staat und Recht wurden weitgehend von der Wirtschaftswissenschaft (inkl. Wirtschaftssoziologie) absorbiert (s. Kapitel D).

Vor allem in der empirischen Rechtstatsachen- bzw. Rechtswirkungsforschung finden sich Beispiele mit Wirtschaftsbezug, z.B. zur juristischen Berufspraxis[59]. Die theoretisch orientierte Rechtssoziologie (soweit sie sich mit dem Thema auseinandersetzt[60]) beschäftigt sich mit den Wechselwirkungen von Recht und Wirtschaft zum einen deskriptiv (insbesondere unter Berücksichtigung der empirischen Erkenntnisse), daneben z.T. auch stark politisch – ideologisch gefärbt. Schwerpunktmäßig thematisiert wird aus dieser Perspektive Recht als Mittel zur

---

54 Die Frage, ob die Rechtssoziologie überhaupt Teil der Rechtswissenschaft ist oder ‚nur‘ eine Hilfswissenschaft (*Rehbinder* (Fn. 3), S. 7 ff.) soll hier außer Betracht bleiben. Entscheidend für den Einbezug ist, dass sie in ihrer empirischen Ausprägung wichtige Informationen zum faktischen Zusammenspiel von Recht und Wirtschaft liefern könnte.

55 *Rehbinder* (Fn. 3), S. 1.

56 *Rehbinder* (Fn. 3), S. 1–2. Breiteres Konzept im Sinne einer kritischen Regulierungswissenshaft bei *Baer* (Fn. 38), insbes. S. 34 ff.

57 Zum Verhältnis von Soziologie und Wirtschaftswissenschaft s. auch Abschnitt D. I. 3.

58 S. z.B. *Röhl* (Fn. 4), Kap. 6 und 10a (neu), S. 1 ff.

59 S. z.B. *Hartwieg,* Rechtstatsachenforschung im Übergang, 1975, S. 43 ff.; *Burgbacher u.* a., Juristische Berufspraxis, 1976; *Hartmann,* Juristen in der Wirtschaft. Eine Elite im Wandel, 1992; *Lullies/Schüller/Zigriadis*, Zum Bedarf der Wirtschaft an Absolventen eines Diplomstudiengangs Rechtswissenschaft mit wirtschaftswissenschaftlicher Ausrichtung, 1995; *Hommelhoff* (Hrsg.), Die Praxis der rechtsberatenden Berufe, 1999. Einzelanalysen zum Bereich des wirtschaftsrelevanten Rechtslebens finden sich auch in der Zeitschrift für Rechtssoziologie.

60 S. insbesondere *Hesse*, Einführung in die Rechtssoziologie, 2004, S. 32, 165–190; *Röhl* (Fn. 4), Kap. 10a.

politischen Einflussnahme (inkl. der Umsetzungsebene) auf die Wirtschaft, wobei die Vorstellungen, die hier zum Tragen kommen, sozial-, wohlfahrts- und schutzpolitischer (inkl. ökologischer) Programmatik entstammen und nicht zuletzt fiskalischen Interessen bzw. Zwängen folgen. Zwar gibt es auch eine Prägung des Rechts durch die Wirtschaft, aber angesichts unterschiedlicher Interessen und Auffassungen von ‚Gerechtigkeit‘ und ‚Richtigkeit‘ wird das Recht aus dieser Perspektive zu einem (intern z.T. widersprüchlichen) Instrument der Kompromissgestaltung und Verrechtlichung, und das nicht nur in der Gesetzgebung, sondern auch in Rechtsprechung und Rechtswissenschaft.

VI. Faktische Beeinflussung

Neben der ‚intellektuellen Interdependenz‘ von Rechtswissenschaft und Wirtschaft gibt es in gewissem Umfang auch eine gegenseitige faktische Einflussnahme:

1. Einfluss der Rechtswissenschaft auf die Wirtschaft

Eine faktische Einwirkung der Rechtswissenschaft auf die Wirtschaft bzw. Wirtschaftspraxis wird zunächst nur dann anzunehmen sein, wenn rechtswissenschaftliche Ideen sich auf dem Umweg über Gesetzgebung oder Rechtsprechung in der Wirtschaftspraxis niederschlagen. Allerdings erfolgt die rechtswissenschaftliche Arbeit i.W. ex post. Zwar werden (zumindest in neuerer Zeit) immer wieder rechtswissenschaftliche Gutachten in das Gesetzgebungsverfahren ‚eingebracht‘, einen nennenswerten Einfluss auf das Endresultat hat dies jedoch üblicherweise nicht. Am ehesten übt die Wissenschaft ihren Einfluss über die Rechtsprechung aus.

Daneben kommt es zu einem indirekten Einfluss, indem rechtswissenschaftlich ausgebildete Juristen in der Wirtschaft tätig sind. Z.T. sind diese Praktiker auch rechtswissenschaftlich tätig und tragen dadurch dazu bei, wissenschaftliche Ideen in der Wirtschaftspraxis umzusetzen.

2. Einfluss der Wirtschaft auf die Rechtswissenschaft

Die Wirtschaft liefert zunächst der Rechtswissenschaft auf dem Umweg über das Recht bzw. die Gerichte das Ausgangsmaterial für ihre Überlegungen und prägt damit auch die Auswahl der zu bearbeitenden Themen.

In manchen Rechtsbereichen (z.B. Rechnungslegung, Steuern, gewerbliche Schutzrechte, Banken, Versicherungen) werden gelegentlich auch wissenschaftliche Aufsätze verfasst, deren Inhalt den Autoren durch aktuelle ökonomische Interessen in die Feder gelegt wird. Auch in anderen Bereichen, in denen die wissenschaftliche

Arbeit von betroffenen Praktikern bewältigt wird, entsteht eine ‚ungute' Gemengelage, bei der die gebotene Objektivität und Unabhängigkeit Gefahr laufen, in ein schlechtes Licht gerückt zu werden. Desungeachtet ist der Austausch zwischen Wissenschaft bzw. Theorie und Praxis unerlässlich, zumal Berufswissenschaftler i.d.R. nicht über Praxiserfahrung außerhalb der Hochschule verfügen.[61]

Daneben übt die Wirtschaft indirekt Einfluss in Form von Drittmittelforschung, Auftragsgutachten, gesponserten Fachzeitschriften oder Fachkongressen aus. Wie stark dieser ist, ist schwer zu beurteilen und variiert vermutlich je nach Rechtsbereich. Da gerade in der Wirtschaft potente Partner bzw. Auftraggeber zu finden sind, können die Verlockungen hier sehr real sein.

Während die Wirtschaftswissenschaft sich im ‚Verein für Socialpolitik' einen klaren Ethikkodex gegeben hat, der insbesondere auf eine Offenlegung der wirtschaftlichen Abhängigkeiten setzt,[62] fehlt Vergleichbares bislang für die Rechtswissenschaft.[63]

D. Recht und Wirtschaftswissenschaft

I. Einleitung

Das Begriffspaar Recht und Wirtschaftswissenschaft wird in erster Linie mit der klassischen „Ökonomischen Analyse des Rechts" der Chicago School assoziiert. Obschon diese einen wichtigen Aspekt darstellt, ist das Verhältnis zwischen beiden wesentlich reichhaltiger, wie die nachfolgende Darstellung zeigen wird.

Eine besondere Herausforderung hierbei stellt die Tatsache dar, dass es „die" Wirtschaftswissenschaft eigentlich nicht gibt. Vielmehr handelt es sich um einen Sammelbegriff für verschiedene wissenschaftliche Teilbereiche bzw. Ansätze, für die es keine allgemein akzeptierten Definitionen oder standardisierte Ordnung gibt. Da für eine korrekte Erfassung des Zusammenspiels von Recht und Wirtschaftswissenschaft aber ein Mindestverständnis des komplexen Realitätsteilbereichs ‚Wirtschaftswissenschaft' erforderlich ist, soll zunächst ein kurzer Überblick über diese gegeben werden, ehe nach einer Skizzierung des Interdependenzmodells s. II) die Wechselwirkungen näher untersucht (s. III–VI) werden.

61 Eine Ausnahme stellen die Fachhochschulen dar, in denen eine mehrjährige Berufspraxis außerhalb der Hochschule eine Berufungsvoraussetzung darstellt. In der wissenschaftlichen Forschung stellen die dort in den Studiengängen Wirtschaftsrecht und Wirtschaft Lehrenden allerdings nur einen geringen Anteil.

62 www.socialpolitik.de/De/ethikkodex.

63 Vgl. *Wolf*, Perspektiven der Rechtswissenschaft und der Juristenausbildung, ZRP 2013, S. 20 ff. (22), der für einen solchen Kodex plädiert.

1. *Wirtschaftswissenschaft*

a) *Wesensmerkmale und Unterteilungen*

Die Wirtschaftswissenschaft ist eine relativ junge Wissenschaft, die sich erst im Laufe des 19. Jhdts. in der Ausprägung ‚Nationalökonomie‘ als selbständige Wissenschaft herausgebildet und vor allem im 20. Jahrhundert stark weiterentwickelt und ausdifferenziert hat.

Eine allgemein akzeptierte Definition gibt es nicht, nicht einmal ein gemeinsames Verständnis, ob dieser Begriff überhaupt (noch) zutreffend ist. Dieses definitorische Problem korreliert mit dem der internen Unterteilung der Wirtschaftswissenschaft, für die es i. W. drei Kriterien gibt:

- Nach ihrem Gegenstand wird die Wirtschaftswissenschaft in Volkswirtschafts- und Betriebswirtschaftslehre unterteilt, die ihrerseits jeweils wieder in zwei Teilbereiche untergliedert sind (zumindest nach in Deutschland weit verbreitetem Verständnis) (s. Abschnitte b-c).
- Auf Basis der verwendeten Methode(n) ergibt sich eine andere Methodik, die sich mit der vorigen nur z.T. deckt (s. Abschnitt d).
- Eine Orientierung an Theorien bzw. Theorieschulen führt trotz Überschneidungen mit den beiden vorgenannten Gruppierungen zu wiederum anderen Einteilungen (s. Abschnitt e).

In der Tendenz entspricht die vorstehende Reihenfolge auch der historischen Entwicklung, allerdings existieren alle drei Systematisierungen heute parallel, werden aber je nach persönlicher Positionierung des Wissenschaftlers unterschiedlich und uneinheitlich verwendet.

b) *Volkswirtschaftslehre*[64]

Die als ‚Nationalökonomie‘ entstandene Teilwissenschaft – die von ihren Vertretern oft auch nur als ‚Ökonomie‘ bezeichnet wird – gliedert sich in zwei Bereiche (die allerdings nicht in jeder Hinsicht sauber getrennt werden können):

---

64 S. z.B. *Woll*, Volkswirtschaftslehre, 15. Aufl., 2007; Vahlens Kompendium der Wirtschaftstheorie und Wirtschaftspolitik Band 1+2, 9. Aufl., 2005; *Schmölders*, Wirtschaftswissenschaft II: Theoriebildung in der Volkswirtschaftslehre, in: Handwörterbuch der Wirtschaftswissenschaften, Bd. 9, Sp. 425 ff.; *Kolb*, Geschichte der Volkswirtschaftslehre, 1997; *Issing* (Hrsg.), Geschichte der Nationalökonomie, 4. Aufl., 2002; *Hesse*, Wirtschaft als Wissenschaft. Die Volkswirtschaftslehre in der frühen Bundesrepublik, 2010.

(1) Die Makroökonomie *beschäftigt sich mit der Wirtschaft auf einer aggregierten Ebene mit Bezug zu einem bestimmten (räumlichen, sektoralen u. ä.)* Wirtschaftsraum (klassischerweise auf staatlicher Ebene) und den Themen Geld/Währung, Preise, Beschäftigung, Wachstum, Wohlstand, Im-/Export, Staatsfinanzen und Wirtschaftspolitik usw.
(2) Die Mikroökonomie analysiert das wirtschaftliche Geschehen in den Haushalten und Unternehmen sowie in begrenzten Märkten (Angebot und Nachfrage, Preisbildung und Güterverteilung (Haushalts- und Unternehmenstheorie, Preis- und Verteilungstheorie).[65]

Die Unterteilung ist aber insofern problematisch, als sich auch die Mikroökonomie z.T. mit der Gesamtwirtschaft beschäftigt, allerdings mit anderen theoretischen Ansätzen.

c) *Betriebswirtschaftslehre*[66]

Die Betriebswirtschaftslehre ist die Lehre von den wirtschaftlichen, organisatorischen, technischen sowie finanziellen Abläufen in Unternehmen und den unterschiedlichen wirtschaftlichen Institutionen. Sie gliedert sich in zwei Teilbereiche:[67]

(1) Die Managementlehre (auch angewandte Betriebswirtschaftslehre, Wissenschaft der Unternehmensführung) entwickelt konkrete Handlungsanweisungen für Wirtschaftsakteure in den Funktionsbereichen Organisation, Personal, Beschaffung, Leistungserstellung, Absatz (Marketing), Unternehmensführung, Controlling und strategisches Management. Dabei arbeitet sie integrativ mit verhaltens- und sozialwissenschaftlichen Ansätzen.
(2) Gegenstand der theoretischen Betriebswirtschaftslehre (z.T. auch als ‚allgemeine' Betriebswirtschaftslehre bezeichnet) ist die Beschreibung und Erklärung von Betrieben sowie die Analyse von Entscheidungsprozessen unter

---

65 *Jung*, Allgemeine Betriebswirtschaftslehre, 11. Aufl., 2009, S. 28.

66 S. z.B. *Chmielewicz*, Wirtschaftswissenschaft II: Theoriebildung in der Betriebswirtschaftslehre, in: Handwörterbuch der Wirtschaftswissenschaften, Bd. 9, Sp. 446 ff.; *Schauenberg*, Gegenstand und Methoden der Betriebswirtschaftslehre, in: Vahlens Kompendium der Betriebswirtschaftslehre Bd. 1, 5. Aufl., 2005, S. 1 ff.; *Schweitzer/Baumeister* (Hrsg.), Allgemeine Betriebswirtschaftslehre, 11. Aufl., 2015; *Kirsch/Seidl/van Aaken*, Betriebswirtschaftliche Forschung, 2007, S. 147 ff., 233 ff.; *Thommen*, Stichwort ‚Betriebswirtschaftslehre', in: Gablers Wirtschaftslexikon, http://wirtschaftslexikon.gabler.de/Definition/betriebswirtschaftslehre-bwl.html.

67 *Schneider*, Betriebswirtschaftslehre, Band 4: Geschichte und Methoden der Wirtschaftswissenschaft, 2001, S. 270–271; *Brockhoff* (Fn. 8), S. 202–203.

Berücksichtigung des betrieblichen Umfelds. Sie überschneidet sich in weiten Teilen mit Teilen der Mikroökonomie bzw. deren Methodik.[68] Funktional werden hier Investitions- und Finanzierungstheorie sowie Rechnungslegung eingeordnet, aber je nach theoretischem Ansatz können auch die der Managementlehre zugeordneten Funktionsbereiche theoretisch analysiert und erklärt werden.

d) Methoden

Die Wirtschaftswissenschaft ist durch Methodenpluralismus gekennzeichnet. In allen Teilbereichen kann sie rein gedanklich-spekulativ operieren oder auf Basis empirischer Untersuchungen, sie kann qualitativ oder quantitativ argumentieren und die Ideen und Erkenntnisse allgemeinsprachlich oder stark mathematisiert darstellen. Selbst in den einzelnen Theorien (s. hiernach) kommen je nach Erkenntnisziel unterschiedliche Methoden zum Einsatz.

Von grundlegender Bedeutung ist dabei die Unterscheidung zwischen Individualismus und Holismus als methodische Ansätze zur Erklärung gesellschaftlicher Institutionen, die auch in der Wirtschaftswissenschaft relevant ist:[69]

- Der methodologische Individualismus will Handlungsfolgen in Gesellschaften und sie lenkende Normen aus Regeln erklären, die das Verhalten der einzelnen teilnehmenden Personen prägen inkl. der Beschreibungen ihrer Situation, des Handlungsumfeldes. Dabei geht es nicht darum, wie Personen konkret handeln, sondern es wird ein Typus definiert (in der Wirtschaftswissenschaft auch als homo oeconomicus bezeichnet), dessen Verhalten, Entscheidungen usw. dann auch für Erklärungen größerer Ein- bzw. Gesamtheiten herangezogen werden kann. Die Mikroökonomie sowie die mikroökonomisch fundierte Makroökonomie sowie die theoretische Betriebswirtschaftslehre beruhen auf diesem Ansatz.
- Der methodologische Holismus will demgegenüber das Verhalten der Gesellschaft und der Einzelnen in einer Gesellschaft aus Gesetzen erklären, die das soziale System als Ganzes betrachten, und aus Beschreibungen der Stellung und Funktionen der Einzelnen innerhalb des Ganzen. Auf Holismus bauen ein Teil der Makroökonomie sowie die Managementlehre auf.

---

68 Deshalb wird dieser Bereich in der angelsächsisch geprägten Wirtschaftswissenschaft auch nicht als eigener Teilbereich anerkannt. Zu einer mikroökonomischen Sichtweise auf die Betriebswirtschaftslehre s. z. B. *Göbel*, Neue Institutionenökonomik. Konzepte und betriebswirtschaftliche Anwendungen, 2002, S. 157 ff.

69 *Schneider* (Fn. 67), S. 31–32, ausführlich S. 447 ff.

e) Theorien und Theorieschulen

Theorien als gedankliche Konstrukte zur Erklärung wirtschaftlicher (oder gesellschaftlicher) Phänomene resultieren aus einer Kombination von Untersuchungsgegenstand, Erkenntnisinteresse und Methode, wobei mehr oder weniger umfangreiche vereinfachende Annahmen getroffen werden (müssen), um zu eindeutigen Aussagen zu gelangen.

Ihr Ziel kann dabei zweifach sein:

- Positive Theorien zielen alleine auf die Erklärung und Modellierung der Realität ab.
- Normative Theorien leiten darüber hinaus aus den Erkenntnissen unter Anwendung bestimmter Bewertungskriterien Handlungsempfehlungen ab.[70]

Da Theorien sich nicht an das oben erwähnte wirtschaftswissenschaftliche Ordnungssystem halten, finden sich z.T. vergleichbare theoretische Ansätze in den verschiedenen Teilbereichen. Zwecks Systematisierung werden die Theorien zu Strömungen oder Schulen zusammengefasst, wobei angesichts der vielschichtigen möglichen Ordnungskriterien die so entstehenden ‚Ökonomien' oder Lehren keineswegs einheitlich definiert oder abgegrenzt werden. Die hieraus resultierende Vielfalt wird z.T. noch dadurch gesteigert, dass die Wissenschaftler ihre Theorien oft weiterentwickeln und eher als Gedankenexperiment oder ‚work in progress' verstehen denn als gesicherte ‚wissenschaftliche Erkenntnis'.[71]

Hinzu kommt, dass die Wirtschaftswissenschaft eine offene Wissenschaft ist, die auch Erkenntnisse anderer Wissenschaften integriert, sofern dies ins Konzept passt. Entsprechend werden je nach Konstellation Erkenntnisse aus Politik-, Sozial-, Verwaltungs- und Verhaltenswissenschaften oder aus Mathematik, Informatik, Entscheidungs- und Spieltheorie usw. verwendet.

Letzteres, verbunden mit der Tendenz, die Wirtschaftswissenschaft nicht mehr über ihren Gegenstand zu definieren, sondern als eine Analysemethode, die weit über den engeren Bereich der Wirtschaft hinaus angewendet werden kann, führt dazu, dass sie sich zunehmend zu einer allgemeinen Sozialwissenschaft bzw. Wissenschaft vom Management gesellschaftlicher Institutionen entwickelt.

So betrachtet die moderne Ökonomie sich z.T. allgemein als die Wissenschaft von den Wahlentscheidungen rational handelnder Menschen in allen möglichen gesellschaftlichen Konstellationen, meist unter der Annahme knapper Ressour-

70 *Schneider* (Fn. 67), S. 273.

71 Zur permanenten disziplinären Evolution s. z.B. *Hesse* (Fn. 64), S. 391 ff.; *Richter/Furubotn*, Neue Institutionenökonomik, 4. Aufl., 2010, S. 7, 551 ff.

cen. Der Forschungszweig, der ausschließlich den Markt untersucht, wird dann überwiegend ‚Ökonomie' genannt, derjenge, der alle Handlungs- und Lebensbereiche behandelt, ‚Ökonomik'.[72]

2. *Interdependenzmodell*

Modellhaft betrachtet kann Recht mit Wirtschaftswissenschaft grundsätzlich in mehrfacher Beziehung stehen:

(1) Das Recht legt die Rahmenbedingungen fest, unter denen Wirtschaft agiert. Entsprechend stellt es auch für die Wirtschaftswissenschaft ein *Datum* dar, das als handlungsermöglichender oder -verhindernder Faktor in ihren Theorien oder Lehren zu berücksichtigen ist. Das Recht wird dabei als gegebener, unabänderlicher Faktor betrachtet, der ggf. als Restriktion in den Erklärungs- oder Handlungsmodellen zu berücksichtigen ist, liegt aber ansonsten nicht im Interessenbereich der Wirtschaftswissenschaft.

(2) Das Recht kann als Variable betrachtet werden, deren Analyse es erlaubt, den Einfluss des Rechts auf die Wirtschaft zu ermitteln (Recht als *explanans*). Typische Fragestellungen aus dieser Perspektive sind z. B.: Wie verhalten sich Menschen in einem bestimmten rechtlichen Rahmen bzw. unter seinem Einfluss? Wie reagieren sie auf veränderte rechtliche Vorgaben (Anreize)? Wie verhalten sie sich gegenüber bestimmten rechtlichen Institutionen? Wirken sich bestimmte Normierungsarten günstiger auf die Wirtschaftsentwicklung aus? Welche Art Rechtsordnung fördert am ehesten Investitionen, stützt am ehesten den wirtschaftlichen Wohlstand, usw.?

(3) Das Recht als Normgefüge, aber auch als ‚law in action' in den unterschiedlichsten Konstellationen, ist Teil der gesellschaftlichen Realität. Insofern stellt Recht einen potenziellen Gegenstand positiv-wirtschaftswissenschaftlicher Analyse und Erklärung dar (Recht als *explanandum*). Typische Fragestellungen wären z. B.: Wie entsteht Recht aus den ökonomischen Rahmenbedingungen? Warum ist Recht wie es ist? Inwiefern ist Recht Ausdruck ökonomischer Rationalität? Welche Auswirkungen haben ökonomische Bedingungen auf konkrete Ausprägungen des geltenden Rechts? Warum haben wir die Gesetze, die wir haben?

(4) Das Recht kann darüber hinaus Gegenstand der normativen Wirtschaftswissenschaft sein, wenn diese unter Anwendung bestimmter ‚ökono-

---

72 S. z. B. *Tontrup*, Ökonomik in der dogmatischen Jurisprudenz, in: Engel (Hrsg.), Methodische Zugänge zu einem Recht der Gemeinschaftsgüter, 1998, S. 41 ff. (58).

mischer' Kriterien Bewertungen dahingehend abgibt, warum Recht suboptimal ist und in welcher Form es verbessert werden sollte. In dieser Ausprägung wird Recht zum Gestaltungsobjekt (Recht als *configurandum*). Typische Fragestellungen sind: Wie muss Recht gestaltet sein, um ökonomisch betrachtet optimal zu wirken, um bestimmte Ziele zu erreichen, um befolgt zu werden? Welche von mehreren möglichen rechtlichen Gestaltungsvarianten ist den anderen ‚überlegen' und sollte daher umgesetzt werden? Welche Ziele sollten in der Rechtsetzung und Rechtsanwendung verfolgt werden? Welche Regulierung sollte abgeschafft werden, weil sie ihr Ziel verfehlt oder negative Auswirkungen hat?

(5) Soweit nicht das freie Wirken der Privatautonomie und der Marktkräfte als optimal betrachtet wird, sondern regulierende Eingriffe als erforderlich erachtet werden, wird Recht als Gestaltungsinstrument benötigt (Recht als *instrumentum*). Das gilt analog für die Organisation des Gemeinwesens bzw. der Wirtschaftsordnung, für wirtschaftspolitische Maßnahmen und bei der Verwendung von Rechtsinstituten im privatwirtschaftlichen Kontext. Obschon es sich hierbei in erster Linie um ‚juristisches Terrain' handelt, kann die Wirtschaftswissenschaft auch hier Ordnungs- und Wirkungsmodelle, Regulierungstechniken, Rechtnutzungsstrategien usw. entwickeln. Typische Fragestellungen wären: Welche Ordnungsprinzipien sind am geeignetsten, um angesichts ökonomischer Gegebenheiten bestimmte Ziele zu erreichen? Welche Sanktionen bzw. Anreize sind am ehesten geeignet? Auf welcher Ebene bzw. bei welchen Akteuren sollte eine Normierung ansetzen? Wie sollten Kompetenzen und Verantwortlichkeiten verteilt sein?

(6) Schließlich kann es eine Wechselwirkung zwischen Recht und Wirtschaftswissenschaft auf faktischer Ebene geben.

Die Unterscheidung der verschiedenen Interdependenzen ist natürlich idealtypisch und dient in erster Linie dem Verständnis. Obschon sich in den Fragestellungen z.T. die typischen Ansätze der wissenschaftlichen Theorien wiederfinden und gruppieren, ist eine eindeutige Korrelation nicht möglich (s. hiernach).

3. *Recht als Gegenstand der Wirtschaftswissenschaft*

Die Wirtschaftswissenschaft beschäftigt sich mit Recht in all seinen konkreten Ausprägungen, d.h. primär mit dem Rechtssystem, den Rechtsinstituten und -normen, aber auch mit dem Staat, den Staatsgewalten und deren Aktivitäten, den juristischen Berufen und Tätigkeiten, letztlich mit allem, was mit Recht zu tun hat.

Während ursprünglich vor allem das Privatrecht (insbesondere das Zivilrecht) im Mittelpunkt des Interesses stand, sind inzwischen auch das öffentliche Recht und das Strafrecht, ebenso Europäisches und Internationales Recht Gegenstand solcher Untersuchungen. Dabei stehen nicht nur materiellrechtliche Normen im Fokus, sondern auch Verfahrensregeln (Gerichts-, Verwaltungs-, Gesetzgebungsverfahren) und Organisations-formen (sowohl privat- als auch öffentlich-rechtlicher Natur).

Dabei verwendet die Wirtschaftswissenschaft „*eine beachtliche Breite an wirtschaftstheoretischen Ansätzen, insbesondere die Allgemeine Gleichgewichtstheorie des Marktes, der Wohlfahrtsökonomik, der ökonomischen Theorie der Regulierung, der Neuen Institutionenökonomik, der ökonomischen Theorie der Verfügungsrechte, der Neuen Politischen Ökonomie, der Konstitutionenökonomik, der Spieltheorie, der Informationsökonomik und der Verhaltensökonomik, und ist grundsätzlich allen wirtschafts- und sozialwissenschaftlichen empirischen Methoden zugänglich.*“[73]

Weder begrifflich noch inhaltlich erfolgt diese Beschäftigung mit Recht jedoch in systematischer Weise. Keine dieser Theorien ist speziell auf das Recht zugeschnitten bzw. hierfür entwickelt worden. Sie werden aber unter dem Label ‚Law and Economics‘ für eine wirtschaftswissenschaftliche Sicht auf das Recht nutzbar gemacht, wobei die meisten Wissenschaftler einem ‚pragmatisch-eklektischen Approach‘ folgen, so dass letztlich dieser Themenbereich ein sehr disparates Gesamtbild abgibt.[74]

Die in Deutschland meist gebrauchte Bezeichnung ‚Ökonomische Analyse des Rechts‘ stammt genau genommen aus den ersten (amerikanischen) Ansätzen der 60er und 70er Jahre, die zwar durch die Dominanz der Chicago-School eine einigermaßen einheitliche Methodik aufweisen, aber wissenschaftliche Vorläufer ignorieren und die spätere massiven Erweiterungen der wirtschaftswissenschaftlichen Beschäftigung mit Recht nicht widerspiegeln. Entsprechend wird heute z.T. auch breiter von ‚Ökonomischer Theorie des Rechts‘ oder von ‚Rechtsökonomik‘ gesprochen.

Dominant in diesen Theorien ist der Ansatz von Recht als explanans oder als explanandum. Soweit es sich um empirische bzw. angewandte Theorien handelt, firmieren die Aktivitäten auch unter den Begriffen Rechtswirkungsforschung und/oder Gesetzesfolgenanalyse, deren theoretische Basis jeweils unterschiedlich (und häufig auch stärker interdisziplinär ausgerichtet) ist.

---

73 *Schöbel*, Stichwort ‚Rechtsökonomik‘, Gablers Wirtschaftslexikon (http://wirtschaftslexikon.gabler.de/Definition/rechtsoekonomik.html).

74 *Kerkmeester*, Methodology: General, in: Bouckaert/De Geest (eds.), Encyclopedia of Law and Economics, Vol. I. The History and Methodology of Law and Economics, 2000, 383 ff. (383–384) 82 (Online-Ausgabe: http://encyclo.findlaw.com). Die Autoren geben auch nicht immer zu erkennen, wo/wie sie sich einordnen, oder sie treffen komplexe Annahmen, die systematisch schwer greifbar sind.

Gemeinsam ist diesen Ansätzen, dass sie alle der Volkswirtschaftslehre (Ökonomie) zuzuordnen sind. Eine ‚Law and Management'-Bewegung gibt es trotz eigentlich vorhandener Ansatzpunkte bislang nur in sehr begrenztem Maße (s. V).

Entsprechend schwierig ist es, einen einigermaßen systematischen Überblick über diesen Bereich zu geben. Die folgende Darstellung orientiert sich zu diesem Zweck an der klassischen gegenstandsbezogenen Unterteilung. Dabei ist zu beachten, dass mikroökonomische Methoden inzwischen auch auf klassische makroökonomische und betriebswirtschaftliche Fragestellungen angewendet werden.

Trotz der vorerwähnten Entwicklung und eines in vielen Bereichen identischen Untersuchungsgegenstands grenzt vor allem die Ökonomie sich konsequent von der Soziologie ab, die mit anderen (holistischen) Erklärungsmodellen operiert. Z.T. berufen sich beide auf dieselben Theorien, ordnen sie aber ihrer jeweiligen Wissenschaft zu.[75] Die Soziologie hat sich entsprechend auch lange kaum mit der Wirtschaft beschäftigt. In neuerer Zeit tritt sie wieder selbstbewusster auf.[76] Da sie aber kein klares Konzept hat, wie sie mit dem Realitätsausschnitt Recht umgehen soll, das über die aus der Wirtschaftswissenschaft bekannten hinausgeht, wird sie nicht separat berücksichtigt.[77]

II. Makroökonomie

1. Überblick

Recht als Rahmenbedingung wirtschaftlichen Handelns auch auf einer Makroebene (z.B. Wirtschaftsverfassungsrecht, Exportrecht, Steuerrecht, Kartellrecht, Marktregulierungsrecht usw.) spielt zwar faktisch eine wichtige Rolle, wird aber in der Makroökonomie weitestgehend ignoriert. Der rechtliche Ordnungsrahmen wird üblicherweise weder erläutert noch analysiert, sondern als konstante externe Variable betrachtet, die keine Auswirkung auf die ökonomischen Modelle hat.[78]

---

75 *Röhl* (Fn. 4), Kap. 10a.

76 *Hedtke*, Wirtschaftssoziologie, 2014, S. 11, 28: Die Wirtschaftssoziologie liefert eigenständige und bessere Beschreibungen und Erklärungen der Wirtschaft.

77 S. *Swedberg*, Grundlagen der Wirtschaftssoziologie, 2009, insbes. S. 211–213, 232–236; *Hedtke* (Fn. 76). Die Tatsache, dass ‚Law&Economics' sich inzwischen auch mit sozialen Normen beschäftigt (Überblick in *Mercuro/Medema*, Economics and the law. From Posner to Post-modernism and beyond, 2nd ed., 2006, Chap. 7), könnte zu einer Annäherung führen.

78 Der einzige Übersichtsartikel *Gordon*, Law and macroeconomics, in: *Bouckaert/De Geest* (Fn. 74), S. 77 ff., erwähnt trotz des Titels Recht gar nicht.

Diese Verbannung des Rechts in den nicht interessierenden ‚Datenkranz‘ gilt zumindest für die dominierenden neoklassischen Theorien, in denen Institutionen bzw. Recht keine Rolle spielen. Hiergegen richten sich verschiedene (miteinander verwobene) ‚Denkschulen‘, die schon sehr früh und z. T. bis heute die Bedeutung von Institutionen und Recht herausgestellt und diese in ihren Erklärungsmodellen genutzt haben. Außerdem gibt es Teilbereiche der Makroökonomie, die per Definition die Existenz eines Staates bzw. einer Rechtsordnung voraussetzen.

2. *Ordnungsökonomik*[79]

Die Grundfrage der Ordnungsökonomik, zu der z.B. auch die Freiburger Schule und die Konstitutionenökonomik (constitutional economics) gezählt werden können, lautet, wie die Regeln beschaffen sein müssen, welche die Herausbildung und Aufrechterhaltung einer wohlfahrtssteigernden wirtschaftlichen Ordnung ermöglichen.

Für Ordnungsökonomen ist Wirtschaft kein zu organisierendes Ganzes, mit einer durch optimale Allokation zu maximierenden Zielgröße. Stattdessen steht die Frage im Vordergrund, wie eine Vielzahl von Individuen mit einer Vielzahl von Zielen ihr Handeln so koordinieren können, dass Ordnung zum Wohl aller Betroffenen resultiert. Diese Koordination individueller Handlungen wird hier über Regeln herbeigeführt. Ordnungsökonomen interessieren sich dabei nicht primär für Handlungen, die innerhalb gegebener Regeln stattfinden, sondern dafür, wie diese Regeln selbst gewählt werden (‚choice of rules, not within rules‘). Da hier nur Regeln von Interesse sind, die für eine Vielzahl von Individuen für eine Vielzahl von Interaktionssituationen Gültigkeit haben, kann die Wahl dieser Regeln kaum als individuelle Wahlhandlung modelliert werden, sondern muss als kollektive Wahlhandlung analysiert werden. Sie ist den individuellen Wahlhandlungen auf der Marktebene vorgelagert.

---

79 *Sauerland*, Stichwort ‚Ordnungsökonomik, in: Gablers Wirtschaftsexikon (http://wirtschaftslexikon.gabler.de/Definition/ordnungsoekonomik.html); *Heinemann*, Die Freiburger Schule und ihre geistigen Wurzeln, 1989; *Tontrup* (Fn. 72), S. 80 ff.; *Nau*, Recht – Ökonomie – Politik: Max Weber und die ökonomische Theorie der Verfügungsrechte, in: Kervégan/Mohnhaupt, Wirtschaft und Wirtschaftstheorien in Rechtsgeschichte und Philosophie, 2004, S. 243 ff.; *van Aaken*, ‚Rational Choice‘ in der Rechtswissenschaft. Zum Stellenwert der ökonomischen Theorie im Recht, 2003, S. 238 ff.

Diese Fragen haben die Wirtschaftswissenschaft seit ihren Anfängen beschäftigt, aber je mach Grundüberzeugung mit unterschiedlichen Antworten versehen: Von A. Smiths Liberalismus über den Marxismus[80] und Ordoliberalismus der Freiburger Schule[81] bis hin zu modernen Ansätzen der Konstitutionenökonomik[82] oder Wettbewerbsökonomie[83] sind die Fragen der Verteilung und Ordnung von privater und staatlicher Macht im Gesamtwirtschaftsgefüge stets aktuell gewesen.[84]

Damit umfasst diese Thematik die Ebenen (2)–(4) des Interdependenzmodells, wenn auch jeweils mit unterschiedlichen Ausprägungen. Entsprechend vielfältig sind auch die hierbei angewendeten Methoden.

3. *Historische Schulen, alter Institutionalismus und komparative Ökonomik*[85]

Die deutschen historischen Schulen stellten Längs- und Querschnittsuntersuchungen mittels Fallstudien und dem Sammeln statistischer Daten an, um die Wirkungen und die Veränderungen aller Institutionen zu analysieren, welche die Menschen im Laufe der Zeit hervorgebracht haben, darunter auch das Recht. Daraus sollten historische Entwicklungsgesetze abgeleitet werden, aber auch wirtschaftliche Idealmodelle. Fortschritt der Gesellschaft kann man an den Ins-

---

80 S. z.B. *Dobias*, Sozialismus – Marxismus, in: Issing (Fn. 64), S. 111 ff.

81 *Böhm*, Die Forschungs- und Lehrgemeinschaft zwischen Juristen und Volkswirten an der Universität Freiburg in den dreißiger und vierziger Jahren des 20 Jahrhunderts, in: Ders., Reden und Schriften, 1960, S. 158 ff. (162–165).

82 S. z.B. *Grossekettler/Hadamitzky/Lorenz*, Volkswirtschaftslehre, 2. Aufl., 2008, S. 205 ff.; *Pies/Leschke* (Hrsg.): James Buchanans konstitutionelle Ökonomik, 1996; *Sauerland*, Konstitutionenökonomik, Gablers Wirtschaftslexikon (http://wirtschaftslexikon.gabler.de/Definition/konstitutionenoekonomik.html)

83 *Schmidt*, Wettbewerbspolitik und Kartellrecht. Eine interdisziplinäre Einführung, 8. Aufl., 2005; *Knieps*, Wettbewerbsökonomie. Regulierungstheorie, Industrieökonomie, Wettbewerbspolitik, 3. Aufl., 2008;. *Schwalbe/Zimmer*, Kartellrecht und Ökonomie, 2. Aufl., 2011; *Engelkamp/Sell*, Einführung in die Volkswirtschaftslehre, 6. Aufl., 2013, S. 99, 195 ff.

84 S. auch z.B. *E. J. Mestmäcker*, Recht und ökonomisches Gesetz. Über die Grenzen von Staat, Gesellschaft und Privatautonomie, 2. Aufl., Baden-Baden 1984.

85 *Rieter*, Historische Schulen, in: Issing (Fn. 64), S. 131 ff. (Grafik der Zusammenhänge S. 133); *Erlei/Leschke/Sauerland*, Neue Institutionenökonomik, 2. Aufl., 2007, S. 26 ff.; *Peukert*, Alte Institutionenökonomik. Gablers Wirtschaftslexikon (http://wirtschaftslexikon.gabler.de/Definition/alte-institutionenoekonomik.html); *Mercuro/Medema* (Fn. 77), Chap. 4.

titutionen ablesen, die sie hervorbringt, so eine verbreitete Auffassung. Ähnliche Ansätze in den USA werden als alter Institutionalismus bezeichnet.

Im Unterschied zur Neuen Institutionenökonomik standen diese Ansätze Marktwirtschaft und Kapitalismus kritisch gegenüber. Methodisch wird ein empirisch-induktiver, holistischer, nicht formalistischer, die Normorientierung der Menschen im Gegensatz zum reinen Eigeninteresse betonender Ansatz verfolgt und gegen den Neoliberalismus die Notwendigkeit politischer Lenkung von Marktprozessen hervorgehoben. Die Ansätze sind oft ethisch-normativ, wobei Fragen der Verteilungsgerechtigkeit und die soziale Frage im Mittelpunkt stehen (z.B. Kathedersozialisten).[86]

Zu den historischen Nebenströmungen, die konsequent holistisch ausgerichtet sind und die Volkswirtschaft als Ganzes (inkl. sozialer und kultureller Dimensionen verstehen), zählt z.B. auch die sogen. sozialrechtliche Richtung der Nationalökonomie (Stammler/Diehl), die der Wechselbeziehung zwischen Wirtschaftsgestaltung und Rechtsgestaltung besondere Bedeutung beimisst (beide aber mit deduktiver Methodik).[87]

Ihre heutigen Nachfolger nutzen vor allem komparative bzw. rechtsvergleichende Studien[88] mit dem Ziel, Einflüsse des Rechts auf die Wirtschaft und umgekehrt zu identifizieren, um hieraus z.B. Schlussfolgerungen bzgl. des gezielten Einsatzes von Institutionen zur Förderung der wirtschaftlichen Entwicklung oder bzgl. wünschenswerter Rechtsharmonisierung oder -vereinheitlichung zu ziehen.[89] Auch die Thematiken der Bildung von staatlichen oder überstaatlichen Strukturen durch Wettbewerb, Koordination und Integration können hier eingeordnet werden (je nach Herangehensweise auch in den vorigen Abschnitt).[90]

---

86 *Rieter* (Fn. 85), S. 148–149.

87 *Rieter* (Fn. 85), S. 153–154; *Kolb* (Fn. 64), S. 115–116.

88 S. z.B. *Siems*, Statistische Rechtsvergleichung, RabZS Bd. 72 (2008), S: 354 ff.; *de Coninck*, The functional method of comparative law: Quo vadis?, RabZS Bd. 74 (2010), S. 318 ff.; dazu *Michaels*, Explanation and interpretation in functionalist comparative law, RabZS Bd. 74 (2010), S. 351 ff.; *Nicita/Benedettini*, Towards the economics of comparative law: The 'Doing Business' debate, in: Monateri (ed.), Methods of comparative law, 2012, S. 291 ff.; *Parisi/Luppi*, Quantative methods in comparative law, ibidem., S. 306 ff.

89 S. z.B. *Mattei/Antoniolli/Rossato*, Comparative law and economics, in: Bouckaert/De Geest (Fn. 74), Bd. 1, S. 505 ff.; *Buscaglia*, Law and economics of development, ibidem, S. 562 ff.

90 S. *Heine*, Regulierungswettbewerb im Gesellschaftsrecht, 2003; *Meessen*, Wirtschaftsrecht im Wettbewerb der Systeme, 2005, S. 1; *Heertje/Wenzel*, Grundlagen der Volkswirtschaftslehre, 7. Aufl., 2008, S. 494 ff.

4. *Staats- und Finanzwissenschaften*[91]

In der Makroökonomie wird der Staat z.T. vorausgesetzt, z.T. ist er aber auch Gegenstand wirtschaftswissenschaftlicher Betrachtung. Bzgl. der hier zu behandelnden Interdependenzen sind vor allem Fragen der (staatlichen und überstaatlichen) Wirtschaftsverfassung, der Staatsfinanzen und des wirtschaftlichen Staatshandelns von Bedeutung, für die sich insbesondere auch die Politik- und die Verwaltungswissenschaften interessieren, und für die im ökonomischen Bereich wiederum unterschiedliche Theorien ‚zuständig' sind.

Aus der staatswissenschaftlichen Tradition heraus beschäftigt sich die Finanzwissenschaft stark mit dem Staat in seiner Rolle als Fiskus.[92] Die neuere Finanzwissenschaft beschäftigt sich normativ auch mit staatlicher Allokations- und Distributionspolitik (s. 5).[93]

Dem Recht kommt in diesem Zusammenhang vor allem eine instrumentelle Aufgabe zu. Die Finanzverfassung (Fragen der Finanz-, Ertrags- und Verwaltungshoheit) muss rechtlich geregelt werden und ist eng verbunden mit der Staats- und Verwaltungsstruktur.[94]

Als Untersuchungsgegenstand wird das Recht allerdings dahingehend befragt, in welchem Maße diese Strukturen tatsächlich optimal sind oder wie sie kostengünstiger umgesetzt werden könnten. Bzgl. des finanzpolitischen Einsatzes von Steuern, Subventionen usw. wird man außerdem prüfen, ob und in welchem Maße die angestrebten Ziele erreicht werden bzw. wie dies effizienter, kostengünstiger usw. erreicht werden könnte.

5. *Theorie der Wirtschaftspolitik und der Regulierung*[95]

Spätestens seit der ‚keynesianischen Revolution' spielt der Staat eine entscheidende Rolle im Wirtschaftsgeschehen. Die Theorie der Wirtschaftspolitik sucht nach

91 S. z.B. *Gantner/Thöni*, Finanzwissenschaft und Finanzrecht, in Grimm (Fn. 20), S. 223 ff.; *Hennecke*, Öffentliches Finanzwesen. Finanzverfassung, 2. Aufl., 2000; *Schuppert*, Staatswissenschaft, 2003; *Rodi*, Ökonomische Analyse des öffentlichen Rechts, 2014, S. 155 ff.

92 *Bouckaert/De Geest* (Fn. 74), Vol. IV. The Economics of Public and Tax Law.

93 *Grossekettler*, Öffentliche Finanzen, in: Vahlens Kompendium der Wirtschaftstheorie und Wirtschaftspolitik (Fn. 64), S. 561 ff. (599 ff.); *Brümmerhoff/Büttner*, Finanzwissenschaft, 11. Aufl., 2015.

94 *Heertje/Wenzel* (Fn. 90), S. 380 ff.

95 *Berg/Cassel/Hartwig*, Theorie der Wirtschaftspolitik, in: Vahlens Kompendium der Wirtschaftstheorie und Wirtschaftspolitik (Fn. 64), Band 2, sowie die allgemeine Literatur zur Volkswirtschaftslehre.

den Gestaltungsmöglichkeiten wirtschaftlichen Geschehens mit Hilfe staatlicher Eingriffe auf Basis der von der Wirtschaftstheorie formulierten Gesetzmäßigkeiten. Die Ziele der staatlichen Eingriffe in den Wirtschaftsprozess liegen dabei im Bereich der Allokation (Beseitigung von Marktunvollkommenheiten), Distribution (Umverteilung) und Stabilisierung (Preise, Beschäftigung, Wachstum, außenwirtschaftliches Gleichgewicht).[96]

Wirtschaftspolitik und ihr theoretisches Fundament beruhen auf der Überzeugung der Steuerbarkeit durch Recht, genauer auf ‚idealisierenden‘ Annahmen hinsichtlich der Funktionsweise des Staates und des Rechts, die in der Makroökonomie nicht hinterfragt werden,[97] so dass in diesem Bereich das Recht lehrbuchmäßig allenfalls als Instrument der Ordnungspolitik thematisiert, aber nicht vertieft analysiert wird.[98] Zumindest in einer international-komparativen Herangehensweise ist untersucht worden, welche Arten von Recht zur Umsetzung wirtschaftspolitischer Maßnahmen gewählt werden, warum Recht überhaupt zur Lösung von ‚policy-Problemen‘ eingesetzt wird, und welche nationalen Besonderheiten hinsichtlich Qualität und Intensität rechtlicher Maßnahmen ermittelt werden können.[99]

Daneben greift der Staat in den unterschiedlichsten Bereichen in den Marktprozess ein, und jedes Mal stellen sich dabei im Grunde dieselben Fragen wie bzgl. der Wirtschaftspolitik:[100]

- welche Regelungsprogramme angemessen sind – von der hoheitlich-staatlichen Regulierung bis zur Stärkung der selbstregulativen Kräfte des Marktes (regulatory choice),
- welche Instrumente angemessen sind – vom klassischen Ordnungsrecht bis zu Instrumenten ökonomischer Verhaltenssteuerung (Abgaben, Subventionen, Haftungs- und Versicherungsregimes usw.) (instrumental choice),

96 *Heertje/Wenzel* (Fn. 90), S. 352 ff.

97 *Erlei/Leschke/Sauerland* (Fn. 85), S. 40.

98 S. z. B. *Engelkamp/Sell* (Fn. 83); *Grossekettler/Hadamitzky/Lorenz* (Fn. 82), S. 211. Zumindest versuchsweise *Kelman*, Could lawyers stop recessions? Speculations about law and macroeconomics, 45 Stanford Law Review 1215 (1993).

99 S. *Daintith*, Law as a Policy Instrument: Comparative Perspective, in: Ders. (ed.), Law as an instrument of Economic Policy: Comparative and critical approaches, 1988, S. 3 ff (5–6) sowie die weiteren Beiträge in diesem Sammelband.

100 *Schuppert*, Verwaltungsorganisation und Verwaltungsorganisationsrecht als Steuerungsfaktoren, in: Hoffmann-Riem/Schmidt-Aßmann/Voßkuhle (Fn. 17), § 16 Rz. 174 ff., sowie die vorige Fn.

- welcher Organisationstyp angemessen ist – von der klassischen Ministerialverwaltung bis zum verselbständigten Profit Center (institutional choice).

Diese Fragen sind Gegenstand der Regulierungstheorie, die je nach Verständnis von ‚Regulierung' auch die wirtschaftspolitische (Prozess-)Steuerung durch Recht umfasst.[101] Auch hier spielt das Recht in erster Linie eine instrumentelle Rolle, aber es ist auch ökonomischer Untersuchungsgegenstand, wenn es darum geht, sinnvolle, effiziente und kostengünstige Regulierungsmaßnahmen zu treffen.

III. Mikroökonomie

1. Überblick

Die mikroökonomisch fundierte Betrachtungsweise des Rechts ist vielfältig in ihren Gegenständen, Fragestellungen und Methoden, die in ihrer Gesamtheit abzudecken unmöglich ist. Ein gemeinsames Fundament für einen Großteil ihrer Anwendungen findet sie in der Neuen Institutionenökonomik, auf die daher zunächst kurz einzugehen ist. Die moderne Rechtsökonomik (Ökonomische Analyse/Theorie des Rechts)[102] kann in der Tat als ein Teilbereich bzw. eine Fortentwicklung der Neuen Institutionenökonomik betrachtet werden,[103] da sie grundsätzlich von denselben Prämissen ausgeht.

---

101 S. z.B. *Behrens*, Die ökonomischen Grundlagen des Rechts, 1986; *Ogus*, Regulation. Legal form and economic theory, 1994; *Picot/Schenck* (Hrsg.), Ökonomie der Regulierung, 2000; *Eifert*, Regulierungsstrategien, in: Hoffmann-Riem/Schmidt-Aßmann/Voßkuhle (Fn. 17), § 19; *Leschke*, Regulierungstheorie aus ökonomischer Sicht, in: Fehling, M. Ruffert (Hrsg.), Regulierungsrecht, 2009, § 6; *Fehling*, Instrumente und Verfahren, ibidem, § 20. Z.T. werden hierunter auch staatliche Maßnahmen gefasst, die Marktversagen korrigieren sollen (s. z.B. Ogus, Leschke).

102 In der deutschsprachigen Literatur s. z.B. *Assmann/Kirchner/Schanze* (Hrsg.), Ökonomische Analyse des Rechts, 1978; *Koboldt/Leder/Schmidtchen*, Ökonomische Analyse des Rechts, in: Berthold (Hrsg.), Allgemeine Wirtschaftstheorie, 1995, S. 355 ff.; *van Aaken* (Fn. 79); *Weigel*, Rechtsökonomik, 2003; *Mathis*, Effizienz statt Gerechtigkeit, 3. Aufl., 2009, S. 21–107; *Rühl*, Ökonomische Analyse des Rechts, in: Krüper (Hrsg.), Grundlagen des Rechts, 2011, S. 210 ff. (m. w. N.).

103 *Kirchgässner*, Homo Oeconomicus: das ökonomische Modell individuellen Verhaltens und seine Anwendung in den Wirtschafts- und Sozialwissenschaften, 4. Aufl., 2013, S. 70–72. Nach *Mackaay*, History of law and economics, in: Bouckaert/De Geest (Fn. 74), Vol. I, S. 65 ff. (77–82), waren die ursprüngliche Ökonomische Analyse des Rechts sowie die Kritik hieran wesentlicher Impulsgeber für die Neue Institutionenökonomik. Realistisch erscheint, dass sich beide parallel bzw. mit wechselseitiger Beeinflussung entwickelt haben.

Allerdings ist die Neue Institutionenökonomik selbst ein Sammelbecken unterschiedlicher und ständig weiterentwickelter Theorien, die sich zudem nicht nur auf das Recht beziehen. Da die Mikroökonomie, und mit ihr die Neue Institutionenökonomik, ihre Methoden inzwischen auch auf Gegenstände der Makroökonomie und der Betriebswirtschaftslehre ausdehnt, spiegelt die (mikroökonomische) Rechtsökonomik diese Vielfalt wieder, so dass es heute unterschiedliche Schulen und Paradigmata gibt.[104]

Es kann im Folgenden also nur darum gehen aufzuzeigen, wie eine mikroökonomisch orientierte Herangehensweise an das Recht ausgerichtet ist und in welche ‚Spezialbereiche‘ sie sich im Wesentlichen gliedert.

2. *Neue Institutionenökonomik*[105]

a) Gegenstand

Die Neue Institutionenökonomik geht davon aus, dass wirtschaftliche Aktivitäten durch Institutionen so nachhaltig beeinflusst werden, dass sie nicht bloß als Rahmenbedingungen für die ökonomische Theorien betrachtet werden dürfen (wie das die neoklassisch inspirierte Ökonomik[106] getan hat), sondern dass die Entstehung, Funktionsfähigkeit, Effizienz, Veränderung und Wirkung von Institutionen mittels ökonomischer Methoden untersucht werden soll.[107]

Der Begriff der ‚Institutionen‘ wird dabei unterschiedlich, aber immer sehr weit definiert, z.B. als „*Systeme von verhaltenssteuernden Regeln bzw. durch diese gesteuerte Handlungssysteme, die Problembereiche menschlicher Interaktion gemäß einer Leitidee ordnen, die für längere Zeit und einen größeren Kreis von Menschen gelten und deren Beachtung auf unterschiedliche Art und Weise durchgesetzt wird.*“[108]

---

104 S. insbesondere *Mackaay*, Schools: general, in: Bouckaert/De Geest (Fn. 74), Vol. I, S. 402 ff.; *Mercuro/Medema* (Fn. 77).

105 S. z.B. *Richter*, Institutionen ökonomisch analysiert, 1994; *Richter/Bindseil*, Institutionenökonomik, in: Berthold (Fn. 102), S. 317 ff.; *Klein*, New Institutional Econcomics, in: Bouckaert/De Geest (Fn. 74), Vol. I, S. 456 ff.; *Picot/Schuller*, Institutionenökonomie, in: Handwörterbuch der Unternehmensführung und Organisation, 4. Aufl., 2004, Sp. 514 ff.; *Erlei/Leschke/Sauerland* (Fn. 85); *Voigt*, Institutionenökonomik, 2. Aufl., 2009; *Richter/Furubotn* (Fn. 71).

106 Zum Verhältnis von Neoklassik und Neuer Institutionenökonomik: Erlei/Leschke/Sauerland (Fn. 85), S. 43–50.

107 *Weigel* (Fn. 102), S. 11; *Peukert*, Neue Institutionenökonomik. http://wirtschaftslexikon.gabler.de/Definition/neue-institutionenoekonomik.html.

108 *Göbel*, Neue Institutionenökonomik. Konzepte und betriebswirtschaftliche Anwendungen, 2002, S. 3.

Hierzu zählen namentlich als formelle Institutionen Rechtsnormen gesetzlichen oder vertraglichen Ursprungs, aber auch Rechtsakte wie Verwaltungsakte oder Gerichtsurteile, Rechtsinstitute, Behörden und Einrichtungen (inkl. dem Staat und den Staatsgewalten), subjektiv-öffentliche Berechtigungen sowie private Rechte (wie Eigentumsrechte), daneben auch informelle Koordinierungsmechanismen wie Markt (Wettbewerb), Bürokratie (Weisungsmechanismus), Kollektivverhandlungen (Verbandsmechanismus, Korporatismus) oder Politik (Abstimmungsmechanismus).[109]

Die Definition der Institution ist demnach so weit, dass letztlich alles, was ‚juristisch' ist bzw. Bestandteil einer Rechtsordnung, Gegenstand der Neuen Institutionenökonomik sein kann. In diesem Punkt unterscheidet sie sich auch nicht von der alten (s.o.).

b) Methode und Erkenntnisziel

Die Institutionenökonomik versteht sich als ‚Wissenschaft von den individuell-rationalen Wahlhandlungen der Menschen in einer Welt unbegrenzter Bedürfnisse und knapper Ressourcen'[110]. Diese Wahlhandlungen werden entsprechend dem methodischen Individualismus typisiert anhand des Modells des homo oeconomicus, das von bestimmten Grundannahmen ausgeht, mit deren Hilfe menschliches Verhalten erklärt und vorhergesagt werden soll.[111] Hierzu zählen insbesondere stabile (und klare) Präferenzen der Akteure, die typischerweise auf die Maximierung des eigenen Vorteils bedacht sind und dabei rational Nutzen und Kosten abwägen und ggf. auch zu opportunistischen Handlungsweisen (z.B. Betrug) bereit sind, wo sich dies lohnt.[112]

Auf dieser Grundlage liefert die Neue Institutionenökonomik Modelle[113]

- des Entscheidungsverhaltens in Institutionen: Wie verhalten Menschen sich gegenüber diesen Institutionen bzw. unter dem Einfluss dieser Institutionen? Nach dem Modell des homo oeconomicus entscheiden die Menschen sich bei Änderung der Handlungsbedingungen (Restriktionen) jeweils neu, ohne

---

109 *Wallerath*, Zielverfehlungen im Recht der sozialen Sicherung – unterschiedliche Sozialhilfedichte in alten und neuen Bundesländern, in: Rodi (Hrsg.), Recht und Wirkung. Greifswälder Beiträge zur Rechtswirkungsforschung, 2002, S. 9 ff. (11); *Behrens* (Fn. 101), S. 110 ff.

110 *Göbel* (Fn. 108), S. 23.

111 *Erlei/Leschke/Sauerland* (Fn. 85), S. 2–6; *Göbel* (Fn. 108), S. 23–25.

112 S. z.B. *Lieth*, Die ökonomische Analyse des Rechts im Spiegelbild klassischer Argumentationsstrukturen des Rechts und seiner Methodenlehre, 2007, S. 60–61.

113 *Göbel* (Fn. 108), S. 33–37.

dabei ihre Präferenzen zu ändern. Auf diese Weise kann man davon ausgehen, dass gezielte Änderungen der institutionellen Rahmenbedingungen zuverlässig gewünschte Verhaltensänderungen induzieren.

- des Entscheidens über Institutionen: Wie können/sollen Institutionen gestaltet sein, damit auf der Basis des typischen Verhaltens eines homo oeconomicus bestimmte Ziele erreicht werden? Auf Basis dieser normativen Analyse werden insbesondere Empfehlungen zur (Ab-)Schaffung oder Änderung/Optimierung von Institutionen gegeben.

Durch die Verwendung des homo oeconomicus als Verhaltens- und der Wohlfahrtsökonomik als Bewertungsmodell (s. hiernach), weist die Neue Institutionenökonomik eine Nähe zur Neoklassik auf, unterscheidet sich von ihr aber, weil sie Probleme der Interaktion von Menschen (insbesondere die hieraus resultierenden Transaktionskosten) sowie der institutionellen Rahmenbedingungen der Tauschprozesse konsequent berücksichtigt.

Von der Alten Institutionenökonomik unterscheidet sie sich dadurch, dass diese die Neoklassik (inkl. ihrer Effizienzorientierung) kategorisch ablehnt, und vor allem deskriptiv und nicht analytisch-modellhaft arbeitet und eine holistische Herangehensweise vertritt. Statt einer Vielfalt unterschiedlicher Ansätze wendet die Neue Institutionenökonomik einigermaßen konsequent eine durchgängige Methode an.[114] Verständlich wird die Unterscheidung auch durch die Feststellung, dass in der Grundausrichtung das Recht als explanans in der Alten Institutionenökonomik ersetzt wird durch das Recht als explanandum in der Neuen[115]. Angesichts der internen Vielfalt beider Schulen darf das nicht verabsolutiert werden, aber in der Tat liegt der Kernimpetus der Neuen Institutionenökonomik darin, die Funktionsweise der Institutionen nicht nur in ihrer (externen) Bedingtheit und Wirkung zu verstehen, sondern (intern) ökonomisch zu deuten und zu erklären.[116]

---

114 *Erlei/Leschke/Sauerland* (Fn. 85), S. 26–39.

115 *Starbatty*, Ordoliberalismus, in: Issing (Fn. 64), S. 251 ff. (264–267), der hieraus eine Erweiterung der Neuen Institutionenökonomik aus dem Ordoliberalismus ableitet. Lt. *Pearson*, Origins of law and economics. The economists’ new science of law, 1830–1930, 1997, S. 3 und passim, gab es auch in der alten Institutionenökonomik schon zahlreiche erklärende Ansätze, die jedoch nicht systematisch waren und in Vergessenheit gerieten.

116 Z.B. *Gäfgen*, Institutioneller Wandel und ökonomische Erklärung, Jahrbuch für Neue Politische Ökonomie 2 (1983), S. 19 ff.; *Vanberg*, Der individualistische Ansatz zu einer Theorie der Entstehung und Entwicklung von Institutionen, Jahrbuch für Neue Politische Ökonomie 2 (1983), S. 50 ff.

c) *Kritik und Weiterentwicklungen*

(1) Kritik

Die Neue Institutionenökonomik ist ein komplexes und dynamisches Theoriekonglomerat, das zwar in der Lage ist, hochinteressante Einsichten in die Funktionsweisen des Rechts zu generieren,[117] das sich allerdings auch unterschiedlichen Kritiken ausgesetzt sieht.

So ist sie zum einen in ihren Prämissen z.T. realitätsfern (s.u.)[118], zum anderen mit dem logischen Problem konfrontiert, dass bei der Wahl bzw. Gestaltung von Institutionen (in der normativen Variante) übergeordnete Ziele berücksichtigt werden sollten bzw. ein Entscheidungskriterium gegeben sein muss, das über die individuellen Nutzenkalküle hinausgeht. Als Standardkriterium wird dabei meist ein Wohlfahrtsoptimum verwendet, für das es unterschiedliche Definitionen gibt (insbesondere Pareto, Kaldor-Hicks[119]). Daneben spielen in den Theorien drei Kriterien eine wichtige Rolle: Die Verteilung der Verfügungsrechte (Property-rights-Ansatz), die Höhe der Transaktionskosten (Transaktionskostenansatz) und die Höhe der Agency-Kosten (Principal-Agent-Ansatz)[120]. In der Praxis finden sich daneben noch andere (z.T. vereinfachte) ‚Kosten-Nutzen-Tools'.

Die Neue Institutionenökonomik versucht, diesen (und weiteren, auf die hier nicht eingegangen werden kann) Kritiken durch Weiterentwicklungen ihres Modells zu begegnen, von denen hier bzgl. des ersten Aspektes die Verhaltensökonomik und bzgl. des zweiten die Entscheidungs- und Spieltheorie kurz angesprochen werden sollen, weil diese auch im Rechtsbereich Anwendung finden.

(2) Weiterentwicklung durch Verhaltensökonomik[121]

Das bestechend einfache Modell des homo oeconomicus ist unter verschiedenen Gesichtspunkten kritisiert worden, insbesondere hinsichtlich der Eigennutzan-

---

117 S. nur die sich ergänzenden Beispiele bei *Richter/Furubotn* (Fn. 71), Kap. III–V und *Erlei/Leschke/Sauerland* (Fn. 85), Kap. 5–9.

118 S. z.B. *Göbel* (Fn. 108), S. 343 ff.

119 S. z.B. *Erlei/Leschke/Sauerland* (Fn. 85), S. 16–18.

120 S. *Göbel* (Fn. 108), Teil I, Kapitel 2–5. Diese drei ‚Ansätze' werden z.T. auch als eigenständige Theorien betrachtet.

121 *Englerth*, Behavioral law and economics – eine kritische Einführung, in: Engel u.a. (Hrsg.), Recht und Verhalten, 2007, S. 60 ff.; *Engel*, Verhaltenswissenschaftliche Analyse: eine Gebrauchsanweisung für Juristen, ibidem S. 363 ff.; *Englerth*, Verhaltensökonomie, in: von Towfigh/Petersen, Ökonomische Methoden im Recht, 2010, § 7; *Fleischer/Schmolke/Zimmer*, Verhaltensökonomik als Forschungsinstrument für das

nahme und der Annahme vollständiger Rationalität.[122] Die Verhaltensökonomik hat dies aufgegriffen und ein verändertes Modell des rationalen Verhaltens entwickelt (oft als ‚bounded rationality‘ bezeichnet, einer Art ‚berechenbarer Irrationalität‘), in das Erkenntnisse der (kognitiven) Psychologie und Neurologie einfließen, wodurch der „verhaltensökonomische Wiedergänger“[123] des homo oeconomicus menschlicher wirkt. Immer noch ausgeblendet bleiben aber Erkenntnisse der Soziologie.

(3) Weiterentwicklung durch Entscheidungs- und Spieltheorie

Die Kritik an den einseitig nutzenorientierten neoklassischen Maßstäben im normativen Bereich hat zu neuen Ansätzen geführt, die eine Verbesserung durch eine Orientierung an der (ziel-offenen) normativen Entscheidungstheorie erzielen will, die insbesondere eine Orientierung an rechtsimmanenten Zielen, Zwecken und Prinzipien erlauben, die nicht a priori festgelegt sein müssen.[124]

Die Entscheidungstheorie beschreibt, analysiert und modelliert Entscheidungsprozesse und Faktoren, die darauf einwirken. Sie will Hilfestellungen geben, wie Menschen „vernünftige Entscheidungen“ treffen können, und erklären, wie reale Entscheidungen zustande kommen.[125]

Die Entscheidungstheorie im weiteren Sinne kann in drei Grundformen unterschieden werden: 1. Entscheidungstheorie im engeren Sinne, 2. Die Spieltheorie und 3. Die Theorie der sozialen Wahl. Die Spieltheorie unterscheidet sich von der Entscheidungstheorie im engeren Sinne dadurch, dass es nicht um individuelle Entscheidungen geht, von der Sozialwahltheorie dadurch, dass keine gemeinsame Entscheidung angestrebt wird, sondern dass die Existenz anderer Akteure und die strategischen Interaktionen zwischen diesen in Interdependenzsituationen thematisiert werden.[126]

Wirtschaftsrecht, in: Fleischer/Zimmer (Hrsg.), Beitrag der Verhaltensökonomik (behavioral economics) zum Handels- und Wirtschaftsrecht, 2014, S. 9 ff.

122 *Lüdemann*, Die Grenzen des homo oeconomicus und die Rechtswissenschaft, in: Engel u.a. (Fn. 121), S. 20.

123 *Englerth*, in: Towfigh/Petersen (Fn. 121), S. 196.

124 *Van Aaken* (Fn. 79), S. 20, 288 ff.

125 *Gillenkirch*, Entscheidungstheorie in Gablers Wirtschaftslexikon, (http://wirtschaftslexikon.gabler.de/Definition/entscheidungstheorie.html).

126 *Magen*, Spieltheorie, in: Towfigh/Petersen (Fn. 121), § 4. Ausführlich *Baird/Gertner/Picker*, Game theory and the law, 2002; *Rasmussen* (ed.), Game theory and the law, 2007.

3. *Rechtsökonomik und Privatrecht*[127]

Im Mittelpunkt des Interesses der neueren – Chicago-School-geprägten[128] – mikroökonomischen Rechtsökonomik steht zunächst das Zivilrecht (insbesondere Delikts- und Vertragsrecht). Die Methodik entspricht i.W. der hiervor bzgl. der Neuen Institutionenökonomik Beschriebenen[129] mit einem starken Fokus auf Allokationseffizienz, und die Fragestellungen betreffen vor allem das Recht als explanandum und configurandum.

Als positiver Ansatz[130] entwickelt die Ökonomische Analyse des Rechts Erklärungs- und Prognosemodelle, wie Rechtnormen tatsächlich wirken[131] und vergleicht dabei ggf. mehrere Alternativen. Diese Modelle finden empirische Anwendung in der Rechtstatsachen- bzw. Rechtswirkungs- bzw. Gesetzesfolgenanalyse.

Zur normativen Bewertung[132], ob Handlungs- bzw. Normänderungsbedarf besteht, bzw. als Kriterium zur Auswahl zwischen mehreren Alternativen, sind wie ausgeführt unterschiedliche Maßstäbe möglich. Die klassische Rechtsökonomik orientiert sich dabei an Effizienzkriterien, die sowohl Effizienz im Sinne eines Pareto- oder Kaldor-Hicks- Optimums definieren als auch im Gegensatz zu wohlfahrtsökonomischen Ansätzen nicht das ganze System der Volkswirtschaft in den Blick nehmen, sondern einzelne Märkte bzw. soziale Transaktionen betrachten und dabei insbesondere Transaktionskosten große Aufmerksamkeit schenken.[133]

Daneben wird dieselbe Methodik verwendet, um ex post zu erklären, wie einzelne Normen, Institutionen oder Rechtsgebiete als Folge einer Effizienzorientierung entstanden sind bzw. sich entwickelt haben. Auch hier wird der Schritt zur normativen Sichtweise und Empfehlung leicht vollzogen.

---

127 S. z.B. *Schäfer/Ott*, Lehrbuch der ökonomischen Analyse des Zivilrechts, 5. Aufl., 2012; *Ott/Schäfer* (Hrsg.), Ökonomische Analyse des Unternehmensrechts, 1993, Dies., Ökonomische Analyse des Arbeitsrechts, 2001; *Bouckaert/De Geest/Gerrit* (Fn. 74), Vol. II. Civil Law and Economics, Vol. III. The Regulation of Contracts.

128 S. überblicksartig *Mercuro/Medema* (Fn. 77), Chap. 2.

129 Bei anderer Qualifizierung gibt es natürlich Unterschiede: s. *Kerkmeester* (Fn. 74), S. 384.

130 S. z.B. *van Aaken* (Fn. 79), S. 17–19, *Towfigh/Petersen* (Fn. 121), S. 4–5.

131 Z.B. *Kötz*, Der Schutzzweck der AGB-Kontrolle – eine rechtsökonomische Skizze, JuS 2003, S. 209 ff.

132 S. z.B. *van Aaken* (Fn. 79), S. 181 ff.

133 *Franck*, Vom Wert ökonomischer Argumente bei Gesetzgebung und Rechtsfindung für den Binnenmarkt, in: K. Riesenhuber (Hrsg.), Europäische Methodenlehre, 3. Aufl., 2015, § 5 Rz. 9–10.

4. Rechtsökonomik und öffentliches Recht[134]

a) Überblick

Das öffentliche Recht ist erst in einem zweiten Schritt Gegenstand der Rechtsökonomik geworden, obschon es gerade hier in den älteren Theorien (s. Makroökonomik) Vorläufer gibt. Thematisch finden sich hier in der Tat viele Fragestellungen wieder, die bereits bzgl. der Makroökonomie angesprochen wurden.

Im Unterschied zu den oben beschriebenen Ansätzen entsprechen die neueren allerdings der Neuen Institutionenökonomik, jedoch mit zahlreichen Anpassungen, die sich insbesondere daraus ergeben, dass die Gegenstände und Fragestellungen zwangsläufig andere sind als im Privatrecht.[135] In vielen Aspekten widersprechen die neuen Ansätze den alten auch nicht, sondern sie ergänzen und verfeinern sie.

Auch die Vielgestaltigkeit des öffentlichen Rechts und seine Affinität zu Gesellschafts-, Politik- und Verwaltungswissenschaft ist mit verantwortlich dafür, dass die Rechtsökonomik in diesem Bereich wesentlich disparater ist als bzgl. des Privatrechts.

b) Staats- und Verfassungsökonomie[136]

Seit jeher stellen die Wirtschaftswissenschaften die Frage nach der Begründung des Staates und der Definition seiner Aufgaben. Die klassische politische Ökonomie begründet dies insbes. mit Konstellationen des Marktversagens und nimmt dabei an, dass der Staat willens und in der Lage ist, dem abzuhelfen und Kooperationsgewinne zu ermöglichen.[137]

Während die klassische Ökonomie die Existenz von Staat und Verfassung voraussetzt, geht die Neue Institutionenökonomik einen Schritt zurück und macht beide zum Gegenstand von Erklärungen. Entworfen und geprüft werden institutionelle Arrangements, welche die größtmögliche Bedürfnisbefriedigung der

---

134 S. z.B. *Engel/Morlok* (Hrsg.), Öffentliches Recht als Gegenstand ökonomischer Forschung, 1998; *Bungenberg u.a.* (Hrsg.), Ökonomie und Recht, 2004; *Rodi* (Fn. 91).

135 Je nach Sichtweise werden die ökonomischen Ansätze auch der Neuen Politischen Ökonomie zugerechnet, die jedoch in ihren wesentlichen Prämissen mit der Neuen Institutionenökonomik übereinstimmt.

136 S. z.B. *Van den Hauwe*, Public choice, constitutional political economy und law and economics, in: Bouckaert/De Geest (Fn. 74), Vol. I, S. 603 ff.; *Rodi* (Fn. 91), S. 32 ff., 46–47, 59 ff.; *Erlei/Leschke/Sauerland* (Fn. 85), S. 339 ff., 453 ff.; *Homann/Suchanek*, Ökonomik. Eine Einführung, 2. Aufl., 2005, S. 187 ff.

137 *Rodi* (Fn. 91), S. 32 ff, 47 ff.

Individuen erreichen, wobei die Bewertung über den Konsens (bzw. Vertrag) der Beteiligten oder über Maßstäbe wie Wohlfahrt, Stabilität usw. erfolgt.

Dasselbe gilt sinngemäß für die Verfassung: Gesucht werden jene Regeln für soziale Austauschbeziehungen (d.h. Verfassungsgrundsätze), deren Einführung die Funktionsfähigkeit der gesellschaftlichen Koordination verbessert. Diese werden aus einer Analyse abgeleitet, die beim Verhalten des homo oeconomicus ansetzt.[138]

Je nach Breite des Ansatzes oder Ziels wird dies auch als Neue Konstitutionenökonomik (oder ökonomische Theorie der Verfassung) bezeichnet, die in ihrer normativen Ausrichtung Vorschläge für institutionelle bzw. konstitutionelle Reformen auf Basis der Werte der Individuen erarbeitet und sich von der ‚Alten' Konstitutionenökonomik (s.o.) durch ihren methodischen Ansatz unterscheidet.

c) Public choice- und social choice-Theorie[139]

Die Neue Politische Ökonomie geht davon aus, dass es nicht nur Markt-, sondern auch Staatsversagen gibt. Um dies zu erklären und zu verbessern, wendet sie das rational choice Modell (allerdings mit Modifikationen[140]) auch auf Entscheidungsträger an, die nach klassischem Verständnis (nur) im öffentlichen Interesse handeln.[141]

Im Kern geht es dabei immer um die Fragen, wie sich Entscheidungen einzelner rationaler Akteure (mit Eigennutzinteresse) in Gemeinwohlfragen auf das Gemeinwohl auswirken, wie sich negative Auswirkungen erklären und möglichst positive Wirkungen sicherstellen lassen (public choice theory), und wie die zahlreichen Einzelinteressen am sinnvollsten zu einer Kollektiventscheidung aggregiert werden (Sozialwahltheorie/social choice theory).[142]

Rechtliche Relevanz erlangen diese Theorien z.B., wenn es um die Gestaltung von demokratischen Strukturen und Prozessen, um Optimierung der Verwaltungstätigkeit oder Regulierungstechniken (s. hiernach) geht.

---

138 *Rodi* (Fn. 91), S. 60–61; *Kirchgässner* (Fn. 103), S. 259 ff.

139 *Van den Hauwe* (Fn. 136); *Towfigh/Petersen* (Fn. 121), § 6; *Homann/Suchanek* (Fn. 136), S. 187 ff.

140 Wie z.B. der Annahme, dass Politiker danach streben, Wählerstimmen zu maximieren und ‚Bürokraten' ihr Budget.

141 *Magen*, Konjunkturen der Rechtsökonomie als öffentlich-rechtlicher Grundlagenforschung, Preprints of the Max Planck Institute for Research on Collective Goods, Bonn 2014/20 (www.coll.mpg.de), S. 7–8; *Mackaay* (Fn. 103), S. 88–89.

142 *Towfigh/Petersen* (Fn. 121), S. 135. Die Sozialwahltheorie ist eine allgemeinere Theorie, die verwandt ist mit Entscheidungs- und Spieltheorie und interdisziplinär u.a. mit Beiträgen von Juristen und Mathematikern entwickelt wurde (s. den diesbezüglichen Wikipedia-Eintrag (englisch)).

d) Regulierungsökonomie[143]

Auch wirtschaftliche und gesellschaftliche Regulierung im Sinne staatlicher Eingriffe in das Marktgeschehen sind mittels derselben Methodik der Institutionenökonomik und/oder der Neuen Politischen Ökonomie analysiert worden[144]. Entsprechend findet sich diese Thematik zumindest implizit auch in den vorerwähnten Bereichen wieder.

Der ökonomische Ansatz zielt darauf ab, Erklärungen dafür zu liefern, wann Regulierung sinnvoll ist (und wann nicht), in welchen Umständen, Sektoren bzw. Wirtschaftsaktivitäten Regulierung zu erwarten ist und in welcher Form sie ggf. optimalerweise erfolgt. Auf dieser Basis werden auch die klassischen Begründungen für einen notwendigen Eingriff des Staates hinterfragt und Argumente für Deregulierung, Privatisierung, PPP usw. erarbeitet.

Die Bandbreite ist enorm und umfasst alle möglichen Formen regulierender Eingriffe auf Strukturen und Verhalten nicht nur aus wirtschaftlichen, sondern auch aus sozialen, ökologischen, gesundheitspolitischen oder kulturellen Gründen.

5. Andere grundlegende Anwendungsbereiche

Bereits die älteren (makroökonomischen) Ansätze hatten Erkenntnisse bzgl. der Grundlagen, Strukturen und Funktionsweisen des Rechts allgemein bzw. der Rechtsordnungen erbracht. Die entsprechende Methodik wird auch heute noch angewendet, aber z.T. auch ergänzt oder ersetzt durch mikroökonomische Ansätze.

So nehmen Fragestellungen zur Entstehung, Entwicklung, Anwendung und Befolgung des Rechts[145], zu den Auswirkungen auf die ökonomische Entwicklung[146], zur Sinnhaftigkeit der Differenzierung oder Harmonisierung des Rechts,

---

143 S. z.B. *Ogus* (Fn. 101); *den Hertog*, General theories of regulation, in: Bouckaert/De Geest (Fn. 74), Vol. III. The Regulation of Contracts, S. 223 ff. (sowie die folgenden Beiträge); *Bizer/Führ/Hüttig* (Hrsg.), Responsive Regulierung. Beiträge zur interdisziplinären Institutionenanalyse und Gesetzesfolgenabschätzung, 2002; *Schwintowski*, …denn sie wissen nicht, was sie tun! – Warum Politik und Gesetzgebung so oft irren. Ein Plädoyer für die Neue Analytische Regelungswissenschaft (NEWI), 2014.

144 Zur Wirtschaftspolitik s. z.B. *Berg/Cassel/Hartwig* (Fn. 95), insbes. S. 173; *Voigt* (Fn. 105), S. 224 ff.

145 *Wittman*, General structure of the law, in: Bouckaert/De Geest (Fn. 74), Vol. I, S. 1072 ff.

146 *Erlei/Leschke/Sauerland* (Fn. 85), S. 547 ff.

der Schaffung optimaler Rechtsräume[147] usw. einen breiten Raum in der Rechtsökonomik ein.

Im Zusammenhang mit ihrer normativen Ausrichtung hat die mikroökonomische Rechtsökonomik sich auch konkret mit Rechtsgestaltung beschäftigt, z. B. mit der Gestaltung und Nutzung von einzelnen Verträgen, Vertragsformen usw.[148] Analog gibt es nicht nur ökonomische Analysen, wann Gesetzgebung sinnvoll ist, sondern als Beitrag zur Gesetzgebungslehre auch, wie Gesetze (im materiellen Sinne) bei gegebenen Zielen am besten gestaltet werden.[149] Auch die Gesetzesfolgenanalyse (s. u.) trägt auf empirischer Ebene zu einer optimierten Gesetzgebung bei.

IV. Managementlehre

1. Überblick

Obschon die rechtlichen Rahmenbedingungen (Recht als Datum und als explanans) in vielen Managementbereichen von erheblicher (praktischer) Bedeutung sind, werden diese in aller Regel nicht weiter berücksichtigt, oder allenfalls am Rande[150]. Rechtseinflüsse auf betriebliche Entscheidungen stellen sich in verschiedenen Dimensionen dar:

- Rechtsnormen können die Voraussetzung von Entscheidungen sein,
- sie können auch als Rechtsfolgen von getroffenen Entscheidungen greifen, und
- sie können den betrieblichen Entscheidungsspielraum vergrößern oder verkleinern.[151]

Im Gegensatz zur Ökonomie hat die Betriebswirtschaftslehre kein klares theoretisches Instrumentarium entwickelt, um Recht zu analysieren (Recht als explanan-

---

147 *Erlei/Leschke/Sauerland* (Fn. 85), S. 405 ff., 517 ff.; *Rodi* (Fn. 91), S. 93 ff., 179–182, 206.

148 S. z. B. *Thießen*, Covenants: Durchsetzungsprobleme und ihre Folgen, in: *Sadowski/Czap/Wächter*, Regulierung und Unternehmenspolitik. Methoden und Ergebnisse der betriebswirtschaftlichen Rechtsanalyse, 1996, S. 143 ff.; *Kötz*, Haftungsausschlussklauseln – Eine juristisch-ökonomische Analyse, Versicherungsrecht 1983, Beiheft, S. 145 ff.

149 *Rodi* (Fn. 91), S. 16, 147–148; *Noll*, Recht, Ökonomie und Management. Beispiele interdisziplinären Arbeitens, 2002, S. 91.

150 Exemplarisch *Jung* (Fn. 65). Als Ausnahme z. B. *Noll* (Fn. 149), S. 173 ff.; *Schweitzer/Baumeister* (Fn. 66), S. 93 ff.

151 *Backhaus/Plinke*, Rechtseinflüsse auf betriebliche Entscheidungen. Ein Lehrbuch zur Allgemeinen Betriebswirtschaftslehre, 1986, S. 5 (Diese beschreiben sehr umfassend auf Basis der seinerzeitigen Rechtslage die vielfältigen Einflüsse).

dum). Ihr Interesse ist es in der Tat nicht, Recht zu ‚erklären‘, sondern es aus einer rechtspolitischen Sicht zu bewerten bzw. beeinflussen (Recht als configurandum). Dabei orientiert sich sich je nach Thematik an unterschiedlichen Kriterien, die gemäß ihrer betriebswirtschaftlichen Orientierung jeweils aus Unternehmenszielen abgeleitet werden.[152]

Wissenschaftliches Interesse am Recht findet sich vor allem in der allgemeinen Betriebswirtschaftslehre (s. V). Der Fokus der Managementlehre richtet sich primär auf die Frage, wie die unterschiedlichen Lehren und Techniken herangezogen werden, um Optimierungen im Management des Staates und seiner Glieder zu realisieren, was sich dann ggf. in einer entsprechenden Normierung widerspiegelt (s. Abschnitte 2 und 3). In diese Bereiche des Rechts als configurandum und als instrumentum fällt auch das Potenzial, das die Managementlehren im Bereich der Rechtsgestaltung bieten (s. 4).

2. *New Public Management*[153]

Neuere Managementlehren übertragen ihre für Unternehmen entwickelten Konzepte auch auf den Staat, die Verwaltung und öffentlich-rechtliche Einrichtungen bzw. den Non-profit-Sektor.

Das hieraus resultierende ‚New Public Management‘ befasst sich mit der zielorientierten Steuerung und Gestaltung von Staat und öffentlicher Verwaltung und ist ein interdisziplinäres Projekt der Verwaltungs-, Wirtschafts-, Politik- und Rechtswissenschaften. Es stellt keine kohärente Managementtheorie dar, sondern ein Modell, welches verschiedene Vorbilder und Wurzeln hat. Eine davon ist im amerikanischen ‚Managerialismus‘ zu finden. Dies hat zur Folge, dass das Vertrauen in gute Regeln dem Vertrauen in ‚die gute Kraft des Managements‘ gewichen ist, was zur Übernahme von privatwirtschaftlichen Führungs- und Durchführungsmethoden wie Dezentralisierung, Output- statt Inputsteuerung, Einführung neuer Überwachungsmechanismen, Aufspaltung großer Strukturen, Einführung von Markt- und Wettbewerbselementen, Schaffung finanzieller Anreize und Betonung der Effizienz geführt hat. Dabei ist den Managern des öffentlichen Diens-

---

152 Zur unternehmerischen Zielsystematik s. z. B. *Jung* (Fn. 65), S. 29 ff.

153 *Budäus*, Public Management. Konzepte und Verfahren zur Modernisierung öffentlicher Verwaltungen, 1994; *Grüning*, Grundlagen des New-public-Management, 2000; *Budäus*, New Public Management, in: Handwörterbuch der Unternehmensführung und Organisation, 4. Aufl., 2004, Sp. 941 ff.; *Rehbinder* (Fn. 3), S. 157–171; *Voßkuhle*, Neue Verwaltungsrechtswissenschaft, in: *Hoffmann-Riem/Schmidt-Aßmann/Voßkuhle* (Fn. 17.), § 1 Rz. 50 ff.

tes möglichst viel Freiraum bei ihren Entscheidungen zu lassen. Der Gefahr der rechtlichen Untersteuerung soll mit geeigneten Kontrollmechanismen begegnet werden. Verwaltungsinstitutionen sollen sich selbst erneuern, Bürokratie- durch Dienstleistungsmentalität ersetzen und als lernfähige Organisation in der Lage sein, die aktuellen Herausforderungen der Gesellschaft und Umwelt anzugehen.

Zu den theoretischen Grundlagen zählen im Übrigen auch die zum öffentlichen Recht beschriebenen mikroökonomischen Ansätze, allerdings spielen diese nur eine untergeordnete Rolle.[154]

3. *‚Libertärer Paternalismus‘*[155]

Die Managementlehre ist eine offene Wissenschaft und integriert Ideen und Erkenntnisse anderer Geistes- und Sozialwissenschaften. Während die Ökonomik davon ausgeht, dass Verhaltensänderungen durch ‚harte Anreize‘ (im Sinne von verbindlichen und sanktionierten Regeln) oder finanzielle Anreize (Steuern, Subventionen) erzielt werden, gibt es in der Managementlehre unterschiedliche Ansätze, die Wirtschaftsakteure (vor allem Verbraucher) durch ‚subtilere Mittel‘ zu ‚freiwilligen‘ Verhaltensänderungen bzw. zu Änderungen ihrer Präferenzen zu animieren, überreden, verleiten usw., die nicht aus theoretischen Konzepten abgeleitet werden, sondern aus interdisziplinären Erfahrungen.

Diese Grundidee wird auch übertragen auf den öffentlichen Bereich: Anstatt autoritär mit Verbot, Befehl und Sanktion zu arbeiten, soll staatliche Regulierung Verhaltensänderungen lieber auf andere Weise zu erreichen suchen – indem sie die Entscheidungsoptionen der Bürger so verändert, dass sie von allein das ‚Richtige‘ tun.

Auch in diesem Bereich gibt es für diese Vorgehensweise mikroökonomische Erklärungen.[156] Aktuellstes Beispiel ist das ‚nudging‘.[157] Dieses gehört zwar ‚offiziell‘ zum Bereich der Verhaltensökonomik, aber bei seiner Anwendung auf Führungsfragen geht es stark in Richtung einer Managementlehre bzw. ist von einer solchen nicht zu unterscheiden.

---

154 S. *Magen* (Fn. 141), S. 4.

155 *Englerth*, Vom Wert des Rauchens und der Rückkehr der Idioten – Paternalismus als Antwort auf beschränkte Rationalität?, in: Engel u.a. (Fn. 121), S. 231 ff.; *Eidenmüller*, Liberaler Paternalismus, JZ 2011, S. 814 ff.

156 S. z.B. *Kirchgässner* (Fn. 103), S. 269 ff. (‚sanfter Paternalismus').

157 *Sunstein/Thaler*, Nudge. Improving Decisions about Health, Wealth and Happiness, 2008.

4. *Strategisches Verhalten*

Das mikroökonomische Modell des eigennutzmaximierenden homo oeconomicus wendet die Managementlehre wie selbstverständlich an, auch soweit es den Umgang mit Recht betrifft. Hierzu zählt insbesondere die taktische oder strategische Nutzung von Rechten im Unternehmenswettbewerb, im Verhältnis zu Verbrauchern, oder in den Bereichen Corporate Governance oder Compliance.

Durch diese Sichtweise des Rechts als instrumentum entwickelt sich in den letzten Jahren ein Konzept, das Recht als eigenen betriebswirtschaftlichen Funktionsbereich bzw. als integrale Managementfunktion im Unternehmen betrachtet, der nicht nur für die Einhaltung der gesetzlichen Vorschriften sorgen, sondern zur Wahrnehmung der Chancen beitragen soll, die sich durch Ausnutzung rechtlicher Gestaltungsmöglichkeiten bei der Realisierung von Geschäftsvorhaben ergeben.[158]

Ansatzweise scheint sich hieraus ein ‚Law and Management‘-Approach[159] zu entwickeln, der Recht und vor allem den Umgang hiermit als Schlüsselfaktor für den Unternehmenserfolg fokussiert. Auf Basis von Erkenntnissen der Verhaltensökonomik, Soziologie und Psychologie wird untersucht, in welchem Maße der Unternehmenserfolg dadurch beeinflusst wird, wie ‚gut‘ das Unternehmen in der Lage ist, die gegebene Rechtslage zu nutzen.

Dass zum strategischen Umgang mit Recht auch ggf. Umgehungs- und Konfrontationsstrategien zählen, wird zumindest in Teilen der Theorie anerkannt (z.B. in den Bereichen Steuern und Rechnungslegung). Die als ‚responsiv‘ bezeichneten Steuerungsformen verstehen sich auch als Antwort auf diese Probleme.[160]

---

158 S. z.B. *Brandstetter*, Rechtsabteilung & Unternehmenserfolg, 2. Aufl., 2011; s. auch *Thommen/Achleitner*, Allgemeine Betriebswirtschaftslehre, 5. Aufl., 2006, S. 60 (die diesem Funktionsbereich aber kein eigenes Kapitel widmen, sondern nur an relevanten Stellen erwähnen). Ansatzweise auch schon *Ruehli*, Rechtsnormen als Determinanten der Leitungsorganisation und des Führungshandelns in der Unternehmung, in: Heigl/Uecker (Hrsg.), Betriebswirtschaftslehre und Recht, 1979, S. 153 ff. (155–156).

159 Wikipedia (Englisch), Stichwort 'Law and Management', m.w.N.

160 *Bizer/Führ*, Responsive Regulierung – Anforderungen an die interdisziplinäre Gesetzesfolgenforschung, in: Bizer/Führ/Hüttig (Fn. 143), S. 1 ff. (2–3); *Mackaay* (Fn. 103), S. 86 weist zurecht darauf hin (mit Verweis auf Williamson), dass zahlreiche rechtliche Institutionen verstanden werden können als Reaktion der Rechtsordnung auf dieses strategische Verhalten, das seinerseits als Marktversagen interpretiert werden kann.

V. Betriebswirtschaftslehre

1. Überblick

Die theoretische (allgemeine) Betriebswirtschaftslehre behandelt das Recht als Datum ähnlich wie die Managementlehre, d.h. nur dann, wenn es unumgänglich ist, insbesondere wenn das Recht überhaupt erst die Grundlage für Managementfragen aufwirft (z.B. Gesellschafts- und Kapitalmarktrecht im Bereich Corporate Finance, Rechnungslegungsvorschriften soweit diese z.B. Bewertungsformen ausschließen). Ansonsten positioniert sie sich zwar im Kontext der anderen Sozialwissenschaften, erwähnt dabei aber nicht die rechtliche Dimension.[161]

Im Übrigen äußert sich die methodische Reorientierung der Betriebswirtschaftslehre hin zu Organisations- und Institutionenökonomik mit Schwerpunkt Theorie des Unternehmens[162] im vorliegenden Kontext dahingehend, dass sich die mikroökonomischen Themen und Ansätze wiederfinden[163], wobei meist ein Perspektivwechsel dahingehend vorgenommen wird, dass die Perspektive des einzelnen Unternehmens eingenommen wird. Die verschiedenen Ansätze sind dabei sehr ähnlich und machen mehr einen Denk- und Analysestil aus, als dass sie als säuberlich trennbare theoretische Ansätze verstanden werden wollen.[164]

2. Rechnungslegung und Steuern[165]

Das kaufmännische Rechnungswesen ist seit jeher ein Anknüpfungspunkt für die betriebswirtschaftliche Beschäftigung mit Rechtsnormen. Hierbei wird das Recht sowohl als Datum anerkannt, aber auch als gestaltbares configurandum und inst-

161 *Jung* (Fn. 65), S. 28; *Schweitzer/Baumeister* (Fn. 66), S. v, 93 ff.

162 *Sadowski,* Programm und Stand der betriebswirtschaftlichen Rechtsanalyse, in: Sadowski/Czap/Wächter (Fn. 148), S. 1 ff. (4).

163 S. z.B. die Tagungsbände betriebswirtschaftlicher Symposien: *Sadowski/Czap/Wächter* (Fn. 148); *Picot/Schenck* (Fn. 101).

164 *Sadowski* (Fn. 162), S. 6.

165 S. z.B. *Weber/von Beckerath,* Steuerrecht und Steuerlehre, in: Grimm (Fn. 20), Band 2, 1976, S. 205 ff.; *Vodrazka,* Betriebswirtschaftslehre und Recht (mit besonderer Berücksichtigung des Steuerrechts), in: Festschrift für O. Reimer, hrsg. von der Stiftungs- und Förderungsgesellschaft der Paris-Lodron-Universität Salzburg, 1976, S. 159 ff.; *Kussmaul,* Die betriebswirtschaftliche Steuerlehre als steuerliche Betriebswirtschaftslehre, StuW 1995, S. 3 ff.; *Wagenhofer,* Rechnungslegung, in: Vahlens Kompendium der Betriebswirtschaftslehre Bd. 1 (Fn. 66), S. 449 ff.; *Wagner,*

rumentum. Es gibt zahlreiche sachbezogene Theorieansätze, die das Recht jedoch nur insofern zum Gegenstand haben, als es ausnahmsweise zur Regulierung bzw. Interessendurchsetzung benötigt wird. Allerdings spielt die Selbstregulierung in diesem Bereich eine wichtige Rolle.

Im Gegensatz dazu ist der Bereich Steuern stark reglementiert und Gegenstand der betriebswirtschaftlichen Steuerlehre. Auch hier interessiert nicht das Recht an sich, sondern nur die Frage, welche Folgen das Steuerrecht für Unternehmen hat und wie diese ggf. abgemildert oder vermieden werden können. Die in die rechtspolitische Diskussion eingebrachten Argumente entstammen aber typischerweise nicht der betriebswirtschaftlichen Steuerlehre (außer z.B. bei internationalen Belastungsvergleichen), sondern entsprechen denen, die auch Juristen unter Anwendung der klassischen Auslegungsregeln inkl. der wirtschaftlichen Betrachtungsweise (s. Abschnitt C) vorbringen würden.

3. *Unternehmensorganisation und Corporate Governance*[166]

Zu den Grundfragen der Betriebswirtschaftslehre gehören die der Unternehmensverfassung und der Organisation des Führungshandelns. Hierauf übt das Recht auf verschiedenen Wegen (z.B. Gesellschaftsrecht, Mitbestimmungsrecht, ziviles Haftungsrecht, Straf- und Ordnungswidrigkeitenrecht, Kartellrecht) einen entscheidenden Einfluss aus.

Hierzu kommt es seit langem zu einem intensiven und in den letzten Jahren noch verstärkten (Stichworte Corporate Governance und Compliance) Austausch zwischen Betriebswirten und Juristen, aber die schwierige Geburt einheitlicher europäischer Gesellschaftsformen und die Problematik der Anerkennung ausländischer Gesellschaftsformen zeigen, dass trotz aller ökonomischer Analysen in jeglicher Hinsicht überzeugende Konzepte (die von der klassischen Betriebswirtschaftslehre bis zur Institutionenökonomik reichen) bislang nicht gefunden wurden. Angesichts der Komplexität der rechtlichen Einflüsse auf diesen Fragenkreis ist dies wohl auch nicht zu erwarten.

Besteuerung, in: Vahlens Kompendium der Betriebswirtschaftslehre Bd. 2 (Fn. 66), S. 407 ff.

166 S. z.B. *Ruehli* (Fn. 158); verschiedene Beiträge in *Bohr u.a.* (Hrsg.), Unternehmensverfassung als Problem der Betriebswirtschaftslehre, 1981; *von Werder*, Organisationsstruktur und Rechtsform, 1986; *Ott/Schäfer* (Hrsg.), Ökonomische Analyse des Unternehmensrechts, 1993; *Hommelhoff/Hopt/von Werder* (Hrsg.), Handbuch Corporate Governance, 2. Aufl., 2009; *Hauschka* (Hrsg.), Corporate Compliance, 2007.

VI. Faktische Interdependenz

Während die vorigen Abschnitte die intellektuelle Beschäftigung der Wirtschaftswissenschaft mit dem Recht thematisierten, bleibt noch zu klären, welche faktischen Interdependenzen beide verbinden.

1. Einfluss des Rechts auf die Wirtschaftswissenschaft

Da die Entwicklung wirtschaftswissenschaftlicher Ideen, Modelle und Theorien rechtlich weder vorgegeben noch verboten ist – Letzteres selbst dann nicht, wenn Rechtsverletzungen i.S.e. normalen ökonomischen Kalküls als vertretbar erachtet werden – beschränkt sich der faktische Einfluss des Rechts darauf, dass es

- ökonomische Theorien als realitätsfern oder unrealisierbar ‚entlarvt', weil sie positivem Recht widersprechen,
- die empirische Wirtschaftswissenschaft zwingt, die ‚echte' Rechtslage zu ermitteln, um Wirkungsanalysen durchzuführen, und
- allgemein den ‚Rohstoff' für die Erkenntnisgewinnung und die ‚Instrumente' für die Implementierung der Ideen und Modelle liefert.

Empirische Erkenntnisse hierzu gibt es (im Gegensatz zum Einfluss des Rechts auf die Wirtschaft) offenbar nicht. Es könnte jedoch sein, dass eine starke Fokussierung auf und Bindung an das positive Recht die wissenschaftliche Kreativität hemmt.

So wurde für die Betriebswirtschaftslehre festgestellt, dass in Deutschland aufgrund der Tradition seines Rechtswesens eine starke Fokussierung der Forschung auf gesetzliche Regelungen bestand, was durch national wirksame Rechtsprechung und insbesondere ab 1933 durch Verordnungen weiter verfestigt wurde, während in den USA die betriebswirtschaftlichen Bedürfnisse, auch beispielsweise in der Kostenrechnung, unmittelbare Impulse auf das Fach ausübten.[167] Dies könnte analog für die Volkswirtschaftslehre gelten und ein Grund dafür sein, dass die deutsche Wirtschaftswissenschaft im Laufe des letzten Jahrhunderts bis in die 70er Jahre den Anschluss an die internationale Entwicklung verloren hatte.

2. Einfluss der Wirtschaftswissenschaft auf das Recht

Der faktische Einfluss der Wirtschaftswissenschaft auf das Recht ist nur in seltenen Fällen individuell zu ermitteln. Eine Wirkungsanalyse ist auch insofern schwierig, als sich das ökonomische Effizienzdenken in den letzten Jahrzehnten

---

167 *Brockhoff* (Fn. 8), S. 227.

gesamtgesellschaftlich durchgesetzt und daher auch ohne theoretische Modelle gewirkt hat, wobei Ideologie und ökonomische Scheinrationalität nicht immer zu trennen sind, vor allem wenn konkrete Zahlen zu ermitteln sind. Zudem werden die theoretischen Erkenntnisse von den einen im Sinne einer Deregulierung eingesetzt (bzw. instrumentalisiert) (Chicago School), von anderen aber auch, um Regulierungsbedarf zu rechtfertigen (z.B. Umwelt, Soziales).

Betrachtet man den Einfluss nach Wirkungsebenen (hier beschränkt auf Deutschland und Europa), kann man zumindest Folgendes feststellen:

Am deutlichsten spürbar wird der Einfluss im Bereich der Gesetzgebung: So werden manche wirtschaftswissenschaftlichen Konzepte (wenn auch oft sehr vereinfacht) von der Politik rezipiert, fließen in Gesetzesvorhaben ein und finden sich so in den Zielsetzungen, Konzepten, Regulierungsmodalitäten usw. wieder. Eine wichtige verfahrenstechnische Grundlage hierfür bildet die Tatsache, dass auf Europa- und Bundesebene (außerdem in manchen Bundesländern) eine Gesetzesfolgenanalyse zum Standardrepertoire des Gesetzgebungsverfahrens gehört, die nicht nur prospektiv, sondern auch begleitend oder retrospektiv eine Abschätzung der Auswirkung von (Regulierungs-)Gesetzen vornimmt.[168] Diese Analysen sind zwar nicht rein ökonomisch ausgerichtet, sondern berücksichtigen auch soziale, politisch oder ggf. kulturelle Aspekte, aber insbesondere die Folgekosten (hier wiederum Bürokratiekosten) spielen bei der Bewertung eine zentrale Rolle.[169]

Zu erinnern ist in diesem Zusammenhang daran, dass die Rechtstatsachen- und -wirkungsforschung (die allerdings primär soziologisch und nicht wirtschaftswissenschaftlich orientiert ist) allgemein Prozesse der Rechtsetzung, Rechtsanwendung, Rechtsdurchsetzung, Rechtsakzeptanz und Rechtsentwicklung dokumentiert und analysiert[170].[171]

Im Bereich der Rechtsprechung gibt es zwar Ansatzpunkte für eine (richterliche) Auslegung unter Berücksichtigung ökonomischer Argumente, aber die deutsche Rechtsprechung vermeidet es, explizit hierauf Bezug zu nehmen, auch wenn faktisch ökonomische Überlegungen (von denen man aber nicht weiß, ob

168 Grundlegend zu Methoden und Vorgehensweisen *Böhret/Konzendorf*, Handbuch Gesetzesfolgenabschätzung, 2001; Leitfaden zur Gesetzesfolgenabschätzung, 2000.

169 S. *Bizer/Führ*, Praktisches Vorgehen in der interdisziplinären Institutionenanalyse. Ein Kompaktleitfaden, sofia-Diskussionsbeiträge 14–7, 2014 (http://www.sofia-darmstadt.de/diskussion.0.html); *Baer* (Fn. 38), § 9, Rn. 38 ff.

170 *Baer* (Fn. 38), § 2 Rn. 69 nennt dies ‚dienende Wissensproduktion‘.

171 S. z.B. Wirkungsforschung zum Recht, Bd. I hrsg. v. Hof/Lübbe-Wolff, Bd. II hrsg. v. Hill/Hof, Bd. III hrsg. v. Hof/Schulte, Bd. IV hrsg. Karpen/Hof, 1999–2003; *Rodi* (Fn. 109); *Rodi* (Fn. 91), S. 144 ff.

man sie wirklich wirtschaftswissenschaftlich (bzw. effizienzorientiert) nennen soll) immer wieder in Urteile einfließen.[172] Auch der EuGH ist bislang zurückhaltend, ausdrücklich ökonomisch zu argumentieren.[173] Allerdings sind immer dann, wenn z.B. Effizienzmaßstäbe gesetzlich fixiert sind, auch die Gerichte hieran gebunden.[174]

Bei der Umsetzung gesetzgeberischer Ziele und Konkretisierung von Generalklauseln ist zumindest im Verwaltungsrecht der Einfluss ökonomischen Denkens sehr real. So wurde in Deutschland das New Public Management insbesondere unter den Begriffen ‚Neues Steuerungsmodell (NSM)', ‚Kommunales Steuerungsmodell (KSM)' (manchmal auch als ‚Neues kommunales Finanzmanagement' bezeichnet) konkretisiert (im Übrigen auch in der Justiz).[175]

Dabei überrascht es nicht, dass rechtsbereichsbezogen der faktische Einfluss vor allem in den wirtschaftsrechtlichen Materien relevant ist.

Die Verschränkung des Kartellrechts mit wirtschaftswissenschaftlichen Einsichten über das Wettbewerbsgeschehen führt dazu, dass wechselnde ökonomische Strömungen um die wettbewerbspolitische Orientierung nicht nur in der Kartellrechtsgesetzgebung, sondern auch der Kartellrechtsanwendung konkurrieren (z.B. der ‚more economic appraoch' der EU-Kommission mit einem wohlfahrtsökonomischen Ansatz statt Verbote freiheitsbeschränkender Verhaltensweisen).[176]

Auch im Kapitalmarktrecht ist der Effizienzbegriff längst zur gängigen Münze geworden, aus dem Gesellschaftsrecht sind rechtsökonomische Erkenntnisse nicht mehr wegzudenken, auch wenn das Effizienzziel weniger häufig angesprochen wird; im Wettbewerbsrecht spielt der Effizienzgedanke dagegen bisher nur eine untergeordnete Rolle.[177] Auch im Bereich der Netzwirtschaft (Telekommunikation, Energie) z.B. haben ökonomische Argumente, die ihrerseits wissenschaftlich argumentiert werden, einen wichtigen (liberalisierenden) Einfluss ausgeübt.[178]

---

172 *Janson*, Ökonomische Theorie im Recht. Anwendbarkeit u Erkenntniswert im Allgemeinen und am Beispiel des Arbeitsrechts, 2004, S. 201–203.

173 *Franck* (Fn. 133), § 5, Rz. 47–61.

174 Vgl. *Wienbracke*, Juristische Methodenlehre, 2013, Rn 206.

175 *Voßkuhle* (Fn. 153), Rz. 53 ff. m.w.N. sowie die Informationen auf den Webseiten der Kommunalen Gemeinschaftsstelle für Verwaltungsmanagement, http://www.kgst.de/themenfelder/organisationsmanagement/organisatorische-grundlagen/neues-steuerungsmodell.dot.

176 *Ackermann*, Europäisches Kartellrecht, in: Riesenhuber (Fn. 133), § 21 Rz 21.

177 *Fleischer/Zimmer*, Effizienzorientierung im Handels- und Wirtschaftsrecht, in: Fleischer/Zimmer (Hrsg.), Effizienz als Regelungsziel im Handels- und Wirtschaftsrecht, 2008, S. 9 ff. (15); *Kalss*, Kapitalmarktrecht, in: Riesenhuber (Fn. 133), § 20, Rz. 37.

178 S. z.B. *Ruthig/Storr* (Fn. 35); Rn 17, *Rodi* (Fn. 91), S. 228–231.

Im Internationalen Handels- und Wirtschaftsrecht sind die ökonomischen Theorien des Freihandels absolut dominierend, und auch die Idee des Wettbewerbs der Rechtsordnungen spielt in der Praxis (z.B. im Steuer-, Sozial- und Arbeitsrecht) eine herausragende Rolle.

E. Rechtswissenschaft und Wirtschaftswissenschaft

I. Einleitung

Abschließend ist zu prüfen, wie die beiden Wissenschaften sich (in Deutschland) gegenseitig beeinflussen bzw. rezipieren.

Historisch betrachtet[179] haben beide gemeinsame Wurzeln in der Moralphilosophie und Staatswissenschaft. Obschon die Rechtwissenschaft sich früher verselbständigte (ab Ende des 11. Jhdts) als die Wirtschaftswissenschaft (ab Mitte des 17. Jhdts)[180], war es lange Zeit selbstverständlich, dass beide Dimensionen gemeinsam betrachtet und behandelt wurden. Dabei ist der Einfluss der Naturrechtsphilosophie die wesentliche wissenschafts- und geistesgeschichtliche Gemeinsamkeit, aufgrund ihrer Vielschichtigkeit aber auch die Ursache für je nach Fachrichtung und Land unterschiedlich verlaufende spätere Entwicklungen.[181]

In gewissem Umfang (s. insbesondere auch die Bedeutung der ‚Historischen Schulen‘ in beiden Wissenschaften, aber auch die konsequente Ablehnung der Pandektisten, sich mit der neuen wirtschaftlichen Realität zu befassen[182]) zieht sich dies hin bis zum Beginn des 20. Jhdts, als die letzten (sozialwissenschaftlichen) ‚Universalgelehrten‘ wie insbesondere M. Weber in ‚Personalunion‘ die disziplinären Grenzen überbrückten.

Mit Ausnahme der Freiburger Schule[183] haben sich die beiden Disziplinen danach weitgehend entfremdet. Erst mit dem Erstarken der Sozialwissenschaften und in einem Klima einer größeren interdisziplinären Offenheit in den Geistes- und Sozialwissenschaften hat es ab den sechziger Jahren wieder Annäherungen

---

179 Zur Geschichte von ‚Law and Econcomics‘ s. z.B. *Pearson* (Fn. 115); *Mackaay* (Fn. 103) m.w.N.; *Rowley,* An intellectual history of law and economics: 1739–2003, in: Parisi/Rowley, The origins of law and economics. Essays by the founding fathers, 2005, S. 3 ff.

180 *Zöpel*, Ökonomie und Recht, 1974, S. 52.

181 *Zöpel* (Fn. 179), S. 95 ff.

182 *Mohnhaupt*, Zum Verhältnis und Dialog zwischen Volkswirtschaftslehre und Rechtswissenschaft im 19. Jahrhundert, in: Kervégan/Mohnhaupt (Fn. 79), S. 127 ff.

183 *Böhm* (Fn. 81).

gegeben[184], die sich dann Ende der siebziger Jahre unter dem Einfluss der (aus den USA ‚importierten') ökonomischen Analyse des Rechts intensiviert haben.

Die nachfolgende Darstellung wird sich trotz interessanter historischer Ansätze auf die derzeitige Lage beschränken.

II. Einfluss der Wirtschafts- auf die Rechtswissenschaft

1. Potenziell

Der Einfluss der Wirtschafts- auf die Rechtswissenschaft wäre grundsätzlich in folgenden Punkten möglich:

- Zunächst kann die positive Wirtschaftswissenschaft als Lieferant von Fakten und Informationen der Rechtswissenschaft ‚zuarbeiten', indem sie als Realwissenschaft deren Lücken und Defizite kompensiert, d.h. Informationen liefert, die zum Verständnis der Rechtsnormen (und der geregelten Sachverhalte) und zum wissenschaftlichen Umgang hiermit benötigt werden.
- Als theoretische positive Wissenschaft kann sie der Rechtswissenschaft auch standardisierte Einsichten liefern über das Verhalten der Normadressaten, über die Funktionsweise der Wirtschaft, über Steuerungstechniken usw., oder auch Konzepte und Systeme, welche eine sinnvolle wissenschaftliche Beschäftigung insbesondere mit genuin wirtschaftsrechtlichen Materien ermöglichen oder erleichtern.
- Die empirische positive Wirtschaftswissenschaft kann Fakten über die Wirtschaft und die Gesellschaft, aber auch über das Recht aufdecken, welche die Rechtswissenschaft (hier die Dogmatik) inspirieren oder zur Weiterentwicklung der Dogmatik (und des Rechts) veranlassen.
- In ihrer normativen Variante kann die Wirtschaftswissenschaft nicht nur positive Normen, sondern auch ihre rechtswissenschaftliche Fundierung in Frage stellen bzw. zu einer Vertiefung und Präzisierung zwingen (z.B. Gerechtigkeit vs. Effizienz).
- Sie kann als normative Wissenschaft auch auf die Methodenlehre Einfluss ausüben, indem sie z.B. aufzeigt, dass die Berücksichtigung von Rechtsfolgen bei der Entscheidungsfindung berücksichtigt werden sollten, und wie dies erfolgen könnte.

184 S. den Tagungsband von *Raiser/Sauermann/Schneider* (Hrsg.), Das Verhältnis der Wirtschaftswissenschaft zur Rechtswissenschaft, Soziologie und Statistik, Schriften des Vereins für Socialpolitik NF 33, 1964.

2. *Tatsächlich*

Solange die Wirtschaftswissenschaft in ihrer positiven Ausprägung auftritt, werden die hiervor beschriebenen Funktionen auch von der Rechtswissenschaft grundsätzlich akzeptiert, da hier Erstere die Funktion einer Hilfswissenschaft übernimmt.[185] In der Praxis ist jedoch nicht zu erkennen, dass die Rechtswissenschaft davon für ihre eigene theoretische bzw. methodische Weiterentwicklung oder für ihre konkrete Arbeit mit dem Recht in der Breite aktiv Gebrauch machen würde. Eine Ausnahme bilden hier nur jene Wissenschaftler, die sich aktiv mit der Rechtsökonomik beschäftigen. Herrschende Meinung (sofern hier überhaupt eine Meinungsbildung vorliegt) ist wohl, dass die Erkenntnisse allenfalls in die Gesetzgebungsarbeit einfließen sollen.[186]

Gegenüber der normativen Wirtschaftswissenschaft verhält sich die Rechtswissenschaft hingegen weitestgehend ablehnend, wobei eine einigermaßen intensive Beschäftigung bislang auch nur im Verhältnis zur ökonomischen Analyse des Rechts stattgefunden hat. Abgesehen von einigen Befürwortern, die in dem Bereich i.d.R. dann auch forschend aktiv sind[187], sind die Rechtswissenschaftler skeptisch bis ablehnend[188], in den meisten Fällen allerdings auch, ohne sich näher mit der Thematik auseinander gesetzt zu haben. Falls doch, beschränkt sich

---

185 *Raisch/Schmidt* (Fn. 20), S. 143 ff. (158, 161).

186 S. z.B. *Eidenmüller* (Fn. 22); *van Aaken* (Fn. 79), S. 25; wohl auch *Rüthers/Fischer/Birk* (Fn. 13), Rn. 303–307a. Das bedeutet aber keineswegs, dass in der Praxis der Gerichte, Verwaltungen und Unternehmen die Folgenbetrachtung keine Rolle spielen würde: s. z.B. *Rodi* (Fn. 91), S. 17; *Lieth* (Fn. 112) untersucht, wie die Ökonomische Analyse des Rechts für die Methodenlehre nutzbar gemacht werden kann, stellt aber auch fest, dass diese in Deutschland keinen großen Einfluss hat (S. 32).

187 Wobei anzumerken ist, dass die Forscher zur Rechtsökonomik in Deutschland überwiegend Ökonomen sind oder zumindest auch eine ökonomische Ausbildung Besitzen. *Grechenig/Gelter*, Divergente Evolution des Rechtsdenkens – Von amerikanischer Rechtsökonomik und deutscher Dogmatik, RabZS Bd. 72 (2008), S. 513 ff. (516 ff.).

188 S. paradigmatisch bereits *Raisch/Schmidt* (Fn. 20), S. 164: *„Es ist zwischen Nützlichkeit und Verbindlichkeit ökonomischer Aussagen zu trennen.“* Zur ökonomischen Analyse des Rechts s. z.B. *Hotz*, Ökonomische Analyse des Rechts – eine skeptische Betrachtung, WuR 1982, S. 293 ff.; *Salje*, Ökonomische Analyse des Rechts aus deutscher Sicht, Rechtstheorie 15 (1984), S. 277 ff.; *Fezer*, Aspekte einer Rechtskritik an der economic analysis of law und am property rights approach, JZ 1986, S. 817 ff.; *Ott/Schäfer*, Die ökonomische Analyse des Rechts – Irrweg oder Chance wissenschaftlicher Rechtserkenntnis?, JZ 1988, S. 213 ff.; *Eidenmüller*, Effizienz als Rechtsprinzip, 3. Aufl., 2005; *Mathis*, Effizienz statt Gerechtigkeit, 3. Aufl., 2009.

die Analyse i. W. auf das Effizienzkonzept[189]. Auch hier ist die h.M., dass nur der Gesetzgeber, nicht aber die Gerichte legitimiert sind, den Effizienzmaßstab anzuwenden.[190]

Die Gründe hierfür reichen von einer grundsätzlichen Abwehrhaltung gegenüber einer als ‚imperialistisch und kolonisierend' empfunden Wissenschaft[191] über das als welt- und rechtsfremd erachtete Rationalitäts- und Verhaltensmodell des homo oeconomicus und des damit verbundenen Menschenbilds[192] bis zur fehlenden fachlichen Kompetenz im Umgang mit anspruchsvollen Theoriegebäuden.[193]

Soweit überhaupt vorhanden, ist das rechtswissenschaftliche Interesse an der Ökonomie[194] ein reaktives, exogen durch gesetzliche Vorgaben motiviertes, soweit es für die Interpretation des Norm- oder Gesetzeszwecks benötigt wird. Ökonomische Befunde werden selektiv und instrumentell rezipiert.[195]

Letztlich fehlt der Rechtswissenschaft vor allem – und hier erhält sie auch keine Unterstützung durch die Wirtschaftswissenschaft – eine tragfähige Rezeptionstheorie zur Integration nichtjuristischer Erkenntnisse und Methoden.[196]

III. Einfluss der Rechts- auf die Wirtschaftswissenschaft

Einen wie auch immer gearteten Einfluss der Rechts- auf die Wirtschaftswissenschaft scheint es in neuerer Zeit nicht zu geben, nicht einmal ein Konzept, worin dieser bestehen könnte. Zwar verweisen die Juristen in ihrer Abwehrargumentation

---

189 S. vorige Fn. Zu den geistesgeschichtlichen Grundlagen der Forderung nach Effizienz s. *Martini* (Fn. 190), S. 144 ff.

190 S. *Eidenmüller* (Fn. 187), S. 12–13, 393 ff.

191 Dieselbe Haltung gab es zuvor schon gegenüber der Soziologie.

192 *Lüdemann* (Fn. 122), S. 7 ff. (12–23); ausführlich aus der Sicht der (allgemeinen) Ökonomik *Homann/Suchanek* (Fn. 136), S. 363–411. S. auch *Martini*, Der Markt als Instrument hoheitlicher Verteilungslenkung. Möglichkeiten und Grenzen einer marktgesteuerten staatlichen Verwaltung des Mangels, 2008, 169 ff zum Menschenbild der Ökonomik und dem des Rechts.

193 S. bereits *Grimm*, Vorwort, in: Ders. (Fn. 20), S. 1 ff. (8). Soweit erkennbar besitzen die meisten Juristen, die sich näher mit der Ökonomie beschäftigen, auch einen akademischen wirtschaftswissenschaftlichen (i.d.R. volkswirtschaftlichen) Abschluss.

194 *Schlosser*, Grundzüge der neueren Privatrechtsgeschichte, 10. Aufl., 2005, S. 294 f. erwähnt immerhin die Ökonomische Analyse des Rechts.

195 *Magen* (Fn. 141), S. 12–13. Ähnlich *Winkler*, Some Realism about Rationalism: Economic, Analysis of Law in Germany, 6 German Law Journal 1033 (1035) (2005) (http://www.germanlawjournal.com/index. php?pageID=11&artID=611).

196 *Lüdemann* (Fn. 122), S. 49.

gegenüber der Wirtschaftswissenschaft gerne auf das ‚spezifisch Juristische‘, belassen es dann aber bei dieser Aussage, ohne diesen wichtigen Punkt zu vertiefen.

Auch die Wirtschaftswissenschaft sieht offenbar keinen Grund darin, sich von der Rechtswissenschaft inspirieren zu lassen oder sich mit den Problemen der Interdisziplinarität theoretisch zu beschäftigen[197]. Insbesondere die Volkswirtschaftslehre beschränkt sich darauf, Recht als Untersuchungsgegenstand zu sehen und ihre Methoden darauf anzuwenden. Einen weitergehenden Dialog mit der Rechtswissenschaft scheint sie nicht zu suchen, eine inhaltliche Auseinandersetzung mit dem spezifisch ‚Juristischen‘ ist nicht zu erkennen. Die Betriebswirtschaftslehre scheint Letzterem gegenüber aufgeschlossener, in der Praxis aber auch nicht engagierter.

Aus wirtschaftswissenschaftlicher Perspektive ist die Rechtswissenschaft grundsätzlich eine Hilfswissenschaft, die dann nützlich wird, wenn es gilt, zu klären, was Recht ist oder welchen Zweck eine Rechtsregel im Einzelfall hat[198], oder um ökonomische Theorien in Gesetze und Urteile einfließen zu lassen bzw. die ‚richtige‘ wirtschaftspolitische Lösung oder passende Managementgestaltung mit minimalen Nebenfolgen zu realisieren.[199]

Eine wesentliche Ausnahme bildet hier die Ordnungsökonomik, in der (vielleicht als Spätfolge der staatswissenschaftlichen Tradition) nicht nur in der Freiburger Schule eine Zusammenarbeit mit der Rechtswissenschaft als ‚normal‘ betrachtet wurde,[200] was allerdings nie bedeutete, dass die Ökonomen eine Beeinflussung durch die Rechtswissenschaft in Betracht gezogen hätten.[201]

Auch die Bereiche Steuern und Finanzwissenschaft (daneben noch Rechnungslegung) haben eine herausragende interdisziplinäre Stellung[202], aber Juristen haben den Ökonomen hier weitgehend das Feld überlassen, nicht nur in der Praxis, sondern auch auf wissenschaftlicher Ebene.

---

197 Dies könnte auch mit der Geringschätzung der amerikanischen ‚Law&Economics‘-Wissenschaftler für die dortige ‚doctrine‘ zusammenhängen, die nicht mit der deutschen Rechtswissenschaft vergleichbar ist.

198 *Engel* (Fn. 121), S. 391 ff.

199 *Mertens/Kirchner/Schanze* (Fn. 37), S. 53; *Grimm* (Fn. 20); *Hommelhoff/Matteus*, Management und Recht, in: Handwörterbuch der Unternehmensführung und Organisation, 4. Aufl., 2004, Sp. 780 ff.

200 *Raisch/Schmidt* (Fn. 20), S. 151; *Krüsselberg*, Wirtschaftswissenschaft und Rechtswissenschaft, in: Grimm (Fn. 20), S. 168 ff. (168, 190 ff). Als didaktisches Beispiel für eine interdisziplinäre Darstellung, die alte und neue Institutionenökonomik und Recht verbindet, s. *Kaminski/Koch*, Die Wirtschaftsordnung als Institutionen- und Regelsystem, 2005.

201 *Pearson* (Fn. 115), S. 150–151.

202 *Weber/von Beckerath* (Fn. 165); *Gantner/Thöni* (Fn. 91).

F. Fazit

Die hier verwendete Methode konnte dem Ziel, einen systematischen Überblick über diese komplexe Materie der Beziehungen und Wechselwirkungen zwischen Recht und Wirtschaft zu verschaffen, weitestgehend gerecht werden. Die getrennte Betrachtung der verschiedenen Interdependenzen zeigt eine Vielschichtigkeit des Themas, die selbst den in diesem Bereich Tätigen bzw. Forschenden nur ansatzweise bewusst zu sein scheint. Dies könnte auch der Grund dafür sein, dass es bislang keinen vergleichbaren Versuch der Systematisierung gibt.

Der Überblick zeigt auch, dass die wissenschaftliche Aufarbeitung dieser Interdependenzen zwar einen erheblichen Umfang gewonnen hat, letztlich aber wenig systematisch und koordiniert erfolgt, und dies sowohl intra- als auch interdisziplinär.

Beide Wissenschaften neigen zudem dazu, auf der Metaebene zu verharren und nicht nur die Frage der Nutzbarkeit und Umsetzung ihrer Erkenntnisse in der Praxis zu vernachlässigen, sondern ganze Realitätsbereiche auszublenden. Dies gilt insbesondere für den gesellschaftlichen Teilbereich, in dem Recht und Wirtschaft in der täglichen Praxis aufeinander treffen und sowohl Juristen als auch Nichtjuristen außerhalb von Legislative, Judikative und Exekutive Wert schöpfen wollen, ohne Unrecht zu tun.

In allen Bereichen, in denen die gesellschaftlichen Akteure Recht und Wirtschaft praktisch ‚unter einen Hut bringen' müssen, wird dies nicht ohne ein Verständnis der jeweiligen Zusammenhänge und bestmöglichen Entscheidungen möglich sein. Dazu ist ein Überblick wie der vorliegende hilfreich, vor allem aber eine solide bidisziplinäre Ausbildung erforderlich. Auch dieses Kompetenz- bzw. Qualifikationsproblem wird in der umfangreichen gesichteten Literatur zwar immer wieder am Rande erwähnt, aber nicht vertieft.

Insbesondere die seit zwei Jahrzehnten bestehenden wirtschaftsjuristischen Studiengänge leisten hier in gewissem Sinne Pionierarbeit. Allerdings gibt es auch hierzu bislang nur Praxiseinsichten, aber keine Konzepte und empirischen Überprüfungen.

Der vorliegende Überblick birgt also zahlreiche Ansatzpunkte, in denen ein Bedarf nach weiterer Vertiefung zum Ausdruck kommt. Dabei ist Verwertbarkeit in Praxis und Ausbildung zwar kein zwingendes Ziel, aber der Mehrwert einer solchen Ausrichtung käme einer besseren Koordination von Recht und Wirtschaft und einer erfolgreicheren Zusammenarbeit von Rechts- und Wirtschaftswissenschaft sehr zugute.

B. Besonderer Teil

I. Wirtschaftslenkung in Europa

Prof. Dr. Thomas Heide, Prof. Dr. Joachim Strauch und
Prof. Dr. Mike Wienbracke, LL. M. (Edinburgh)

Kommunale Wirtschaftsförderung und EU-Beihilfenrecht: Handlungsrestriktionen für Gemeinden und Kreise, handels- und steuerbilanzielle Folgen für Unternehmen

Die Kommunen befinden sich untereinander in einem permanenten Standortwettbewerb. Um in diesem zu bestehen, bedienen sich Gemeinden und Kreise namentlich der Wirtschaftsförderung. Diese ist typischerweise entweder als eigenes Amt bzw. als Teil eines solchen organisiert oder in eine eigene Gesellschaft (z.B. GmbH) ausgegliedert. Ihre Aufgabe liegt im Allgemeinen darin, die Attraktivität gerade der jeweiligen lokalen Bedingungen für Handwerksbetriebe, Gewebetreibende und Dienstleister zu steigern. Hierdurch sollen insbesondere Arbeitsplätze gesichert bzw. geschaffen und letztlich die jeweilige Haushaltslage verbessert werden.

Das zur Erreichung dieser Ziele gemeinhin verwendete Instrumentarium ist breit gefächert und stellt in seiner konkreten Anwendung hohe fachliche Anforderungen an die hiermit befassten Personen. Dies gilt v.a. im Hinblick auf die Grenzen, welche nicht nur das nationale deutsche Recht, sondern auch das europäische Unionsrecht den Maßnahmen zur Unternehmensneuansiedlung sowie zur Bestandspflege von vor Ort bereits ansässigen Unternehmen als derzeit wichtigsten Arbeitsschwerpunkten der kommunalen Wirtschaftsförderung zieht. Die insoweit in der Praxis nicht selten vorherrschende Unkenntnis in dieser Gemengelage von Landes-, Bundes- und Europarecht kann sich für die zu begünstigen beabsichtigten Unternehmen jedoch als unheilvoll erweisen, wie ein Blick auf die (handels-)bilanziellen Folgen insbesondere von EU-rechtswidrig empfangenen Beihilfen veranschaulicht.

A. Grundlagen und Grenzen kommunaler Wirtschaftsförderung im nationalen Recht

Nach Art. 28 Abs. 2 Satz 1 GG muss den Gemeinden das Recht gewährleistet sein, alle Angelegenheiten der örtlichen Gemeinschaft im Rahmen der Gesetze in eigener Verantwortung zu regeln, vgl. ferner etwa Art. 78 Abs. 1, 2 LVerf NRW und

§ 2 GO NRW. Zu den (freiwilligen[1]) Aufgaben der Gemeinden[2] gehört hiernach grundsätzlich auch die kommunale Wirtschaftsförderung[3] – wobei im Einzelnen allerdings Unklarheit darüber herrscht, was genau unter diesem beispielsweise in § 107 Abs. 2 Nr. 3 Var. 2 GO NRW zwar erwähnten, dort aber nicht legaldefinierten Begriff zu verstehen ist.[4] Die Ständige Konferenz der Innenminister/-senatoren der Länder[5] differenziert insofern zwischen indirekter kommunaler Wirtschaftsförderung („Schaffung günstiger Rahmenbedingungen"[6]) und direkter – betriebsbezogener – kommunaler Wirtschaftsförderung (s.u. „B.II.1."), wobei Letztere nach z.T. vertretener Auffassung allerdings von vornherein nicht zu den kommunalen Aufgaben gehöre.[7]

Eine erste Einschränkung betreffend die rechtliche Zulässigkeit kommunaler Wirtschaftsförderung ergibt sich jedenfalls daraus, dass das Recht der Selbstverwaltung nach Art. 28 Abs. 2 Satz 1 GG, Art. 78 Abs. 1, 2 LVerf NRW und § 2 GO NRW auf das jeweilige Gemeindegebiet bzw. die „Angelegenheiten der örtlichen Gemeinschaft" beschränkt ist. Darunter sind diejenigen Bedürfnisse und Interessen zu verstehen, die in der örtlichen Gemeinschaft wurzeln oder auf sie einen spezifischen Bezug haben.[8] Demgegenüber ist es den Gemeinden verwehrt, unter Berufung auf Art. 28 Abs. 2 Satz 1 GG allgemeinpolitische Fragen zum Gegenstand ihrer Tätigkeit zu machen.[9] Ob namentlich die Arbeitsplatzsi-

1 *Stober*, Allgemeines Wirtschaftsverwaltungsrecht, 18. Auflage 2015, § 8 II. 1.

2 Zu den Kreisen siehe Art. 28 Abs. 2 Satz 2 GG.

3 BVerwGE 84, 236 (239); BVerwG, NVwZ-RR 2013, S. 465 (466); FG Köln, EFG 2004, S. 1392 (1394); *Burgi*, Kommunalrecht, 4. Auflage 2012, § 6 Rn. 19 m.w.N.

4 Vgl. nur *Faber*, Europarechtliche Grenzen kommunaler Wirtschaftsförderung, 1992, S. 3 ff. m.w.N.

5 Beschluss vom 12.3.1981. Ebenso *Schliesky*, Öffentliches Wirtschaftsrecht, 4. Auflage 2014, S. 137 f.

6 Insoweit werden insbesondere die städtebauliche Planung, die lokale Infrastruktur und Hebesatzpolitik, ein bedarfsgerechtes Angebot von Industrie- und Gewerbegeländen sowie die Beratung und Hilfestellung bei Standort-, Rechts- oder Verfahrensfragen im Zusammenhang mit Investitionsvorhaben genannt. Vgl. ferner die Auflistung bei *Boyken*, Handbuch zur kommunalen Wirtschaftsförderung, 2002, S. 12 m.w.N. Speziell zum jeweiligen kommunalen Steuerrecht als Standortfaktor siehe *Wienbracke*, KStZ 2013, S. 41 (42).

7 So BayVGH, BayVerwBl 2008, S. 237 m.w.N. Vgl. auch VG Würzburg, Urteil vom 31.10.2001 – W 2 K 00.1357, juris. A.A. etwa *Gern*, Kommunalrecht, 3. Auflage 2003, Rn. 779.

8 BVerfGE 79, 127 (151) m.w.N.

9 BVerfGE 79, 127 (147) m.w.N.

cherung noch zu den Angelegenheiten der örtlichen Gemeinschaft zählt[10] oder es sich hierbei nicht vielmehr um eine staatliche Aufgabe handelt[11], ist streitig.

Des Weiteren ist die kommunale Selbstverwaltung nach Art. 28 Abs. 2 Satz 1 GG, Art. 78 Abs. 1, 2 LVerf NRW und § 2 GO NRW jeweils nur „im Rahmen der Gesetze" bzw. „soweit die Gesetze nichts anderes vorschreiben"/„nicht ausdrücklich etwas anderes bestimmen" garantiert. Soweit nicht bereits das nationale (Landes- oder Bundes-)Recht der Zulässigkeit einer kommunalen Wirtschaftsförderungsmaßnahme entgegensteht (vgl. z.B. §§ 87 Abs. 1 Satz 1, 90 Abs. 3 Satz 2 GO NRW), wird die Frage nach deren Vereinbarkeit mit dem europäischen Unionsrecht relevant, das im Rang über dem gesamten deutschen Recht – inkl. des GG – steht.[12] Insofern ist insbesondere das EU-Beihilfenrecht als „zentrale[r] Prüfstein für die Rechtmäßigkeit [...] der kommunalen Wirtschaftsförderung"[13] von Bedeutung.

B. EU-Beihilfenrechtliche Grenzen kommunaler Wirtschaftsförderung

I. Notifizierungspflicht und Durchführungsverbot

Beabsichtigt eine Kommune die Neueinführung einer als Beihilfe i.S.v. Art. 107 Abs. 1 AEUV einzustufenden Wirtschaftsförderungsmaßnahme (s.u. „B.II."), so ist – vorbehaltlich sekundärrechtlicher Ausnahmen (z.B. nach Art. 3 der Allgemeinen Gruppenfreistellungsverordnung[14])[15] – die Europäische Kommission

10 So *Ehlers*, in: ders. (Hrsg.), Kommunale Wirtschaftsförderung, 1990, S. 103 (115 f.); *Knemeyer*, WiVw 1989, S. 92 (97).

11 So Beschluss der Ständigen Konferenz der Innenminister/-senatoren der Länder vom 12.3.1981.

12 EuGH, Rs, 11/70, Slg. 1970, 1125 (Rn. 3) – *Internationale Handelsgesellschaft*; Rs. C-285/98, Slg. 2000, I-69 – *Tanja Kreil*; BVerfGE 129, 78 (99 f.).

13 *Kese/Linse*, JA 2004, S. 689.

14 Verordnung (EU) Nr. 651/2014 der Kommission vom 17. Juni 2014 zur Feststellung der Vereinbarkeit bestimmter Gruppen von Beihilfen mit dem Binnenmarkt in Anwendung der Artikel 107 und 108 des Vertrags über die Arbeitsweise der Europäischen Union, ABl. L 187 v. 26.6.2014, S. 1.

15 Unzutreffend *Schenk*, BWGZ 2014, S. 1143 (1145), dem zufolge die Durchführung eines Notifizierungsverfahrens darüber hinaus auch dann entbehrlich sei, wenn eine Ausnahmeregelung des Art. 107 Abs. 2 oder Abs. 3 AEUV besteht. Das Gegenteil ist richtig, siehe nur *Bartosch*, EU-Beihilfenrecht, 2009, Art. 87 Abs. 2 Rn. 1.

hiervon nach Art. 108 Abs. 3 Satz 1 AEUV, Art. 2 Abs. 1 Satz 1 VerfVO[16] so rechtzeitig zu unterrichten, dass sie sich dazu äußern kann. Befugt zur Anmeldung einer Beihilfe bei der Kommission ist aus deutscher Sicht freilich nicht etwa die beihilfegewährende Kommune selbst oder gar das beihilfeempfangende Unternehmen, sondern allein der Bund.[17] Die Kommunen müssen diesem daher ihre Beihilfen über das jeweilige Land melden.[18]

Bevor die Kommission auf eine derartige Notifizierung hin einen entsprechenden Beschluss erlassen hat, darf die beabsichtigte Beihilfe gem. Art. 108 Abs. 3 Satz 3 AEUV nicht durchgeführt werden. Dieses Durchführungsverbot ist auch für die Kommunen unmittelbar anwendbares Recht.[19] Verstoßen sie hiergegen, so ist die betreffende Beihilfe allein schon aus diesem Grund (formell) rechtswidrig, siehe Art. 1 lit. f) VerfVO. Bei privatrechtlichen Kaufverträgen mit Beihilfeelement hat dies nach der jüngsten BGH-Rechtsprechung[20] freilich nicht mehr die Gesamtnichtigkeit des Vertrages nach § 134 BGB zur Folge,[21] sondern ist vielmehr der Kaufpreis entsprechend anzupassen. Selbst wenn die Kommission nachfolgend zu dem Ergebnis gelangen sollte, dass die entgegen der Verfahrensvorschrift des Art. 108 Abs. 3 Satz 3 AEUV neu eingeführte Beihilfe der Sache nach mit dem Binnenmarkt vereinbar, d.h. materiell rechtmäßig ist (z.B. aufgrund von Art. 107 Abs. 3 lit. c) AEUV), so sind die nationalen Behörden und Gerichte doch gleichwohl dazu verpflichtet, dem Beihilfeempfänger (Unternehmen) aufzugeben, für den Zeitraum bis zu dieser Kommissionsentscheidung Zinsen zu zahlen.[22]

Ist die formell rechtswidrige Beihilfe nach Auffassung der Kommission dagegen mit dem Binnenmarkt unvereinbar, also auch materiell rechtswidrig

---

16 Verordnung Nr. 659/1999 des Rates vom 22. März 1999 über besondere Vorschriften für die Anwendung von Artikel 108 des Vertrags über die Arbeitsweise der Europäischen Union, ABl. L 83 vom 27.3.1999, S. 1.

17 EuGH, Rs. C-442/03 P, Slg. 2006, I-4845 (Rn. 103) – *P&O European Ferries*; *von Wallenberg/Schütte*, in: Grabitz/Hilf/Nettesheim (Hrsg.), Das Recht der Europäischen Union, Stand: 46. EL Oktober 2011, Art. 108 Rn. 17.

18 *Seidel*, in: Ehlers (Fn. 10), S. 145 (159).

19 *Mähring*, JuS 2003, S. 448.

20 BGH, ZfBR 2013, S. 592 (595 f.) m.w.N.

21 So noch BGH, EuZW 2003, S. 444 (445); 2004, S. 252 (253); BGHZ 173, 129 (137 f.); WM 2012, S. 2024 (2027). Entsprechende Verwaltungsakte sind rechtswidrig, siehe BVerwGE 138, 322 (326 f.).

22 EuGH, Rs. C-199/06, Slg. 2008, I-469 (Rn. 52) – *CELF I*.

(„Doppelverstoß“[23]), so hat diese i.d.R. gem. Art. 14 Abs. 1 Satz 1 VerfVO zu entscheiden, dass der betreffende Mitgliedstaat alle notwendigen Maßnahmen ergreift, um die Beihilfe vom Empfänger zurückzufordern (z.B. gem. § 49a Abs. 1 VwVfG[24]), wobei die aufgrund einer derartigen Rückforderungsentscheidung zurückzufordernde Beihilfe ebenfalls Zinsen[25] umfasst, siehe Art. 14 Abs. 2 Satz 1 VerfVO. Diese Befugnis der Kommission zur Rückforderung von Beihilfen unterliegt nach Art. 15 Abs. 1 VerfVO einer Verjährungsfrist von zehn Jahren! Vor diesem Hintergrund ist dem sorgfältigen Unternehmer nur mit allem Nachdruck zu empfehlen, sich darüber zu informieren, ob die beihilfegewährende Kommune die vorgenannten Bestimmungen des Unionsrechts eingehalten hat, kann es andernfalls doch „teuer“ für ihn werden.[26]

Ob es sich bei der im konkreten Fall zu beurteilenden Maßnahme um eine Beihilfe handelt und ob diese mit dem Binnenmarkt vereinbar ist, richtet sich primärrechtlich nach Art. 107 AEUV.[27] Dieser statuiert in seinem Absatz 1 ein grundsätzliches Beihilfenverbot, wohingegen er in seinem Absatz 2 Legal- und in seinem Absatz 3 Ermessensausnahmen hiervon vorsieht. M.a.W.: Eine kommunale Wirtschaftsförderungsmaßnahme verstößt dann nicht gegen Art. 107 Abs. 1 AEUV, wenn es sich bei ihr entweder schon nicht um eine Beihilfe i.S.d. Vorschrift handelt (s.u. „B.II.“) oder aber die Kommission diese aufgrund des – hier nicht näher thematisierten – Art. 107 Abs. 2 oder Abs. 3 AEUV ausnahmsweise für mit dem Binnenmarkt vereinbar erklärt.

---

23 *Bungenberg*, in: Bimstiel/Bungenberg/Heinrich (Hrsg.), Europäisches Beihilfenrecht, 2013, Kap. 2 Rn. 75.

24 Zur europarechtlichen Überformung der §§ 48 ff. VwVfG siehe *Wienbracke*, Allgemeines Verwaltungsrecht, 3. Auflage 2012, Rn. 321 m.w.N.

25 Die entsprechenden Referenz- und Abzinsungssätze sind abrufbar unter http://ec.europa.eu/competition/state_aid/legislation/reference_rates.html (abgerufen am 10.03.2015).

26 *von Carnap-Bornheim*, JuS 2013, S. 215 (219); *Herdegen*, Europarecht, 16. Auflage 2014, § 22 Rn. 55. Nachtrag: Ausführlich zur Beihilfenaufsicht (Art. 108 AEUV) sowie zu Grundsatz und Ausnahmen des Beihilfenverbots nach Art. 107 AEUV nunmehr auch *Wienbracke*, WRP 2016, S. 294 ff.

27 Eine aktuelle Zusammenstellung sämtlicher (allgemeiner) EU-weiten Regeln für staatliche Beihilfen (mit Ausnahme spezifischer Regelungen für die Fischerei und die Landwirtschaft) ist abrufbar unter http://ec.europa.eu/competition/state_aid/legislation/compilation/index_de.html (abgerufen am 10.03.2015).

II. Vorliegen einer „Beihilfe"

Voraussetzung für die Qualifizierung einer Maßnahme als „Beihilfe" i.S.d. EU-Rechts ist, dass im konkreten Fall die nachfolgend genannten Merkmale des Art. 107 Abs. 1 AEUV kumulativ erfüllt sind:[28]

- Begünstigung,
- bestimmter Unternehmen oder Produktionszweige,
- staatlich oder aus staatlichen Mitteln,
- (drohende) Wettbewerbsverfälschung und
- Beeinträchtigung des Handels zwischen Mitgliedstaaten.

1. Begünstigung

Unter den Begriff der „Begünstigung" i.S.v. Art. 107 Abs. 1 AEUV fallen „nicht nur positive Leistungen, sondern auch Maßnahmen [...], die in verschiedener Form die von einem Unternehmen normalerweise zu tragenden Belastungen vermindern und die somit zwar keine Subventionen im strengen Sinne des Wortes darstellen, diesen aber nach Art und Wirkung gleichstehen. Somit gelten als Beihilfen staatliche Maßnahmen gleich welcher Art, die unmittelbar oder mittelbar Unternehmen begünstigen oder als ein wirtschaftlicher Vorteil anzusehen sind, den das begünstigte Unternehmen unter normalen Marktbedingungen nicht erhalten hätte."[29] Aus kommunaler Sicht sind insoweit insbesondere verlorene Zuschüsse, Bürgschaften (§ 765 BGB), die Übernahme bestimmter Kosten[30], die verbilligte Veräußerung von Grundstücken sowie die Ermäßigung, Stundung

---

28 EuGH, Rs. C-280/00, Slg. 2003, I-7747 (Rn. 74 f.) – *Altmark Trans* m.w.N., wobei der EuGH diese Merkmale allerdings in vier, und nicht wie hier in fünf Prüfungspunkten zusammenfasst (so aber auch *Koenig/Hellstern*, in: Müller-Graff [Hrsg.], Europäisches Wirtschaftsordnungsrecht, 2015, § 14 Rn. 12). Ob Art. 107 Abs. 1 AEUV eine Legaldefinition des Begriffs „Beihilfe" enthält, ist str., siehe einerseits *Kreuschitz/Wernicke*, in: Lenz/Borchardt (Hrsg.), EU-Verträge, 6. Auflage 2012, Art. 107 Rn. 1, 3 und anderseits *Frenz*, Europarecht, 2011, Rn. 415; *Jochum*, Europarecht, 2. Auflage 2012, Rn. 725. Nachtrag: Ausführlich zum Beihilfe-Tatbestand des Art. 107 Abs. 1 AEUV nunmehr auch *Wienbracke*, WRP 2016, S. 154 ff.

29 EuGH, EuZW 2014, S. 422 (425) – *La Poste*.

30 Speziell zur kostenlosen Erschließung von Grundstücken für Unternehmen siehe *Cremer*, in: Calliess/Ruffert (Hrsg.), EUV/AEUV, 4. Auflage 2011, Art. 107 Rn. 38 m.w.N.

und der Erlass von Kommunalabgaben (vgl. § 222 bzw. § 227 AO i.V.m. z.B. § 12 Abs. 1 Nr. 5 lit. a) KAG NRW) zu nennen.[31]

Sofern für die jeweilige staatliche Leistung kein transparenter Marktpreis existiert und im konkreten Fall auch weder ein offenes, transparentes und diskriminierungsfreies Bietverfahren durchgeführt noch ein objektives Wertgutachten durch einen unabhängigen Sachverständigen erstellt wurde, ist aus der Sicht eines hypothetischen privaten Investors von vergleichbarer Größe wie die gewährende Einrichtung des öffentlichen Sektors in vergleichbarer Lage im Zeitpunkt der Investitionsentscheidung (*ex ante*) zu beurteilen, ob die vom empfangenden Unternehmen etwaig erbrachte Gegenleistung in einem angemessenen Verhältnis zu der diesem staatlicherseits gewährten Leistung steht, sog. „*market economy investor*"- bzw. „*private investor*"-Test.[32] Was speziell staatliche Ausgleichszahlungen an Unternehmen für die Erbringung von Dienstleistungen von allgemeinem wirtschaftlichem Interesse betrifft (sog. „DAWI", Art. 106 Abs. 2 Satz 1 AEUV; Daseinsvorsorge wie z.B. ÖPNV), so wird auf die *Altmark Trans*-Rechtsprechung des EuGH[33] und die hierzu – sowie auch darüber hinaus[34] – ergangenen Verlautbarungen der Kommission verwiesen.

Soweit der Marktwert der staatlicherseits tatsächlich gewährten Leistung danach über denjenigen der vom Unternehmen tatsächlich erbrachten Gegenleistungen hinausgeht, liegt in Höhe dieses sog. Beihilfenäquivalents eine Begünstigung i.S.v. Art. 107 Abs. 1 AEUV vor.[35] Insbesondere in diesem Zusammenhang greift die Kommission neben juristischen ebenfalls auf

---

31 Beschluss der Ständigen Konferenz der Innenminister/-senatoren der Länder vom 12.3.1981. Konkrete Fallbeispiele aus der Praxis geben *Dobler*, in: Bayerischer Kommunaler Prüfungsverband, Geschäftsbericht 2007, S. 35 ff.; *Leippe*, EU-Beihilferecht in der kommunalen Praxis, 2014, S. 53 ff. m.w.N.

32 EuGH, Rs. C-305/89, Slg. 1991, I-1603 (Rn. 19 f.) – *Alfa Romeo*; Rs. C-482/99, Slg. 2002, I-4397 (Rn. 70 f.) – *Stardust Marine*; *Haratsch/Koenig/Pechstein*, Europarecht, 9. Auflage 2014, Rn. 1194, 1197 f.; *von Wallenberg/Schütte*, in: Grabitz/Hilf/Nettesheim (Fn. 17), Art. 107 Rn. 52, jeweils m.w.N. Dieser ursprünglich in Bezug auf Kapitalhilfen der öffentlichen Hand entwickelte Test hat sich später zu einem allgemeinen Maßstab entwickelt, siehe *Bär-Bouyssière*, in: Schwarze (Hrsg.), EU-Kommentar, 3. Auflage 2012, Art. 107 Rn. 26.

33 EuGH, Rs. C-280/00, Slg. 2003, I-7747 (Rn. 86 ff.) – *Altmark Trans*. Kritisch zu dieser von ihnen als „teleologische Reduzierung des Beihilfentatbestands" bezeichneten Rechtsprechung: *Arndt/Fischer/Fetzer*, Europarecht, 11. Auflage 2015, Rn. 716.

34 Siehe etwa die Mitteilung betreffend Elemente staatlicher Beihilfe bei Verkäufen von Bauten oder Grundstücken durch die öffentliche Hand, ABl. C 209 v. 10.7.1997, S. 3.

35 *Kühling*, in: Streinz (Hrsg.), EUV/AEUV, 2. Auflage 2012, Art. 107 Rn. 50 m.w.N.

ökonomische Kriterien zurück.[36] So beträgt beispielsweise der Beihilfewert einer öffentlichen Bürgschaft für einen 10 Jahre laufenden, jährlich mit $^1/_{10}$ des Auszahlungsbetrags in Höhe von 3.000.000 € zu tilgenden Investitionskredit, den ein Unternehmen der Bürgschaftsratingkategorie 3 am 11. März 2015 aufgenommen hat, ca. 240.300 €. Dabei bedeutet die Ratingkategorie 3, dass der Kredit innerhalb des nächsten Jahres mit einer Wahrscheinlichkeit von über 3,5 % bis 5,5 % ausfällt („Ein-Jahres-Ausfallwahrscheinlichkeit"). Die Bürgschaft soll 80 % der Kreditsumme abdecken und wird mit einer jährlichen Avalprovision von 1 % des Bürgschaftsbetrages vergütet. Da es sich um einen Investitionskredit handelt, wird hier eine mit 20 % höhere Sicherheitenerlösquote („*recovery rate*") als bei einem Betriebsmittelkredit (12,5 %) zugrundegelegt.[37]

2. Bestimmte Unternehmen oder Produktionszweige

„Unternehmen" i.S.d. der wettbewerbsrechtlichen Vorschriften des AEUV ist „jede eine wirtschaftliche Tätigkeit ausübende Einheit, unabhängig von ihrer Rechtsform und der Art ihrer Finanzierung"[38], wobei unter „wirtschaftliche Tätigkeit" jede Aktivität zu verstehen ist, „die darin besteht, Güter [oder] Dienstleistungen auf dem Markt anzubieten."[39] „Produktionszweig" (Branche) meint die Gesamtheit der in einem bestimmten wirtschaftlichen Bereich tätigen Unternehmen inkl. des Handels und der Dienstleistungen.[40] Die von Art. 107 Abs. 1 AEUV zudem noch vorausgesetzte Selektivität bzw. Spezifität der Begünstigung („*bestimmte*[...] Unternehmen oder Produktionszweige") ist zu bejahen, wenn diese lediglich einzelnen Unternehmen bzw. Produktionszweigen oder abgrenzbaren Kategorien von Unternehmen bzw. Produktionszweigen

---

36 KOM (2005) 107 endg. v. 7.6.2005, Rn. 19.

37 Berechnet nach http://www.pwc.de/de/offentliche-unternehmen/berechnung-des-beihilfewertes-staatlicher-buergschaften.jhtml (abgerufen am 10.03.2015). In diesem Zusammenhang siehe auch die Mitteilung der Kommission über die Anwendung der Artikel 87 und 88 des EG-Vertrags auf staatliche Beihilfen in Form von Haftungsverpflichtungen und Bürgschaften, ABl. C 155 v. 20.6.2008, S. 10; *Rüdiger*, Kommunale Bürgschaften und vergleichbare Sicherungsinstrumente als Beihilfen im Spiegel des Europarechts, 2011.

38 EuGH, Rs. C-41/90, Slg. 1991, I-1979 (Rn. 21) – *Höfner*.

39 EuGH, Rs. 118/85, Slg. 1987, 2599 (Rn. 7) – *Kommission/Italien*.

40 *Cremer*, in: Calliess/Ruffert (Fn. 30), Art. 107 Rn. 25 m.w.N.; *Müller-Graff*, in: Vedder/Heintschel von Heinegg (Hrsg.), Europäisches Unionsrecht, 2011, Art. 107 Rn. 19.

zugutekommt.[41] Dies ist der Fall bei Maßnahmen der direkten kommunalen Wirtschaftsförderung (s.o. „A.").[42]

Demgegenüber liegt bei allgemeinen Maßnahmen zur Wirtschaftsförderung, von denen ohne Unterschied alle Unternehmen und Produktionszweige profitieren, mangels Selektivität bzw. Spezifität keine Beihilfe vor.[43] Aus Perspektive der Kommunen sind insoweit v.a. die indirekten Wirtschaftsförderungsmaßnahmen wie beispielsweise der Ausbau des städtischen Verkehrswegenetzes zu nennen (s.o. „A.").[44] Ebenfalls nicht um eine Beihilfe i.S.v. Art. 107 Abs. 1 AEUV handelt es sich, wenn Begünstigungsempfänger nicht bestimmte Unternehmen oder Produktionszweige, sondern vielmehr Privatpersonen (Verbraucher) sind.[45]

3. *Staatlich oder aus staatlichen Mitteln*

Damit eine Begünstigung als Beihilfe i.S.v. Art. 107 Abs. 1 AEUV eingestuft werden kann, muss sie zum einen unmittelbar oder mittelbar aus staatlichen Mitteln gewährt werden und zum anderen dem Staat zuzurechnen sein.[46] „Staat" i.d.S. sind aus deutscher Sicht neben dem Bund und den Ländern u.a. auch die Kommunen.[47] Aus staatlichen Mitteln gewährt ist die jeweilige Begünstigung dann, wenn der betreffende öffentliche Haushalt entweder durch die Übertragung von Finanzmitteln (Leistungssubventionen) oder aber durch den Verzicht auf Einnahmen (Verschonungssubventionen) tatsächlich oder zumindest potenti-

---

41 *Bieber/Epiney/Haag*, Die Europäische Union, 11. Auflage 2015, § 13 Rn. 8 m.w.N.

42 *Eberl/Kese*, DVP 2003, S. 51 (53).

43 EuGH, Rs. C-143/99, Slg. 2001, I-8365 (Rn. 35) – *Adria-Wien Pipeline*; *Borchardt*, Die rechtlichen Grundlagen der Europäischen Union, 5. Auflage 2012, Rn. 1302, 1304.

44 *von Ameln*, in: Diekmann/König (Hrsg.), Kommunale Wirtschaftsförderung, 1994, S. 9 (15); *Koenig/Paul*, in: Streinz (Fn. 35), Art. 107 Rn. 76. Differenzierter: *Faber* (Fn. 4), S. 115 f. m.w.N. Als weiteres Beispiel für eine allgemeine Wirtschaftsförderungsmaßnahme nennen *Fastenrath/Groh*, Europarecht, 3. Auflage 2012, Rn. 265 die Reduzierung des jeweiligen Gewerbesteuerhebesatzes (§ 16 GewStG).

45 *von Wallenberg/Schütte*, in: Grabitz/Hilf/Nettesheim (Fn. 17), Art. 107 Rn. 38 m.w.N. Siehe allerdings EuGH, Rs. C-156/98, Slg. 2000, I-6857 – *Deutschland/Kommission*; Rs. C-382/99, Slg. 2002, I-5163 – *Niederlande/Kommission*; Rs. C-403/10 P, Slg. 2011, I-117 – *Mediaset* zur mittelbaren Begünstigung von Unternehmen durch finanzielle Zuwendungen unmittelbar an Verbraucher.

46 EuGH, Rs. C-482/99, Slg. 2002, I-4397 (Rn. 24) – *Stardust Marine*.

47 Vgl. EuGH, Rs. 248/84, Slg. 1987, 4013 (Rn. 17) – *Deutschland/Kommission* und siehe *Khan*, in: Geiger/Kahn/Kotzur, EUV/AEUV, 5. Auflage 2010, Art. 107 Rn. 12.

ell (z.B. aufgrund einer Bürgschaft) belastet wird.[48] Die typischerweise nur bei der Fallgruppe der „mittelbar aus staatlichen Mitteln" gewährten Begünstigung näher zu prüfende Zurechenbarkeit zum Staat ist bei Gewährung durch ein von der öffentlichen Hand beherrschtes Unternehmen[49] dann zu bejahen, wenn die staatlichen Behörden in irgendeiner Weise am Erlass der jeweiligen Maßnahme beteiligt waren.[50]

Nicht nur die von den Kommunen selbst erbrachten Leistungen unterfallen damit dem Beihilfemerkmal „staatliche oder aus staatlichen Mitteln", sondern auch die von einer kommunalen Wirtschaftsförderungsgesellschaft gewährten Begünstigungen können hierunter zu subsumieren sein, ebenso wie Quersubventionierungen (etwa im Stadtwerkeverbund).[51]

4. (Drohende) Wettbewerbsverfälschung

Eine Wettbewerbsverfälschung i.S.v. Art. 107 Abs. 1 AEUV liegt tatsächlich vor, wenn die gewährte Begünstigung die Stellung des betreffenden Unternehmens oder Produktionszweigs gegenüber anderen Wettbewerbern verstärkt;[52] sie droht, wenn die Möglichkeit eines Wettbewerbsverhältnisses sowie einer Marktverfälschung existiert.[53] Zumindest Letzteres ist regelmäßige Folge einer jeden selektiven Begünstigung,[54] zumal nach ständiger EuGH-Rechtsprechung weder der verhältnismäßig geringe Umfang einer Beihilfe noch die relativ geringe Größe des begünstigten Unternehmens von vornherein die Verfälschung des Wettbewerbs ausschließt.[55] Übersteigt allerdings der Gesamtbetrag der einem einzigen

48 Vgl. EuGH, Rs. C-387/92, Slg. 1994, I-877 (Rn. 14) – *Banco Exterior de España*; Rs. C-53/00, Slg. 2001, I-9067 (Rn. 20) – *Ferring*; verb. Rs. C-399/10 P und C-401/10 P, EuZW 2013, S. 393 (Rn. 106) – *Bouygues* m.w.N.; *Oppermann/Classen/Nettesheim*, Europarecht, 6. Auflage 2014, § 21 Rn. 7.

49 Hierzu siehe Art. 2 Abs. 1 lit. b) der Richtlinie 2006/111/EG der Kommission vom 16. November 2006 über die Transparenz der finanziellen Beziehungen zwischen den Mitgliedstaaten und den öffentlichen Unternehmen sowie über die finanzielle Transparenz innerhalb bestimmter Unternehmen, ABl. L 318 v. 17.11.2006, S. 17.

50 EuGH, Rs. C-482/99, Slg. 2002, I-4397 (Rn. 52, 55) – *Stardust Marine*; *Kühling*, in: Streinz (Fn. 35), Art. 107 Rn. 58 m.w.N. Siehe aber auch *Ahlt/Dittert*, Europarecht, 4. Auflage 2011, S. 326.

51 *Ehlers*, in: ders. (Fn. 10), S. 103 (121); *Sonder*, KommJur 2013, S. 121 (126 f.).

52 EuGH, Rs. 730/79, Slg. 1980, 2671 (Rn. 11) – *Philip Morris*.

53 *Hobe*, Europarecht, 8. Auflage 2014, Rn. 1082.

54 Vgl. *von Wallenberg/Schütte*, in: Grabitz/Hilf/Nettesheim (Fn. 17), Art. 108 Rn. 68 m.w.N.

55 EuGH, Rs. C-278/00, Slg. 2004, I-3997 (Rn. 69) – *Griechenland/Kommission* m.w.N.

Unternehmen gewährten sog. *De-minimis*-Beihilfen in einem Zeitraum von drei Steuerjahren 200.000,- € nicht und sind auch die sonstigen Voraussetzungen der *De-minimis*-Verordnung[56] erfüllt, so wird nach deren Art. 3 Abs. 1, 2 UAbs. 1 der Beihilfetatbestand des Art. 107 Abs. 1 AEUV nicht als erfüllt angesehen – und es besteht fernerhin auch keine Anmeldepflicht nach Art. 108 Abs. 3 Satz 1 AEUV (s.o. „B.I.").

Gerade auf Ebene der Kommunen, deren finanzielle Mittel typischerweise ohnehin ungleich limitierter sind als diejenigen des Bundes und der Länder, erweist sich eine unterhalb der *De-minimis*-Schwellenwerte gestaltete Wirtschaftsförderung als „sauberer" (Aus-)Weg, um in EU-rechtskonformer Weise lokale Unternehmen zu fördern (keine Beihilfe, keine Notifizierungspflicht, kein Durchführungsverbot).[57] Darüber hinaus ist ein „sicherer Hafen" ebenfalls dann erreicht, wenn die Voraussetzungen der namentlich für Beihilfen zugunsten von kleinen und mittleren Unternehmen („KMU") geltenden Allgemeinen Gruppenfreistellungsverordnung erfüllt sind.

5. *Beeinträchtigung des Handels zwischen Mitgliedstaaten*

Die von Art. 107 Abs. 1 AEUV schließlich noch vorausgesetzte Beeinträchtigung des Handels[58] zwischen Mitgliedstaaten ist zu bejahen, wenn dieser durch die Begünstigungsgewährung beeinflusst wird.[59] Dies ist i.d.R. zu vermuten.[60] Auch bedarf es dem EuGH zufolge für die Qualifizierung einer nationalen Maßnahme als staatliche Beihilfe nicht des Nachweises einer tatsächlichen Auswirkung auf den Handel zwischen den Mitgliedstaaten, sondern lediglich der Prüfung, ob die betreffende Maßnahme geeignet ist, diesen Handel zu beeinträchtigen.[61] Dies ist in jeder der drei nachfolgenden Konstellationen zu bejahen: Das begünstigte Unternehmen (1) exportiert (a) in andere Mitgliedstaaten oder (b) in Drittstaaten, in

56 Verordnung (EU) Nr. 1407/2013 der Kommission vom 18.12.2013 über die Anwendung der Artikel 107 und 108 des Vertrags über die Arbeitsweise der Europäischen Union auf *De-minimis*-Beihilfen, ABl. L 352 v. 24.12.2013, S. 1.

57 Vgl. *Eberl/Kese* (Fn. 42), S. 53; *Risch*, KommJur 2015, S. 10 (11, 13); *Soltéz*, EuZW 2015, S. 127 (131).

58 Inkl. Dienstleistungen, siehe *von Wallenberg/Schütte*, in: Grabitz/Hilf/Nettesheim (Fn. 17), Art. 107 Rn. 74 m.w.N.

59 *Kreuschitz/Wernicke*, in: Lenz/Borchardt (Fn. 28), Art. 107 Rn. 29.

60 *Schroeder*, Grundkurs Europarecht, 3. Auflage 2013, § 19 Rn. 67. Demgegenüber siehe *Streinz*, Europarecht, 9. Auflage 2012, Rn. 1064: „zwar grundsätzlich zu bejahen", aber keine „Indizwirkung".

61 EuGH, Rs. C-494/06 P, Slg. 2009, I-3639 (Rn. 50) – *Kommission/Italien* m.w.N.

welche ebenfalls Unternehmen aus anderen Mitgliedstaaten ausführen oder (2) ist zwar ausschließlich auf dem betreffenden nationalen Markt tätig, steht dort aber mit den von ihm angebotenen Erzeugnissen im Wettbewerb mit Produkten von Herstellern aus anderen Mitgliedstaaten.[62]

Wenngleich unter den vorgenannten Voraussetzungen auch kommunale Wirtschaftsförderungsmaßnahmen unter Art. 107 Abs. 1 AEUV zu subsumieren sind,[63] so sind es doch gerade Sachverhaltskonstellationen aus diesem Bereich, in denen trotz Vorliegens aller übrigen Merkmale des Beihilfenbegriffs eine Beeinträchtigung des Handels zwischen den EU-Mitgliedstaaten ausnahmsweise zu verneinen sein kann.[64] Neben dem Klassiker „Freizeitbad Dorsten“[65] finden insoweit sonstige nicht exportfähige Dienstleistungen wie das Reparaturhandwerk, lokale Verkehrsunternehmen, bestimmte Kinos, Freizeiteinrichtungen sowie Krankenhäuser mit nur lokalem oder allenfalls regionalem Einzugsbereich Erwähnung.[66]

C. Ansatz, Bewertung und Ausweis von Beihilfen im Jahresabschluss nach HGB und IFRS sowie in der Steuerbilanz

Ist die im konkreten Fall zu beurteilende kommunale Wirtschaftsförderungsmaßnahme nach dem Vorstehenden als Beihilfe i.S.v. Art. 107 Abs. 1 AEUV zu qualifizieren (s.o. „B.II.“), so wird im Folgenden deren Behandlung im Jahresabschluss des begünstigten Unternehmens sowohl nach deutschen (HGB) als auch

---

62 *Cremer*, in: Calliess/Ruffert (Fn. 30), Art. 107 Rn. 37 unter Hinweis auf EuGH, Rs. C-142/87, Slg. 1990, I-959 (Rn. 32 ff.) – *Tubemeuse*; *von Wallenberg/Schütte*, in: Grabitz/Hilf/Nettesheim (Fn.17), Art. 107 Rn. 74.

63 *Heinrich*, in: Birnstiel/Bungenberg/Heinrich (Fn. 23), Kap. 1 Rn. 266 m.w.N.

64 Vgl. *Eberl/Kese* (Fn. 42), S. 53; *Kreuschitz/Wernicke*, in: Lenz/Borchardt (Fn. 28), Art. 107 Rn. 32 m.w.N.

65 Hierzu siehe Kommission, Schreiben vom 12.01.2001, Staatliche Beihilfe Nr. N 258/2000 – *Freizeitbad Dorsten*, abrufbar unter http://ec.europa.eu/competition/state_aid/cases/137009/137009_1153410_12_2.pdf (abgerufen am 10.03.2015). Siehe aber auch die Entscheidung der Kommission vom 8. September 2004 über die Maßnahmen Frankreichs zugunsten von „S.M.V.P – Mise en Valeur du Patrimoine Culturel“ – Freizeitpark Bioscope, ABl. L 135 v. 28.5.2005, S. 21. Die geographische Lage der jeweiligen Kommune (Grenznähe) ist insofern von Bedeutung, siehe *von Ameln*, in: Dieckmann/König (Fn. 44), S. 9 (16).

66 *Götz/Martínez Soria*, in: Dauses (Hrsg.), EU-Wirtschaftsrecht, Stand: 18. EL, H. III. Rn. 71 m.w.N.

nach internationalen (IFRS) Rechnungslegungsnormen sowie ferner ebenfalls die steuerbilanzielle Behandlung aufgezeigt.

Da Ansatz, Bewertung und Ausweis von Beihilfen bzw. Zuwendungen in den deutschen handelsrechtlichen Rechnungslegungsnormen nicht explizit geregelt sind, erfolgt die begriffliche Abgrenzung hier „übergreifend" unter Rückgriff auf die internationale Norm des International Accounting Standard (IAS) 20.[67] Dieser unterscheidet zwischen „Beihilfen" (*government assistances*) und „Zuwendungen" der öffentlichen Hand (*government grants*). I.S.v. IAS 20.3 sind „Beihilfen" allgemein und übergreifend alle „Maßnahmen der öffentlichen Hand[68], die dazu bestimmt sind, einem Unternehmen oder einer Reihe von Unternehmen, die bestimmte Kriterien erfüllen, einen besonderen wirtschaftlichen Vorteil zu gewähren."[69] Demgegenüber ist die Definition von „Zuwendungen" enger gefasst. Bei diesen handelt es sich gem. IAS 20.3 um spezielle Formen von Beihilfen, „die an ein Unternehmen durch Übertragung von Mitteln gewährt werden und die zum Ausgleich für die vergangene oder künftige Erfüllung bestimmter Bedingungen im Zusammenhang mit der betrieblichen Tätigkeit des Unternehmens dienen." Für die Qualifikation als „Zuwendung" wird nach IAS 20.3 vorausgesetzt, dass diese sich angemessen bewerten lässt sowie „von der normalen Tätigkeit des Unternehmens […] unterschieden werden" kann.[70] Mit Blick auf die Zielsetzung dieses Beitrags, die Auswirkungen kommunaler Wirtschaftsförderungsmaßnahmen im Rahmen des EU-Beihilferechts auf die (nur monetär bewertbare Sachverhalte enthaltenden) Jahresabschlüsse zu begünstigender Unternehmen aufzuzeigen, soll

67 Vgl. *Wolf*, Bilanzierung von Zuschüssen nach HGB und IFRS, 2010, S. 9 ff. Die in IAS 20.2 genannten Fragestellungen (z.B. Steuerstundungen, Beteiligungen der öffentlichen Hand an Unternehmen) werden in diesem Standard nicht behandelt.

68 Dieser Begriff bezieht sich nach IAS 20.3 „auf Regierungsbehörden, Institutionen mit hoheitlichen Aufgaben und ähnliche Körperschaften, unabhängig davon, ob lokal, national oder international".

69 Ebenso wie im Rahmen von Art. 107 Abs. 1 AEUV fallen „indirekt bereitgestellte […] Vorteile aufgrund von Fördermaßnahmen, die auf die allgemeinen Wirtschaftsbedingungen Einfluss nehmen" (z.B. Bereitstellung von Infrastruktur) nicht hier unter den Beihilfebegriff, siehe IAS 20.3, und kann die „Zuwendung als Zahlung [Leistungssubvention] oder als Kürzung einer Verpflichtung gegenüber der öffentlichen Hand [Verschonungssubvention] empfangen" werden, siehe IAS 20.9. Die von Art. 107 Abs. 1 AEUV vorausgesetzte „(drohende) Wettbewerbsverfälschung" und „Beeinträchtigung des Handels zwischen Mitgliedstaaten" findet in IAS 20.3 dagegen keine Erwähnung.

70 Vgl. dazu auch *Hasenburg*, in: Hennrichs/Kleindiek/Watrin (Hrsg.), Münchener Kommentar zum Bilanzrecht, Bd. 1, 5. Ergänzungslieferung 2014, IAS 20 Rn 8.

im Folgenden die Betrachtung auf diese „Zuwendungen“ (synonym: „Zuschüsse, Subventionen oder […] Prämie[n]“, siehe IAS. 20.6) beschränkt werden.[71]

Zuwendungen können nach dem Zuwendungsgeber, dem Zuwendungsgegenstand, sowie der Rückzahlbarkeit unterschieden werden.[72] Im vorliegenden Zusammenhang des Jahresabschlusses und der steuerlichen Behandlung sollen die beiden Kategorien des Zuwendungsgegenstands „Zuwendungen für Vermögenswerte“ und „erfolgsbezogene Zuwendungen“ i.S.v. IAS 20.3(5) bzw. (6) im Vordergrund stehen.[73] Bzgl. der Kriterien „Zuwendungsgeber“ und „Rückzahlbarkeit“ wird der Betrachtungsgegenstand hier auf grundsätzlich nicht rückzahlbare Zuwendungen öffentlicher Zuwendungsgeber eingeschränkt. Nur erwähnt, aber nicht näher untersucht werden Risiken, die aus der evtl. Nichteinhaltung nationaler Voraussetzungen und Bedingungen für die Zuwendungsgewährung resultieren.

„Zuwendungen für Vermögenswerte“ sind i. d. R. mit Investitionszuschüssen[74] gleichzusetzen. Öffentliche Bürgschaften bzw. Garantien für Investitionsdarlehen, die rechtlich unter die Beihilferegelungen fallen, gelten nach IAS 20.34 und 35 wegen der *ex ante* nicht gegebenen „angemessenen Bewertbarkeit“ eigentlich nicht als Zuwendungen[75]. Da aber eine Bewertung mit seitens der EU anerkannten Verfahren zur Ermittlung eines Beihilfeäquivalents möglich ist und das EU-Beihilferecht diese daher auch verlangt (siehe die Ausführungen und das Beispiel in B.II.1.), soll hier die Perspektive um öffentliche Bürgschaften und Garantien erweitert werden.[76] Eine weitere Analyse und Kommentierung der zur Ermittlung des jeweiligen Beihilfeäquivalents erforderlichen Annahmen, der Methodik

---

71 Der Vollständigkeit halber sei erwähnt, dass IAS 20.34–38 insoweit auf nicht (monetär) bewertbare Beihilfen eingeht, als dass mit IAS 20.36 eine weit gefasste Ausweisvorschrift enthalten ist: „[…] kann sich so darstellen, dass Art, Umfang und Laufzeit der Beihilfe anzugeben sind, damit der Abschluss nicht irreführend ist“.

72 Vgl. z.B. *Küting/Pfirmann/Ellmann*, DStR 2010, S. 2207.

73 Die in IAS 20.3(7) auch noch genannten „erlassbaren Darlehen“ werden hier als meist spezielle Form eines Investitionszuschusses nicht gesondert thematisiert.

74 Zur Differenzierung zwischen Investitionszuschüssen und Investitionszulagen s.u. „C.I.3.“.

75 Vgl. auch *Schruff/Paarz*, in: Ballwieser/Beine/Hayn/Peemöller/Schruff/Weber (Hrsg.), Handbuch International Financial Reporting Standards 2011, 7. Auflage 2011, S. 1107, Rn. 43.

76 Dies ist in Übereinstimmung mit Punkt 12 des auf der IFRS-Webseite veröffentlichten Project-Update des IASB zu IAS 20, der hier ausdrücklich Korrekturbedarf sieht. Die grundlegende Überarbeitung des IAS 20 steht allerdings seit Februar 2006 aus. Vgl. *IASB* (Hrsg.), Amendments to IAS 20 Accounting for Government Grants and Disclosure of Government Assistance, latest revision July 2010, http://

und der Besonderheiten bei einer evtl. Rückzahlung würde den Rahmen dieses Beitrags hingegen überschreiten und erfolgt daher nicht. „Erfolgsbezogene Zuwendungen" sind nach IAS 20.3 alle Zuwendungen, die keine Vermögenswerte betreffen. I.d.R. handelt es sich um Aufwandszuschüsse. Ertragszuschüsse werden unter bestimmten Bedingungen zum Ausgleich von Ertragsausfällen bzw. Verlusten gewährt.[77]

I. EU-rechtskonform empfangene Beihilfe

Hat die Kommission – etwa gem. Art. 7 Abs. 3 VerfVO – (bestandskräftig) entschieden, dass die neue Beihilfe, welche eine Kommune einem Unternehmen unter Einhaltung der verfahrensrechtlichen Vorgaben des Art. 108 Abs. 3 AEUV, Art. 2 f. VerfVO zu gewähren beabsichtigt, mit dem Binnenmarkt vereinbar ist (Fälle des Art. 107 Abs. 2 bzw. 3 AEUV), so ergeben sich hieraus für das begünstigte Unternehmen die nachfolgend aufgezeigten bilanziellen Konsequenzen:

1. HGB

Die Ansatz-, Bewertungs- und Ausweisvorschriften zur Bilanzierung von Beihilfen nach HGB bzw. deutschen Rechnungslegungsnormen[78] richten sich nach der Art der Zuwendung. Da es im deutschen Handelsrecht keine expliziten Vorschriften zur Bilanzierung von Zuwendungen gibt, orientiert man sich an den beiden hier insbesondere anzuwendenden Rechnungslegungsprinzipien zur Realisation von Gewinnen und Verlusten sowie zur periodengerechten Erfolgsermittlung. Nach dem Imparitätsprinzip, das in § 252 Abs. 1 Nr. 4 HGB zusammen mit dem Prinzip der Wertaufhellung als Ausdruck des im deutschen Handelsrecht dominanten Vorsichtsprinzips kodifiziert ist, dürfen Gewinne nur dann im Jahresabschluss gezeigt werden, „wenn sie am Abschlussstichtag realisiert sind", während im betrachteten Geschäftsjahr entstandene „Risiken und Verluste" in jedem Fall berücksichtigt werden müssen, auch wenn sie noch nicht realisiert wurden. Das in § 252 Abs. 1 Nr. 5 HGB kodifizierte Prinzip der Periodenabgrenzung schreibt eine von den jeweiligen Zahlungsterminen unabhängige Berücksichtigung von

---

www.ifrs.org/Current-Projects/IASB-Projects/Government-Grants/Documents/GovernmentGrantSummary0710.pdf (abgerufen am 10.03.2015).

77 Vgl. zum Begriff und zur Systematisierung von Zuwendungen im Rahmen der *deutschen* Rechnungslegungsnormen z.B. *Küting/Pfirmann/Ellmann* (Fn. 72), DStR 2010, S. 2206 und die dort angegebene Literatur.

78 Vgl. zu einer Erörterung der deutschen Rechnungslegungsnormen im vorliegenden Zusammenhang z.B. *Wolf* (Fn. 67), S. 26 ff.

Aufwendungen und Erträgen vor. Beide Prinzipien sind im Zusammenhang mit öffentlichen Zuwendungen von Bedeutung, zum einen hinsichtlich der Erfassung der Zuwendung „an sich", zum anderen bezüglich eventueller (Rückzahlungs-) Risiken und deren Ausweis im Jahresabschluss.

Beim Ansatz und Ausweis von Zuwendungen für Vermögenswerte, also klassischen Investitionszuschüssen, sind grundsätzlich zwei Möglichkeiten denkbar: Sie können entweder zunächst erfolgsneutral oder aber sofort erfolgswirksam erfasst werden. Während dieses Wahlrecht steuerrechtlich in R 6.5 Abs. 2 EStR explizit eingeräumt und durch die Rechtsprechung bestätigt wurde[79], bleibt die handelsrechtliche Zulässigkeit umstritten.[80] In jedem Fall ist gem. § 284 Abs. 1 HGB im Anhang über die Ausübung des Wahlrechts zu berichten.

Für die Veranschaulichung der nachfolgenden Erläuterungen soll ein einfaches Fallbeispiel[81] herangezogen werden, das den empirisch bedeutsamen[82] Beihilfesachverhalt vergünstigter Gewerbeflächen aufgreift: Eine Gemeinde schließt mit einem Unternehmen einen „Ansiedlungsvertrag", mit dem 10.000 qm Gewerbefläche an das Unternehmen verkauft wurden. Im Kaufvertrag werden als „Maßnahme der Wirtschaftsförderung" u.a. verschiedene Nachlässe auf den vereinbarten Grundstückspreis gewährt, die allerdings erst nach Erfüllung bestimmter Bedingungen wirksam werden sollen. Insgesamt wird ein sofort zahlbarer Kaufpreis von 100 €/qm vereinbart, der sich aber nach dem Nachweis der Erfüllung der Bedingungen auf 70 €/qm reduziert. Der Differenzbetrag wird von der Gemeinde erstattet. In allen anderen Kaufverträgen der Gemeinde über (vergleichbare) Gewerbeflächen wurden qm-Preise von 100 € vereinbart. Dieser Preis entsprach nach Auskunft des Gutachterausschusses des Kreises auch dem Bodenrichtwert/Verkehrswert von Gewerbeflächen dieser Gemeinde. Somit hat die kommunale Beihilfe bzw. Zuwendung hier einen Wert von 300.000 €.

---

79 Näher hierzu s.u. „C.I.3.". Vgl. auch *Schubert/Gadek*, in: Förschle/Grottel/Schmidt/Schubert/Winkeljohann (Hrsg.), Beck`scher Bilanz-Kommentar, 9. Auflage 2014, § 255 HGB Rn. 121.

80 Vgl. z.B. *Morck*, in: *Koller/Kindler/Roth/Morck* (Hrsg.), Handelsgesetzbuch Kommentar, 8. Auflage 2015, § 255 HGB Rn. 4d. Vgl. auch *Schubert/Gadek*, in: Förschle/Grottel/Schmidt/Schubert/Winkeljohann (Fn. 79), § 255 HGB Rn. 116–117. Sehr ausführlich und bzgl. des handelsrechtlich abgeleiteten Wahlrechts kritisch ablehnend *Wolf* (Fn. 67), S. 73–106, insbesondere S. 100–106.

81 Ausgangssituation mit geringen Änderungen übernommen aus *Dobler*, in: Bayerischer Kommunaler Prüfungsverband, Geschäftsbericht 2007, S. 35–54, www.bkpv.de/ver/pdf/gb2007/dobler.pdf (abgerufen am 10.03.2015).

82 Vgl. *Zwicker-Schwarm*, in: Difu (Hrsg.), Kommunale Wirtschaftsförderung 2012: Strukturen, Handlungsfelder, Perspektiven, Januar 2013, S. 10 f., 18, 20 ff.

Bei einer zunächst erfolgsneutralen Erfassung können entweder die Anschaffungs- und Herstellungskosten um den Zuwendungsbetrag reduziert (Nettoausweis) oder ein passiver Abgrenzungsposten in Höhe des Zuwendungsbetrags (Bruttoausweis) gebildet werden. Handelsrechtlich kommen trotz kritischer Diskussion nach h.M. beide Alternativen in Betracht.[83]

Bei einer Reduzierung der Anschaffungs- und Herstellungskosten um den Zuwendungsbetrag geschieht die „Erfolgsrealisierung" in den Folgejahren über niedrigere planmäßige Abschreibungen während der Nutzungsdauer des Vermögensgegenstands. Damit wird der in der Regel engen Bindung der Zuwendung an einen bestimmen Vermögensgegenstand durch die „Aktivierung" Rechnung getragen – in Übereinstimmung mit den Anforderungen des Prinzips der periodengerechten Erfolgsermittlung.

Sofern sich Zuwendungen auf nicht abnutzbare und damit nicht planmäßig abzuschreibende Vermögensgegenstände wie Grundstücke beziehen, würde die Absetzung der Zuwendung von den Anschaffungs- und Herstellungskosten dazu führen, dass die Realisierung des Erfolgs erst bei Verkauf oder bei einer evtl. außerplanmäßigen Abschreibung erfolgt.[84] Bei Wahl der Bruttomethode des Zuwendungsausweises analog IAS 20 muss aber ebenfalls geklärt werden, ob und wenn ja auf welcher zeitlichen Basis der passive Abgrenzungsposten erfolgswirksam zu reduzieren ist.

Für hohe Zuwendungen zum Beispiel im Gesundheits- oder Infrastrukturbereich wird handelsrechtlich der bilanzverlängernde Bruttoausweis akzeptiert, indem die Anschaffungskosten in voller Höhe auf der Aktivseite und die Zuwendung als eine Art „Korrekturposten" auf der Passivseite ausgewiesen werden.[85] Letzterer ist dann parallel zur planmäßigen Abschreibung des Vermögenswertes aufzulösen. Obwohl dieser Ausweis handelsrechtlich umstritten[86] ist, hat er vor dem Hintergrund der Informationsfunktion des Jahresabschlusses nach § 264 Abs. 2 S. 1 HGB sowie des Vorsichtsprinzips seine Berechtigung. Der Ausweis der Zuwendung als Passivposten macht deutlich, dass das Unternehmen in dieser Höhe eine unter Umständen eventuell zurückzuzahlende Verbindlichkeit da-

---

83 Vgl. *Schubert/Gadek*, in: Förschle/Grottel/Schmidt/Schubert/Winkeljohann (Fn. 79), § 255 HGB Rn. 121.

84 Vgl. *Wolf* (Fn. 67), S. 97 f.

85 Vgl. *Schubert/Gadek*, in: Förschle/Grottel/Schmidt/Schubert/Winkeljohann (Fn. 79), § 255 HGB Rn. 117, 123.

86 Vgl. *Schubert/Gadek*, in: Förschle/Grottel/Schmidt/Schubert/Winkeljohann (Fn. 79), § 255 HGB Rn. 117; *Wolf* (Fn. 67), S. 72.

hingehend hat, dass die mit der Zuwendung verbundenen Voraussetzungen und Bedingungen erfüllt sein bzw. werden müssen.

Im obigen Fallbeispiel würde das Grundstück in der ersten erfolgsneutralen Variante (Nettoausweis) mit 700.000 € aktiviert werden, sofern die Zuwendungsgewährung in Form einer Kaufpreisrückerstattung von 300.000 € im Geschäftsjahr des Kaufs erfolgt. In der zweiten Variante würde das Grundstück brutto mit 1.000.000 € ausgewiesen. Nach Auszahlung der Zuwendung erfolgt dann die Erfassung eines korrespondierenden Passivpostens von 300.000 €. Letzterer ist dann über eine geeignete Laufzeit aufzulösen, bspw. parallel zu den planmäßigen Abschreibungen der auf dem Grundstück errichteten Gebäude.

Sofern die Zuwendung direkt erfolgswirksam erfasst wird, findet die Erfolgsrealisierung des gesamten Betrags bei Zugang der Finanzmittel statt. Vor dem Hintergrund, dass öffentliche Zuwendungen i.d.R. an bestimmte Voraussetzungen und Bedingungen geknüpft sind, deren Erfüllung oft zumindest teilweise erst in der Zukunft stattfindet und damit mit gewissen Risiken behaftet ist, ist diese Variante der Wahlrechtsausübung mit Blick auf das Imparitätsprinzip als Ausprägung des Vorsichtsprinzip gem. § 252 Abs. 1 Nr. 4 HGB kritisch zu beurteilen.[87] Auch die dadurch auf den ersten Blick suggerierte Unabhängigkeit der Zuwendung von dem geförderten Vermögensgegenstand entspricht nicht der Realität. Sofern man die Zuwendung wie oben als „Erfolg“ interpretiert, ist diese Verfahrensweise auch nicht konsistent mit dem Prinzip der periodengerechten Erfolgsermittlung.

Im Fallbeispiel würde der Zuwendungsbetrag von 300.000 € direkt über einen sonstigen Ertrag GuV-wirksam vereinnahmt werden.

Erfolgsbezogene Zuwendungen[88] oder auch Aufwands- bzw. Ertragszuschüsse decken entweder im laufenden Geschäftsjahr angefallene Aufwendungen zu 100 % ab oder beziehen sich zumindest teilweise auf künftige bzw. zurückliegende Geschäftsjahre. Nach dem Prinzip der periodengerechten Erfolgsermittlung in Verbindung mit dem Realisationsprinzip wird die Zuwendung, für die keine Rückzahlungsverpflichtung besteht, in Abhängigkeit vom Zahlungszeitpunkt wie folgt im Jahresabschluss berücksichtigt: Im ersten Fall erfolgt die Buchung eines

---

87 Die evtl. Nichterfüllung bestimmter nationaler Zuwendungsvoraussetzungen soll hier nicht näher betrachtet werden, sondern ausschließlich die EU-Rechtskonformität bzw. EU-Rechtswidrigkeit (s.o.).

88 Vgl. ausführlich *Wolf* (Fn. 67), S. 29–73 und 108–115. Vgl. auch *Küting/Pfirmann/Ellmann* (Fn. 72), DStR 2010, S. 2208.

sonstigen betrieblichen Ertrags in voller Höhe.[89] Im zweiten Fall des zumindest teilweisen Zuwendungsbezugs auf künftige Perioden muss für diese eine Passivposition als Rechnungsabgrenzungsposten oder sonstige Verbindlichkeit gebildet werden, die dann in den Folgejahren erfolgswirksam aufgelöst wird. Der dritte Fall, in dem sich die Zuwendung zumindest teilweise auf Aufwendungen vergangener Perioden bezieht, erfordert deren Erfassung als sonstiger periodenfremder Ertrag.

Sofern eine – im vorliegenden Kontext allerdings nicht näher betrachtete – bedingte Rückzahlungsverpflichtung der Zuwendung dergestalt existiert, dass ihre letztendliche Gewährung an bestimmte zukünftige Bedingungen wie zum Beispiel an den Erfolg eines Projektes oder die Erfüllung von Auflagen geknüpft ist, muss eine Verbindlichkeit erst dann ausgewiesen werden, wenn die Nichterfüllung der Zuwendungsbedingungen sicher ist. Solange letztere nur „wahrscheinlich" ist, muss die Bildung einer Rückstellung gem. § 249 Abs. 1 HGB geprüft werden.

Im Fall einer unbedingten Rückzahlungsverpflichtung handelt es sich faktisch um eine Verbindlichkeit und keine klassische „Beihilfe".

2. *IFRS*

In den internationalen Rechnungslegungsnormen, die hier, sofern nicht anders erwähnt, in der jeweils von der EU bestätigten und adaptierten Fassung zitiert werden, gibt es wie oben schon erwähnt, mit dem IAS 20 „Bilanzierung und Darstellung von Zuwendungen der öffentlichen Hand" einen expliziten Regelungsrahmen für diese Sachverhalte. Dabei werden zunächst die o.g. Begriffe „Beihilfen" und „Zuwendungen der öffentlichen Hand" definiert und dann weiter in die erwähnten Kategorien unterteilt. Für die Darstellung im IFRS-Jahresabschluss sind analog zur deutschen Rechnungslegung nur die beiden o.g. Arten von „Zuwendungen", nämlich solche für Vermögenswerte und erfolgsbezogene, relevant.

In IAS 20.7 und 8 werden zwei Voraussetzungen genannt, die für den Ansatz öffentlicher Zuwendungen kumulativ erfüllt sein müssen: Es soll jeweils mit „angemessener Sicherheit" gewährleistet sein, dass das begünstigte Unternehmen die unter Umständen mit der Zuwendung verknüpften Bedingungen erfüllt bzw. erfüllen wird, und dass die Zuwendung dann auch letztlich gewährt wird. Dabei

---

89 Eine auch denkbare Reduzierung der Aufwendungen um die Erfolgszuwendung ist aufgrund des Saldierungsverbots gem. § 246 Abs. 2 HGB nicht zulässig.

wird ausdrücklich darauf hingewiesen, dass auch die Auszahlung der Zuwendung noch kein Indiz für deren Gewährung darstellt.[90]

Als allgemeiner Grundsatz für die Bewertung und den Ausweis von öffentlichen Zuwendungen gilt gem. IAS 20.12 deren planmäßige Erfassung in der GuV parallel zum Ansatz der mit ihnen zu kompensierenden Aufwendungen (*income approach*). Damit ist die in IAS 20.13 und 14 erwähnte zweite Methode der GuV-neutralen Erfassung öffentlicher Zuwendungen (*capital approach*) hier rein „theoretischer Natur" und kommt in der praktischen Anwendung nicht in Frage.[91] Die nach HGB mögliche sofortige erfolgswirksame Vereinnahmung der gesamten Zuwendung ist nach IAS 20 allenfalls in Ausnahmefällen möglich, nämlich dann, wenn nach IAS 20.16 keine sinnvolle Periodisierung vorgenommen werden kann oder wenn es sich gem. IAS 20.20 nur um einmalige aktuelle oder vergangene Aufwendungen handelt.

Für den Ausweis von Zuwendungen für Vermögenswerte, also klassischen Investitionszuschüssen, sieht IAS 20.24 vor diesem Hintergrund nur das Wahlrecht vor, diese entweder netto als Absetzung von den und damit Minderung der Anschaffungs- bzw. Herstellungskosten oder brutto als separaten Abgrenzungsposten auf der Passivseite zu zeigen. „Planmäßige Erfassung" heißt nach IAS 20.26 und 27, dass bei geförderten Vermögenswerten mit begrenzter Nutzungsdauer die Zuwendung parallel zur planmäßigen Abschreibung des Vermögenswertes im Zeitablauf reduziert wird – entweder durch die analoge planmäßige Minderung des Passivpostens oder durch die aufgrund des niedrigeren Buchwertes verringerte Abschreibung des Vermögensgegenstands.

Im Fallbeispiel entspricht die Behandlung nach IAS 20 den beiden HGB-Varianten (Brutto- und Nettoausweis) der erfolgsneutralen Berücksichtigung der Zuwendung.

Falls Zuwendungen für Vermögenswerte mit unbeschränkter Nutzungsdauer, also insbesondere Grundstücke, gewährt werden, erfolgt die GuV-wirksame Auflösung nach IAS 20.18 i.d.R. nicht erst bei Veräußerung des Grundstücks, sondern nach Möglichkeit parallel zu den Abschreibungen von mit dem Grund-

---

90 Vgl. dazu *Scharfenberg*, in: Bohl/Riese/Schlüter (Hrsg.), Beck'sches IFRS-Handbuch, 4. Auflage 2013, § 5 Rn 63–69. Zum Begriff der „angemessenen Sicherheit" vgl. z.B. *Hasenburg*, in: Hennrichs/Kleindiek/Watrin (Fn. 70), IAS 20 Rn 13–15; *Schruff/Paarz*, in: Ballwieser/Beine/Hayn/Peemöller/Schruff/Weber (Fn. 75), S. 1102, Rn. 22.

91 Vgl. *Schruff/Paarz*, in: Ballwieser/Beine/Hayn/Peemöller/Schruff/Weber (Fn. 75), S. 1102, Rn. 26. Vgl. auch *Wolf* (Fn. 67), 2010, S. 164 f.

stück verbundenen Vermögenswerten wie Gebäuden oder aber über die zeitliche Befristung von Bedingungen und damit verbundener Aufwendungen.[92]

Erfolgsbezogene Zuwendungen, also „Aufwands- bzw. Ertragszuschüsse", können nach IAS 20.29 ebenfalls entweder „brutto" oder „netto" ausgewiesen werden. Der Bruttoausweis erfolgt als (sonstiger) Ertrag, der Nettoausweis als Minderung der entsprechenden Aufwendungen. Sofern eine Abgrenzung zur Berücksichtigung zukünftiger Aufwandskompensationen oder Ertragszuschüsse notwendig ist, erfolgt dies über einen entsprechenden Passivposten, der dann parallel zum Anfall der zukünftigen Aufwendungen aufgelöst wird. Im Falle von erfolgsbezogenen Zuwendungen, die nur die aktuelle und/oder vergangene Perioden betreffen, entfällt natürlich die Periodisierung gem. IAS 20.20–22.

3. *Steuerrecht*

Zuwendungen im einleitend unter Kapitel C. definierten Sinne stellen grundsätzlich steuerpflichtige Betriebseinnahmen dar.[93] Eine Ausnahme hiervon bilden lediglich Investitionszulagen nach dem InvZulG, für die § 13 InvZulG anordnet, dass diese nicht zu den Einkünften im Sinne des EStG gehören und nicht die steuerlichen Anschaffungs- oder Herstellungskosten mindern. Investitionszulagen sind daher bereits nicht steuerbar (und nicht lediglich steuerfrei).[94] In der Handels- und der Steuerbilanz wird die Investitionszulage erfolgswirksam vereinnahmt und für die steuerliche Gewinnermittlung erfolgt eine außerbilanzielle Kürzung der bilanziellen Vermögensmehrung; die Bildung eines Passivpostens und dessen Auflösung über die Nutzungsdauer des zulagenbegünstigten Wirtschaftsguts ist zumindest in der Steuerbilanz nicht zulässig.[95]

Bei den sonstigen, steuerpflichtigen Zuwendungen ist fraglich, in welchem Veranlagungszeitraum die Zuwendung als Betriebseinnahme zu erfassen ist. Diesbezüglich ist auch im Steuerrecht die einleitend unter Kapitel C. eingeführte Differenzierung zwischen Zuwendungen für Wirtschaftsgüter (Investitionszu-

---

92 Vgl. *Hasenburg*, in: Hennrichs/Kleindiek/Watrin (Fn. 70), IAS 20 Rn 26; *Wolf* (Fn. 67), S. 175.

93 Vgl. *Weber-Grellet*, in Schmidt (Hrsg.), EStG, § 5 Rn. 550 („Zuschüsse").

94 Die Unterscheidung ist von Bedeutung für Aufwendungen im Zusammenhang mit den erhaltenen Zuwendungen. Handelt es sich um steuerfreie Zuschüsse, sind die Aufwendungen nach § 3c Abs. 1 EStG nicht abzugsfähig, vgl. auch *Kulosa*, in: Schmidt (Fn. 93), § 6 Rn. 71. Aufwendungen im Zusammenhang mit nicht steuerbaren Investitionszulagen können hingegen abgezogen werden.

95 Vgl. FG Brandenburg, EFG 2006, S. 1530.

schüsse) und erfolgsbezogenen Zuwendungen (Aufwands- oder Ertragszuschüsse) maßgeblich für die steuerliche Behandlung.

Für Investitionszuschüsse besteht nach R 6.5 Abs. 2 EStR analog zur handelsbilanziellen Behandlung ein Wahlrecht, den Zuschuss unmittelbar als Betriebseinnahme anzusetzen oder die Anschaffungs- oder Herstellungskosten des betreffenden Wirtschaftsguts um den erhaltenen Zuschuss zu kürzen. Da es sich hierbei um ein eigenes steuerliches Wahlrecht handelt, ist die für die Handelsbilanz gewählte Vorgehensweise nicht für die Steuerbilanz maßgeblich, siehe § 5 Abs. 1 Satz 1 Hs. 2 EStG.[96] Voraussetzung für die Ausübung eines steuerlichen Wahlrechts ist nach § 5 Abs. 1 Satz 2 EStG die Aufnahme der Wirtschaftsgüter, die nicht mit dem handelsrechtlich maßgeblichen Wert in der steuerlichen Gewinnermittlung ausgewiesen werden, in besondere, laufend zu führende Verzeichnisse.[97] Im vorliegenden Fall soll diese Aufzeichnung nach Auffassung der Finanzverwaltung dann erforderlich sein, wenn der Zuschuss erfolgsneutral von den Anschaffungs- oder Herstellungskosten abgesetzt wird, hingegen keine Aufzeichnungspflicht bestehen, wenn der Zuschuss als Betriebseinnahme angesetzt wird.[98]

Obgleich das Wahlrecht in der finanzgerichtlichen Rechtsprechung umstritten war,[99] erscheint die Kürzung der Anschaffungs- oder Herstellungskosten im Falle von Investitionszuschüssen sachgerecht. Nach der Definition in § 255 Abs. 1 Satz 1 HGB stellen Anschaffungskosten Aufwendungen dar, die geleistet werden, um einen Vermögensgegenstand zu erwerben, sog. finaler Anschaffungskostenbegriff. Erhält der Steuerpflichtige einen Zuschuss von dritter Seite und ist dieser Zuschuss an die Bedingung des Erwerbs des betreffenden Vermögensgegenstands geknüpft, so mindert der Zuschuss seine Aufwendungen zum Erwerb des Vermögensgegenstands und somit seine Anschaffungskosten. Letztlich wird damit auch die Erfolgsneutralität des Anschaffungs- oder Herstellungsvorgangs sichergestellt, was bei einer ertragswirksamen Vereinnahmung des Zuschusses und folglich dessen sofortiger Besteuerung nicht der Fall wäre.[100]

---

96 Vgl. auch *Graf*, BBP 2012, S. 234.

97 Vgl. auch BMF v. 12.3.2010 – IV C 6 – S 2133/09/10001, Rn. 19; R 6.5 Abs. 2 Satz 4 EStR; *Ortmann-Babel/Bolik*, BB 2010, S. 2099 f.; *Zwirner/Künkele*, BC 2013, S. 228 (231).

98 Vgl. BMF v. 12.3.2010 – IV C 6 – S 2133/09/10001, Rn. 23.

99 Vgl. BFH, BStBl. II 1992, S. 488 (491 f.); 1996, S. 28 (31 f.); *Wolf* (Fn. 67), S. 100 ff.; *Groh*, DB 1988, S. 2417 ff.; *Laicher*, DStR 1993, S. 292 ff.; *Kulosa*, in: Schmidt (Fn. 93), § 6 Rn. 73.

100 Vgl. zu dieser Diskussion auch *Küting*, DStR 1996, S. 276 (278 f.).

Wird ein Investitionszuschuss gewährt, bevor das begünstigte Wirtschaftsgut angeschafft worden ist, kann der erhaltene Zuschuss zunächst in eine steuerfreie Rücklage eingestellt und nach der Anschaffung eine erfolgsneutrale Übertragung auf das Wirtschaftsgut vorgenommen werden (R 6.5 Abs. 4 EStR).[101] Relevanter Zeitpunkt der Gewährung ist hierbei nicht den Zahlungseingang des Zuschusses beim Steuerpflichtigen, sondern der Verwaltungsakt, auf dessen Grundlage ein Anspruch auf Erhalt des Zuschusses besteht.[102]

Das steuerliche Wahlrecht nach R 6.5 Abs. 2 EStR im Bereich der Zuschüsse für Anlagegüter eröffnet dem Steuerpflichtigen einen steuerbilanzpolitischen Spielraum. Erwirtschaftet das Unternehmen steuerpflichtige Gewinne, ist es in der Regel ratsam, die Kürzung der Anschaffungs- oder Herstellungskosten zu wählen, um die Steuerbelastung aufgrund des Steuerpflicht des Zuschusses auf die Jahre der Nutzung des Wirtschaftsguts in der Zukunft zu verteilen und somit einen Liquiditätsvorteil zu generieren.[103] Erzielt das Unternehmen jedoch aktuell steuerliche Verluste oder verfügt es über steuerliche Verlustvorträge, kann es vorteilhaft sein, den Investitionszuschuss unmittelbar im Veranlagungszeitraum der Gewährung als Betriebseinnahme anzusetzen, da im Umfang des laufenden Verlusts oder im Umfang des Verlustvortrags unter Beachtung der Mindestbesteuerung nach § 10d Abs. 2 EStG ohnehin keine Steuerbelastung entsteht. Der Steuerpflichtige kann in den Folgejahren dann höhere Abschreibungen von den ungekürzten Anschaffungs- oder Herstellungskosten geltend machen und hierdurch das zu versteuernde Einkommen in den Jahren mindern, in denen es voraussichtlich wieder positiv ist. Die steuerliche Vorteilhaftigkeit der Ausübung des Wahlrechts in der einen oder anderen Weise hängt demnach immer von den Verhältnissen des Einzelfalls unter Berücksichtigung der Ergebnis- und Steuerplanung des Steuerpflichtigen für die Zukunft ab.

Die steuerbilanzielle Behandlung von Erfolgszuschüssen erfolgt entsprechend der handelsbilanziellen Vorgehensweise. Werden Zuschüsse als Vorleistung zeitraumbezogen für eine bestimmte Zeit nach der Auszahlung gewährt, sind diese zunächst in einen passiven Rechnungsabgrenzungsposten nach § 5 Abs. 5 Satz 1

---

101 Vgl. auch *Kulosa*, in: Schmidt (Fn. 93), § 6 Rn. 73.

102 Vgl. *Langholz*, DB 2014, S. 1156.

103 Bei einem Zuschuss für ein nicht abnutzbares Wirtschaftsgut wird der Zuschuss sogar erst bei der Veräußerung oder einem sonstigen Ausscheiden des Wirtschaftsguts aus dem Betriebsvermögen erfolgswirksam, vgl. *Küting* (Fn. 100), S. 278.

Nr. 2 EStG einzustellen, soweit sie sich auf die Zeit nach dem Bilanzstichtag beziehen.[104]

II. EU-rechtswidrig empfangene Beihilfe

Hat eine Kommune einem Unternehmen eine neue Beihilfe gewährt, ohne dies zuvor der Europäischen Kommission gem. Art. 108 Abs. 3 Satz 1 AEUV, Art. 2 VerfVO mitgeteilt bzw. deren entsprechende (positive) Entscheidung abgewartet zu haben, so ist bzgl. der sich hieraus auf dessen Seite ergebenden bilanziellen Konsequenzen wie folgt zu differenzieren:

1. Kommission hat noch nicht (bestandskräftig) über die Vereinbarkeit der formell rechtswidrigen Beihilfe mit dem Binnenmarkt entschieden

a) HGB

Bei der in diesem Fall formell bestehenden und materiell möglichen Rechtswidrigkeit der Zuwendung entsteht nach Art. 14 VerfVO zunächst eine bzgl. des Zeitpunkts und der Höhe noch nicht sichere (Rück-)Zahlungsverpflichtung gegenüber der öffentlichen Hand. Grundsätzlich müssen Zahlungsverpflichtungen als Rückstellungen oder „echte" Verbindlichkeiten ausgewiesen werden.[105]

Dem Grunde nach sicher ist die Zahlungsverpflichtung der Zinsen auf den Beihilfewert ab Gewährung der formell rechtswidrigen Zuwendung bis zur Kommissionsentscheidung (s.o. „A,I."). Ist der Zeitpunkt der Entscheidung bekannt, ist auch die Höhe der Zahlung sicher und folglich darüber eine Verbindlichkeit zu erfassen. Sofern der der Zeitraum zwischen Zuwendungsgewährung und Kommissionsentscheidung nicht bekannt ist, muss eine Rückstellung für

---

104 Vgl. auch OFD Magdeburg v. 10.3.2000 – S-2230–89 – St 217 V; *Kulosa*, in: Schmidt (Fn. 93), § 6 Rn. 79.

105 Die deutschen Rechnungslegungsnormen unterscheiden inhaltlich gem. § 249 HGB und beim Ausweis gem. § 266 Abs. 3 HGB klar zwischen Rückstellungen und Verbindlichkeiten. In den IFRS werden nach IAS 37.10 und 11 Rückstellungen (*provisions*) inhaltlich als Teil der Verbindlichkeiten (*liabilities*) gesehen und nach IAS 1.54(k) zwar separat, aber unter den „Schulden" ausgewiesen. Vgl. z. B. *Senger/Brune*, in: Hennrichs/Kleindiek/Watrin (Hrsg.), Münchener Kommentar zum Bilanzrecht, Bd. 1, 5. Ergänzungslieferung 2014, IAS 37 Rn. 95–98; *Schubert*, in: Förschle/Grottel/Schmidt/Schubert/Winkeljohann (Fn. 79),, § 249 HGB Rn. 332; *Coenenberg/Haller/Schultze*, Jahresabschluss und Jahresabschlussanalyse, 23. Auflage, 2014, S. 411 ff.

eine ungewisse Verbindlichkeit gem. § 249 Abs. 1 HGB gebildet werden.[106] Die Gegenbuchung für diese Position ist immer ein (Zins-)Aufwand.

Bis zur Kommissionsentscheidung besteht darüber hinaus das Risiko, dass die formell EU-rechtswidrige Zuwendung auch als materiell EU-rechtswidrig einzuordnen und folglich zurückzuzahlen ist (s.o. „A,I."). Wird dieses Rückzahlungsrisiko als wahrscheinlich[107] eingeschätzt, ist auch darüber eine Rückstellung zu bilden, sofern der Jahresabschluss vor der Kommissionsentscheidung aufgestellt wird.[108] Bzgl. der Gegenbuchung für die evtl. Rückstellung der Rückzahlungsverpflichtung wird im Folgenden nach der Art der Zuwendung sowie deren Ausweis beim erstmaligen Ansatz differenziert.

Bei drohender EU-Rechtswidrigkeit von Investitionszuschüssen (Zuwendungen für Vermögenswerte) erfolgt die Gegenbuchung für die auf der Passivseite zu bildende Rückstellung im Vermögensgegenstand auf der Aktivseite, sofern die Zuwendung bei Zufluss netto durch Reduzierung des Vermögenswertes erfasst wurde. Je nachdem, ob der Vermögensgegenstand abnutzbar oder nicht abnutzbar (Grundstücke) ist, müssen bei Abnutzbarkeit die bisher auf die Zuwendung rechnerisch angefallenen kumulierten Plan-Afa GuV-wirksam nachgeholt werden. Außerdem ist nach der Erhöhung des Buchwerts zu prüfen, ob unter Umständen eine außerplanmäßige Abschreibung erforderlich ist.

Hier ergibt sich eine GuV-Belastung in Höhe des Zinsaufwandes und der nachzuholenden Abschreibungen. Die Kapitalstruktur stellt sich in diesem Fall schlechter als vorher dar, da bisher nicht berücksichtigte Passivposten in u.U. erheblicher Höhe gebildet werden müssen.

Falls die Zuwendung bei Zufluss brutto als passiver Abgrenzungsposten erfasst wurde, ist neben dem Passivtausch evtl. noch eine „Zuschreibung" der Rückstellung in Höhe der bisherigen Auflösungen sowie die Rückstellung für die Zinsen erforderlich. Daraus ergeben sich grundsätzlich dieselben Auswirkungen wie oben. Allerdings fällt der Kapitalstruktureffekt deutlich geringer aus, da nur die Rückstellung für die Zinsen die Passivseite verlängert.

Falls die Zuwendung nach Ausübung des umstrittenen HGB-Wahlrechts direkt erfolgswirksam vereinnahmt wurde, muss die drohende Rückforderung komplett über einen außerordentlichen bzw. sonstigen Aufwand in voller Höhe abgebildet

106 Vgl. *Schubert*, in: Förschle/Grottel/Schmidt/Schubert/Winkeljohann (Fn. 79), § 249 HGB Rn. 1–11.

107 Vgl. *Schubert*, in: Förschle/Grottel/Schmidt/Schubert/Winkeljohann (Fn. 79), § 249 HGB Rn. 33.

108 Vgl. *Schubert*, in: Förschle/Grottel/Schmidt/Schubert/Winkeljohann (Fn. 79), § 249 HGB Rn. 17.

werden. Finanziell bedeutet dies einen Gewinnrückgang in Höhe der Rückstellungen für den kompletten Zuwendungsbetrag und für die in jedem Fall fälligen Zinsen. Außerdem resultiert auch hier wieder ein negativer Kapitalstruktureffekt in voller Höhe.

Im o.g. Grundstücks-Fallbeispiel wäre eine Rückstellung für die Zinsen zu bilden. Unter den Annahmen eines Zeitraums von einem Jahr zwischen Zuwendungsgewährung und Kommissionsentscheidung und einem fiktiven Gesamtzinssatz von 3 % p.a.[109] auf den Zuwendungsbetrag von 300.000 € ergibt sich ein Zinsaufwand mit entsprechender Rückstellung von 9.000 €. Dazu kommt dann u.U. noch die Rückstellung für den Zuwendungsbetrag selbst (300.000 €), die über eine Zuschreibung des Grundstücks, eine Auflösung des passiven Abgrenzungsposten oder über einen Aufwand gebucht wird.

Bei drohender EU-Rechtswidrigkeit von Erfolgszuschüssen (erfolgsbezogene Zuwendungen) ist danach zu differenzieren, ob die Zuwendung bei Zufluss direkt in voller Höhe GuV-wirksam (i.d.R. als Ertrag) gebucht wurde. Dies ist dann der Fall, wenn es sich um einen Ausgleich von Aufwendungen oder Ertragseinbußen für das aktuelle und zurückliegende Jahre handelt. In diesem Fall ist neben der „Zinsrückstellung" eine Rückstellung in Höhe der Zuwendung zu bilden (Gegenbuchung im sonstigen bzw. a.o. Aufwand), sofern deren Rückforderung wahrscheinlich ist. In diesem Fall resultieren sofort negative GuV- und Kapitalstruktureffekte in Höhe der Zinsen und der Zuwendung. Falls die Zuwendung mehrere, aber weniger als zehn zurückliegende Jahre betrifft, kann der Passivposten auch bei Erfolgszuschüssen eine erhebliche Größenordnung haben.

Falls die erfolgsbezogene Zuwendung (auch) für künftige Jahre gezahlt wurde, besteht in Höhe des die Zukunft betreffenden Anteils schon ein passiver Abgrenzungsposten, der im Fall einer wahrscheinlichen Rückforderung in eine Rückstellung umgewandelt werden muss (Passivtausch). Die Differenz zwischen der geschätzten Rückforderung und dem Buchwert des umgebuchten Passivpostens wird über einen sonstigen bzw. außerordentlichen Aufwand ausgeglichen. Die GuV- und Kapitalstruktur-Belastungen treten hier in Höhe der „Zinsrückstellung" und evtl. in Höhe der gerade genannten Differenzbuchung auf.

109 Hier wurde ein fiktiver Zinssatz verwendet. Die aktuell gültigen EU-Basis-Zinssätze sind abrufbar unter http://ec.europa.eu/competition/state_aid/legislation/reference_rates.html (abgerufen am 10.03.2015).

b) IFRS

Die Auswirkungen drohender Rückzahlungsverpflichtungen von Zuwendungen im IFRS-Jahresabschluss werden speziell in IAS 20.32 geregelt. Für die zu bildende bzw. umzugliedernde Passivposition ist IAS 37 („Rückstellungen" etc.) relevant, sofern wie hier noch Unsicherheiten bzgl. des Grundes und der Höhe der Rückzahlungsverbindlichkeit bestehen, vgl. IAS 37.[110] IAS 20.32 schreibt allgemein vor, dass der bisherige Ausweis der Zuwendung als Änderung einer Schätzung gem. IAS 8.32–40 zu korrigieren ist und damit keine rückwirkende Anpassung von Jahresabschlüssen früherer Jahre[111] erfolgen muss. Für die Zinsforderung ab Gewährung bzw. Zahlung der Zuwendung ist ebenfalls analog HGB eine Rückstellung zu bilden.

Aufgrund formeller und drohender materieller EU-Rechtswidrigkeit evtl. rückzahlungspflichtige Zuwendungen für Vermögenswerte müssen durch Zuschreibung des Vermögenswertes bzw. Auflösung oder Verringerung des passiven Abgrenzungspostens korrigiert werden. Gleichzeitig erfolgt eine GuV-wirksame „Nachholung" der kumulativen planmäßigen (aber nicht vorgenommenen) Abschreibungen auf den die ursprünglichen Anschaffungs- und Herstellungskosten verringernden Zuwendungsbetrag bzw. eine ebenfalls GuV-wirksame Korrektur der planmäßigen Reduzierungen des passiven Abgrenzungspostens. Dies geschieht dadurch, dass als Gegenposition für die „Zuwendungs-Rückstellung" je nach erstmaligem Ausweis entweder der aufgewertete Vermögensgegenstand oder die Umbuchung der passiven Abgrenzung dient. Eine evtl. Differenz wird jeweils als sonstiger Aufwand erfasst. Danach ist gem. IAS 20.33 zu prüfen, ob der erzielbare Betrag für den nun aufgewerteten Vermögenswert evtl. geringer als der Buchwert ist. In diesem Fall muss ein Wertminderungstest gem. IAS 36 („Wertminderung von Vermögenswerten") mit u. U. folgender außerplanmäßiger Wertminderung durchgeführt werden.

Die formelle und evtl. auch materielle EU-Rechtswidrigkeit erfolgsbezogener Zuwendungen wird analog HGB durch Bildung einer „Zinsrückstellung" sowie einer „Zuwendungsrückstellung" mit der Gegenposition im sonstigen bzw. außerordentlichen Aufwand abgebildet. Sofern die Zuwendung auch für zukünftige Perioden gewährt und gezahlt wurde, muss der diese betreffende passive Abgrenzungsposten ebenfalls in eine Rückstellung überführt werden.

---

110 Vgl. zu den hier relevanten Kriterien zur Rückstellungsbildung und deren Abgrenzung von Verbindlichkeiten oder Eventualschulden ausführlich *Wolf* (Fn. 67), S. 175–180.

111 Diese wären bei „wesentlichen Fehlern" gem. IAS 8.41 ff. erforderlich.

c) Steuerrecht

Vorbehaltlich spezialgesetzlicher Regelungen folgt das Steuerrecht den allgemeinen Grundsätzen der handelsbilanziellen Behandlung, s.o. „C.II.1.a)".

Auch in der Steuerbilanz sind Rückstellungen für ungewisse Verbindlichkeiten bei Verbindlichkeiten gegenüber einem anderen oder öffentlich-rechtlichen Verpflichtungen zu bilden. Voraussetzung für die Bildung einer Rückstellung für öffentlich-rechtliche Verpflichtungen ist nach R 5.7 Abs. 4 EStR, dass die Verpflichtung hinreichend konkretisiert ist, mithin ein inhaltlich bestimmtes Handeln durch Gesetz oder Verwaltungsakt innerhalb eines bestimmten Zeitraums vorgeschrieben und mit der Verletzung der Verpflichtung Sanktionen verbunden sind. Setzt die Verpflichtung den Erlass einer behördlichen Verfügung voraus, darf die Rückstellung erst gebildet werden, wenn die zuständige Behörde einen vollziehbaren Verwaltungsakt erlassen hat, der ein bestimmtes Handeln vorschreibt (R 5.7 Abs. 4 Satz 2 EStR).

Ebenso wie für die Handelsbilanz (s.o. „C.II.1.a)") gilt, dass die Inanspruchnahme wahrscheinlich sein muss.[112] In jedem Falle bedarf es für die Bildung der Rückstellung in der Steuerbilanz einer Darlegung, mit welcher Wahrscheinlichkeit und ggf. in welchem Umfang mit einer Rückzahlung zu rechnen ist.[113] Es müssen mehr Gründe für als gegen die Inanspruchnahme sprechen (R 5.7 Abs. 6 Satz 2 EStR). Der Steuerpflichtige muss nach einer Prognose zum Bilanzstichtag mit einer Inanspruchnahme ernsthaft rechnen; die bloße Möglichkeit des Bestehens der Verpflichtung reicht nicht aus.[114]

Fraglich ist, ob und inwieweit diese Voraussetzungen der Rückstellungsbildung dem Grunde und der Höhe nach gegeben sind, wenn am Bilanzstichtag die Entscheidung der Kommission noch nicht vorliegt und die Beihilfe bis zu diesem Zeitpunkt „lediglich" formell rechtswidrig ist. Letztlich kann dies nur anhand der Verhältnisse des jeweiligen Einzelfalls beurteilt werden. Aus oben genannten Voraussetzungen lässt sich jedoch ableiten, dass aus der formellen Rechtswidrigkeit nicht per se auf die Bildung einer Rückstellung geschlossen werden darf, sondern vielmehr weitere Anhaltspunkte hinzukommen müssen, die eine Rückzahlung als wahrscheinlich erachten lassen. Es erscheint daher zweifelhaft, ob allein ein laufendes Verfahren bei der Kommission die Bildung einer Rückstellung für eine Rückzahlungsverpflichtung rechtfertigt. Die Bildung einer

112 Vgl. BFH, BFH/NV 2000, S. 693.

113 Vgl. BFH, BFH/NV 2010, S. 55.

114 Vgl. FG Köln, Urteil vom 27.10.2005–13 K 99/03, juris.

Rückstellung für Zinsen hingegen ist zwingend, sofern Zinsen ab Eröffnung des Verfahrens unabhängig von dessen Ausgang zu zahlen sind.

Sofern der erhaltene Zuschuss als Investitionszuschuss in entsprechender Ausübung des Wahlrechts in R 6.5 Abs. 2 EStR von den Anschaffungs- oder Herstellungskosten abgesetzt und damit erfolgsneutral behandelt wurde, wären die Anschaffungs- oder Herstellungskosten des bezuschussten Wirtschaftsguts um den Rückstellungsbetrag abzüglich nachzuholender Abschreibungen zu erhöhen, s.o. „C.II.1.a)". In diesem Umfang stellt sich die Bildung der Rückstellung als erfolgsneutral und bilanzverlängernd dar.

Fraglich ist, ob eine solche Rückstellungsbildung gegen das Verbot zur Bildung von Rückstellungen für Anschaffungs- oder Herstellungskosten nach § 5 Abs. 4a EStG verstößt. Dieses Verbot umfasst sowohl die Anschaffungs- oder Herstellungskosten eines in zukünftigen Perioden zu aktivierenden Wirtschaftsguts als auch nachträgliche Anschaffungs- oder Herstellungskosten auf ein bereits aktiviertes Wirtschaftsgut.[115] Nach dem Sinn und Zweck der Regelung soll damit die Erfassung von Aufwendungen für solche Ausgaben verhindert werden, die lediglich eine erfolgsneutrale Vermögensumschichtung darstellen. Ein Passivposten ist daher als Gegenposten bereits aktivierter Anschaffungs- oder Herstellungskosten zulässig, um der Ungewissheit über die Höhe der Kosten für das Wirtschaftsgut Rechnung zu tragen.[116] Erfasst vom Anwendungsbereich sind jedoch nach dem Wortlaut der Vorschrift künftige Anschaffungs- oder Herstellungskosten. Dies bedeutet, dass die (nachträglichen) Anschaffungs- oder Herstellungskosten aufgrund der Rückzahlungsverpflichtung des Zuschusses am Bilanzstichtag entstanden sein müssen.[117] Zweifelhaft ist, ob allein die drohende Rückzahlungsverpflichtung, auch wenn diese wahrscheinlich ist, diesen Tatbestand nachträglicher Anschaffungskosten erfüllt. In Einzelfällen kann demnach eine Rückstellung für eine Rückzahlungsverpflichtung dem Grunde nach geboten sein, jedoch der Höhe nach begrenzt auf den Umfang der erfolgswirksam nachzuholenden Abschreibungen auf das Wirtschaftsgut.

Wurde der Investitionszuschuss für ein Wirtschaftsgut unmittelbar bei Erhalt als Betriebseinnahme angesetzt oder handelte es sich um Erfolgszuschüsse, erfolgt

115 Vgl. *Crezelius*, in: Kirchhof (Hrsg.), EStG, § 5 Rn. 140; *Weber-Grellet*, in: Schmidt (Fn. 93) § 5 Rn. 369.

116 Vgl. OFD München/Nürnberg v. 19.7.2000, WPg 2000, S. 1132.

117 Grundsätzlich sind nachträgliche Anschaffungs- oder Herstellungskosten (erst) im Zeitpunkt ihrer Entstehung dem Buchwert zuzuschreiben, vgl. *Fischer*, in: Kirchhof (Hrsg.), EStG, § 6 Rn. 37.

die Rückstellungsbildung entsprechend der handelsbilanziellen Vorgehensweise, s.o. „C.II.1.a)".

Werden Rückstellungen für die Verzinsung der Rückzahlungsverpflichtung gebildet, ist fraglich, ob es sich hierbei auch für steuerliche Zwecke um Zinsaufwendungen handelt, denn Zinsaufwendungen unterliegen nach den verschiedenen Vorschriften Abzugsbeschränkungen (z.B. aufgrund der Zinsschranke § 4h EStG, Überentnahmen nach § 4 Abs. 4a EStG) mit der Folge, dass der Aufwand aus der Rückstellungsbildung zwar den steuerbilanziellen Gewinn, jedoch aufgrund einer außerbilanziellen Korrektur wegen des Abzugsverbots nicht den steuerlichen Gewinn mindert. Zinsen im Sinne der Zinsschranke sind Vergütungen für Fremdkapital, siehe § 4h Abs. 3 Satz 2 EStG.[118] Nach der Gesetzesbegründung handelt es sich um Vergütungen für Fremdkapital, wenn die Rückzahlung des Fremdkapitals oder ein Entgelt für die Überlassung des Fremdkapitals zur Nutzung zugesagt oder gewährt worden ist, auch wenn die Höhe des Entgelts von einem ungewissen Ereignis abhängt.[119] Was unter Fremdkapital genau zu verstehen ist, lassen das Gesetz, die Gesetzesbegründung und auch die Finanzverwaltung offen. Wenn darunter Kapitalzuführungen zu verstehen sind, die als Verbindlichkeiten passivierungsfähig sind,[120] erscheint es jedoch zumindest fraglich, ob Zinsen aufgrund der Rückzahlungsverpflichtung eines Zuschusses unter diese Definition fallen, auch wenn dem Steuerpflichtigen durch die Zahlung des Zuschusses vorübergehend Liquidität überlassen worden ist und durch die Verzinsung ein Ausgleich für diesen zeitweisen Liquiditätsvorteil hergestellt werden soll.

2. Kommission hat über die Vereinbarkeit der formell rechtswidrigen Beihilfe mit dem Binnenmarkt (bestandskräftig) entschieden

a) Entscheidung, dass die formell rechtswidrige Beihilfe mit dem Binnenmarkt vereinbar ist

Die „Entscheidung, keine Einwände zu erheben" (Art. 4 Abs. 3 VerfVO) und die „Positiventscheidung" nach Art. 7 Abs. 3 VerfVO gehören in diese Fallgruppe.

aa) HGB

Es gelten grundsätzlich die Ausführungen unter „C.II.1.a)", nur dass die Rückstellung für die eigentliche Zuwendung entweder aufgelöst oder gar nicht erst gebildet

---

118 Vgl. auch BMF v. 4.7.2008 – IV C 7 – S 2742 – a/07/10001, Rn. 15 ff.

119 Gesetzesbegründung zu § 4h EStG, zit. nach *Hoffmann*, in: Littmann/Bitz/Pust (Hrsg.), EStG, § 4h Rn. 55.

120 Vgl. *Loschelder*, in: Schmidt (Fn. 93), § 4h Rn. 24.

werden muss. Die „Zinsrückstellung" wird nun in eine echte Verbindlichkeit umgewandelt (Passivtausch) und bei Fälligkeit gezahlt, wodurch dann auch ein negativer Liquiditätseffekt auftritt.

bb) IFRS

Hier sind die grundsätzlichen Ausführungen unter „C.II.1.b)" sowie die speziellen Ausführungen zur HGB-Berücksichtigung unter „C.II.2.a)aa)" relevant.

cc) Steuerrecht

Das Steuerrecht folgt hinsichtlich der steuerbilanziellen Behandlung grundsätzlich der handelsbilanziellen Vorgehensweise (s.o. „C.II.2.a)aa)") unter Berücksichtigung der ergänzenden steuerlichen Voraussetzungen.

Rückstellungen sind aufzulösen, sobald nach den Verhältnissen am Bilanzstichtag der Grund für die Rückstellungsbildung weggefallen ist.[121] In der Regel sind Rückstellungen bei Wegfall des Rückstellungsgrundes erfolgswirksam aufzulösen. Dies sollte im vorliegenden Falle auf Erfolgszuschüsse für vergangene Wirtschaftsjahre zutreffen. Rückstellungen für Investitionszuschüsse oder für Erfolgszuschüsse betreffend zukünftige Wirtschaftsjahre hingegen sind ggf. erfolgsneutral gebildet worden, s.o. „C.II.1.a)". In diesen Fällen sind die Wirkungen der Auflösung der Rückstellung analog zur vorherigen Bildung der Rückstellung zu ziehen.

b) Entscheidung, dass die formell rechtswidrige Beihilfe mit dem Binnenmarkt unvereinbar ist

Erfasst ist die „Negativentscheidung" nach Art. 7 Abs. 5 VerfVO.

aa) HGB

Es gelten grundsätzlich die Ausführungen unter „C.II.1.a)", nur dass jetzt sowohl die Rückstellung für die Zuwendung als auch die „Zinsrückstellung" in „echte" Verbindlichkeiten umgewandelt und bei Fälligkeit gezahlt werden müssen. Es resultiert zusätzlich zu den oben schon erwähnten GuV- und Kapitalstrukturwirkungen bei Zahlung ein erheblicher negativer Liquiditätseffekt.

---

121 Vgl. *Weber-Grellet*, in: Schmidt (Fn. 93), § 5 Rn. 423.

bb) IFRS

Auch hier erfolgt die Behandlung wie im vorigen Abschnitt „C.II.2.b)aa) HGB“ ausgeführt.

cc) Steuerrecht

Die steuerbilanzielle Behandlung folgt den allgemeinen Grundsätzen für die Bildung und Inanspruchnahme von Rückstellungen.

Nachdem die Kommission die Negativentscheidung und damit die Anordnung zur Rückforderung gegenüber dem betreffenden Mitgliedstaat getroffen hat, hat dieser die Beihilfe mit den ihm zur Verfügung stehenden Mitteln zurückzufordern, s.o. „B.I.“.[122] Sofern am Bilanzstichtag zwar die Entscheidung der Kommission bekannt ist, jedoch (noch) kein Verwaltungsakt in Form eines Rückforderungsbescheids o.ä. von der die Beihilfe gewährenden Stelle vorliegt, ist die Rückstellung beizubehalten. Die Rückzahlungsverpflichtung ist demgegenüber unter entsprechender Inanspruchnahme der Rückstellung als Verbindlichkeit zu bilanzieren, sobald ein Anspruch geltend gemacht wird und eine rechtlich durchsetzbare Rückzahlungsaufforderung vorliegt.

Dieselben Grundsätze gelten für die Zinsverpflichtung. Sofern am Bilanzstichtag noch keine Aufforderung vorliegt, handelt es sich um eine ihrer Art oder ihrer Höhe nach ungewisse Verbindlichkeit, da in der Regel zu diesem Zeitpunkt zumindest der Zinssatz noch unbestimmt sein dürfte.

Ergeht die Zahlungsaufforderung nach dem Bilanzstichtag, jedoch vor der Aufstellung der Bilanz, sollte diesem Ereignis gleichwohl wertaufhellende Bedeutung für die Verhältnisse am Bilanzstichtag zukommen, so dass sowohl für die Rückzahlungsverpflichtung als auch die Zinsen entsprechende Verbindlichkeiten zu bilanzieren sind.

D. Fazit

Zusätzlich zu den bereits aus dem nationalen (deutschen) Recht folgenden Restriktionen wird die Zulässigkeit kommunaler Wirtschaftsförderungsmaßnahmen ebenfalls durch das europäische Beihilfenrecht begrenzt – und zwar sowohl was das förmliche Verfahren der Gewährung entsprechender Begünstigungen als auch deren genaue inhaltliche Ausgestaltung anbelangt. Darauf zu setzen, dass die

---

122 Vgl. *Büll*, Der Kaufpreis beim Unternehmenskauf (Asset Deal) als Korrektiv bei der Rückforderung gemeinschaftswidriger Beihilfen, 2008, S. 56 f.; *Büsching/Homann/Wiese*, Das Europäische Beihilfenrecht, 2012, S. 21 ff.

Kommission, welche das EU-Beihilfenrecht vollzieht, ihren Sitz in Brüssel hat und damit aus Sicht deutscher Kommunen und Unternehmen räumlich (relativ) „weit weg" zu sein scheint, wäre zu kurz gegriffen: So etwa bestimmt Art. 10 Abs. 1 VerfVO explizit, dass die Kommission, sobald sie sich im Besitz von Informationen „gleich welcher Herkunft" (u.a. aus der Presse, aber auch von Whistleblowern, Konkurrenten etc.) über angebliche rechtswidrige Beihilfen befindet, diese Informationen unverzüglich zu prüfen hat. Hinzu kommt, dass gerade kommunale Fördermaßnahmen jüngst wieder in den Fokus der Kommission gerückt sind.

Gelangt sie dabei zu dem Ergebnis, dass die „gut gemeinte" Begünstigung – etwa mangels diesbezüglicher Sensibilisierung – wegen Verstoßes gegen das europäische Beihilfenrecht rechtswidrig ist, so hat die diese gewährende Kommune dem zu fördern beabsichtigen Unternehmen einen „Bärendienst" erwiesen, muss dieses im sodann gegebenen Rückforderungsfall doch u.U. mit erheblichen Belastungen bzgl. der Kapitalstruktur, der Gewinnsituation und des Eigenkapitals sowie der Liquidität rechnen. Diese können insbesondere hinsichtlich der Kapitalstruktur in HGB-Jahresabschlüssen gravierend sein (Grenzfall: Überschuldung bzw. Insolvenz), falls das Wahlrecht der erfolgswirksamen Vereinnahmung von Investitionszuschüssen in voller Höhe im Zuflussjahr genutzt wurde. Vor diesem Hintergrund kann „*worst case*" eine Bestandsgefährdung des betreffenden Unternehmens resultieren, aufgrund derer die Unternehmensfortführung i.S.v. § 252 Abs. 1 Satz 2 HGB fraglich wird.

Dieses Risiko wird im Rahmen der nach dem IDW Prüfungsstandard 700 (IDW PS 700) durchzuführenden Prüfungshandlungen[123] ausdrücklich untersucht und kann im Grenzfall dazu führen, dass entweder im Abschluss abweichend vom *Going Concern*-Prinzip mit Liquidationswerten bewertet werden muss oder aber, bei trotz Bestandsgefährdung unzulässiger *Going Concern*-Bewertung, der Bestätigungsvermerk nicht erteilt wird. Auch wenn diese extremen Folgen in den meisten Fällen ausbleiben werden, so sollten sich Kommunen und zu begünstigende Unternehmen vor dem Hintergrund der oben geschilderten möglichen finanziellen Auswirkungen EU-rechtswidrig empfangener Beihilfen der damit verbundenen, u.U. erheblichen Risiken bewusst sein und daher im Vorfeld sicherstellen, dass diese durch eine ordnungsgemäße Vorgehensweise vermieden wer-

123 Vgl. IDW Prüfungsstandard: Prüfung von Beihilfen nach Artikel 107 AEUV insbesondere zugunsten öffentlicher Unternehmen (IDW PS 700), Stand 29.11.2012, Düsseldorf 2013. Die konkreten Prüfungshandlungen werden dort in den Rn. 40–47 aufgeführt, die mit der in Rn 37 beschriebenen Gefährdung der Unternehmensfortführung einhergehenden Prüfungskonsequenzen finden sich insbesondere in den Rn. 45, 53 und v.a. in Rn. 57.

den (Durchführung eines Notifizierungsverfahrens oder Gewährung nur einer *De-minimis*-Beihilfe). Eine pragmatische Hilfestellung dazu bietet nicht zuletzt das Prüfschema des IDW PS 700, das dem Prüfungsstandard in dessen Anlage[124] als Ablaufdiagramm beigefügt ist.

Während Rückzahlungsverpflichtungen negative Auswirkungen auf die Vermögens-, Finanz- und Ertragslage des Unternehmens haben, ist aus steuerlicher Sicht zu konstatieren, dass damit verbundenen Aufwendungen nicht nur den handelsbilanziellen Gewinn, sondern auch das steuerliche Einkommen mindern. Ebenso wie im Falle des Erhalts von Zuwendungen diese – mit Ausnahme der Investitionszulagen – steuerpflichtige Betriebseinnahmen darstellen, sind Aufwendungen aus Rückzahlungsverpflichtungen abzugsfähige Betriebsausgaben. Dies reduziert für das Unternehmen den Nachsteuereffekt aus der Rückzahlung der Zuwendung und führt auf diesem Weg zu einer Beteiligung des Fiskus an dieser Belastung zumindest in dem Umfang, in dem die Zuwendung zuvor zu steuerpflichtigen Erträgen geführt hat.

124 Vgl. IDW Prüfungsstandard: Prüfung von Beihilfen nach Artikel 107 AEUV insbesondere zugunsten öffentlicher Unternehmen (IDW PS 700), Stand 29.11.2012, Düsseldorf 2013, S. 21 (Anlage).

Prof. Dr. Ralf-M. Marquardt und Prof. Dr. Peter Oligmüller

Die Besondere Ausgleichsregelung des EEG 2014 auf dem Prüfstand

Zum 1. August 2014 ist das novellierte Erneuerbare Energien Gesetz (EEG) in Kraft getreten. Dies hat zu einer Reihe von Änderungen geführt. Sie betreffen nicht nur die Förderung der Erneuerbaren Energien (EE) selbst, sondern auch die Finanzierung der für den EE-Ausbau erforderlichen Mittel in Höhe von inzwischen mehr als 20 Mrd. EUR pro Jahr. Die Änderungen bezogen auch die Besondere Ausgleichsregelung (BesAR) ein, die energieintensive Unternehmen zum Teil von der Mitfinanzierung verschont. Der Novellierungsbedarf ergab sich auch infolge des politischen Drucks der Europäischen Kommission, die in der Ausgleichsregelung eine unzulässige staatliche Beihilfe erkennt. Der vorliegende Beitrag verdeutlicht zum einen, dass diese Einstufung rechtlich nicht haltbar ist. Zum anderen zeigt er auf, dass der Fortbestand von Ausnahmeregelung gesamtwirtschaftlich durchaus gerechtfertigt ist.

A. Sachverhalt

Der im Vergleich zum europäischen Ausland weit fortgeschrittene Ausbau der EE in Deutschland auf einen Stromversorgungsbeitrag von rund 27 % ist im Wesentlichen auf eine gesetzlich garantierte Vorrangeinspeisung von Ökostrom zu Festpreisen zurückzuführen.[1] Die Abnahmepreise werden über den Zeitraum von 20 Jahren hinweg gewährleistet und liegen teilweise deutlich über dem Marktpreis. Die Differenz zwischen den Zahlungen an die Betreiber von EE-Anlagen und den Vermarktungserlösen wird zusammen mit den Organisationkosten des Systems letztlich über die EEG-Umlage auf die Verbraucher abgewälzt. Im Prozess des Abwälzens werden einzelne Verbraucher insbesondere über die BesAR privilegiert, so dass die Systemkosten nicht gleichmäßig auf den kompletten Letztverbrauch verteilt werden.

Nach einem zunächst moderaten, aber kontinuierlichen Anstieg der EEG-Umlage von 0,20 Ct/kWh im Jahr 2000 auf 1,31 Ct/kWh in 2009 legte sie rapide auf einen Spitzenwert von 6,24 Ct/kWh in 2014 zu. Für 2015 gab es zwar eine

1 Vgl. *Bontrup/Marquardt*, Die Zukunft der großen Energieversorger, 2015, Kap. 2.

leichte Absenkung auf 6,17 Ct/kWh. Die rasante Dynamik und die Erwartung eines trendmäßig weiteren Anstiegs belebte dennoch die politische Diskussion über die finanzielle Tragfähigkeit der zu großen Teilen über den EE-Ausbau gestalteten Energiewende und die Verteilung der Energiewendekosten.[2] Er führte auch zu der Diskussion[3], ob die Förderung der EE nicht wie bei dem Emissionshandel europäisiert und mit den übrigen Klimaschutzansätzen, nämlich der Emissionsabsenkung und der Energieeffizienzverbesserung, zwecks Optimierung des Gesamtsystems verzahnt werden sollte.

In der Arithmetik ist der Anstieg der Umlage auf zwei Ursachen zurückzuführen: Zum einen geht mit der mengenmäßigen Ausweitung der EE-Einspeisung eine Zunahme der Differenzkosten einher. Dabei erhöht ein Zuwachs an Ökostrom nicht nur die zu fördernde Strommenge, sondern durch fallende Strommarktpreise infolge der Angebotsexpansion reduzieren sich auch die erzielten Vermarktungserlöse des Grünstroms. Zum anderen hat eine umfangreichere Inanspruchnahme der Ausnahmen den im Umlageprozess zugrunde zu legenden Letztverbrauch verringert. Im Vergleich beider Einflussfaktoren zeigt sich jedoch, dass der Anstieg der EEG-Umlage in erster Linie der besonderen Dynamik der Differenzkosten geschuldet ist und damit primär die finanzielle Kehrseite des Ausbauerfolgs der EE darstellt. Denn während sich die Differenzkosten von 2001, dem ersten vollen Gültigkeitsjahr des EEG, bis 2014 ver-17-facht haben, hat sich die Bezugsbasis lediglich um knapp 19 % verringert (vgl. Abb. 1). Infolgedessen hat die BesAR über die EEG-Umlage zwar einen strompreistreibenden Einfluss, gleichwohl sollte er aber auch nicht überschätzt werden. Ohne die Privilegien der BesAR wäre in 2014 die EEG-Umlage um rund 22 % niedriger ausgefallen.[4] Bezogen auf einen repräsentativen privaten Haushalt beispielsweise hätte sich durch einen Wegfall der BesAR somit lediglich eine Strompreisentlastung von knapp 5 % ergeben.

2 Vgl. *Bontrup/Marquardt*, Die Energiewende – Verteilungskonflikte, Kosten und Folgen, 2015.

3 Vgl. *Hoffmann/Oligmüller*, Das EEG als Bestandteil einer zusammengeführten Klimaschutzinstrumentierung, VIK Mitteilungen 3/13, S. 7 ff.

4 Vgl. *BDEW*, Industriestrompreise 2014, S. 4.

Abb. 1: Differenzkosten und Bezugsbasis

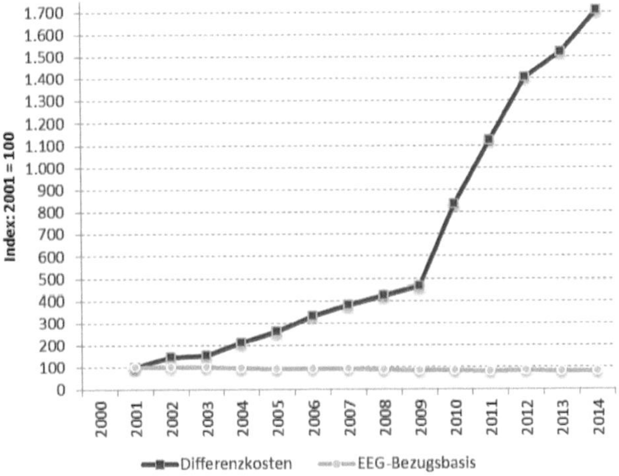

Differenzkosten nach Abzug der vermeidbaren Netzentgelte; 2012–2014 Prognosewerte. Quelle: BDEW (2013), Übertragungsnetzbetreiber und eigene Berechnungen.

Dennoch fokussierte die öffentlich Debatte auch auf die Frage, inwieweit die Systemkosten zukünftig auf eine breitere Basis verteilt werden können. Im Mittelpunkt stand dabei die Privilegierung stromintensiver Unternehmen über die BesAR, deren Inanspruchnahme sich von 2004 an binnen einer Dekade fast verdreifacht hatte (vgl. Abb. 2). Zuletzt kamen bei der EEG-Umlage so rund 2.000 Unternehmen in den Genuss von Entlastungen, während etwa 43.000 Industriebetriebe außen vor blieben.[5] Angesichts dieser Zahlenverhältnisse wurde teilweise in einseitiger und sehr populistischer Form die Position vertreten, dass die energieintensiven Unternehmen und damit ausgerechnet die größten Emittenten von Treibhausgasen nur wegen ihres politischen Einflusses aus der finanziellen Mitverantwortung für den Energiewendeprozess entlassen worden seien. Ergänzt wurde die Kritik noch durch den Hinweis auf „Trittbrettfahrer“. Immer wieder wurde beispielsweise herausgestellt, dass sich sogar ein Golfclub der Umlage habe entziehen können; ein Hinweis übrigens, der sich trotz all seiner Öffentlichkeitswirkung schnell als falsch herausstellte und dem das BAFA als die die BesAR vollziehende Behörde zwischenzeitlich entgegengetreten ist.

5 Vgl. *BDEW*, (Fn. 4), S. 20.

Abb. 2: Bezugsbasis und privilegierte Strommenge durch BesAR

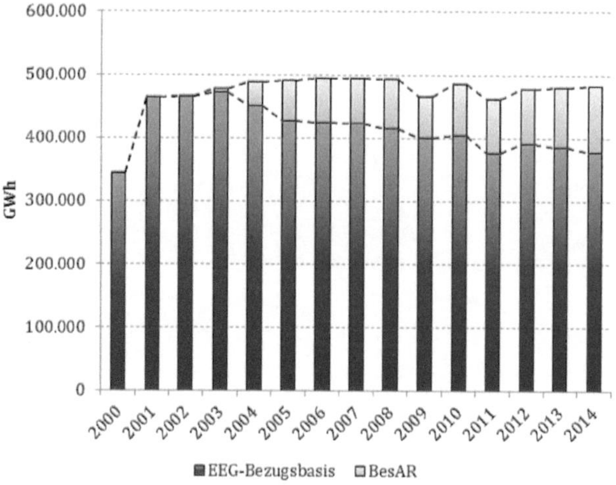

2000 Rumpfjahr für EEG-Umlage; 2003 Rumpfjahr für Ausgleichsregelung; Ausgleichsregel nach Abzug des voll umlagepflichtigen Äquivalents; 2013 und 2014 Prognosewerte.

Quellen: Übertragungsnetzbetreiber (2012 und 2013).

In diesem Umfeld reformierte die Politik das EEG im Jahr 2014, wobei nicht nur das Fördersystem, sondern auch die BesAR neu gestaltet wurde.[6] Die Änderungen bei den Industriestromprivilegien waren aber nicht nur dem Stimmungsbild hierzulande geschuldet, sondern auch eine Reaktion auf ein bereits eingeleitetes Verfahren der Europäischen Kommission. Diese erkennt in der Ausgleichsregelung eine staatliche Beihilfe und fordert hier zudem ein Mitspracherecht im Hinblick auf von ihr gesetzte Standards in Form der Umwelt-und Energiebeihilfeleitlinien (EEAG) ein.

Nachfolgende Ausführungen fokussieren auf die Regelung der BesAR im neuen EEG, zumal dieses Regulierungsfeld schon vor Inkrafttreten des EEG 2014 in besonderer Weise zwischen Deutschland und der Kommission umstritten war, weil die Auswirkungen auf den Europäischen Energiebinnenmarkt unterschiedlich eingeschätzt wurden. Es ist deshalb von Interesse, der BesAR rechtlich näher auf den Grund zu gehen (vgl. Kap. B) und deren gesamtwirtschaftliche Berechtigung zu evaluieren (vgl. Kap. C).

---

6 Vgl. *Bontrup/Marquardt*, (Fn. 1), Kap. 2.

B. Stellt die Besondere Ausgleichsregelung eine Beihilfe dar?

Ausgangspunkt einer rechtlichen Prüfung ist die Frage, ob es sich bei der BesAR überhaupt um eine Beihilfe im Sinne des europäischen Beihilferechts handelt. Denn nur dann ist die rechtliche Kompetenz der EU-Kommission eröffnet, bei der Ausgestaltung einer entsprechenden nationalen Regelung mit zu sprechen.

I. Wesentliche Inhalte der Besonderen Ausgleichsregelung

Um der Frage nach einer Beihilfe nachgehen zu können, bedarf es zunächst eines Blickes auf die wesentlichen Inhalte der BesAR. Sie ist in den §§ 63–69[7] enthalten. Dabei stellt § 63 den Ausgangspunkt der Regelung dar, wonach das Bundesamt für Wirtschaft und Ausfuhrkontrolle (BAFA) bei stromkostenintensiven Unternehmen die EEG-Umlage abnahmestellenbezogen begrenzt. Maßstab für die Begrenzung bildet als „Herzstück" § 64.

Der unten abgedruckten Grafik ist die Systematik, die hinter den Kriterien steht, im Überblick zu entnehmen. Es wird deutlich, dass die BesAR insoweit mehrstufig aufgebaut ist. Um in den Kreis der Begünstigten zu gelangen, **müssen** die Unternehmen nach der Neuregelung bestimmten Branchen angehören. Diese sind der Liste 1 und 2 der Anlage 4 des Gesetzes zu entnehmen. Die Listen unterscheiden sich dadurch, dass Unternehmen, die in Liste 1 aufgeführt sind, eine Stromintensität von 16 % (ab 2016 von 17 %) aufweisen müssen, während es bei Unternehmen, die in Liste 2 aufgeführt sind, eine Stromintensität von 20 % sein muss.

Der Unterschied zwischen den Listen besteht darin, dass sie Unternehmen unterschiedlicher Handelsintensität abbilden. Bei den Branchen der Liste 2 liegt eine geringere Handelsintensität zu Grunde, die es gerechtfertigt erscheinen lässt, für eine Begrenzung der EEG-Umlage eine höhere Stromintensität zu verlangen.

Ferner müssen die Unternehmen an einer Abnahmestelle mehr als 1 GWh Strom bezogen haben und ein zertifiziertes Energie- oder Umweltmanagementsystem vorweisen können. Letzteres ist nur bei einem Stromverbrauch von weniger als 5 GWh verzichtbar, wenn ein alternatives System zur Verbesserung der Energieeffizienz besteht.

Erfüllen Unternehmen oben genannte Voraussetzungen, wird die EEG-Umlage auf Antrag durch das BAFA begrenzt. Die Begrenzung besteht darin, dass zwar für die erste Gigawattstunde 100 % der EEG-Umlage zu zahlen ist, aber für die darüber hinausgehende Strommenge nur 15 %. Darüber hinaus, und das dürfte

7 Paragrafenangaben ohne Bezeichnung eines Gesetzes beziehen sich auf das EEG 2014.

für die besonders energieintensiven Unternehmen im Vordergrund stehen, wird zusätzlich eine Kappung der Umlage vorgenommen, wenn es sich um besonders stromintensive Unternehmen handelt. Das bedeutet, dass bei Unternehmen mit einer Stromkostenintensität von mindestens 20 % nur ein Betrag von 0,5 % der Bruttowertschöpfung anfällt. Liegt die Stromkostenintensität unterhalb von 20 %, findet die Kappung erst bei 4 % der Bruttowertschöpfung statt. Allerdings ist auch eine Mindestgrenze vorgesehen, die bei 0,1 Cent/kWh hinsichtlich des Stromverbrauchs über der ersten GWh liegt.

Abb. 3: Härtefallregelung der BesAR

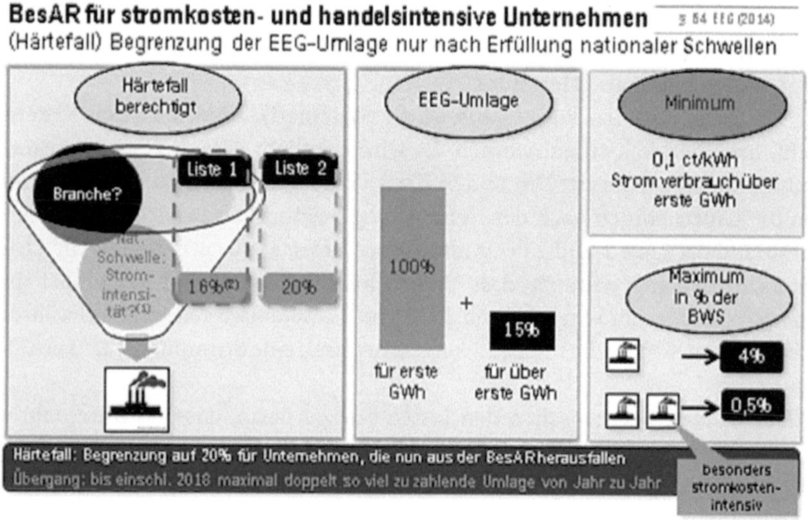

Quelle: in Anlehnung an eine BMWi-Darstellung

Diese Regelung gilt entsprechend auch für *selbstständige Teile* eines Unternehmens, das der Liste 1 der Anlage 4 zuzuordnen ist. Der Gesetzgeber wollte durch diese Regelung verhindern, dass nur wegen der EEG-Umlage Ausgründungen von Unternehmensteilen stattfinden und damit möglicherweise Probleme in anderen (rechtlichen) Feldern ausgelöst werden. Allerdings dürfte diese Regelung ihre praktische Umsetzungsmöglichkeit vielfach verloren haben, seitdem das BAFA – auch schon unter der Geltung des EEG 2012 – für die Annahme eines selbstständigen Unternehmensteils Anforderungen kreierte, die zum Teil von eigenständigen Unternehmen nicht erfüllt werden. Der Gesetzgeber ist bei der Novelle des EEG in 2014 diesem restriktiven Verwaltungsvollzug des BAFA nicht entgegengetreten und hat damit eine breitere Anwendung dieses sinnvollen Ansatzes infrage gestellt.

Eine Besonderheit der BesAR besteht auch darin, dass sie hinsichtlich der Erfüllung der genannten Kriterien auf zurückliegende Zeiträume abstellt. So kommt es bei der Begrenzung jeweils auf das letzte abgeschlossene Geschäftsjahr an. Allerdings entspricht das Geschäftsjahr eines Unternehmens nicht zwingend dem Kalenderjahr. In diesen Fällen kommt es dazu, dass bei der Antragstellung zum Beispiel für das Kalenderjahr 2016 (Antragstellung hat zum 30. Juni 2015 zu erfolgen) Daten aus den Jahren 2013 und 2014 herangezogen werden müssen.

Gegenüber der Vorgängerfassung des EEG ergeben sich durch die Neuregelung Verschärfungen.[8] Neu ist insbesondere der erschwerte Zugang zu den Privilegien. Das betrifft die abschließende Beschränkung auf vordefinierte Branchen und den zu überschreitenden Schwellenwert für die Stromintensität (zuvor reichten 14 % Stromkostenanteil an der Wertschöpfung). Auch wurden die nach Verbrauch gestaffelten Anteile, die als EEG-Umlage zu zahlen sind, erhöht. Früher waren für die Verbrauchsmengen zwischen 1 und 10 GWh/a nur 10 % der Umlage und für den Verbrauch zwischen 10 und 100 GWh/a nur 1 % der Umlage zu entrichten. Für darüber hinaus gehende Verbräuche gab es eine Deckelung auf nur 0,05 Ct/kWh. Diese Limitierung galt bei stromintensiven Unternehmen sogar für den gesamten Stromverbrauch, sofern sie mehr als 100 GWh/a benötigten und der Stromkostenanteil an der Bruttowertschöpfung über 20 % hinausging. Insofern erhöht sich die Stromrechnung von Unternehmen aus der zuletzt genannten Kategorie bei einem Verbrauch von (etwas mehr als) 100 GWh/a im günstigsten Fall, in dem die neue Mindestgrenze von 0,10 Ct/kWh greift, um rund 110.000 EUR/a; das macht für ein Unternehmen mit den günstigsten Strombezugspreisen rund 2,4 % der Stromrechnung aus.[9] Die Auswirkungen für Unternehmen, die aus der Regelung nun komplett herausgefallen sind, sind dagegen deutlich spürbarer. Alles in allem blieb die Regierung aber bei der Verschärfung der BesAR deutlich hinter den Forderungen zahlreicher Hardliner zurück.

---

8 Vgl. *Bontrup/Marquardt*, (Fn. 2), S. 26 ff.

9 Für die erste GWh beträgt der Unterschied 1.000.000 kWh • (6,17–0,05) Ct/kWh = 6.120.000 Ct ≅ 61.200 EUR. Für die nachfolgenden 99 GWh beläuft er sich auf 99.000.000 kWh • (0,10–0,05) Ct/kWh = 4.950.000 Ct ≅ 49.500 EUR. Nach *BDEW*, (Fn. 4), S. 20, belief sich der Strompreis in 2014 für stromintensive Unternehmen im günstigsten Fall auf 4,5 Ct/kWh, so dass sich der Anstieg von zusammen etwa 110.000 EUR auf eine Stromrechnung von 4.500.000 EUR bezieht.

II. Verhalten der Kommission

Die EU-Kommission vertritt die Auffassung, dass es sich bei der BesAR um eine Beihilfe handelt. Diese Auffassung vertrat sie bereits zu der Vorgängerregelung in §§ 40–44 EEG 2012 und leitete deshalb Ende 2013 ein Beihilfeprüfverfahren ein, da das EEG 2012 von der deutschen Bundesregierung bei der Kommission nicht notifiziert worden war. Mit Beschluss vom 25. November 2014 beendete sie dieses Prüfverfahren und unterstrich ihre Auffassung im Sinne der Annahme einer staatlichen Beihilfe. Als Konsequenz forderte sie die Bundesrepublik Deutschland auf, in 450 Fällen Begrenzungsbescheide mit einem finanziellen Gesamtvolumen von ca. 40 Millionen € aufzuheben, die Unternehmen auf der Grundlage des EEG 2012 beantragt und erhalten hatten. Dabei wendete sie die im April 2014, also nach Eröffnung des Beihilfeprüfverfahrens, erlassenen EEAG an. Die betroffenen Unternehmen sollten damit gezwungen werden, EEG-Umlage nachzuentrichten, soweit keine Übereinstimmung mit den neuen EEAG bestand. Gleichzeitig legte die Kommission eine Bekanntmachung zu Grunde, die den Beihilfebegriff konkretisiert und ebenfalls erst nach Beginn des Beihilfeprüfverfahrens zum EEG 2012 veröffentlicht worden war.

Obwohl Deutschland die Auffassung der Kommission nicht teilt, dass es sich bei der BesAR um eine Beihilfe handelt, legte die deutsche Bundesregierung das EEG 2014 kurz vor dessen Inkrafttreten am 1. August 2014 der Kommission zur Prüfung vor. Diese ließ den Gesetzentwurf passieren, weil er den EEAG entsprach, die auch die Bundesregierung bei der Ausgestaltung des Gesetzes beachtete.

Damit ist die Frage, ob es sich bei der BesAR um eine Beihilfe handelt, aber noch nicht erledigt. Denn nicht nur betroffene Unternehmen haben gegen die Eröffnung des Beihilfeprüfverfahrens geklagt, sondern auch die Bundesrepublik Deutschland. Diese Klagen werden voraussichtlich um Klagen gegen die Beendigung des Verfahrens ergänzt, die zu der schon erwähnten Rückforderungsanordnung gegenüber der Bundesrepublik Deutschland geführt hatte. Nunmehr ist das Gericht der Europäischen Union (EuG) mit der Frage befasst, ob der BesAR wirklich Beihilfecharakter zukommt.

III. Beihilfecharakter der Besonderen Ausgleichsregelung?

Ob es sich wirklich um eine Beihilfe handelt, beantwortet sich aus Art. 107 Abs. 1 AEUV. Danach muss es sich um eine Maßnahme handeln, die

- selektiv bestimmte Unternehmen oder Produktionszweige begünstigt,
- aus staatlichen Mitteln gewährt wird,

- den Wettbewerb zumindest zu verfälschen droht und
- den Handel zwischen den Mitgliedstaaten beeinträchtigt.

Dabei kann eine Beihilfe auch in der Verschonung vor einer Belastung liegen, die andere (in vergleichbarer Situation) treffen (so genannte Verschonungsbeihilfe). Und genau hierum könnte es gehen: Die Unternehmen könnten möglicherweise gegenüber den Haushalten oder anderen Unternehmen, die die Voraussetzungen der BesAR nicht erfüllen und damit die volle EEG Umlage zu tragen haben, in unzulässiger Weise verschont werden.

1. *Selektive Vorteilsgewährung einzelner Unternehmen/ Produktionszweige*

a) *Vorteilsgewährung versus sachgerechte Differenzierung*

Die BesAR müsste, damit sie eine Beihilfe darstellt, nur bestimmte Unternehmen/ Produktionszweige begünstigen, während andere, sich in ähnlicher Situation befindliche Unternehmen/Produktionszweige nicht berücksichtigt werden. Schon hieraus leitet sich die Ausrichtung auf die Verhinderung von Wettbewerbsverfälschungen ab, für die das Beihilferecht insgesamt steht. Ob allerdings eine solche selektive Begünstigung bei der BesAR des EEG gegeben ist, erscheint mehr als fraglich. Denn sie ist nicht auf bestimmte Produktionen ausgerichtet, sondern behandelt alle energieintensiven Verbraucher gleich. Wer die oben beschriebenen Schwellen beispielsweise der Stromintensität erreicht, profitiert von der Regelung, unabhängig von der konkreten Ausgestaltung des Verbrauchsvorgangs. Es gibt keine bestimmten Unternehmen/Produktionszweige, die besonders geschützt werden sollen.

Was die BesAR ausmacht, ist etwas anderes: Der Gesetzgeber differenziert nach Stromintensität und lässt die Höhe der hierdurch induzierten Belastung zum Maßstab dafür werden, wieviel an EEG-Umlage den energieintensiven Verbrauchern zugemutet werden kann, ohne dass sie ihre Wettbewerbsfähigkeit im internationalen Kontext verlieren (vgl. Kap. C). Eine Differenzierung muss an dieser Stelle immer möglich sein, wenn sie denn nur sachgerecht ist. Eine sachgerechte Differenzierung, die für alle Marktteilnehmer, ob deutsche oder aus anderen europäischen Staaten gilt, kann aber nicht dazu führen, den Beihilfetatbestand unter dem Gesichtspunkt der Selektivität eines Vorteils zu begründen.

Dabei ist auch von Bedeutung, dass sich Differenzierungen zum Teil rechtlich zwingend ergeben. Der Gleichbehandlungsgrundsatz des Art. 3 GG, auch in Verbindung mit der Gewährleistung der Berufsfreiheit des Art. 12 GG, gebieten Differenzierungen, wenn eine unterschiedslose Behandlung sachlich nicht gerechtfertigt wäre. So hat der BGH einen Verstoß gegen das Gleichheitsgebot angenommen, wenn innerhalb der betroffenen Berufsgruppe nicht nur einzelne, aus dem Rahmen fallende Sonderfälle, sondern bestimmte, wenn auch zahlenmäßig begrenzte Gruppen typischer Fälle ohne zureichende Gründe wesentlich stärker als andere belastet werden.[10]

Es geht mithin nicht um eine willkürliche Besserstellung, sondern um *Belastungsgerechtigkeit.* Diese ist dann nicht mehr gegeben, wenn Unternehmen mit sehr hoher Energieintensität bei formal gleicher Behandlung wesentlich stärker Konsequenzen der Belastungen zu gegenwärtigen haben, als solche, für die die Belastung nur eine geringe Bedeutung insbesondere im Hinblick auf ihre Wettbewerbsfähigkeit aufweist. Wenn Unternehmen bestimmter Wirtschaftssektoren eine Stromintensität von beispielsweise mehr als 30 % aufweisen, sind energiebedingte Zusatzlasten entscheidend dafür, ob sie überhaupt innerhalb eines Marktes bestehen können.

Dieser Gedanke der *Belastungsgerechtigkeit* ergibt sich nicht nur aus dem nationalen Recht. Die Charta der Grundrechte weist in eine vergleichbare Richtung: So ist die Berufsfreiheit in Art. 15, die unternehmerische Freiheit in Art. 16 sowie der Grundsatz der Gleichheit vor dem Gesetz in Art. 20 EU-Grundrechte-Charta verankert. Das bedeutet, dass sich schon bei der Frage, ob überhaupt eine Beihilfe vorliegt, die notwendige und sinnvolle Differenzierung des nationalen Gesetzgebers von der beihilfebegründenden Selektivität getrennt werden muss. Geht es um eine solche Differenzierung, ist schon die Annahme einer Beihilfe nicht gerechtfertigt.

Ein anderer Blickwinkel würde im Ergebnis dazu führen, dass eine notwendige und sinnvolle Differenzierung den Weg in die Beihilfe eröffnet und damit den ersten Schritt in die Genehmigungskompetenz der Kommission über Art. 107 AEUV darstellt. Hier würde das Beihilferecht auch zu einer Kompetenzverlagerung in Richtung Kommission führen, die ihr an dieser Stelle nicht zusteht. Art. 107 AEUV, dies scheint zuweilen aus dem Blickwinkel zu geraten, will nur Sonderregelungen für einzelne Unternehmen/Produktionszweige, nicht aber rechtlich notwendiges und sachgerechtes Handeln der Mitgliedstaaten verhindern.

Dies wird in besonderer Weise deutlich, wenn man sich vor Augen führt, dass die BesAR gerade Wettbewerbsverzerrungen im europäischen Binnenmarkt verhindern soll. Sie ist nämlich vor dem Hintergrund zu sehen, dass sich in anderen EU-Mitgliedstaaten keine vergleichbaren Belastungen der Verbraucher ergeben, weil der entsprechende Ausbau der Erneuerbaren Energien in keinem anderen

10 Vgl. BGH, Urteil vom 20.10.1996, KZR 19/95-Stromeinspeisung II, BGHZ 134, 1 ff.

europäischen Land eine derartige Dimension angenommen hat. Die Größenordnung der Belastung der Verbraucher wird in anderen Mitgliedstaaten auch nicht annähernd erreicht, so dass die im internationalen Wettbewerb stehenden Unternehmen, würden sie mit voller EEG-Umlage belastet, gegenüber vergleichbaren Unternehmen in anderen Mitgliedstaaten Nachteile erleiden würden. So gesehen leistet die BesAR einen Beitrag zur Behebung eines Defizits, das in der bei den Mitgliedstaaten angesiedelten Förderung der EE liegt. Die sich aus dieser Struktur ergebenden unterschiedlichen Belastungen der Unternehmen in den einzelnen Mitgliedstaaten müssen einen Ausgleich finden, solange die Europäische Union das Thema der Förderung der EE nicht, wie beim Emissionshandel, als europäische Lösung an sich gezogen hat.

b) Differenzierung, die sich aus der Systematik und Natur der Regelung ergibt

Es ist anerkannt, dass sich Differenzierungen aus der Systematik (auch Logik oder innerer Aufbau des Systems) und Natur einer Regelung ergeben können und von daher der Annahme einer Beihilfe entgegenstehen. Hier sind die schon älteren EuGH-Entscheidungen „Hotel Cipriani“[11] und „Van der Krooy“[12] zu nennen. So kommt insbesondere in der „Van der Krooy“-Entscheidung zum Ausdruck, dass es an dem Charakter einer Beihilfe fehlt, wenn „gezeigt würde, dass der betreffende Vorteil (es ging in dem Fall um einen Vorzugstarif bei der Erdgasversorgung) im Kontext des betreffenden Marktes objektiv durch wirtschaftliche Gründe wie die Notwendigkeit gerechtfertigt ist, auf diesem Markt im Preiswettbewerb mit anderen Energiequellen zu bestehen.“

Bei der BesAR wird man diese Anforderung an eine Ausnahmeregelung als erfüllt anerkennen müssen. Denn wenn die betreffenden Unternehmen/Produktionszweige nur mit der Belastungsverschonung wettbewerblich bestehen können, ist die entsprechende Belastungsbefreiung die notwendige, in dem Finanzierungssystem selbst von vorneherein angelegte Konsequenz, ohne die die gesamte Regelung überhaupt nicht denkbar wäre.

Die Kommission scheint diese Eingrenzung des Beihilfebegriffs lediglich dort anzuerkennen, wo allein klimaschutzseitige Gründe eine solche Differenzierung nahe legen. So hat sie bei der beihilferechtlichen Genehmigung des EEG 2014 die Freistellungen von der EEG-Umlage im Rahmen von § 61 Abs. 2 weitgehend mit dem Argument akzeptiert, es handele sich um Differenzierungen aus der Logik und der Natur des Systems heraus. Wenn man diesen, rein klimapolitischen An-

11 Vgl. EuGH, Entscheidung vom 8.4.2009, Rechtssache C- 73/09 P.

12 Vgl. EuGH, Entscheidung vom 2.2.1988–67/85.

satz als richtig unterstellt, müsste zumindest der Gedanke der Vermeidung der Verlagerung von Emissionen in Drittstaaten, die keine Begrenzungen der Emissionen aus klimapolitischen Gründen kennen (Gefahr des „Carbon Leakage"), berücksichtigungsfähig sein.

Es ist im Klimaschutz grundsätzlich anerkannt, dass auf die Verlagerungsthematik eingegangen werden kann, wenn die Gefahr besteht, dass zu weitgehende Anforderungen global gesehen das Gegenteil von dem bewirken, was eigentlich bezweckt ist. An die zum Teil kostenlose Zuteilung an Carbon Leakage-Sektoren sei an dieser Stelle erinnert. Wenn man sich vor Augen führt, dass die Besondere Ausgleichsregelung mit der Erhaltung der Wettbewerbsfähigkeit nicht nur die Unternehmen und die in ihnen beschäftigten Arbeitnehmer schützt, sondern gleichzeitig auch der Verlagerung von Emissionen entgegenwirkt, erscheint die Vermeidung von Carbon Leakage auch bei dem restriktiven Verständnis der Kommission zu diesem Punkte zwingend berücksichtigungspflichtig (vgl. Kap. C.II).

Es ist die Aufgabe im Kap. C dieser Arbeit zu überprüfen, inwieweit dieses Verlagerungsrisiko auch wirklich besteht.

2. *Aus staatlichen Mittel gewährte Beihilfe?*

Art. 107 Abs. 1 Satz 1 AEUV bezieht sich auf *staatliche oder aus staatlichen Mitteln* gewährte Beihilfen gleich welcher Art. Ob dieses Merkmal bei der BesAR gegeben ist, vermag in besonderer Weise Zweifel auszulösen. Denn es handelt sich nicht darum, dass im Rahmen einer Verschonung vor staatlichen Abgaben Vorteile gewährt werden, sondern dass die Netzbetreiber gegenüber denjenigen Unternehmen, die einen Begrenzungsbescheid erhalten haben, nur einen Anspruch auf verminderte EEG-Umlage geltend machen können. Wo sind also die staatlichen oder aus staatlichen Mitteln gewährten Vorteile?

a) *Beauftragung der Netzbetreiber als Anknüpfungspunkt für die Staatlichkeit?*

Es liegt auf der Hand, dass es vorliegend, wenn überhaupt, nur um eine mittelbare Staatlichkeit gehen kann. So ist in der Rechtsprechung des EuGH anerkannt, dass eine solche anzuerkennen ist, wenn der Staat eine Stelle beauftragt, die für ihn Aufgaben erledigt und hierbei Vorteilsgewährungen eine Rolle spielen. In der Essent-Entscheidung[13], in der eine Beihilfe aus staatlichen Mitteln angenommen wurde, ging es darum, dass ein staatlicher Tarifaufschlag eingeführt wurde, den

13 Vgl. EuGH, Urteil vom 17.07.2008, Essent, Rechtssache C-206/06, Slg. 2008, I-5497, Rn. 74.

der Staat der Höhe nach festlegte und mit dem ein Aufkommen generiert wurde, das wiederum zur Finanzierung öffentlicher Aufgaben Einsatz fand. Dieser staatliche Tarifaufschlag erfolgte unabhängig von einer Geld- oder Sachleistung und wurde durch eine Stelle, die SEP, verwaltet, die im Auftrage des Staates die generierten Gelder und deren Verteilung durchführte. Die SEP stand im Eigentum der vier niederländischen Energieerzeugungsunternehmen.

Es ist durchaus nachvollziehbar, in dem dem Essent-Fall zu Grunde liegenden Sachverhalt eine aus staatlichen Mitteln gewährte Beihilfe zu sehen. Zum einen ging es um einen Tarifaufschlag, den der Staat der Höhe nach festlegte und der auch für die Finanzierung öffentlicher Aufgaben Einsatz fand. Überschüsse mussten dem Staatshaushalt zugeführt werden. Man kann also davon sprechen, dass sich in dieser Fallsituation der Staat die entsprechenden Mittel „einverleibte", um sie dann zu seiner eigenen Aufgabenerfüllung einzusetzen. Denn durch die Beauftragung der SEP wurde eine dem Staat zuzurechnende Stelle tätig, so dass sich die Begrenzung des Tarifaufschlags als eine mittelbare staatliche Maßnahme darstellt.

Wenn man diesen Sachverhalt mit der Besonderen Ausgleichsregelung im deutschen EEG vergleicht, dann ergeben sich erhebliche Unterschiede. Letztere ist dadurch geprägt, dass die Finanzierung der Erneuerbaren Energien aus einem System von Ausgleichsansprüchen zwischen Netzbetreibern und Energieversorgungsunternehmen besteht und diese Ausgleichsansprüche für bestimmte energieintensive Stromverbraucher begrenzt werden. Hier kommt es nicht zu einer „Einverleibung" der Geldmittel durch den Staat.

Das muss auch vor dem Hintergrund gesehen werden, dass die Netzbetreiber und Energieversorgungsunternehmen nicht als eine Stelle anzusehen sind, die vom Staat beauftragt eine staatliche Aufgabenerfüllung vornehmen. Hier geht es vielmehr um eine Vielzahl von Privatrechtspersonen, die als Regelungsadressaten des EEG-Finanzierungssystems untereinander Ausgleichsansprüche haben. Eine dem Staat zuzurechnende (einzelne) Stelle, die quasi als „verlängerter Arm" des Staates fungiert, existiert nicht.

b) Bewertung im Lichte weiterer Rechtsprechung

Man kann diese Situation auch nicht mit einem vom Staat eingerichteten Fonds vergleichen, über den die Finanzierung der Erneuerbaren Energien erfolgt. Der EuGH hatte in den Rechtssachen *Steinike und Weinlig*[14] und *Vent de Colère* (französische Förderung der Erneuerbaren Energien)[15] eine Beihilfe aus staatlichen

14 Vgl. EuGH, Urteil vom 22.3.1977–78/76.

15 Vgl. EuGH, Urteil vom 19.12.2013, C-262/12.

Mitteln angenommen, wenn der Staat einen Fonds errichtet, über den er auch die maßgeblichen Entscheidungen trifft. In dem französischen Fonds geht es um gesetzlich vorgegebene Zwangsbeiträge, die vom Energieminister in ihrer Höhe festgelegt und die, wenn sie nicht gezahlt werden, verwaltungsrechtliche Sanktionen nach sich ziehen. Der französische Staat gleicht, wenn es zu einem Finanzierungsausfall kommt, Mindereinnahmen aus.

Das ist eine gegenüber der BesAR völlig andere Situation. Der Staat entscheidet im deutschen Recht nicht über die Höhe der EEG-Umlage. Vielmehr agieren die Regelungsadressaten grundsätzlich autonom. Wenn sich herausstellt, in welcher Höhe die Unterdeckung bei den Übertragungsnetzbetreibern nach Vermarktung des Stroms aus Erneuerbaren Energien ausfällt, legen sie die entsprechende EEG-Umlage unabhängig von staatlicher Einflussnahme fest. Dagegen erfolgt in der der Essent-Entscheidung zu Grunde liegenden Fallgestaltung eine staatliche Festlegung des Tarifaufschlags, der in keinerlei Beziehung zu vertraglichen Leistungen der Energieversorgungsunternehmen steht und deshalb eine staatliche Abgabe darstellt.

Die Staatlichkeit schließlich über die Kontrollaufgaben der Bundesnetzagentur und der Landesregulierungsbehörden, die als Regulierungsbehörden für die Netzbetreiber zuständig sind, herzuleiten, erscheint ebenfalls nicht ausreichend. Dass der Staat über privatwirtschaftliche Abläufe wacht, zum Beispiel mittels der Gewerbeaufsicht über gewerbliche Tätigkeiten, macht aus diesen gewerblichen Tätigkeiten noch keine staatlichen Geschehnisse. Auch die Tatsache, dass der Staat die Besondere Ausgleichsregelung durch gesetzliche Regelung geschaffen hat, lässt die Annahme einer staatlichen Beihilfe nicht zu. Auch das BGB ist eine gesetzliche Regelung, was aus den dort geregelten Tatbeständen keine staatlichen Vorgänge werden lässt.

Schließlich hat das Gericht der Europäischen Union (EuG) in einer jüngsten Entscheidung zu einer geplanten österreichischen Regelung zur Förderung der Erneuerbaren Energien bei der Begrenzung der Belastung energieintensiver Unternehmen eine Beihilfe angenommen. Dabei wird einerseits deutlich, dass dieses europäische Gericht erster Instanz bereit ist, trotz anfänglicher Skepsis, die in der mündlichen Verhandlung dieses Verfahrens deutlich wurde, der Kommission grundsätzlich zu folgen und in der Befreiung energieintensiver Unternehmen vor Belastungen durch die Erneuerbare Energien-Finanzierung im Einzelfall eine staatliche Beihilfe anzuerkennen. Auf der anderen Seite stützt sich das Gericht auf konkrete Regelungsinhalte der streitgegenständlichen österreichischen Regelung, die vom deutschen Recht nicht unwesentlich abweichen.

In Österreich erfolgt die Förderung der Erneuerbaren Energien, ähnlich wie aufgrund des früheren EEG 2012 in Deutschland, durch einen staatlich festgelegten Festpreis, der über dem Marktpreis liegt. Die Finanzierung dieser Förderung beruht auf zwei Wegen: Zum einen leisten alle an das öffentliche Netz angeschlossenen Endverbraucher eine verbrauchsunabhängige jährliche Zahlung, zum anderen sind die Stromhändler verpflichtet, der Abwicklungsstelle für Ökostrom AG (ÖMAG) den Ökostrom zu einem durch Verordnung bestimmten Festpreis abzunehmen. Diese Kosten dürfen sie an ihre Kunden weiter wälzen.

Mit der ÖMAG hat es folgende Bewandtnis: Sie ist im Rahmen einer Konzession beauftragt, den Einkauf des Ökostroms und dessen Weitergabe an die Stromhändler vorzunehmen. Die ÖMAG hat den Status einer privatrechtlichen Aktiengesellschaft.

In der jetzt vom EuG beurteilten, seinerzeit von Österreich beabsichtigten, aber nicht realisierten Änderung des österreichischen Ökostromgesetzes (ÖSG) war eine Sonderregelung für energieintensive Unternehmen vorgesehen. Zur Erhaltung der internationalen Wettbewerbsfähigkeit sollte deren finanzielle Belastung auf 0,5 % des Nettoproduktionswerts des vorangegangenen Kalenderjahres begrenzt sein. Sie hätten ausschließlich einen „Ausgleichsbetrag" in der genannten Höhe unmittelbar an die ÖMAG zahlen müssen. Diese Sonderregelung sollte aber keinen Einfluss auf den von den Stromversorgern an die ÖMAG entrichteten Gesamtbetrag haben, sondern lediglich die Verteilung des Gesamtbetrags auf die verschiedenen Kategorien von Endverbrauchern ändern.

Diese Regelung stellt nach Auffassung des EuG (vergleiche Rn. 67) eine nicht genehmigungsfähige *staatliche Beihilfe* dar. Maßgeblich sei, dass die ÖMAG, als Inhaber einer *Konzession* und Verwalter einer Beihilfe, unter strenger Kontrolle des Staates stehe. Die ÖMAG sei nämlich im Jahre 2006 mit dem ausdrücklichen Ziel gegründet worden, sich um eine Konzession für die Ausführung der Aufgaben der Ökostromabwicklungsstelle zu bewerben.

Interessanterweise hatte die Kommission bei ihren Erwägungsgründen in dem jetzt von dem EuG beurteilten Beschluss darauf hingewiesen, dass sich die österreichische Gesetzgebung in diesem Punkt von der früheren oder *gegenwärtigen* deutschen Gesetzgebung unterscheide. Dies sei insbesondere der Fall, weil die deutsche Regelung, die der Gerichtshof in der Rechtssache PreussenElektra beurteilt habe, lediglich ein *System von Versorgungsverpflichtungen* darstelle, das zwischen am Markt tätigen privaten Unternehmen bestehe, während das österreichische System, das als stromsteuerliche Maßnahme charakterisiert werden könne, eine *zwischengeschaltete, vom Staat benannte und kontrollierte Körperschaft* vorsehe. So könnten auch direkte Zahlungen vom Staat an die ÖMAG erfolgen.

Hierzu verweist das EuG in Rn. 59 seiner Entscheidung darauf, dass der deutsche Mechanismus – anders als die österreichische Regelung – *kein* Tätigwerden einer mit der Erhebung oder der Verwaltung der die Beihilfe bildenden Beträge betrauten *Mittelsperson* und damit keine Einheit vorsehe, die in ihrer Struktur oder ihrer Rolle der ÖMAG vergleichbar wäre. Diese Sicht des EuG müsste auch auf die Begrenzung der EEG-Umlage im Rahmen der Besonderen Ausgleichsregelung übertragbar sein, weil es hier um die Begrenzung von zivilrechtlichen Ausgleichsansprüchen geht, nicht aber um die Begrenzung von Zahlungen an eine vom Staat eingesetzte Stelle, etwa vergleichbar mit der österreichischen ÖMAG.

3. *Drohende Verfälschung des Wettbewerbs und Beeinträchtigung des Handels zwischen den Mitgliedstaaten*

Aus den vorangehenden Ausführungen ergibt sich, dass diese weiteren Anforderungen an eine Beihilfe bei der Besonderen Ausgleichsregelung auch nicht erfüllt sind. Es ist unbestreitbar, dass die EEG-Umlage, die mit 6,17 Ct/kWh den Börsenstrompreis deutlich übersteigt (3,5 Ct/kWh), eine Verfälschung des Wettbewerbs und eine Beeinträchtigung des Handels zwischen den Mitgliedstaaten mit sich bringen kann (vgl. Kap. C.). Das bedeutet, dass eine Begrenzung der Belastung der Besonderen Ausgleichsregelung erst ein „level playing field" schafft und selbst nicht den Wettbewerb verfälscht und den Handel zwischen den Mitgliedstaaten beeinträchtigt.

C. Ökonomische Bewertung der Besonderen Ausgleichsregelung

I. Belastungswirkung der Energiewende für stromintensive Unternehmen

Bislang wurden stromintensive Unternehmen von einem Großteil der Energiewendebelastungen durch die Inanspruchnahme von Sonderregeln verschont.[16] Das betrifft nicht nur die EEG-Umlage als einem zentralen Baustein der Energiewende, sondern auch die Stromsteuer, die KWKG-Umlage, die Umlage nach § 19 der Netzentgeltverordnung und die Offshore-Haftungsumlage. Das Ausmaß, in dem dies gelingt, ist allerdings sehr unterschiedlich und hängt nicht allein von der Höhe des Stromverbrauchs ab, so dass sich kaum pauschale Aussagen treffen lassen. Nach einer Berechnung des BDEW lag 2014 die Spanne zu entrichtender

---

16 Vgl. *Bontrup/Marquardt*, (Fn. 2), S. 26 ff.

Stromendpreise zwischen den Unternehmen, die in den vollen Genuss aller Privilegien kamen, und solchen, die keine Entlastungen geltend machen konnten, zwischen etwa 4,5 Ct/kWh und 15 Ct/kWh.[17]

Ergänzend kommt hinzu, dass die Unternehmen bei den mit ihrer Stromrechnung zu begleichenden reinen Beschaffungskosten des Stroms durch den in den oben genannten Preisen bereits eingerechneten „Merit-Order-Effekt" entlastet werden: Die Ausweitung des Stromangebots durch den EE-Ausbau hat die Großhandelspreise merklich zurückgehen lassen. Geschätzt wird hier in verschiedenen Studien ein Spektrum von 0,5 bis 1 Ct/kWh, das zukünftig eher noch zunehmen wird. Dabei dürften gerade stromintensive Unternehmen wegen einer größeren Bezugsnähe zum Großhandel stärker und schneller in den Genuss dieser Entlastung kommen.

Durch die Neuregelung der BesAR haben sich mit Blick auf die EEG-Umlage im Industriestrompreis nun zwar Änderungen ergeben (vgl. Kap. B. I.). Sie fallen für viele betroffene Unternehmen aber noch moderat aus.

II. Rechtfertigung der Ausnahmeregelungen

Ökonomisch zu rechtfertigen ist der Fortbestand von nur graduell verschärften Sonderregeln mit dem Argument des nachfolgend zu skizzierenden „Green Electricity Leakage".[18]

Innerhalb des Unternehmenssektors sind die für den Geschäftserfolg entscheidenden Belastungswirkungen infolge eines Strompreisanstiegs überaus unterschiedlich verteilt. Der Grad der Betroffenheit wird vorrangig geprägt:

- von der unmittelbaren Abhängigkeit einer Branche von Stromzulieferungen (direkter Kostenaspekt),
- von der Abhängigkeit von Zulieferern, die aufgrund gestiegener Strompreise ihre eigenen Preise erhöhen (indirekter Kostenaspekt),
- von der Nachfragereaktion bei einem Versuch der Kostenwälzung über die eigenen Preise,
- sowie längerfristig von den bislang noch ungenutzten Einsparmöglichkeiten beim Stromverbrauch, die mit vertretbarem Aufwand noch mobilisiert werden können, um so die Betroffenheit von höheren Elektrizitätspreisen zu verringern.

---

17 Vgl. *BDEW*, (Fn. 4), S. 15.

18 *Bontrup/Marquardt*, (Fn. 2), S. 82; Vgl. zu den nachfolgenden Ausführungen *Bontrup/Marquardt*, (Fn. 2), S. 83 ff.

Mit Blick auf die Nachfragereaktion schlägt ein Stromkostenanstieg durch die Energiewende umso stärker durch, je intensiver die hiesigen Anbieter der ausländischen Konkurrenz ausgesetzt sind, da ein Abwälzen erhöhter Kosten auf die eigenen Absatzpreise angesichts des Wettbewerbs mit nicht betroffenen Anbietern allenfalls noch begrenzt möglich erscheint. Infolgedessen schrumpft die über die Wertschöpfung erzielbare Verteilungsmasse in den Unternehmen. Insbesondere stehen dabei die Beschäftigten und die Shareholder unter Druck. Bei einem Gewinneinbruch drohen letztlich die Verlagerung von Produktionsanteilen ins Ausland oder Marktanteilsverluste an ausländische Produzenten.

In dem Fall erwiese sich die Energiewende aber als kontraproduktiv. Güter, die zuvor noch in Deutschland hergestellt wurden, würden dann im Ausland produziert werden. Realwirtschaftliche Einbußen hierzulande (mit Arbeitsplatz- und Wertschöpfungsverlusten) wären die Folge, ohne ökologische Fortschritte erreicht zu haben. Denn die Produktion fände dann im Ausland in einem Umfeld statt, in dem die Energiewende nicht greift. Die Emission schädlicher Treibhausgase verringerte sich nicht, sie ginge nur von anderen Regionen aus. Bei einer Produktionsverlagerung in ein ökologisch weniger ambitioniertes Land wäre sogar mit noch höheren Emissionen zu rechnen.

Dieser Argumentation folgend begründete das Bundesfinanzministerium schon die Vergünstigungen bei der „Ökosteuer“ für einzelne Branchen mit dem Hinweis auf die notwendige Abwägung zwischen den Folgen im internationalen Wettbewerb und ökologisch kontraproduktiven Ausweichreaktionen.[19]

Letztlich hatte sich im Zusammenhang mit dem Emissionshandel auch die EU dieser Logik im Grundsatz schon angeschlossen. Mit dem Hinweis auf das Problem des *„Carbon Leakage“* wurden im Jahr 2009 einzelne Wirtschaftszweige bei der Zuteilung mit Emissionsberechtigungen begünstigt (Art. 10a Abs. 12 Emissionshandelsrichtlinie). Hiermit sollten Wettbewerbsnachteile und damit verbundene Produktionsverlagerungen durch eine in ihrer Rigidität einseitige Verpflichtung der EU zum Klimaschutz unterbunden werden. Das Spannungsfeld zwischen Wettbewerbs- und Umweltpolitik gestaltet sich bei der deutschen Energiewende – abgesehen von der regionalen Abgrenzung – aber ähnlich wie bei der Einführung des Emissionshandels. Insofern erscheinen die Vorbehalte der Kommission bei der BesAR, die ein *„Green Electricity Leakage“* verhindern soll, doch recht widersprüchlich.

---

19 Vgl. *BMF*, 18. Subventionsbericht: Bericht der Bundesregierung über die Finanzhilfen des Bundes und der Steuervergünstigungen 1999–2002, 2001, S. 25.

Dies gilt umso mehr, als es sich bei der Energiewende – anders als beim Emissionshandel – um einen Alleingang der Bundesrepublik Deutschland handelt. Während der EU-weite Emissionshandel wenigstens unter den Gemeinschaftsländern – mithin im Verhältnis zu den deutschen Haupthandelsländern – für halbwegs unverzerrte Wettbewerbsbedingungen sorgte, trifft die Energiewende über die Strompreise einseitig in Deutschland produzierende Unternehmen. Wettbewerbsverzerrungen ergeben sich so eben nicht nur gegenüber Drittländern der EU, sondern auch gegenüber unseren direkten EU-Nachbarn.

III. Identifikation schutzwürdiger Branchen

Nachfolgend soll untersucht werden, welche Branchen von einer Wettbewerbsverzerrung infolge der Energiewende besonders belastet wären, weil sie kostenseitig überdurchschnittlich stark unter Strompreissteigerungen zu leiden hätten, zugleich verstärkt im internationalen Wettbewerb stehen und somit in besonderer Weise Probleme hätten, die Kostensteigerungen an ihre Kunden weiterzureichen.

Auf der Kostenseite ist aber nicht nur – wie in den derzeit für die Inanspruchnahme der BesAR zugrunde zu legenden Listen (vgl. Kap. B. I.) – die unmittelbar wirkende Strompreiserhöhung relevant. Darüber hinaus sind Erzeuger auch davon betroffen, dass sie die Vorleistungen von energieintensiv produzierenden Anbietern beziehen, die wegen des Kostenanstiegs ihrerseits die Absatzpreise erhöhen. Die Bestimmung dieser indirekten Kosteneffekte ist aber nur mit Hilfe von Daten zur Vorleistungsverflechtung im Rahmen einer Simulation mit einem Preismodell der Input-Output-Rechnung möglich.[20]

Die Belastungseffekte werden hier über die prozentuale Gesamtkostenwirkung in Relation zur Bruttowertschöpfung und damit in einer sogenannten „Value-at-stake-Rechnung“ ausgedrückt. Die Kostensteigerung wird so bezogen auf den

---

20 Vgl. zum Vorgehen, aber auch zu den Einschränkungen des Aussagegehaltes *Marquardt*, Electricity price dependency of German industrial sectors and exemption from the “EEG Apportionment”, Paper presented at the 14th IAEE European Conference in Rome, 2014, http://www.iaee.org/en/publications/proceedingssearch.aspx, abgerufen am 30.08.2015. Nicht berücksichtigt ist in dem Ansatz u.a. das Problem, dass auch Unternehmen, die nicht im internationalen Wettbewerb stehen und Kostensteigerungen daher leichter in ihren Endpreisen weitergeben könnten, dennoch Einbußen in Form von Absatzrückgängen haben werden. Überdies wird bei der Identifikation der handelsintensiven Branchen die Handelsintensität einer Branche vor der simulierten Strompreisänderung herangezogen. Diese könnte sich aber durch die erhöhten Strompreise infolge von Ausweichreaktionen auf Auslandsmärkte nachträglich ändern.

Wert, der im Extremfall einer Standortverlagerung unmittelbar für die Volkwirtschaft als quantitative Wohlfahrt ausfallen würde. Die Relation misst dabei für jede Branche, welcher direkte und indirekte Vorleistungskostenanstieg pro für die Wohlfahrt auf dem Spiel stehendem Euro zu erwarten ist. Zugleich wird das Ausmaß, im dem eine Branche dem internationalen Wettbewerb ausgesetzt ist, über die Handelsintensität gemessen. Hierbei wird die Summe der Exporte und Importe einer Branche in Relation zum Gesamtumsatz der Branche im In- und im Ausland gesetzt.

Unter den 73 Sektoren der deutschen Input-Output-Statistik lassen sich 16 besonders exponierte Branchen identifizieren, die bei Strompreiserhöhungen sowohl überdurchschnittlich hohen Kostensteigerungen ausgesetzt wären als auch besonders intensiv im internationalen Wettbewerb stehen (vgl. Abb. 4).

Hinsichtlich der Kostenwirkung auf Value-at-Stake-Basis liegen hier für jeden Sektor zwei Prognosewerte für die Effekte eines auf ein Plus von 10 % normierten Strompreisanstiegs vor. Zum einen lässt sich mit den grau unterlegten linken Punkten vorhersagen, um wie viel EUR sich die Vorleistungskosten pro 100 EUR an eigener Wertschöpfung in direkter Reaktion auf die Strompreisanhebung erhöhen. Zum anderen liefern die blauen rechten Punkte einen Grenzwert über den maximalen Vorleistungskostenanstieg pro 100 EUR an Wertschöpfung, wenn man die indirekten, sich im Zuge eines gegenseitigen Hochschaukelns von Absatzpreisen ergebenden Folgeeffekte mitberücksichtigt. Die Spanne zwischen dem linken und rechten Punkt stellt das maximal mögliche Belastungsspektrum für eine Branche dar. Für einzelne Branchen werden dabei die mittelbaren Belastungswirkungen sogar deutlich größer prognostiziert als die direkten Effekte durch höhere Strompreise.

Bei den identifizierten 16 Branchen handelt sich, abgesehen von „Erze, Steine und Erden", ausnahmslos um Zweige des Verarbeitenden Gewerbes. Ihnen gemeinsam ist eine hohe unmittelbare Stromabhängigkeit, eine hohe Abhängigkeit von stromintensiv produzierenden Zulieferern sowie geringe eigene Wertschöpfungsanteile am Produktionswert.

Abb. 4: Überdurchschnittlich exponierte Branchen – Prognosespektrum der Kostenwirkung

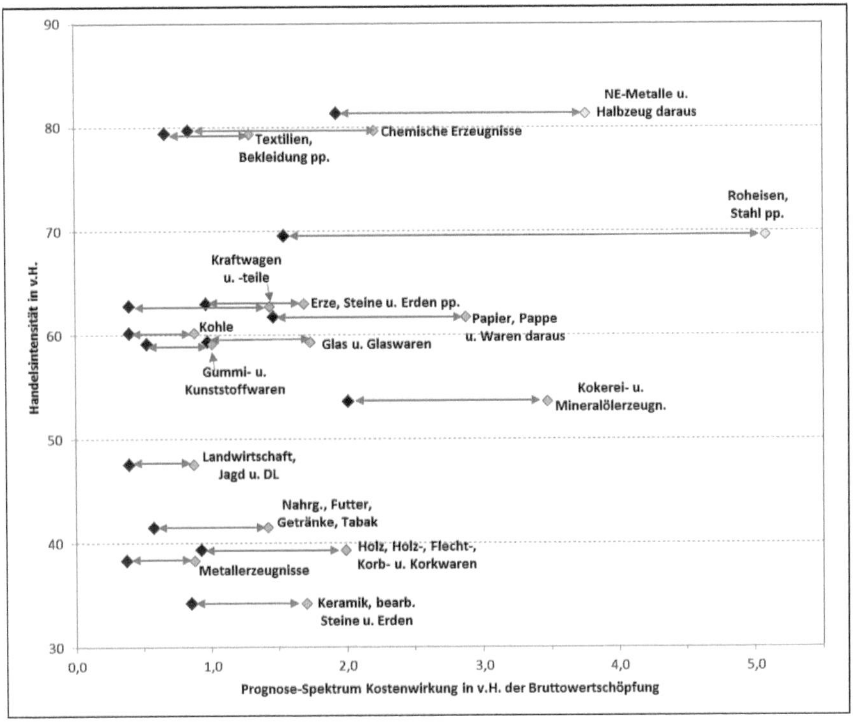

Quelle: eigene Berechnungen aus Daten des Statistischen Bundesamtes.
Durchschnittswerte aus Input-Output-Daten 2008 u. 2009; direkte (dunkel) und gesamte (hell) Kostenwirkung nach 10-prozentigem Strompreisimpuls.

Je weiter eine Branche oben rechts im Diagramm angesiedelt ist, umso höher ist ihre Schutzwürdigkeit. Die Branche „Nichteisenmetalle und Halbzeug daraus" beispielsweise, in der die außenwirtschaftlichen Transaktionen in Form von Im- und Exporten rund 81 % des Gesamtumsatzes ausmachen, hätte pro 10-Prozentpunkten an Strompreisanstieg einen direkten Kostenanstieg von etwa 1,90 EUR und einen Gesamtkostenzuwachs von bis zu 3,80 EUR je 100 EUR an verteilbarer Wertschöpfung zu befürchten; und das bei einem Strompreisanstieg, der nach einem kompletten Streichen der BesAR für die stromintensiven Unternehmen je nach Ausgangskonstellation zum Teil deutlich über 60 % läge.[21]

Wenn die exponierten Branchen durch einen Wegfall bisheriger Entlastung oder durch neue allgemeine Strompreisbelastungen mit einer substanziellen Verteuerung des Strombezugs konfrontiert würden, zählten sie zweifellos zu den großen Verlierern der Energiewende. Ohne Entlastungen wären nennenswerte Einbußen bei der Wertschöpfung die Folge. Konkret reduzierten sich durch die verringerte Verteilungsmasse die Gewinne, die Arbeitnehmerentgelte und die Abführungen an den Staat. Die Gefahr eines „Green Electricity Leakage" durch Verlagerung eines Teils der Produktion oder Produktionsverluste an das Ausland und in Verbindung damit die Gefahr von Arbeitsplatzverlusten ist hier besonders hoch, und zwar ohne dass damit wenigstens ökologisch etwas gewonnen wäre.

D. Fazit

Die BesAR stellt keine Beihilfe im Sinne von Art. 107 Abs. 1 AEUV dar. Sie vermittelt den beantragenden Unternehmen keinen selektiven Vorteil, sondern stellt sich als eine rechtlich gebotene und sachgerechte Differenzierung der Abgabenbelastung dar, welche der Belastungsgerechtigkeit dient. Gleichzeitig vermag sie der Verlagerung von Emissionen in Drittstaaten, die keinen vergleichbaren Klimaschutz kennen, entgegenzuwirken und entspringt damit auch der Systematik und der Natur der Regelung.

Darüber hinaus geht es nicht, auch nicht mittelbar um staatliche Mittel. Vielmehr stellt sich die BesAR als ein Geflecht privatrechtlicher Ausgleichsansprüche dar, bei der der Staat die Finanzmittel nicht einnimmt, so dass die Begrenzung der Belastung auch nicht als staatliche Maßnahme angesehen werden kann.

Des Weiteren erscheint das Aufrechthalten der Privilegien unter Berücksichtigung direkter und indirekter Kostenwirkungen sowie der außenwirtschaftlichen Abhängigkeiten angesichts der Problematik des „Green Electricity Leakage" ökonomisch geboten.

21 Vgl. *Bontrup/Marquardt*, (Fn. 2), S. 113.

II. Unternehmen im Wandel

Vertr.-Prof. Dr. André M. Latour, Prof. Dr. Eva-Maria Lewkowicz
und Prof. Dr. Petra Senne

Die Zerschlagung der E.ON SE und deren Konsequenzen im politischen Umfeld

Die *E.ON SE*[1] als eines der führenden Energieversorgungsunternehmen spaltet sich bis zum Jahr 2016 unter anderem vor dem Hintergrund der Veränderungen im Energiemarkt in zwei Unternehmen auf. Die rechtlichen und wirtschaftlichen Konsequenzen, die aus dieser Umstrukturierung resultieren, werden anhand des nachfolgenden Beitrags ebenso wie die daraus entstehenden Forderungen an die Politik betrachtet.

A. Einführung

Die Umwelt der Energiekonzerne durchläuft seit der Energiewende einen substantiellen strukturellen Wandel. Nach Jahrzehnten einer eher moderaten Marktdynamik, die im Wesentlichen durch einen inkrementellen technischen Fortschritt geprägt war und für die Konzerne regulatorisch und politisch berechenbar blieb, stehen diese seit der Änderung des Atomgesetzes im August 2011[2] und der Novelle des Erneuerbare-Energien-Gesetzes (EEG) von 2012[3] vor gänzlich neuen Herausforderungen. Konventionelle Großkraftwerke müssen aufgrund des beschlossenen Atomausstiegs für Deutschland bis zum Jahr 2022 der Erzeugung bzw. dem Ausbau der erneuerbaren Energien weichen. Der darauf folgende Ausbau der erneuerbaren Energien stellte zunehmend eine Herausforderung für die Stabilität der Stromnetze und für die Versorgungssicherheit dar; gleichzeitig stieg gem. §§ 60 f. EEG 2014 die EEG-Umlage. Die bevorzugte Einspeisung von erneuerbaren Energien in die Stromnetze hat insbesondere den Gasverbrauch getroffen, der in Deutschland von 2013 bis 2014 um 14 % abnahm.[4] Der Einsatz der

---

1 SE steht für Societas Europaea bzw. Europäische Aktiengesellschaft, zu deren wesentlichen Besonderheiten vgl. *Jannott/Frodemann* (Hrsg.), Handbuch der Europäischen Aktiengesellschaft –Societas Europaea–, 2. Aufl., 2014, S. 1 ff.

2 Vgl. insoweit: Dreizehntes Gesetz zur Änderung des Atomgesetzes vom 31.7.2011, BGBl. I, S. 1704.

3 Gesetz zur Neuregelung des Rechtsrahmens für die Förderung der Stromerzeugung aus erneuerbaren Energien vom 28.7.2011, BGBl. I, S. 1634.

4 *E.ON* Geschäftsbericht 2014, S. 25.

konventionellen Anlagen wird immer unrentabler und die Betriebsstunden müssen reduziert werden.[5] Der Vorstandsvorsitzende *Johannes Teyssen* der *E.ON SE* gab bereits bekannt, dass für sein Unternehmen eine Strompreisreduktion um 1 Euro/MWh am Großhandelsmarkt zu einem Verlust von 100 Mio. Euro führt.[6] Das Ausmaß der zukünftigen Herausforderungen des Atomausstieges für die *E.ON SE* lässt sich daran ermessen, dass der Sektor Kernenergie im Jahr 2014 noch mit einem EBITDA von 1,41 Milliarden Euro zum Gesamtergebnis beigetragen hat, also 17 % des Konzern-EBITDA erwirtschaftete.[7]

Um auf den Wandel adäquat zu reagieren, erfindet sich die *E.ON SE* gerade neu. Angestrebt ist eine vollständige Neuausrichtung des Konzerns, die mit einer radikalen Strategieänderung einhergeht. Diese sieht bis zum Jahr 2016 eine Spaltung der *E.ON SE* in zwei Unternehmen vor. Ursprünglich war geplant, dass sich die *E.ON SE* zukünftig den erneuerbaren Energien, den Energienetzen und den Kundenlösungen, das neue Unternehmen, genannt *Uniper*, vor allem der konventionellen Energieerzeugung, dem globalen Energiewandel, der Exploration und Produktion widmet.[8] Eine unfreiwillige Anpassung dieser Strategie erfolgte schließlich aufgrund des Referentenentwurfs der Bundesregierung über ein Gesetz zur Nachhaftung für Rückbau- und Entsorgungskosten im Kernenergiebereich vom 2.9.2015[9]. Ziel dieses Gesetzes ist es „eine langfristige Konzernhaftung für die nukleare Entsorgung zu gewährleisten und somit die Risiken für die öffentlichen Haushalte zu reduzieren“[10], auch bei einer etwaigen Spaltung des Konzerns. Erhebliche verfassungsrechtliche Bedenken gegen das Gesetz in Bezug auf die grundrechtlichen Gewährleistungsgarantien der betroffenen Unternehmen aus Art. 14 Abs. 1 und 2, Art. 12 Abs. 1, Art. 9 Abs. 1, Art. 2 Abs. 1 sowie Art. 3 Abs. 1 wurden bereits geäußert.[11] So dürfte ein rechtfertigender Eingriff

5 *Brandt*, Energieversorger im „(Energie-)Wandel“, Cicero – Magazin für politische Kultur, http://www.cicero.de/blog/energiewende/2013-05-20/energieversorger-im-energie-wandel (Stand: 20.5.2013), abgerufen am 28.12.2015.

6 *Brandt* (Fn. 5).

7 *E.ON* Geschäftsbericht 2014, S. 36, 39.

8 *E.ON* Geschäftsbericht 2014, S. 2; *E.ON*, Empowering customers. Shaping markets, Pressekonferenz v. 1.12.2014, S. 4.

9 Gesetzentwurf der Bundesregierung, Entwurf eines Gesetzes zur Nachhaftung für Rückbau- und Entsorgungskosten im Kernenergiebereich (Rückbau- und Entsorgungskostennachhaftungsgesetz – Rückbau- und EntsorgungskostennachhaftungsG), BT-Drs. 18/6615.

10 BT-Drs. 18/6615, S. 1.

11 *Posser*, Verfassungsrechtliche Beurteilung des Referentenentwurfs für ein „Gesetz zur Nachhaftung für Rückbau- und Entsorgungskosten im Kernenergiebereich“, Interna-

in diese Garantien bereits an dessen Verhältnismäßigkeit scheitern, zumal der Entwurf „die Verursacherstellung des Staates im Hinblick auf die Endlagerthematik verkennt“ und überdies gegen „den Grundsatz des Vertrauensschutzes und die Anforderungen an eine echte wie unechte Rückwirkung“ verstößt.[12] Auch *Teyssen* kündigte Klage gegen das geplante Gesetz an, zumal es „in der globalen Wirtschaftswelt [...] bei der Auftrennung von Eigentum kein vergleichbares Vorgehen für eine Haftungsregelung ohne Beschränkung von Dauer und Umfang“ gebe.[13] Um die Umstrukturierung dennoch voranzutreiben, sollen nunmehr der Betrieb und der Rückbau der konzerneigenen deutschen Erzeugungskapazität aus Kernenergie vorerst nicht auf *Uniper* übergehen, sondern in der Verantwortung der *E.ON SE* verbleiben und durch eine gesonderte operative Einheit mit dem Namen *Preussen-Elektra* gesteuert werden. Weiterhin ausgelagert werden –wie geplant– die Kohle- und Gaskraftwerke.[14]

Vor diesem Hintergrund stellt sich die Frage, welche ökonomischen und rechtlichen Folgen durch die Umstrukturierung entstehen, welche Herausforderungen für die *E.ON SE* daraus erwachsen und wie mit diesen Herausforderungen umgegangen wird. Weiter wird gefragt, ob aus der Spaltung der *E.ON SE* in zwei Unternehmen politischer Handlungsbedarf begründet wird. Dieser könnte sich insbesondere dann ergeben, wenn die *E.ON SE* mit der von *Teyssen* angekündigten Klage gegen das Gesetz zur Nachhaftung für Rückbau- und Entsorgungskosten vor dem Hintergrund der verfassungsrechtlichen Bedenken[15] im Kernenergiebereich Erfolg haben würde.

B. Die Spaltung der E.ON SE

Die *E.ON SE* beschreitet angesichts der Veränderungen der Rahmenbedingungen und Verbraucherpräferenzen auf dem Energiemarkt einen radikalen strategischen Kurswechsel. Basierte das klassische Geschäftsmodell primär auf der konventionellen Energieerzeugung, soll der strategische Fokus jetzt auch auf erneuerbaren

---

tional Journal for Nuclear Power 2015, S. 590 ff.; *Leidinger*, Der Gesetzentwurf zur Nachhaftung für Rückbau- und Entsorgungskosten im Kernenergiebereich, Verfassungswidriges Sonderrecht, NVwZ 2015, S. 1564 ff.

12 *Posser* (Fn. 11), S. 593; *Leidinger* (Fn. 11).

13 *Flauger*, Handelsblatt, Eon behält die Atomkraftwerke, http://www.handelsblatt.com/unternehmen/industrie/strategiewechsel-eon-behaelt-die-atomkraftwerke/12301268.html (Stand: 9.9.2015), abgerufen am 28.12.2015.

14 Flauger (Fn. 13).

15 Vgl. insoweit ausführlich *Posser* (Fn. 11), S. 590 ff. und *Leidinger* (Fn. 11).

Energien, Energienetzen und Kundendienstleistungen, wie beispielsweise Blockkraftwerken und dem Entwickeln von Kundenlösungen zur Effizienzsteigerung liegen.[16] Diese strategische Neuausrichtung sollte allerdings nicht allein auf die politische Energiewende zurückgeführt werden, sondern hat ihre Ursachen wohl auch in einem deutlichen Wandel der Verbraucherpräferenzen und -gewohnheiten, die Entwicklungen im Umwelt- und Klimaschutz, zur Arbeitssicherheit und der Technologie zunehmend in den Kaufentscheidungen abbilden.

Die Spaltung des Unternehmens kann vor diesem Hintergrund strategisch fundiert und darauf basierend in einem ersten Schritt organisationstheoretisch bewertet werden.

I. Organisationstheoretische Bewertung

Die konventionelle Energieerzeugung fußt auf der Exploration, dem Planen, Bauen und Betreiben großer Energieerzeugungsanlagen, wie Kernkraftwerken, Kohlekraftwerken und modernen Gas- und Dampfkraftwerken, sowie dem Energiehandel. Diese Aktivitäten sind sehr fixkostenintensiv; gleichzeitig bestehen Unteilbarkeiten der Produktionsanlagen und Größenvorteile im Handel. Daraus resultieren erhebliche Kostendegressionspotentiale. Gleichzeitig ist das Differenzierungspotential der resultierenden Dienste auf dem Markt gering. Entsprechend basiert der Wettbewerbsvorteil in diesen Geschäftsfeldern erheblich auf Effizienzvorsprüngen durch einen effektiven und straffen Planungsprozess, dem Bereitstellen günstiger Finanzierungsmöglichkeiten und Lernkurveneffekten im Kerngeschäft. Der Preis ist der dominierende Wettbewerbsparameter. Um die beschriebenen Standardisierungs- und Größenvorteile nutzen zu können, bieten sich „mechanistische“ Organisationsstrukturen an, die eine klare und hochspezialisierte Aufgabendefinition und -verteilung ermöglichen.[17] Die Koordination und Kontrolle in solchen Organisationen ist regelgebunden und wird hierarchisch von oben nach unten (vertikal) implementiert. Dadurch entsteht ein hoher Zentralisierungsgrad. Aufgrund der sehr eingeschränkten Flexibilität solcher Systeme können sie nur auf relativen stabilen Marktumfeldern, die durch eine geringe technologische Unsicherheit charakterisiert werden können, einen Mehrwert für das Unternehmen schaffen.[18]

---

16 *E.ON* Geschäftsbericht 2014, S. 2 f.; *E.ON*, Empowering customers. Shaping markets, Pressekonferenz v. 1.12.2014, S. 2 ff.

17 Vgl. *Grant*, Contemporary strategy analysis and cases: text and cases, 8. Ed., 2013, 156.

18 Vgl. *Grant* (Fn. 17), 156.

Die mit der zu diskutierenden Strategieanpassung der *E.ON SE* in den Vordergrund gerückten Aktivitäten erneuerbare Energie, dezentrale Energienetze und individuelle Kundenlösungen basieren auf einem völlig anderen Geschäftsmodell. Auf diesen Märkten ist die technologische Unsicherheit sehr viel höher und sind die Produktionsanlagen deutlich kleinteiliger. Gleichzeitig bestehen erhebliche Differenzierungspotentiale am Markt. Entsprechend rückt hier die Qualität als dominanter Wettbewerbsparameter vor den Preis. Nicht Kostensenkungspotentiale, sondern Kundennähe und Flexibilität stehen im Vordergrund. Um dieses Geschäftsfeld zu bearbeiten, muss die Organisationsstruktur im Wesentlichen die Anpassungsfähigkeit des Unternehmens unterstützen. Dies leisten „organische", kleinteilige modulare Systeme. Sie können sich erheblich schneller als zusammenhängende Systeme verändern, da sie dekomponiert werden können. Dazu müssen die einzelnen Subsysteme die Fähigkeit haben, bis zu einem gewissen Grad unabhängig von den anderen Subsystemen funktionieren zu können.[19] Organische Strukturen sind deutlich weniger hierarchisch organisiert, die Aufgabenzuordnung erfolgt flexibel und recht allgemein, die Koordination ist weniger regelgebunden und erfolgt häufig in Abstimmungsprozessen zwischen hierarchisch Gleichgestellten, und das Wissen ist objektbezogen und über die Organisation verteilt.

Ambidexterity bezeichnet die Fähigkeit von Unternehmen, die paradoxen Anforderungen, die sich aus unterschiedlichen strategischen Prioritäten ergeben, gemeinsam zu managen und über das organisationale Design zu implementieren.[20] Eine auf ‚Exploitation' gerichtete strategische Ausrichtung muss effizienzorientiert gemanagt werden und setzt planbar, verlässlich und zuverlässig auf eine Evolution der Unternehmung, die sich über inkrementelle Innovationen weiterentwickelt. Im klassischen Managementzyklus werden den Mitarbeitern klare Ziele gesetzt und diese durch extrinsische – in der Regel finanzielle – Anreize sanktioniert. Demgegenüber fördert eine auf Exploration gerichtete Strategie Technologiesprünge in einem sehr dynamischen Marktumfeld, in dem es aufgrund der Mehrdeutigkeit des Marktumfeldes sehr schwer ist, quantitative Ziele ex-ante zu setzen. Entsprechend muss die Organisation trial-and-error akzeptieren und eine Fehlerkultur unterstützen, in der kreative Prozesse gefördert werden. Extrinsische Anreizsysteme funktionieren hier weniger gut. Wiewohl in der Ambidexterity-Literatur Einigkeit darüber besteht, dass die Unternehmen am

19 Vgl. *Grant* (Fn. 17), 155.

20 Vgl. zum derzeitigen Forschungsstand beispielhaft *O'Reilly III/Tushmann*, Organizational Ambidexterity: Past, Present and Future, Research Papers, Stanford University, School of Business, 2013–06.

erfolgreichsten sein werden, die es ermöglichen, „Exploitation" und „Exploration" gleichzeitig zu fördern, besteht kein Konsens darüber, welches organisationale Design Ambidexterity tatsächlich ermöglicht.

Eine Lösungsmöglichkeit, die diskutiert wird, besteht in der organisatorischen Trennung von auf „Exploitation" und auf „Exploration" gerichteten Subsystemen der Unternehmung – allerdings innerhalb der Firma. Auf die Spaltung der *E.ON SE* übertragen bedeutet dies, dass es ausgereicht hätte, die Unternehmung lediglich divisional zu organisieren mit der klassischen Energieerzeugung in der einen und den erneuerbaren Energien in der anderen Division. Eine derartige Organisation hätte im Sinne eines ‚loosley coupled systems'[21] sowohl die Flexibilität der Geschäftsaktivitäten im Bereich erneuerbare Energien als auch die auf Effizienz gerichteten Anstrengungen im Bereich der konventionellen Energieerzeugung integrieren können – allerdings nicht ohne die Akzeptanz erheblicher Friktionen, die sich neben den eher technischen Problemen im Bereich des Berichtswesens auch in der Konkurrenz gegenläufiger Organisationskulturen und den damit verbundenen Spaltungstendenzen ergeben hätten.

Damit wären erhebliche Organisationsentwicklungs-Anstrengungen –mit den damit verbundenen Kosten für das Begleiten eines solchen Change Prozesses durch externe Berater– wahrscheinlich geworden, ohne dass eine Sicherheit bestanden hätte, diesen Prozess zu einem ‚guten Ende' zu führen.

Andere in der Literatur vorgeschlagene Wege zur Lösung der paradoxen Anforderungen an ambidextäre Organisationen wären für die *E.ON SE* ebenfalls nicht gangbar gewesen. So schlagen einige Autoren vor, auf die gleichzeitig auf Effizienz und auf Innovationssprünge gerichteten organisationalen Designs zu verzichten, und diese Anforderungen zeitlich versetzt zu bedienen.[22] Führt man sich die brisante gegenwärtige Situation der *E.ON SE* vor Augen, wird schnell klar, dass sich dieser Ansatz hier nicht angeboten hat. So hätte die *E.ON SE* dann entweder auch das konventionelle Geschäft im Sinne von Exploration reorganisieren oder darauf verzichten müssen, den Geschäftsbereich erneuerbare Energien optimal aufzustellen. In Anbetracht der Wettbewerbssituation auf dem Energiemarkt hätten beide Optionen erkennbar Schwächen, dies umso mehr, als der

21 Vgl. beispielhaft *Kukka*: Management accounting change and stability: Loosely coupled rules and routines in action, Management Accounting Research 18, 2007, 76–101; *Douglas/Weick*, Loosely coupled systems: A reconceptualization, Academy of management review 15.2, 1990, 203–223.

22 *Boumgarden/Nicherson/Zenger*, Sailing Into the Wind: Exploring the Relationship among Ambidexteriy, Vacillation, and Organizational Performance, Strategic Management Journal 33/2012, 587–610.

Geschäftsbereich um die erneuerbaren Energien noch in der Entwicklung steht und first-mover advantages in Form von Technologievorsprüngen oder Kundenpräferenzen nicht auszuschließen sind.

Allerdings bleibt bei all diesen Überlegungen die Frage offen, warum die *E.ON SE* keine Konzernstruktur mit zwei rechtlich unabhängigen Unternehmen, an denen die Konzernmutter Anteile hält, gewählt hat. Mit *Williamson*[23] könnte argumentiert werden, dass die überlegenen Steuerungsmechanismen bürokratischer Kontrolle diese Lösung gegenüber einer Spaltung des Unternehmens vertragstheoretisch nahe gelegt hätten. Auch die Überlegungen der Literatur zum Ressourcen-basierten Ansatz deuten in diese Richtung, ist doch davon auszugehen, dass die nun demnächst voneinander abgespaltenen Unternehmen *Uniper* und *E.ON SE* einen erheblichen Anteil ihrer Ressourcenbasis und Kompetenzbündel in beiden Geschäftsfeldern auch gemeinsam hätten nutzen können. Eine Realisierung derartiger „economies of Scope“ und „Transfereffekte“ wird durch die Abspaltung extrem erschwert, wenn nicht gar unmöglich. So scheinen die Grenzen des Unternehmens hier primär durch „Identity“ bestimmt und weniger durch Konzepte der Effizienz, Kompetenz oder Macht.[24]

II. Umsetzung der Spaltung

Die Umstrukturierung des Konzerns in Form der Spaltung der *E.ON SE* ist insbesondere aus personalpolitischer, arbeits- und gesellschaftsrechtlicher Perspektive zu betrachten.

1. Personalpolitische Betrachtung

Die Ankündigung der Spaltung ist dazu geeignet, in der Belegschaft ein hohes Maß an Verunsicherung hervorzurufen. Jeder Mitarbeiter, gleich welcher Hierarchieebene ist damit konfrontiert, dass sich Veränderungen für ihn ganz persönlich ergeben werden. Gleichzeitig ist ein hohes Maß an Unsicherheit auszuhalten, kann doch keiner wissen, wie die Veränderungen konkret aussehen werden. So rief die Ankündigung der Spaltung auch in der Öffentlichkeit ein breites Echo und viele Spekulationen hervor. Durch zügiges und transparentes Kommunika-

---

23 *Williamson*, Transaction-cost economics: the governance of contractual relations, Journal of law and economics (1979), 233–261; *Williamson*, The economics of organization: The transaction cost approach, American journal of sociology, 1981, 548–577.

24 Zu erweiterten Konzepten der Bestimmung der Grenzen der Firma vgl. exemplarisch *Santos/Eisenhardt*, Organizational boundaries and theories of organization, Organization science 16.5, 2005, 491–508, hier S. 500 ff.

tionsmanagement (u.a. bezogen auf die Führungsspitze der beiden zukünftigen Gesellschaften und auf die neuen Standorte) gelang es, diese Spekulationen in den Medien zu begrenzen. Die politische Einigung der Parteispitzen *Gabriel*, *Merkel* und *Seehofer*, mit der die avisierte Klima-Abgabe für alte Kohlekraftwerke zurückgenommen wurde, bescherte der *E.ON SE* während der Vorbereitung der Spaltung sogar einen – wenn auch wohl kurzfristigen – Anstieg der Börsennotierung, der den Abwärtstrend der letzten Monate zumindest unterbrechen konnte.[25]

Dennoch ist nicht davon auszugehen, dass die Umsetzung der Spaltung friktionsfrei verlaufen wird. Der Vorstand der *E.ON SE*, allen voran der bisherige Finanzchef, *Klaus Schäfer*, der das Unternehmen *Uniper* leiten wird,[26] steht vor der Aufgabe, die Spaltung konzernintern so zu managen, dass die wahrscheinlichen Widerstände und Ängste der Mitarbeiter aufgefangen und bearbeitet werden können. Dies kann alleine mit sachlicher Argumentation und arbeitsrechtlich einwandfreier Begleitung der anstehenden Schritte[27] sicher nicht gelingen – zu hoch ist das Misstrauen, zu groß ist die Angst in der Belegschaft, umso mehr als die Ankündigung der Spaltung in ein bereits seit 2011 laufendes Personal-Abbau-Programm fällt.[28]

Studien über das Gelingen von Veränderungsprozessen ergeben „Scheiternsraten" zwischen 50 und 80 %.[29] In ihrer Meta-Studie quantitativer Veröffentlichungen[30] von 1948 bis 2007 analysieren *Oreg*, *Vakola* und *Armenakis* die Reaktionen der von Veränderungen betroffenen Mitarbeiter.[31] Damit ändern sie den Blickwinkel der Forschung weg von der Frage, wie Organisationen den Wandel steu-

---

25 *Kessler*, Update: E.on und RWE an DAX-Spitze – Kohle-Abgabe vom Tisch, Der Aktionär, http://www.deraktionaer.de/aktie/rwe--155210.htm (Stand: 2.7.2015), abgerufen am 28.12.2015.

26 *Marksteiner*, Energiekonzern spaltet sich auf, Uniper erbt E.ONs Altlasten, tagesschau.de, http://www.tagesschau.de/wirtschaft/eon-aufspaltung-101.html (Stand: 27.4.2015), abgerufen am 28.12.2015.

27 Vgl. Punkt C. II. 2.

28 *Marksteiner* (Fn. 26).

29 Vgl. *Jacobs/Giessner*, Führung in Veränderungsprozessen: Bedeutung von Identität und Umgang mit Widerstand, in: *Felfe* (Hrsg.): Trends der psychologischen Führungsforschung, 2015, S. 491–496.

30 U.a. in Academy of Management Journal, Human Relations, The Journal of Applied Behavioral Science, Journal of Applied Psychology, Journal of Management, Journal of Management Studies, Journal of Organizational Behavior, Journal of Organizational Change Management, Organization Science, and Personnel Psychology.

31 *Shaul/Vakola/Armenakis*: "Change recipients' reactions to organizational change A 60-year review of quantitative studies." The Journal of Applied Behavioral Science 47.4, 2011, 461–524.

ern, hin zu der Frage, wie die vom Wandel Betroffenen reagieren. Sie zeigen unterschiedliche Formen des Widerstandes auf, der von passivem Abwarten und ambivalenter Akzeptanz bis zu Zynismus und aktiver Sabotage reicht. Dieser Forschungsansatz berücksichtigt den wachsenden Konsens in der Literatur, dass die Reaktion der von der Veränderung Betroffenen als Schlüsselfaktor für den Erfolg von Veränderungsprozessen zu begreifen ist.[32]

Darüber hinaus ergänzen sie traditionelle Modelle des Wandels, die den Fokus auf direkt beobachtbares Verhalten gelegt haben, indem sie neben expliziten Reaktionen auf organisatorischen Wandel (kognitiv, affektiv und verhaltensbasiert) auch schon vor dem Wandel bestehende Ursachen dieser Reaktionen, wie Persönlichkeitsmerkmale der Betroffenen, und den Kontext, aus dem heraus der Veränderungsprozess initiiert wurde, in ihrer Studie berücksichtigen. Weiter werden der Einfluss der Ausgestaltung des Veränderungsprozesses, die von den Betroffenen antizipierten Auswirkungen (Vorteile/Nachteile) und ex-post Konsequenzen der Veränderung für die Betroffenen explizit in die Analyse einbezogen.[33] Hier wird deutlich, dass *Lewins* berühmtes 3-Phasen-Modell (Auftauen/Verändern/Einfrieren), obwohl von Change-Beratern immer noch gerne genutzt und in der betriebswirtschaftlichen Literatur häufig zitiert, nicht den aktuellen Forschungsstand abbildet. Vielmehr verzichtet *Lewin* darauf, die Innenwelt der von Veränderungsprozessen Betroffenen zu berücksichtigen und basiert seine Ergebnisse auf einem physikalischen Modell, das er auf psychologische Prozesse überträgt: „Jedes Verhalten oder jede sonstige Veränderung innerhalb eines psychologischen Feldes ist einzig und allein vom psychologischen Feld *zu dieser Zeit* abhängig."[34]

Kets de Vries und *Balaz* beschreiben auf Basis vielfacher Fallstudien am INSEAD und auf Grundlage von 160 Tiefen-Interviews während eines Management-Seminars „The Challenge of Leadership" am INSEAD die ‚innere Bühne des Wandels'.[35] Sie finden starke Veränderungswiderstände, die die mit dem Wandel verbundenen Angstgefühle reduzieren sollen und betonen, dass die Anstrengungen, die unternommen werden, um dysfunktionale Handlungsmuster aufrecht zu

32 *Shaul/Vakola/Armenakis* (Fn. 31), 462.

33 *Shaul/Vakola/Armenakis* (Fn. 31), 463.

34 *Lewin*, Feldtheorie in den Sozialwissenschaften. Bern: Hans Huber, S. 88, zitiert aus: *Fuhse*, Lässt sich die Netzwerkforschung besser mit der Feldtheorie oder der Systemtheorie verknüpfen?, 2009, in: *Häußling* (Hrsg): Grenzen von Netzwerken. Wiesbaden: VS Verlag für Sozialwissenschaften, 1951, S. 55–80.

35 *Kets de Vries/Balazs*, Die Psychodynamik des Organisationswandels, in: *Lohmer* (Hrsg.): Psychodynamische Organisationsberatung, 2. Aufl., 2004, S. 161–197.

erhalten, beeindruckend seien.[36] Sie beschreiben die ‚innere Bühne des Wandels' in den Phasen Schock, Ungläubigkeit, Aufgabe, Realisierung und leiten daraus Empfehlungen für die Umsetzung und Steuerung des Wandels ab. Unter anderem fordern sie ganz konkret, dass Changemanager möglichst hoch in der Hierarchie angesiedelt sein sollten, um die Hoffnung auf ein gutes Ende beflügeln zu können.[37] Als günstig erweisen sich u.a. auch emotionale Bindungen, ein Neubestimmen der kulturellen Leitlinien, klare Kommunikation und Gestaltungsmacht für die Mitarbeiter, um die fördernde Kraft von Übertragungsprozessen nutzen zu können, sowie das Aufteilen des großangelegten Wandels in kleine Etappen.[38] Letztgenannte Bedingung helfe, die Betroffenen von der Machbarkeit des Wandels zu überzeugen. Gerade hier stellen sich für die *E.ON SE* wohl die grundlegendsten Probleme, da der großangelegte Wandel sehr schnell stattfinden muss. Darüber hinaus zeigen Studien der Identitätsforschung, dass gerade die Veränderungsprozesse besonders herausfordernd sind, die die soziale Identität der Mitarbeiter verändern.[39] Auch hier ergeben sich grundlegende Probleme für die *E.ON SE*, da die beiden neuen Gesellschaften aufgrund ihrer divergenten Strategie völlig unterschiedliche Organisationsstrukturen haben werden,[40] die auf die kulturellen Identitäten der jeweiligen Gesellschaften notgedrungen durchschlagen werden. Entsprechend dürfte die *E.ON SE* die Veränderungsprozesse in personalpolitischer Sicht ohne die Hilfe erfahrener externer Organisationsberater wohl kaum bewältigen können. Schließlich beginnt ein *Empowerment* der Mitarbeiter immer mit einer offenen und aufrichtigen Kommunikation und kann nur mit einer Partizipation und Einbeziehung der Mitarbeiter erfolgreich gelingen. Die bisherige Kommunikationsstrategie der *E.ON SE* und der Prozess der Namensfindung der neuen Gesellschaft *Uniper* durch die Mitarbeiter könnte ein Hinweis darauf sein, dass die *E.ON SE* sich auf einem guten Weg befindet.

2. *Arbeitsrechtliche Betrachtung*

Die zuvor dargelegte Einbeziehung der Mitarbeiter in den Umwandlungsprozess erfolgt einerseits auf der Grundlage gesetzlicher Vorgaben, ist aber andererseits auch Folge einer gelebten Sozialpartnerschaft. Nur so kann, insbesondere im Hin-

---

36 *Kets de Vries/Balazs* (Fn. 35), S. 166.

37 *Kets de Vries/Balazs* (Fn. 35), S. 176.

38 *Kets de Vries/Balazs* (Fn. 35), S. 176.

39 *Giessner/Ullrich/van Dick*, A Social Identity Analysis of Mergers & Acquisitions, in: *Faulkner/Teerikangas/Joseph* (Eds.), Handbook of Mergers & Acquisitions, 2012, Chap. 20.

40 Vgl. Punkt C. I.

blick auf den abgespaltenen Teil der konventionellen Energien, vermittelt werden, dass „die neue Gesellschaft attraktiv (ist), weil sie Positionen und Karrierechancen in einem Unternehmen bietet, das die Neustrukturierung der Märkte führend gestalten wird".[41]

Die arbeitsrechtlichen Auswirkungen[42] sind ein besonderes Beispiel für die enge Verzahnung von Organisationsentscheidungen mit gesellschafts- und arbeitsrechtlichen Fragestellungen. Diese gilt es bei derartigen Veränderungsprozessen heraus- und im Rahmen des Projektmanagements abzuarbeiten. Hierzu bedarf es Teams, die in der Lage sind, neben ihren speziellen Sachgebieten auch das große Ganze im Blick zu behalten.

Für das Gelingen des Projektes ist es insbesondere notwendig, die jeweiligen Arbeitnehmervertretungen frühzeitig und umfassend einzubinden. Diesem Anliegen wird u.a. dadurch Rechnung getragen, dass der Spaltungsplan gem. § 135 Abs. 1 S. 1 i.V.m. § 126 Abs. 1 Nr. 11 UmwG die Folgen der Spaltung für die Arbeitnehmer und ihre Vertretungen sowie die insoweit vorgesehenen Maßnahmen aufzeigen muss. Diese Vorschrift dient ausschließlich der Information, begründet also keine eigenständigen Mitwirkungs- und Mitbestimmungsrechte der Arbeitnehmervertretungen.[43] § 126 Abs. 3 UmwG schreibt vor, dass die Information an den zuständigen Betriebsrat spätestens einen Monat vor dem Tag der Hauptversammlung der Anteilseigner erfolgen muss, in der die Zustimmung zur Spaltung beschlossen werden soll. Die *E.ON SE* hat diese Versammlung für den 8.6.2016 vorgesehen.[44] Formal genügte daher eine Information bis zum 8.5.2016. Die Information nach § 126 Abs. 3 UmwG ist jedoch letztlich nur der (Teil-) Abschluss des Veränderungsprozesses. Die Neuaufstellung der *E.ON*-Gruppe führt zu im Einzelnen sehr diffizilen Fragen, wann welche Organe der Betriebsverfassung zu beteiligen sind, die unabhängig von den gesellschaftsrechtlichen Vorgaben beurteilt werden müssen. Insbesondere ergeben sich eigenständige Beteiligungsrechte aus dem BetrVG, die regelmäßig eine „rechtzeitige und um-

---

41 *E.ON*, „Strategie für Uniper", http://www.eon.com/de/ueber-uns/strategie/strategie-fuer-die-neue-gesellschaft%20.html, abgerufen am 28.12.2015.

42 Es werden im Rahmen dieses Beitrages nur einige besondere Aspekte herausgestellt.

43 *Steffan* in: Ascheid/Preis/Schmidt (Hrsg.), Kündigungsrecht, 4. Aufl., 2012, UmwG § 126 Rn. 38.

44 *E.ON*, E.ON treibt Konzernumbau voran: Wichtige Struktur- und Personalentscheidungen getroffen, Pressemitteilung v. 27.4.2015, http://www.eon.com/de/presse/pressemitteilungen/pressemitteilungen/2015/4/27/eon-moves-forward-with-transformation-key-organizational-and-personnel-decisions-made.html, abgerufen am 28.12.2015.

fassende" Information verlangen, so z.B. gem. §§ 80 Abs. 2, 106 Abs. 2, 111 S. 1 BetrVG. Was rechtzeitig ist, gibt das BetrVG nicht ausdrücklich vor, sondern stellt dieses Merkmal unter das Gebot der vertrauensvollen Zusammenarbeit.[45] Dies bedeutet, dass eine Unterrichtung so frühzeitig erfolgen muss, dass der jeweilige Betriebsrat (Gesamtbetriebsrat, Konzernbetriebsrat) bzw. Wirtschaftsausschuss noch auf die geplante Maßnahme Einfluss nehmen kann.[46] Eine Information muss daher vor der Entscheidung erfolgen, eine Beratung mit dem zuständigen Vertretungsorgan wäre sonst sinnlos. Betrachtet man die *E.ON SE,* so scheint den offiziellen Verlautbarungen nach die frühzeitige Einbindung der Arbeitnehmervertretungen gelungen.[47]

Bereits diese wenigen Anmerkungen zeigen deutlich, dass es sich nicht nur aus organisatorischer, sondern vor allem auch aus rechtlicher Sicht um einen hochkomplexen Vorgang handelt. Es bedarf einer sorgfältigen Analyse der einzelne Rechtsgebiete und ein auf die jeweiligen Bereiche abgestimmtes Vorgehen. Denn nur wenn nach innen und außen rechtskonformes Verhalten gelebt wird, kann der Konzernumbau gelingen. Die Arbeitnehmervertreter sind hierbei auch Mittler zu den einzelnen Arbeitnehmern.

Neben den Beteiligungsrechten der Arbeitnehmervertretungen müssen die Folgen für die einzelnen Arbeitsverhältnisse betrachtet werden. Den beiden neuen Gesellschaften müssen die entsprechenden Mitarbeitenden zugeordnet werden. Welche Betriebe bzw. Betriebsteile auf die neue *Uniper* übergehen, ist gem. § 126 Abs. 1 Nr. 9 UmwG im Spaltungsplan anzugeben. Je nach Zuordnung zu den einzelnen Unternehmen des Konzerns wird sich lediglich der Rechtsträger auf Konzernebene ändern. Für die Arbeitnehmer, die direkt bei der *E.ON SE* beschäftigt sind, ändert sich bei einer Zuordnung zur neuen Gesellschaft *Uniper* der Arbeitgeber. Damit handelt es sich um einen Betriebsübergang nach § 613a BGB („Rechtsgeschäft" ist der Spaltungsplan[48]), der wiederum besondere Informationspflichten gegenüber den betroffenen Arbeitnehmern auslöst (Einzelheiten s. § 613a Abs. 5 BGB). Anders als die Informationsrechte aus dem UmwG bzw. dem BetrVG handelt es sich hier um einen Unterrichtungsanspruch des einzelnen Arbeitnehmers.[49] Der Be-

---

45 *Fitting*, BetrVG, 27. Aufl., 2014, § 80 Rn. 54.

46 *Fitting* (Fn. 45), § 80 Rn. 55, § 111 Rn. 107 ff.

47 *E.ON*, E.ON treibt Konzernumbau voran: Wichtige Struktur- und Personalentscheidungen getroffen, Pressemitteilung v. 27.4.2015 (Fn. 44).

48 *Hörtnagl* in: Schmitt/Hörtnagl/Stratz (Hrsg.), Umwandlungsgesetz, Umwandlungssteuergesetz, 6. Aufl., 2013, § 131 Rn. 58.

49 *Steffan* in: Ascheid/Preis/Schmidt (Hrsg.), (Fn. 43), BGB § 613a Rn. 204.

triebsübergang führt dazu, dass die neue *Uniper* gem. § 613a Abs. 1 BGB in die bestehenden Arbeitsverhältnisse mit allen Rechten und Pflichten eintritt. Gegenüber § 613a BGB ist der in § 131 Abs. 1 S. 1 UmwG angeordnete Rechtsübergang subsidiär (s. § 324 UmwG).[50]

Die weiterhin der *E.ON SE* zugeordneten Arbeitnehmer müssen, soweit sie bisher in *Düsseldorf* beschäftigt waren, ihre Arbeitsleistungen künftig am neuen Geschäftssitz in *Essen* erbringen.[51] Da die Arbeitsverträge regelmäßig eine Versetzungsklausel enthalten, steht individualrechtlich einer einseitigen Ausübung des Direktionsrechts nichts im Wege. Die *E.ON SE* tut jedoch gut daran, hier auf einvernehmliche Lösungen zu setzen. Betriebsverfassungsrechtlich handelt es sich um Versetzungen im Sinne des § 95 Abs. 3 BetrVG, die gem. § 99 Abs. 1 BetrVG der Zustimmung des Betriebsrats bedürfen. Die Auswirkungen der Versetzungen, wie z.B. höhere Fahrtkosten, Umzugskosten etc., können im Einzelnen durch einen Interessenausgleich bzw. einen Sozialplan abgefangen werden. Die Abspaltung stellt eine Betriebsänderung im Sinne des § 111 S. 3 Nr. 3 BetrVG dar.[52]

Interessant dürfte auch sein, wie sich die neue *Uniper* hinsichtlich einer Tarifbindung aufstellt. Bisher verhandeln die *E.ON SE* sowie ihre Tochtergesellschaften Firmentarifverträge mit einer aus der *IGBCE* und *Ver.di* bestehenden Tarifgemeinschaft „Energie". Gem. § 2 Abs. 1 TVG sind die tarifschließenden Unternehmen der *E.ON*-Gruppe bzw. die *E.ON SE* damit selbst Tarifvertragspartei und gem. § 3 Abs. 1 TVG tarifgebunden.

Wird ein Tochterunternehmen, das als Tarifvertragspartei die Tarifverträge vereinbart hat, mit den dazugehörigen Betrieben als Ganzes übertragen, so gelten die Tarifverträge normativ weiter (s. § 613a Abs. 1 S. 3 BGB), da sich an der Identität der Tarifvertragspartei nichts ändert. Voraussetzung ist hierfür, dass die bisherige organisatorische Einheit nicht aufgehoben wird.[53] Auch wenn keine beiderseitige Tarifbindung vorliegt, gilt der Tarifvertrag aufgrund entsprechender einzelvertraglicher Bezugnahmeklauseln in den Arbeitsverträgen schuldrechtlich weiter.

---

50 *Simon* in: Semler/Stengel (Hrsg.), Umwandlungsgesetz mit Spruchverfahrensgesetz (Kommentar), 3. Aufl., 2012, § 131 Rn. 46.

51 Die Mehrheit der Mitarbeiter von *E.ON* wird nach Essen umziehen, *DPA*, Handelsblatt, Essen wird zur Energiehauptstadt, http://www.handelsblatt.com/unternehmen/industrie/ruhr-metropole-essen-wird-zur-energiehauptstadt/11736316.html (Stand: 6.5.2015), abgerufen am 28.12.2015.

52 *Fitting* (Fn. 45), BetrVG, § 111 Rn. 87.

53 *Hörtnagl* in: Schmitt/Hörtnagl/Stratz (Fn. 48), § 131 Rn. 67.

Wird der Betrieb einer Tochtergesellschaft nicht als Ganzes übertragen, so wird der Inhalt des bisherigen Firmentarifvertrags im Falle normativer Tarifgeltung kraft beiderseitiger Tarifbindung (§§ 3 Abs. 1, 4 Abs. 1 TVG) kollektivrechtlicher[54] Inhalt der einzelnen Arbeitsverhältnisse (§ 613a Abs. 1 S. 2 BGB).[55] Dies gilt jedoch nur, soweit nicht bereits kongruente Tarifverträge mit *Uniper* (bzw. ihren neuen Tochtergesellschaften) geschlossen wurden (§ 613a Abs. 1 S. 3 BGB).[56] Sofern eine Transformation der Tarifnormen in die Arbeitsverhältnisse stattfindet, unterliegen sie der einseitig zwingenden Veränderungssperre von einem Jahr. Verschlechternde Bedingungen können nur gem. § 613a Abs. 1 S. 4 BGB umgesetzt werden.

Im Falle einer fehlenden beiderseitigen Tarifbindung gehen die Arbeitsverhältnisse einschließlich einer Verweisungsklausel gem. § 613a Abs. 1 S. 1 BGB auf die erwerbende Gesellschaft über. Je nachdem, wann der Arbeitsvertrag geschlossen wurde und wie die Klausel im Einzelnen formuliert ist, wirkt sie künftig statisch[57] oder dynamisch[58] bzw. lässt den Wechsel auf Tarifverträge der neuen *Uniper* zu.[59] Änderungen, insbesondere einvernehmliche, sind in dieser Fallkonstellation jederzeit möglich.

Schon diese wenigen Anmerkungen zeigen, dass sich im Einzelfall schwierige Fragen der Fortgeltung bisheriger Tarifnormen ergeben können. Daher ist es sinnvoll, dass *Uniper* selbst mit der Tarifgemeinschaft „Energie" entsprechende gleichlautende Tarifverträge oder eine Vereinbarung über die Übernahme der bisherigen Firmentarifverträge schließt. Wichtig ist hier der Zeitpunkt des Tarifabschlusses. Dieser muss vor Vollzug des Betriebsübergangs liegen, denn nur dann besteht bei *Uniper* eine kongruente Tarifbindung. Hierzu muss jedoch die neue *Uniper* tariffähig sein. Tariffähigkeit setzt Handlungsfähigkeit der neuen Gesellschaft voraus. Nicht erforderlich ist, dass sie bereits Arbeitnehmer beschäftigt.[60] Mit Abschluss der Satzung entsteht als Gesellschaft sui generis eine Vor-

54 BAG 22.4.2009–4 AZR 100/08.

55 Vgl. BAG 26.8.2009–4 AZR 280/08 und 5 AZR 969/08.

56 § 613a Abs. 1 S. 2 BGB ist insoweit nur Auffangnorm, vgl. BAG 26.8.2009–4 AZR 280/08 – Rn. 29.

57 BAG 18.4.2007–4 AZR 652/05 für bis zum 31.12.2001 geschlossene Arbeitsverträge.

58 BAG 22.10.2008–4 AZR 793/07 für ab dem 1.1.2002 vereinbarte Arbeitsverträge.

59 Vgl. BAG 29.8.2007–4 AZR 767/06 – Rn. 17.

60 BAG 24.6.1998–4 AZR 208/97, unter I.1.a.

gesellschaft.[61] Diese ist bereits rechtsfähig und damit auch tariffähig.[62] Auch hier zeigt sich wiederum sehr deutlich, wie notwendig ein abgestimmtes Vorgehen auf gesellschaftsrechtlicher und arbeitsrechtlicher Seite ist.

Eine etwas andere Frage ergibt sich, soweit mit der *E.ON SE* selbst als Arbeitgeberin geschlossene Tarifverträge betroffen sind. Durch die Abspaltung der *Uniper* verändert sich der Betrieb. Es ist daher zu klären, ob der Firmentarifvertrag auf diese übertragen werden soll. Ist dies der Fall, so muss der Spaltungsvertrag gem. § 126 Abs. 1 Nr. 9 UmwG einen entsprechenden Hinweis enthalten.[63] Erfolgt keine Zuordnung auf den übernehmenden Rechtsträger, so bleibt der übertragende Rechtsträger Vertragspartei des Firmentarifvertrags.[64] Allein die Zuordnung der Arbeitsverhältnisse zur neuen Gesellschaft genügt für eine Übertragung nicht. Die Tarifbindung leitet sich aus der Eigenschaft als Partei des Tarifvertrags, nicht aus der als Arbeitsvertragspartei ab.[65] Gem. § 131 Abs. 1 Nr. 1 UmwG handelt es sich um eine (partielle) Gesamtrechtsnachfolge, soweit der Spaltungsplan den Übergang der Betriebe bzw. Betriebsteile vorsieht. Anders als bei der Verschmelzung[66] werden bei der Abspaltung die Rechtsverhältnisse privatautonom dem neu zu gründenden Rechtsträger zugeordnet.[67] Dies gilt auch für einen Firmentarifvertrag. Es kommt hier also nicht zu einer Verdoppelung der Tarifstellung[68] von *E.ON* und *Uniper*, da im Umwandlungsrecht wie in anderen Sukzessionsfällen auch das Prinzip der eindeutigen Zuordnung von Rechten und Pflichten gilt.[69]

---

61 *Pentz* in: Goette/Habersack/Kalss (Hrsg.), Münchener Kommentar zum Aktiengesetz, 3. Aufl., 2008, § 41 Rn. 22 ff.

62 BAG 24.1.2001–4 ABR 4/00; *Löwisch/Rieble*, TVG, 3. Aufl., 2012, TVG § 2 Rn. 372. Alternativ ist die Nutzung einer Vorratsgesellschaft möglich, die als solche handlungs- und tariffähig ist.

63 BAG 21.11.2012–4 AZR 85/11; *Simon,* in: Semler/Stengel (Fn. 50), § 131 Rn. 50 m.w.N.

64 BAG 21.11.2012–4 AZR 85/11.

65 BAG 20.6.2001–4 AZR 295/00.

66 Bei einer Verschmelzung erfolgt hingegen gem. § 20 Abs. 1 Nr. 1 UmwG kraft Gesetzes eine Universalsukzession.

67 *Rieble*, Anmerkung zu BAG 24.6.1998–4 AZR 208/97, EzA § 20 UmwG Nr. 1 unter III.2.a.

68 Bejahend: *Giesen,* in: Rolfs/Kreikebohm/Giesen/Udsching, Beck'scher Online Kommentar Arbeitsrecht, 36. Ed., TVG § 3 Rn. 28.

69 Wie hier: *Rieble*, (Fn. 67) unter III.2.a; *Simon/Zerres*, Unternehmensspaltung und Arbeitsrecht in: Düwell/Stückemann/Wagner (Hrsg.), Festschrift für Wolfgang Leinemann zum 70. Geburtstag, 2006, S. 255, 266 m.w.N.

Benennt die *E.ON SE* die neue *Uniper* im Spaltungsplan als Tarifpartei, so verliert sie zwar ihre Eigenschaft als Tarifvertragspartei. Ihre Verpflichtungen aus dem bisherigen Firmentarifvertrag bleiben jedoch bestehen, da der bisherige Firmentarifvertrag nachwirkt, bis er durch eine neue Abmachung ersetzt wird. § 4 Abs. 5 TVG erfasst den vorliegenden Fall seinem Wortlaut nach zwar nicht, da es nicht um den „Ablauf eines Tarifvertrages" geht. Allerdings hat das *Bundesarbeitsgericht* diese Vorschrift auf jeden Fall des Wegfalls der Tarifbindung angewendet.[70] Sinn und Zweck der Nachwirkung ist es zu verhindern, dass die bisherigen beiderseits tarifgebundenen Arbeitsverhältnisse keinem Tarifvertrag mehr unterliegen und hierdurch der Inhalt des Arbeitsverhältnisses nicht mehr bestimmt ist. § 4 Abs. 5 TVG ist daher auf den hier vorliegenden Fall analog anzuwenden.[71] Die Fortgeltung der Normen des Firmentarifvertrags folgt hingegen nicht schon aus § 613a Abs. 1 BGB § 613a Abs. 1 BGB gilt gem. § 324 UmwG subsidiär. Jedoch enthält § 324 UmwG eine Rechtsgrundverweisung, so dass § 613a BGB nur Anwendung findet, wenn die Voraussetzungen des Betriebsübergangs erfüllt sind.[72] In Bezug auf die der *E.ON SE* selbst zugeordneten Betriebe und Betriebsteile, die bei ihr verbleiben, liegt kein Betriebsübergang vor. Es fehlt am notwendigen Inhaberwechsel.[73] Auch ordnet § 3 Abs. 3 TVG für den Fall der Umwandlung keine Weitergeltung des Tarifvertrags an.[74] Diese Norm fingiert eine fehlende Verbandsmitgliedschaft, deren sich der Arbeitgeber z. B. durch den Austritt aus dem Arbeitgeberverband entzieht. Im Falle der Rechtsnachfolge nach dem Umwandlungsgesetz liegt dieser Fall jedoch gerade nicht vor.

Die *E.ON SE* bzw. die *Uniper* – je nachdem, wem der bisherige Firmentarifvertrag zugeordnet wird – tut gut daran, mit der zuständigen Tarifgemeinschaft einen neuen Tarifabschluss auf dem bisherigen Niveau zu vereinbaren. Nur so kann Vertrauen der Mitarbeiter in den Wandel und die neuen Strukturen erzeugt werden.

3. *Gesellschaftsrechtliche Betrachtung*

Im Hinblick auf die zum Teil bereits angesprochene Umorganisation der *E.ON SE* aus gesellschaftsrechtlicher Sicht findet zunächst die SE-Verordnung

---

70 BAG 18.3.1992–4 AZR 339/91.

71 Vgl. BAG 18.3.1992–4 AZR 339/91; BAG 13.7.1994–4 AZR 555/93 (hier allerdings für Firmentarifvertrag gerade offen gelassen); *Rieble* (Fn. 67) unter III.2.b.

72 BAG 25.5.2000–8 AZR 416/99; a.A. offenbar: *Giesen,* in: Rolfs/Kreikebohm/Giesen/Udsching (Fn. 68), TVG § 3 Rn. 30.

73 *Rieble,* (Fn. 67) unter III.2.b.

74 Ausführlich hierzu: *Rieble* (Fn. 67) unter III.2.b.

2157/2001 des Rates vom 8.10.2001[75] Anwendung. Nach deren Art. 9 Abs. 1 c) ii) unterliegt die SE in Bezug auf die nicht durch diese Verordnung geregelten Bereiche oder –sofern ein Bereich nur teilweise geregelt ist– in Bezug auf die nicht von dieser Verordnung erfassten Aspekte, den Rechtsvorschriften der Mitgliedstaaten, die auf eine nach dem Recht des Sitzstaats der SE gegründete Aktiengesellschaft Anwendung finden würden. Eine Sperrwirkung hinsichtlich der Übertragung des Gesellschaftsvermögens oder eines Teils davon auf eine andere Gesellschaft entfaltet die SE-VO nicht, vielmehr verweist deren Art. 66 Abs. 1 bei Umwandlungen auf das Recht des Sitzstaates. Da die *E.ON SE* ihren Hauptsitz in *Deutschland (Düsseldorf)* hat und das SE-Ausführungsgesetz vom 22.12.2004 (SEAG[76]) ebenfalls keine Übertragungsvorschriften beinhaltet, ist die geplante Spaltung im Sinne der §§ 123 ff. UmwG zu beurteilen.[77] Das UmwG unterscheidet insoweit zwischen einer Aufspaltung (§ 123 Abs. 1 UmwG), einer Abspaltung (§ 123 Abs. 2 UmwG) und einer Ausgliederung (§ 123 Abs. 3 UmwG). Dabei differenziert das Gesetz, ob das vorhandene Gesellschaftsvermögen ganz oder nur teilweise aufgeteilt wird und wer die Anteile an den übernehmenden Rechtsträgern erhält.[78] Auf Grundlage der Pressekonferenz der *E.ON SE* vom 1.12.2014 beabsichtigt diese, sich in zwei börsennotierte Unternehmen aufzuteilen, wobei die Mehrheit an der neuen Gesellschaft *Uniper* (Kohle- und Gaskraftwerke) an die Aktionäre übertragen werden soll.[79] Sofern sich ein Rechtsträger nur eines Teils seiner Gesellschaft und seines Gesellschaftsvermögens entäußert und der übertragende Rechtsträger fortbesteht,[80] liegt eine Abspaltung nach § 123 Abs. 2 UmwG vor.[81] Dabei entstehen ein oder mehrere Rechtsträger mit den abgespaltenen Geschäftsbereichen und -vermögen.[82] Die Anteilsinhaber des übertragenden Rechtsträgers erhalten Anteile an den übernehmenden Rechtsträgern, so dass die Anteile im

---

75 Verordnung 2157/2001/EG des Rates vom 8.10.2001 über das Statut der Europäischen Gesellschaft (SE), ABl. L 294 vom 10.11.2001, S. 1.

76 BGBl. I, S. 3675.

77 *Jannott/Frodemann* (Fn. 1), S. 453; *Stengel* in: Semler/Stengel (Fn 50), § 123 Rn. 14.

78 *Szalai/Staake/Drygala*, Kapitalgesellschaftsrecht: mit Grundzügen des Konzern- und Umwandlungsrechts, 2012, S. 753.

79 *E.ON*, Empowering customers. Shaping markets, Pressekonferenz v. 1.12.2014, S. 2.

80 Bei einer Aufspaltung geht etwa der übertragende Rechtsträger unter, *Kallmeyer*, Umwandlungsgesetz, Kommentar, 5. Aufl., 2013, S. 497.

81 *Preisenberger*, in: Schüppen/Schaub (Hrsg.), Münchener Anwaltshandbuch Aktienrecht (Kommentar), 2. Aufl., 2010, § 16 Rn. 108.

82 *Szalai/Staake/Drygala* (Fn. 78), S. 753.

Unterschied zu einer Ausgliederung nicht bei dem übertragenden Rechtsträger verbleiben.[83]

Das Verfahren zur Abspaltung lässt sich in *drei Verfahrensschritte* aufgliedern: 1. die rechtsgeschäftliche Grundlegung, 2. die verantwortliche Beschlussfassung auf Grundlage hinreichender Informationen und 3. die Handelsregistereintragung. Die rechtsgeschäftliche Grundlegung bei einer Abspaltung zwecks Neugründung erfolgt gem. § 136 UmwG durch einen Spaltungsplan, der nach S. 2 von dem Vertretungsorgan des übertragenden Rechtsträgers aufzusetzen ist[84], da es noch keinen Vertragspartner für einen Spaltungsvertrag gibt.[85] Hier wird die Höhe der Vermögensgegenstände des Aktiv- und Passivvermögens für den übernehmenden Rechtsträger festgelegt, § 131 Abs. 1 Nr. 1 UmwG. Im Spaltungsplan ebenfalls enthalten ist die Höhe der Anteile an dem übernehmenden Rechtsträger, die die Anteilsinhaber des übertragenden Rechtsträgers als Gegenleistung für die Vermögensübertragung erhalten sollen, § 126 Abs. 1 Nr. 3 UmwG. Weiterer Bestandteil des Spaltungsplans ist der Gesellschaftsvertrag oder die Satzung des neuen Rechtsträgers (§§ 135, 125, 37 UmwG). Dabei ist das jeweilige Recht der neuen Rechtsform maßgeblich für die inhaltlichen Anforderungen des Gesellschaftsvertrags bzw. der Satzung. Die Gründung des neuen Rechtsträgers ist die Aufgabe des übertragenden Rechtsträgers; die Anteilsinhaber sind mit Wirksamwerden der Spaltung die Anteilsinhaber des übertragenden Rechtsträgers. Gründer (= übertragender Rechtsträger) und Anteilsinhaber sind demzufolge nicht personenidentisch.[86] Neue Anteilsinhaber dürfen zunächst nicht hinzugenommen werden, denn das UmwG lässt eine Spaltung lediglich „im Kreis der bisher schon Beteiligten zu".[87] Die *E.ON SE* hatte im Jahr 2014 lediglich die Abspaltung angekündigt. Im Jahr 2015 sollen ein Steuerungs- und Regelungssystem im Sinne einer Aufbau- und Ablauforganisation (*Governance und Steuerung*), die rechtliche Vorstrukturierung sowie die Re-Organisation erfolgen. Dazu zählt ebenfalls die rechtsgeschäftliche Grundlegung im Sinne der Erstellung eines Spaltungsplans.

Mit der Vorbereitung des konkreten Abspaltungsvorganges soll noch im selben Jahr begonnen werden. Insofern ist ein schriftlicher Spaltungsbericht zu erstellen, der nach § 127 UmwG die rechtliche und wirtschaftliche Darlegung der Spaltung sowie eine hinreichende Begründung enthält. Ferner sind die spaltungsspezifi-

83 *Szalai/Staake/Drygala* (Fn. 78), S. 753.
84 Formal ist gem. §§ 135, 125, 6 UmwG eine notarielle Beurkundung zwingende Voraussetzung.
85 *Hörtnagl*, in: Schmitt/Hörtnagl/Stratz (Fn. 48), § 136 Rn. 1.
86 *Hörtnagl*, in: Schmitt/Hörtnagl/Stratz (Fn. 48), § 136 Rn. 13.
87 *Hörtnagl*, in: Schmitt/Hörtnagl/Stratz (Fn. 48), § 136 Rn. 14.

schen Haftungsrisiken zu verifizieren, § 133 UmwG. Die Erläuterung des Spaltungsvertrags hat sich auf jeden einzelnen Regelungsgegenstand des § 126 Abs. 1 Nr. 1 bis 11 UmwG zu erstrecken. Andernfalls steht den Anteilsinhabern gem. §§ 125 S. 1, 14 Abs. 1 UmwG ein Widerrufsrecht zu. Anschließend ist ein Prüfungsbericht als weitere Information für die Anteilsinhaber durch einen sachverständigen Prüfer (sog. Spaltungsprüfer) zu erstellen, §§ 125, 9 UmwG. Auf Basis der nun vorliegenden Informationen kann die Hauptversammlung (mit den Anteilsinhabern der beteiligten Rechtsträger) einen verantwortlichen Beschluss zur Genehmigung der Abspaltung fassen (§§ 125 S. 1, 13 Abs. 1 S. 1 UmwG), wobei bei der im Sinne der §§ 125 S. 1, 65 Abs. 1 S. 1 UmwG bestehenden SE grundsätzlich die qualifizierte Mehrheit von ¾ der abgegebenen Stimmen erforderlich ist. Geplant ist die Einberufung der Hauptversammlung durch die *E.ON SE* für den 8.6.2016.[88] Deren Vorstand als Vertretungsorgan hat sodann die Anmeldung des neuen Rechtsträgers und die Anmeldung der Spaltung im Handelsregister vorzunehmen. Die künftigen Organmitglieder des neuen Rechtsträgers müssen, je nach Gründungsrecht, weitere Erklärungen gegenüber den Registern abgeben (etwa nach § 37 Abs. 2 AktG). Wirksamkeit erlangt der Spaltungsplan daraufhin durch die Eintragung des neuen Rechtsträgers in das einschlägige Register und den Übergang des Vermögens, der durch partielle Universalsukzession erfolgt, § 131 Abs. 1 UmwG. Stattfinden soll die endgültige Abspaltung der *E.ON SE* durch die Eintragung in das Register in der zweiten Jahreshälfte 2016, gefolgt von der ebenfalls anvisierten Börsennotierung der neuen Gesellschaft *Uniper*. Wegen der Größe der späteren beiden Gesellschaften dürften sie auch in Zukunft zu den deutschen Blue Chips gehören.

C. Konsequenzen der geplanten Reorganisation der E.ON SE

Als Folge bzw. Herausforderung der ursprünglich geplanten Auslagerung des Kernenergiegeschäfts auf die *Uniper* wäre vor allem der weitere Umgang mit der bestehenden Verpflichtung zur Stilllegung, zum Rückbau und zur Entsorgung der Atomkraftwerke sowie des atomaren Mülls zu identifizieren gewesen. Sämtliche Punkte hätten nach der Spaltung –ausgehend von ihrem Regelungsinhalt– die neue (übernehmende) Gesellschaft *Uniper* betroffen, zumal nach § 9a Abs. 1, 1a AtG die *Betreiber* von Kernkraftwerken für deren Stilllegung und für die Entsorgung des Atommülls *verantwortlich* sind. Hieraus wäre das Problem der langfristigen Haftbarkeit von lediglich einem, durch die Spaltung entstandenen, kleineren Konzern entstanden.

---

88 *E.ON*, E.ON treibt Konzernumbau voran: Wichtige Struktur- und Personalentscheidungen getroffen, Pressemitteilung v. 27.4.2015 (Fn. 44).

Wie bereits gezeigt, ließ die politische Entwicklung diese Reorganisation bzw. die sicherlich auch intendierte Haftungsexternalisierung aufgrund des angekündigten Nachhaftungsgesetzes[89] nicht zu, so dass sich die *E.ON SE* nunmehr abermals neu ausrichtet. Der Betrieb und der Rückbau der konzerneigenen deutschen Erzeugungskapazität aus Kernenergie verbleibt vorerst bei der *E.ON SE* und wird dort zumindest organisatorisch auf die Tochtergesellschaft *Preussen-Elektra* verlagert. Um der dadurch bei dem Konzern verbleibenden Haftungsproblematik zu begegnen haben die Betreiber[90] seit 1976 (Aufnahme der Entsorgungspflicht), so auch die *E.ON SE*, bis zum Bilanzstichtag vom 31.12.2013 Rückstellungen[91] in Höhe von 500 Millionen Euro je Kraftwerk, insgesamt etwa 36 Mrd. Euro gebildet.[92] Zwar hat die *Bundesregierung* stets auf das System der Rückstellungen offenkundig vertraut und keinen Änderungsbedarf gesehen; bedingt durch die enorme Umstrukturierung des Marktumfelds der Betreiberunternehmen und ihrer Energie-Mutterkonzerne als Folge der Energiewende, ist diese Haltung jedoch heutzutage kaum noch tragbar.[93]

Darüber hinaus ist aufgrund des in *Deutschland* vorgesehenen Finanzierungssystems[94] die Erlaubnis zur Verwendung der Rückstellungen für Investitionen bzw. Unternehmenskäufen als problematisch zu sehen.[95] Denn im Falle einer Insolvenz steht ggf. das Geld für die Stilllegung sowie den Rückbau der Atom-

---

89 Gesetzentwurf der Bundesregierung, Entwurf eines Gesetzes zur Nachhaftung für Rückbau- und Entsorgungskosten im Kernenergiebereich (Rückbau- und Entsorgungskostennachhaftungsgesetz – Rückbau- und EntsorgungskostennachhaftungsG), BT-Drs. 18/6615.

90 Zu den Betreibern zählen *E.ON, RWE, EnBW* und *Vattenfall.*

91 „Rückstellungen sind Passivposten mit dem Zweck, Aufwendungen, deren Existenz und/oder Höhe am Bilanzstichtag noch nicht sicher sind und die erst später zu einer Auszahlung führen, der Periode ihrer Verursachung zuzurechnen", *Hoppenbrock*, Finanzierung der nuklearen Entsorgung und der Stilllegung von Kernkraftwerken, Ein Vergleich zwischen der Rechtslage in Deutschland und der Schweiz (Diss. 2008), 2009, S. 87 m.w.N.

92 *Schmitz/Grefrath*, Die Neujustierung der Vorsorge für die Stilllegung der Kernkraftwerke –Stiftung oder Entsorgungsfonds?, NVwZ 2015, S. 169.

93 *Schmitz/Grefrath* (Fn. 92), S. 169.

94 Die Kernkraftwerkbetreiber müssen die Rückstellungen lediglich unternehmensintern bilanztechnisch berücksichtigen, *Hoppenbrock* (Fn. 91), S. 22.

95 *Küchler/Meyer/Wronski*, Atomrückstellungen für Stilllegung, Rückbau und Entsorgung: Kostenrisiken und Reformvorschläge für eine verursachergerechte Finanzierung, Studie des FÖS (Forum Ökologisch-Soziale Marktwirtschaft) im Auftrag des BUND vom 10.10.2014, S. 22.

kraftwerke und die Entsorgung des atomaren Mülls durch die Investitionstätigkeiten nicht mehr zur Verfügung.[96] Im Übrigen sieht der *Bundesrechnungshof* ein erhebliches Kostenrisiko für die Konzerne und letztlich auch für den Staat,[97] da es noch immer Unsicherheiten und Verzögerungen bei der Endlagersuche[98] gibt und gem. § 1 Abs. 3 StandAG[99] erst spätestens im Jahr 2031 entschieden sein soll, an welchem Standort überhaupt ein Endlager für hoch radioaktiven Müll entstehen soll.[100] Nicht klar ist, ob zumindest der Teil der Rückstellungen, der die Kosten für die Endlagerung abdecken soll, ausreichend ist, zumal bis zur geplanten Standortentscheidung „grundlegende Vorgaben, wie etwa Baukosten, Zeitpunkt der Errichtung, Betriebskosten und Betriebszeit des Endlagers, fehlen“[101].

Unabhängig von den vorgenannten Aspekten könnte die Spaltung der *E.ON SE* durchaus positive Auswirkungen auf den Marktwert beider Gesellschaften haben. Diese Erwartung wird im Geschäftsbericht expliziert: „Darüber hinaus erwartet *E.ON* für beide Gesellschaften spezifischere Kapitalkosten sowie eine angemessene Bewertung und damit einen verbesserten Zugang zu den Kapitalmärkten“[102]. Ob diese Einschätzung zutrifft, wird davon abhängen, ob die zukünftige *E.ON SE* und *Uniper* ihre sehr ambitionierten strategischen Ziele erreichen werden. Dies

---

96 *Hoppenbrock* (Fn. 91), S. 23; *Greenpeace*, Rückstellungen für Rückbau und Entsorgung im Atombereich: Thesen und Empfehlungen zu Reformoptionen, 2011, S. 53.

97 *Bundesrechnungshof*, Bemerkungen 2010 zur Haushalts- und Wirtschaftsführung des Bundes – Weitere Prüfungsergebnisse –, S. 8; *Schleswig-Holsteinischer Landtag*, Plenarprotokoll 17/52 vom 1.7.2011, S. 4495; Allgemeine Finanzverwaltung (Einzelplan 60), Rückstellungen im Kernenergiebereich nur eingeschränkt überprüfbar (Kapitel 6001 Titel 014 01), S. 2; *Dohmen/Hawranek*, Eine Bad Bank fürs Atom, Der Spiegel 20/2014, S. 22.

98 Die Kosten für die Endlagersuche haben die Kernkraftwerkbetreiber nur zu tragen, wenn diese für den Erlass eines Planfeststellungsbeschlusses nach § 9b Abs. 1 AtG erforderlich ist, vgl. *Hoppenbrock* (Fn. 91), S. 62; die *Bundesregierung* kann derzeit keine "belastbare Kostenschätzung" für das Auswahlverfahren von Endlagern abgeben, BT-Drs. 17/7777, S. 12.

99 Gesetz zur Suche und Auswahl eines Standortes für ein Endlager für Wärme entwickelnde radioaktive Abfälle (Standortauswahlgesetz – StandAG), BGBl. I S. 2553.

100 Vgl. insoweit auch Bundesministerium für Umwelt, Naturschutz und Reaktorsicherheit (Einzelplan 16), S. 9.

101 *Steinmann*, Hohes Kostenrisiko bei Atom-Rückstellungen, Capital, http://www.capital.de/dasmagazin/kostenrisiko-bei-atom-rueckstellungen-3852.html (Stand: 22.1.2015), abgerufen am 28.12.2015.

102 *E.ON* Geschäftsbericht 2014, S. 13.

erschien für die *E.ON SE* zumindest auf Basis der „alten" Strategie[103] wahrscheinlich. Aber auch jetzt dürfte aufgrund ihres Engagements in einen wachsenden Zukunftsmarkt, ihrer unbestritten hohen Kompetenz im Bereich erneuerbarer Energien und der Strahlkraft des Namens bei Analysten und Investoren eine konsequente Implementierung der ‚first-mover advantages' erreicht werden. Dies könnte finanzstarke Fonds interessieren, die bewusst in ökologisch vorbildliche Unternehmen investieren. Dies gilt umso mehr, als die Investitionen in Forschung und Entwicklung im Bereich erneuerbarer Energien schon derzeit in Partnerschaft mit Wagniskapitalfonds finanziert werden.[104] Dieser kurzfristige strategische Vorteil könnte allerdings durch die Stilllegung der Atomkraftwerke aufgehoben werden, die nicht nur Kosten verursacht, sondern auch erhebliche Einbußen der Ertragskraft (EBIDTA) zur Folge haben wird. Dass die Möglichkeiten, diese Verluste durch eine gute Entwicklung des Geschäftssegments „erneuerbare Energien" zu kompensieren, gering sind, trübt die Zukunftsaussichten des Unternehmens ein.

Anders verhält es sich mit der neuen Gesellschaft *Uniper*. Hier besteht durch die Abspaltung die Chance, Synergien zwischen Erzeugung, Handel und dem Gas-Midstream-Geschäft aufzubauen, und damit eine Konsolidierungsplattform für das europäische Erzeugungsgeschäft zu schaffen[105], die –konsequent umgesetzt– eine Kostenführerschaft in diesem Marktsegment ermöglichen würde. Daher erscheint die von der *E.ON SE* formulierte Vision, dass *Uniper* die Neustrukturierung der Märkte –auch nach dem neuen Reorganisationskonzept– führend mitgestalten kann, auf den ersten Blick glaubwürdig. Auch ist davon auszugehen, dass die Analysten und Investoren –zumindest zunächst– den Markentransfer von *E.ON* auf *Uniper* trotz des fremden Namens annehmen werden, so dass *Uniper* gegenüber anderen Energieerzeugern, die weiterhin breit aufgestellt und damit ‚unfokussiert' bleiben, kurzfristig einen Vorteil haben könnte.

D. Haftungsrisiken für die öffentliche Hand

Selbst wenn mit der Umstrukturierung des *E.ON* Konzerns und der damit einhergehenden Vereinfachung der Unternehmensstrukturen im Sinne des § 123 Abs. 2 UmwG durch die Verteilung diverser Geschäftsfelder auf verschiedene

103 Vgl. insoweit Punkt B.

104 *E.ON* Geschäftsbericht 2014, S. 19.

105 Vgl. *E.ON* Geschäftsbericht 2014, S. 15.

Rechtsträger ein besserer Zugang zum Kapitalmarkt beabsichtigt ist,[106] dürfte gerade vor dem Hintergrund der dennoch aufgeworfenen Risiken vor allem die Änderung der Haftung eine besondere Rolle spielen. Vor allem die zuvor durch die *E.ON SE* geplante Trennung der konventionellen Energieerzeugung von der der erneuerbaren Energien auf zwei unterschiedliche Rechtsträger hatte die Frage aufkommen lassen, ob die Betreiber zukünftig noch in der Lage sein werden bzw. willens sind, ihrer Verantwortung nachzukommen. Schließlich wäre daraus das Problem der Haftbarkeit lediglich der (neuen) kleineren konventionellen Gesellschaft *Uniper* nach § 9a Abs. 1, 1a AtG entstanden.[107] Zwar hätte nach § 133 UmwG noch eine gesamtschuldnerische Haftung der *E.ON SE* und der *Uniper* für einen Zeitraum von fünf Jahren[108] bestanden, so dass im Falle einer Insolvenz der *Uniper* Ansprüche auch gegen die liquide und nachhaltig erscheinende *E.ON SE* geltend gemacht werden können. Da der Ausstieg aus der Atomkraft jedoch erst für das Jahr 2022 geplant und nach der Stilllegung der Atomkraftwerke mit weiteren Kosten, zum Beispiel für die Endlager, zu rechnen ist,[109] hätte auch die gesamtschuldnerische Haftung bis zum Jahr 2021 für den Fall einer späteren Insolvenz grundsätzlich ins Leere geführt.[110]

Aber auch durch den jetzigen Verbleib des Segments Atomkraft bei der *E.ON SE* ist dessen Insolvenzrisiko nicht gänzlich auszuschließen. Im Übrigen wäre eine spätere Umstrukturierung des Konzerns –wie sie bereits zuvor geplant war– nicht unwahrscheinlich, insbesondere wenn die verfassungsrechtlichen Bedenken[111] gegen das neue Nachhaftungsgesetz durchgreifen und damit der Weg für eine Haftungsexternalisierung auf eine andere, neue Gesellschaft wieder frei wird. Im Hinblick auf Vergleichsfälle aus der Vergangenheit weist die Insolvenz der Gesellschaft, die die Atomkraft betreibt, keine geringe Wahrscheinlichkeit auf. So meldete beispielsweise *ENRON*, einst eines der größten und innovativsten Energiekonzerne der *USA*, die Insolvenz an. Auch *BP* und *TEPCO* sorgten in den letzten Jahren für Krisenmeldungen. Schwindende Gewinne, Arbeitsplatzabbau und Überschuldung sind Schlagwörter, die auch mit den vier großen deutschen Energiekonzernen verbunden werden können. Die *E.ON SE* selbst verzeichnete

106 *Stengel* (Fn. 77), § 123 Rn. 14.

107 Tagesschau.de, Energiekonzern E.ON spaltet sich auf: „Bad Bank“ für Atom, Kohle und Gas, http://www.tagesschau.de/wirtschaft/eon-neuausrichtung-103.html (Stand: 1.12.2014), abgerufen am 28.12.2015; vgl. Punkt D.

108 Vgl. insoweit auch *Preisenberger,* in: Schüppen/Schaub (Fn. 81), § 16 Rn. 109.

109 Vgl. Punkt D.

110 So auch *Greenpeace* (Fn. 96), S. 52.

111 Vgl. dazu Punkt B.

erst im vergangenen Jahr einen ihrer größten Verluste der Firmengeschichte mit einem Minus von ca. 3,2 Mrd. Euro.[112] Die Werte der Kraftwerksanlagen wurden deutlich nach unten korrigiert und somit der Weg zur Abspaltung geebnet.

Im Insolvenzfall könnten die Kosten für die Stilllegung, den Rückbau und die Entsorgung nur noch teilweise aus der verbleibenden Insolvenzmasse finanziert werden. Sofern der Vorstandsvorsitzende *Teyssen* bekräftigt, man habe der *E.ON SE* „jahrelang [...] sogar vorgehalten, die Rückstellungen seien so hoch, dass es schon fast nach Steuerhinterziehung" aussehe, und diese damit ausreichend zur Verfügung ständen,[113] kann eine gewissenhafte Prognose zum jetzigen Zeitpunkt noch nicht abgegeben werden. So räumt er selbst ein, dass die *Bundesregierung* nun prüfen lässt, ob die Rückstellungen nach dem Stand der Technik auch für Krisensituationen ausreichen, die *E.ON SE* sich daran beteiligen will und das Ergebnis erst einmal abwartet. Bislang jedenfalls liegt eine fundierte Kostenschätzung noch nicht vor, so dass eine hinreichende Ungewissheit bleibt. Sollten die Atomrückstellungen zukünftig also nicht ausreichen, würden die dahingehenden Ansprüche betreffend die Stilllegung, den Rückbau und die Entsorgung wie auch die anderer Gläubiger aus der Insolvenzmasse anteilig bedient. Da in einem Insolvenzverfahren die Erhaltung und Sanierung des Unternehmens im Sinne des § 39 Abs. 4 InsO zunächst Vorrang hat, würden diese Ansprüche jedoch – wenn überhaupt – nur noch teilweise aus der verbleibenden Insolvenzmasse finanziert werden können.[114] Die für die öffentliche Hand entstehenden Kosten wären immens, insbesondere vor dem Hintergrund, dass bestimmte Bereiche als Staatsaufgabe definiert wurden und daher für diverse Folgekosten von Beginn an ohnehin nicht die Verursacher aufkommen.[115] Dazu zählen im Wesentlichen die Stilllegung, der Rückbau und die Entsorgung von Forschungsanlagen sowie die Folgekosten der Atomenergienutzung der ehemaligen *DDR*.[116] Rückstellungen müssen die Energieversorgungsunternehmen als Betreiber der Kernkraftwerke für diese Bereiche ebenfalls nicht bilden, so dass das Ausfallrisiko der öffentlichen Hand nicht unbeachtlich ist.

---

112 *Die Welt*, Energieriese E.ON meldet Rekordverlust, http://www.welt.de/wirtschaft/energie/article138282456/Energieriese-E-on-meldet-Rekordverlust.html (Stand: 11.3.2015), abgerufen am 28.12.2015.

113 *Kowalewsky/Rinke*, RP Online, RP-Energiegipfel, "Eons Atomrückstellungen reichen aus", http://www.rp-online.de/wirtschaft/atomrueckstellungen-von-eon-reichen-aus-aid-1.5122128 (Stand: 28.5.2015), abgerufen am 28.12.2015.

114 So auch: *Küchler/Meyer/Wronski* (Fn. 95), S. 19.

115 *Küchler/Meyer/Wronski* (Fn. 95), S. 20.

116 *Küchler/Meyer/Wronski* (Fn. 95), S. 20.

E. Forderungen an die Politik

Bedingt durch die mit dem Atomausstieg und der ggf. noch nicht abgeschlossenen Umstrukturierung der *E.ON SE* entstehenden Haftungsrisiken ist eine Betrachtung neuer Regelungen und bereits bestehender Forderungen zur Sicherstellung der Kostendeckung im Falle einer Insolvenz der Betreibergesellschaft zwingend erforderlich.[117] Aus der bisherigen Rückstellungspraxis resultiert ein Finanzrisiko, insbesondere für die langfristig anfallenden Entsorgungskosten, da die Rückstellungen im Energiekonzern verbleiben und zu dessen Innenfinanzierung dienen.[118]

I. Stiftungsmodell

Um insoweit eine Lösung anzubieten, wurde vor allem von den Energiekonzernen, so auch von der *E.ON SE*, ein Stiftungsmodell favorisiert, nach dem die Kraftwerke und die bislang gebildeten Rückstellungen im Wege einer einvernehmlichen Einigung mit dem *Bund* auf eine staatliche Stiftung oder einen neuen Unternehmensträger übertragen werden.[119] Als Gegenleistung würden die Kraftwerksbetreiber von der weitergehenden Entsorgungsverpflichtung befreit.

Im Hinblick auf die Rechtmäßigkeit des staatlichen Handelns bei der Umsetzung dieses Modells kann auf die Staatszielbestimmung aus Art. 20a GG und die allgemeinen grundrechtlichen Schutzpflichten, wie etwa das Grundrecht auf Leben und körperliche Unversehrtheit aus Art. 2 Abs. 2 S. 1 GG, zurückgegriffen werden.[120] Verfassungsrechtliche Bedenken dürften weitestgehend ausgeschlossen sein, da dem Staat bei der Erfüllung seiner Handlungsverpflichtungen eine weite Einschätzungsprärogative sowie ein weiter Gestaltungsspielraum zukommen.[121] Auch die Absprachen zwischen der Politik und den Energiekonzernen dürften insoweit unproblematisch sein, zumal solche nicht selten getroffen werden und diese nicht Basis eines Gesetzesentwurfs sind.[122] Ein besonderer Vorteil des Stiftungsmodells liegt darin, dass im Falle einer späteren Insolvenz des Betreiberunternehmens die bereits geleisteten Rückstellungen schon in der Stiftung vorhanden wären. Als Vorbild für dieses Modell könnte die im Jahr 2007 gegrün-

117 Vgl. *Küchler/Meyer/Wronski* (Fn. 95); *Greenpeace* (Fn. 96).

118 Vgl. Punkt D.

119 *Schmitz/Grefrath* (Fn. 92), S. 169.

120 *Jasper*, Die Finanzierung der Stilllegung von Kernkraftwerken: eine Studie aus der Perspektive des deutschen und europäischen Wirtschaftsrechts (Diss. 2007), 2008, S. 121 ff.

121 *Voßkuhle*, Umweltschutz und Grundgesetz, NVwZ 2013, S. 4.

122 *Schmitz/Grefrath* (Fn. 92), S. 170.

dete *RAG*-Stiftung dienen, die der Abwicklung des subventionierten deutschen Steinkohlenbergbaus dient.[123] Durchsetzen konnte es sich jedoch nicht, zumal die Verstaatlichung von Haftungsrisiken in der breiten Bevölkerung ohnehin unpopulär ist und sich politisch nur schwer vermitteln lässt.

II. Errichtung eines öffentlich-rechtlichen Fonds

Ebenfalls seit längerem wird über eine Übertragung der Rückstellungen für langfristige Verpflichtungen in einen öffentlich-rechtlichen Fonds diskutiert,[124] zumal ein solches Modell in anderen europäischen Ländern, wie etwa der *Schweiz*, bereits erfolgreich etabliert ist.[125] Diese Absicherung als öffentlich-rechtliches Sondervermögen könnte mit zu erhebenden Zwangsabgaben der KKW-Betreiber finanziert werden.[126] Ein Vorteil dieser Lösung sind die unabhängig von der Solvenz der Betreibergesellschaft zur Verfügung stehenden, eingezahlten Beiträge. Zudem besteht eine stärkere Regulierungsmöglichkeit als bei einem Verbleib der Rückstellung in den jeweiligen Energiekonzernen und der Nutzung dieser für eigene Investitionen. Zur Auferlegung der Zwangsabgaben bedarf es jedoch einer eingehenden rechtlichen Betrachtung. Der Staat hat zwar gem. Art. 73 Abs. 1 Nr. 14 GG die ausschließliche Gesetzgebungskompetenz und daher die generelle Möglichkeit zur Umsetzung der Fonds-Lösung, jedoch nur unter Abwägung der Recht- bzw. Verfassungsmäßigkeit einer solchen Zwangsabgabe.

Aus *finanzverfassungsrechtlicher Sicht* ist für eine nichtsteuerliche Abgabe, wie diejenige zur Finanzierung eines Kernkraftentsorgungsfonds, nach dem *BVerfG* vor allem eine besondere sachliche Rechtfertigung notwendig, die über die bloße Mittelbeschaffung hinausgeht.[127] Des Weiteren bedarf es einer besonderen Rechtfertigung für die weitere Belastung des zahlungspflichtigen Betreibers sowie einer angemessenen Planung, Kontrolle und Rechenschaft, zumal der Haushalts-

---

123 *Schmitz/Grefrath* (Fn. 92), S. 170.

124 *Deutscher Bundestag*, Ausschuss für Wirtschaft und Energie, Öffentliche Anhörung vom 4.3.2015; zur europäischen Fondslösung (nuclear package) auf Basis des Richtlinienvorschlags der *Europäischen Kommission*, KOM (2003) 32 endg., S. 6 f., sowie weiterer Finanzierungsmöglichkeiten vgl. *Jasper* (Fn. 120), S. 217 ff.

125 In der *Schweiz* wird ein Stilllegungsfonds auf Grundlage der Stilllegungsfondsverordnung vom 5.12.1983 und dem darauf erlassenen Reglement des UVEK für den Stilllegungsfonds für Kernanlagen vom 21.2.1985 (AS 1985, S. 327) betrieben, vgl. ausführlich *Hoppenbrock* (Fn. 91), S. 160 ff. sowie *Jasper* (Fn. 120), S. 51 ff.

126 *Schmitz/Grefrath* (Fn. 92), S. 170.

127 BVerfGE 108, 1 (15 f.) = NVwZ 2003, 715 (716) = JuS 2002, 1033; vgl. insoweit *Schmitz/Grefrath* (Fn. 92), S. 172.

plan nach Art. 110 Abs. 1 GG berührt ist und dieser für die Budgetplanung des Parlaments und der Regierung hinreichend klar und vollständig sein muss.[128] In ständiger Rechtsprechung hat das *BVerfG* die allgemeinen Anforderungen an nichtsteuerliche Abgaben für die Sonderabgabe weiter konkretisiert.[129] Diese müssen danach einem Sachzweck dienen, der über die bloße Mittelbeschaffung hinausgeht, und dürfen nur einer homogenen Gruppe auferlegt werden, die die entsprechende Finanzierungsverantwortung trägt.[130] Ferner unterliegt das Abgabenaufkommen einer gruppennützigen Verwendung und einer stetigen neuen Überprüfung der Erforderlichkeit durch den Gesetzgeber, den wiederum haushaltsrechtliche Informationspflichten treffen.[131]

Die Zwangsabgabe zur Finanzierung des Kernkraftentsorgungsfonds dient der Sicherstellung der Stilllegungs- und Entsorgungsverpflichtung der Betreiber von Kernkraftwerken gem. § 9a AtG und verfolgt damit einen über die reine finanzielle Mittelbeschaffung hinausgehenden *Sachzweck*, der letztlich eine Art Versicherung des Umwelthaftungsrechts darstellt.[132] Die Atomkraftwerksbetreiber erfüllen ebenfalls das Kriterium der *homogenen Gruppe*[133], da sie einem streng regulierten Markt unterliegen und gleichermaßen von den Vorschriften des Atomgesetzes betroffen sind. Schließlich richtet sich die Entsorgungsverpflichtung aus § 9a Abs. 1, 1a AtG an die Verursacher des atomaren Mülls, wobei die Abgabe in den Fonds gerade der Sicherstellung dieses Zwecks dient.[134] Aus § 9a Abs. 1, 1a AtG ergibt sich die Voraussetzung zur *Sachnähe* und die *Finanzierungsverantwortung*, denn neben der Handlungsverpflichtung wird auch die Kostentragungspflicht rechtlich geregelt. Der Fonds stellt somit vielmehr eine Konkretisierung des bereits bestehenden umwelt- und atomrechtlichen Verursa-

128 BVerfGE 108, 186 (215 f.) = NVwZ 2003, 1241 = NJW 2003, 3468 Ls.

129 BVerfGE 108, 186 (218 f.) = NVwZ 2003, 1241 = NJW 2003, 3468 Ls.; *Hoppenbrock* (Fn. 91), S. 195.

130 Homogen ist die Gruppe dann, wenn sie „durch eine gemeinsame, in der Rechtsordnung oder in der gesellschaftlichen Wirklichkeit vorgegebene Interessenlage oder durch besondere gemeinsame Gegebenheiten von der Allgemeinheit und anderen Gruppen abgrenzbar ist", BVerfGE 55, 274 (305 f.); *Hoppenbrock* (Fn. 91), S. 197.

131 Vgl. *Lerche*, DB 1995, Beilage Nr. 10, S. 7 f.; *Schmitz/Grefrath* (Fn. 92), S. 171; *Hoppenbrock* (Fn. 91), S. 195.

132 *Schmitz/Grefrath* (Fn. 92), S. 171.

133 Vgl. *BVerfG*, Beschluss vom 24. 11. 2009–2 BvR 1387/04.

134 Im Sinne des § 7 Abs. 1 AtG müssen die deutschen Atomkraftbetreiber allesamt zum Beispiel Zuverlässigkeit, Sachkenntnis und Sicherheitsvorkehrungen vorweisen, vgl. *Hoppenbrock* (Fn. 91), S. 197 f.; *Schmitz/Grefrath* (Fn. 92), S. 173.

cherprinzips dar.[135] Eine Sonderabgabe, wie sie hier gefordert wird, gilt auch für das Fehlverhalten Dritter, so dass eine Zwangsabgabe ebenfalls zur Absicherung der Entsorgungsverpflichtungen aller anderen Betreiber herangezogen werden kann.[136] Eine *gruppennützige Verwendung* liegt vor, da der mit der Sonderabgabe ausgestattete Fonds die Betreiber als Abfallverursacher und Stilllegungsverpflichtete von ihren individuellen Ersatzpflichten befreit, so dass im Sinne des *BVerfG* von einer „versicherungsnahen Lösung“ gesprochen werden kann.[137] Begründet durch das besonders lange Bestehen des Kernkraftentsorgungsfonds gewinnen die *Kontrollpflichten* eine besondere Stellung und sind –bei Heranziehung der Fondslösung– näher zu untersuchen.[138] Die *haushaltsrechtlichen Informationspflichten* könnten in einer Anlage des Haushaltsplans mit allen nichtsteuerlichen Abgaben aufgeführt werden.[139]

Neben den finanzverfassungsrechtlichen Erwägungen sind auch solche in *grundrechtlicher Hinsicht* anzustellen. Durch die Auferlegung einer Zwangsabgabe, die an die Tätigkeit der Atomkraftwerksbetreiber anknüpft, ist vor allem Art. 12 Abs. 1 GG, der die Berufsfreiheit gewährleistet, betroffen,[140] so dass auch der insoweit bestehende Eingriff[141] verfassungsrechtlich gerechtfertigt sein müsste. Die Abgabe ist zunächst geeignet, die Entsorgungspflichten gerade vor dem Hintergrund des Art. 20a GG zu fördern. Fraglich ist insbesondere, ob ggf. das bereits aufgezeigte Stiftungsmodell ein milderes Mittel darstellt und daher der Fondslösung vorzuziehen ist.[142] Hierbei ist die konkrete Ausgestaltung des Fonds ausschlaggebend. Diese ist nur dann hinreichend, „wenn die sich aus dem beschleunigten Ausstieg erwach-

---

135 *Hoppenbrock* (Fn. 91), S. 199; *Schmitz/Grefrath* (Fn. 92), S. 171.

136 Vgl. *BVerfG*, Beschluss vom 24.11.2009–2 BvR 1387/04.

137 *BVerfG*, Beschluss vom 18.5.2004–2 BvR 2374/99; *Hoppenbrock* (Fn. 91), S. 199; *Schmitz/Grefrath* (Fn. 92), S. 173.

138 *Schmitz/Grefrath* (Fn. 92), S. 173.

139 *BVerfGE* 108, 186 (218ff.).

140 Ein Eingriff in das Eigentumsrecht aus Art. 14 GG, der zwar alle vermögenswerte Rechte, nicht jedoch das Vermögen als solches schützt, besteht nicht, vgl. dazu *Hoppenbrock* (Fn. 91), S. 200 ff.; *Jasper* bejaht zwar einen Eingriff in Art. 14 GG, sieht diesen jedoch als gerechtfertigt an, *Jasper* (Fn. 120), S. 238.

141 Die Regelungen zur Einführung des Fonds geben das „Wie“ der beruflichen Tätigkeit der Kernkraftwerkbetreiber vor und haben damit als Berufsausübungsregelungen berufsregelnde Tendenz, *Jasper* (Fn. 120), S. 238; *Hoppenbrock* (Fn. 91), S. 202.

142 Zur umfänglichen Prüfung möglicher weiterer milderer, gleich effizienter Mittel zur Zweckerreichung vgl. *Schmitz/Grefrath* (Fn. 92), S. 175 f. sowie *Hoppenbrock* (Fn. 91), S. 203.

senden Beschränkungen der Atomkraftwerksbetreiber[143] [auch] in zutreffender Weise gewürdigt und eingestellt werden".[144] Im Übrigen wäre die Angemessenheit der Fondslösung im Rahmen der Zweck-Mittel-Abwägung zumindest solange zu bejahen, bis die Mittelabgabe den Bedarf zur Wahrung des öffentlichen Interesses an der Stilllegung und Entsorgung gem. § 9a Abs. 1, 1a AtG übersteigt.

Die Fondslösung könnte nach alledem eine langfristige Lösung sein und als Sicherheit für die Entsorgung des Atommülls sowie für die Stilllegung und den Rückbau der Atomkraftwerke dienen.[145] Nach den Außerbetriebnahmen der Atomkraftwerke ist die Zahlungsunfähigkeit der Betreiber zumindest nicht gänzlich von der Hand zu weisen und könnte dann durch einen solchen Fonds aufgefangen werden.[146] Auf Grundlage des Verursacherprinzips kann diese Lösung auch auf potentiell mögliche Betriebsschäden an den Endlagern ausgeweitet werden, denn für solche Schäden gibt es bisher noch keine Lösung; im Zweifel würde das Aufkommen der Staat tragen.[147] *Nachteile der Fondslösung* ergeben sich neben dem Eingriff in die unternehmerische Freiheit aus der geringeren Rendite durch die Anlage in risikoarme Fonds, um tatsächliche Sicherheiten zu schaffen.[148] Von diesen risikoarmen Anlagemöglichkeiten sind Investitionen in innovative Energieprojekte, auf die sich die *E.ON SE* zukünftig nun ebenfalls konzentriert, ausgenommen, da sie regelmäßig mit einem hohen Risiko verbunden sind. Ebenfalls könnte die Überführung der bisherigen Rückstellungen in einen öffentlichen Fonds mit rechtlichen, wirtschaftlichen und politischen Problemen einhergehen. Eine vollständige und zügige Einzahlungspflicht bereits angesammelter Rückstellungen würde möglicherweise negative Folgen für bisher getätigte Investitionen der Energiekonzerne sowie für ihre Mitarbeiter bedeuten. Die damit einhergehende enteignende Wirkung und Ungleichbehandlung gegenüber anderen Wirtschaftsbereichen könnte Klageverfahren nach sich ziehen. Um diesen Risiken entgegenzuwirken könnte nach erfolgter staatlicher Prüfung der anfallenden Kosten für Stilllegung, Rückbau und Entsorgung ein Betrag festgelegt werden, der erst ab jetzt schrittweise in einen Fonds eingezahlt wird, so dass keine rückwirkende Einbringung der Rückstellungen erfolgt.[149]

---

143 Als Beschränkungen sind etwa die allgemeinen Lasten der Betreiber durch den vorzeitigen Atomausstieg zu sehen, die bereits jetzt als Schadensersatzforderungen in Gerichtsverfahren geltend gemacht werden.

144 *Schmitz/Grefrath* (Fn. 92), S. 175.

145 *Greenpeace* (Fn. 96), S. 4; *Hoppenbrock* (Fn. 91), S. 204; *Jasper* (Fn. 120), S. 244.

146 Vgl. Punkt D.

147 *Küchler/Meyer/Wronski* (Fn. 95), S. 30 f.

148 *Greenpeace* (Fn. 96), S. 123.

149 So auch *Greenpeace* (Fn. 96), S. 15.

III. Weitere Insolvenzsicherungsmaßnahmen

Für die kurz- bis mittelfristigen Verpflichtungen, die sich aus der Stilllegung und dem Rückbau der Atomkraftwerke ergeben, könnte weiterhin auf die bislang schon bestehenden Rückstellungen in den Energiekonzernen gesetzt werden.[150] In Anlehnung an die Versicherungswirtschaft könnte die *Bildung von Sicherungsvermögen* (vgl. § 66 VAG[151]) sinnvoll sein, das die Atomrückstellungen absichert. Dieses dient im Falle einer Insolvenz einer bevorzugten Befriedigung der Versicherungsnehmer. *Meyering* und *Gröne* schlagen ähnlich dieser Lösung eine Verrechnung der Rückstellungen mit Planvermögen vor.[152] Die für die Stilllegung von Kernkraftwerken anfallenden Kosten würden dann ebenfalls den übrigen Gläubigern entzogen. Nachteilig an diesem Insolvenzschutz ist die Entziehung des Geldes der Energiekonzerne in der Hinsicht, dass es nicht mehr zur Innenfinanzierung bereitsteht und somit eine Insolvenz sogar fördern könnte. Eine *grundsätzliche vorrangige Befriedigung* der *Bundesregierung* gegenüber anderen Gläubigern im Sinne eines Absonderungsrechts in Höhe der zu veranschlagenden Entsorgungsverpflichtungen steht dem Grundsatz „Sanierung vor Liquidieren" entgegen.[153] Ob Ausnahmen für die Rückstellungen eingeräumt werden können, bedarf einer detaillierten Prüfung, denn dieses Vorrecht würde eine unechte Rückwirkung im Sinne einer tatbestandlichen Rückanknüpfung bewirken.[154] Eine weitere Forderung zur Insolvenzsicherung könnte diejenige nach einer höheren *Transparenz* der Rückstellungen darstellen, die etwa durch eine unabhängige Prüfstelle gesichert wird. Zutreffend hat der *BUND* bereits dahingehende Maßnahmen identifiziert, wie etwa die Bilanzierung der Atomrückstellungen, die Erbringung eines Nachweises der Fristenkongruenz von Rückstellungen und Rückstellungsgegenwerten sowie eine durch den *Bund* zu veranlassende unabhängige Überprüfung der angemessenen Höhe der Atomrückstellungen.[155]

---

150 Die oft angeführte Insolvenzsicherung durch die Verpflichtung zum Abschluss von Gewinnabführungs- und Beherrschungsverträgen zwischen den vier großen Energiekonzernen und ihren KKW-Tochtergesellschaften ist nicht Gegenstand dieser Untersuchung, die sich auf die Konsequenzen der Abspaltung konzentriert. Vgl. dazu *Küchler/Meyer/Wronski* (Fn. 95), S. 32 ff.

151 Versicherungsaufsichtsgesetz, BGBl. 1993 I S. 2.

152 Vgl. *Meyering, Stephan/ Gröne, Matthias*, Handels- und steuerrechtliche Rückstellungen für die Stilllegung von Kernkraftwerken, DB 2014, S. 1385 ff.

153 *Küchler/Meyer/Wronski* (Fn. 95), S. 36; *Schmitz/Grefrath* (Fn. 92), S. 174.

154 *Küchler/Meyer/Wronski* (Fn. 95), S. 36 f.; zur Rückwirkung vgl. *BVerfGE* 127, 1 (16 f.).

155 *Küchler/Meyer/Wronski* (Fn. 95), S. 28.

F. Fazit

Nach alledem erscheint es naheliegend davon auszugehen, dass die *E.ON SE* durch die Reorganisation des Konzerns, gerade vor dem Hintergrund der damit verbundenen personalpolitischen, arbeits- und gesellschaftsrechtlichen Hürden,[156] hochrangige Ziele verfolgt. Im Vordergrund steht sicherlich die Steigerung des Marktwertes der beiden neuen Gesellschaften.[157] Eine besondere Rolle spielt insoweit die Energiepolitik, die den Unternehmen zukünftig die Möglichkeit nimmt, mit ihren konventionellen Anlagen Geld zu verdienen, um Investitionen zu finanzieren, Gehälter zu zahlen oder Aktionäre zu bedienen.[158] Insbesondere gegenüber den Mitarbeitern, aber auch der Gesellschaft geht es um „Ebit und Ethik"[159]. Ob *E.ON* dieser Spagat gelingt, wird sich erst noch erweisen müssen.

Der Staat greift durch die Ökostromfinanzierung, die Anordnungen für den Anlagenbetrieb und die Vorschriften für das Stromnetz bereits in die Marktwirtschaft ein.[160] Die Insolvenz einiger Betreiberunternehmen ist insoweit nicht gänzlich von der Hand zu weisen. Dennoch sollten die für die Stilllegung und den Rückbau der Atomkraftwerke gebildeten Rückstellungen in Höhe von 36 Mrd. Euro, die sowohl von Wirtschaftsprüfern als auch von der Finanzverwaltung kontrolliert werden, grundsätzlich ausreichen, die künftigen Kosten auch zu begleichen. Ist dies nicht der Fall, sollte über die Einrichtung eines Fondsmodells nachgedacht werden, nach dem zukünftig Zwangsabgaben in einen Entsorgungsfonds einfließen. Die Stiftungslösung vermag zwar ebenfalls der Insolvenzsicherung dienen, die Politik zögert jedoch mit einem entsprechenden Vormarsch. Im Übrigen kann durchaus kritisch hinterfragt werden, ob es aus rein wirtschaftlicher Betrachtung sinnvoll ist, wenn der Staat insoweit in das Wirtschaftsgeschehen eingreift, indem er selbst Atomanlagen bis zur endgültigen Stilllegung und Entsorgung betreibt und kontrolliert. Brisant wird die Frage der Insolvenzsicherung spätestens dann, wenn die Klagen gegen das angekündigte Nachhaftungsgesetz[161] durchgreifen und damit der bereits zuvor durch die *E.ON SE* eingeschlagene eigene Weg einer Haftungsexternalisierung durch eine (weitere) Abspaltung frei gemacht wird.

---

156 Vgl. insoweit Punkt C.

157 Vgl. Punkt D.

158 *Mihm*, Eine Stiftung für Atomkraftwerke, FAZ v. 14.5.2014.

159 *Balser*, Aufbruch ins Morgenland, Süddeutsche Zeitung v. 7.5.2015.

160 *Mihm* (Fn. 158).

161 Gesetzentwurf der Bundesregierung, Entwurf eines Gesetzes zur Nachhaftung für Rückbau- und Entsorgungskosten im Kernenergiebereich (Rückbau- und Entsorgungskostennachhaftungsgesetz – Rückbau- und EntsorgungskostennachhaftungsG), BT-Drs. 18/6615.

Prof. Achim Albrecht, Lars Hinkel, M.B.A.
und Prof. Dr. Bernhard Müller-Jundt

Unternehmen in der Krise – Haftungsrisiken und Sanierungsmöglichkeiten

Die Praxis zeigt, dass in der Krise einer Gesellschaft die Geschäftsleiter häufig zu spät und zu zögerlich auf die Krisensituation reagieren. Insbesondere bei eigentümergeführten Unternehmen ist festzustellen, dass die Gesellschaftergeschäftsführer aus Angst Einfluss zu verlieren, Sanierungschancen, die z.B. die rechtzeitige Einleitung eines Insolvenzverfahrens bieten würden, viel zu spät ergreifen. Dadurch gefährden sie nicht nur die Aussichten auf eine erfolgreiche Sanierung sondern setzen sich selbst erheblichen Haftungsrisiken aus. Der nachstehende Beitrag will aufzeigen, welchen Risiken für Geschäftsleiter in der Insolvenz des Unternehmens bestehen können und welche Gestaltungsmöglichkeiten die InsO bei der Durchführung eines Insolvenzverfahrens zur Unternehmenssanierung bietet. Im Vorfeld geht es aber erst einmal um Risikomanagement in Unternehmen zur Krisenvermeidung. Auch hier hat der Gesetz- und Richtliniengeber auf nationaler und internationaler Ebene ein für viele Unternehmen verpflichtendes Regelwerk geschaffen, das Verstöße nicht nur auf der Ebene der Gesellschaft, sondern auch auf der Ebene der Geschäftsführung erheblich sanktioniert.

A. Risikomanagement in Unternehmen als Krisenvermeidung

Seit den großen Unternehmenszusammenbrüchen wird auf das Risikomanagement in Unternehmen verstärkt Gewicht gelegt, und das nicht nur im nationalen sondern auch im internationalen Kontext.

I. Rechtliche Grundlagen in Deutschland

Mit dem Gesetz zur Kontrolle und Transparenz im Unternehmensbereich (KonTraG) von 1998 hat der deutsche Gesetzgeber Regelungen zum Risikomanagement getroffen. In diesem Artikelgesetz wird in § 91 II AktG der Vorstand eine Aktiengesellschaft verpflichtet, ein Überwachungssystem einzurichten, damit den Fortbestand des Unternehmens gefährdende Entwicklungen früh erkannt werden. Der Gesetzgeber hat auf die Konkretisierung der Anforderungen an ein geeignetes Überwachungssystem bewusst verzichtet, weil die internen und externen Bedingungen für Unternehmen zu heterogen sind.[1] Deshalb stellt sich die Frage, wie Unternehmen den rechtlichen Anforderungen genügen und gleichzeitig einen möglichst großen Nutzen für eine erfolgreiche Unternehmensführung aus der Einrichtung dieses Systems ziehen können. Nach herrschender Meinung ist dafür ein geeignetes Risikomanagementsystems und die zugehörigen Maßnahmen im Bereich der internen Revision einzurichten. Der Abschlussprüfer der Aktiengesellschaft hat bei einer börsennotierten Aktiengesellschaft im Rahmen der Prüfung zu beurteilen, ob der Vorstand die ihm nach § 91 Abs. 2 AktG obliegenden Maßnahmen in geeigneter Form getroffen hat und ob das danach einzurichtende Überwachungssystem seine Aufgaben erfüllen kann. Darauf muss er nach § 321Abs. 4 HGB in seinem Prüfungsbericht explizit eingehen.

Verletzt der Vorstand seine Verpflichtungen, kann dies zu Schadensersatz führen.

Die Verpflichtung zur Einrichtung eines Überwachungssystems gegen bestandsgefährdenden Entwicklungen nach dem KonTraG betrifft aber nach herrschender Auffassung nicht nur Aktiengesellschaften. Es wird von eine Ausstrahlungswirkung auch auf andere Gesellschaftsformen ausgegangen, insbesondere auf die GmbH.[2]

In dem Deutschen Corporate Governance Code (DCG) aus dem Jahr 2002 wird der Vorstand verpflichtet, für ein angemessenes Risikomanagement und Risikocontrolling im Unternehmen zu sorgen.[3] Damit ist das Risikomanagement und Risikocontrolling zum unverzichtbaren Bestandteil international und national anerkannte Standards guter und verantwortungsvoller Unternehmensführung geworden. Für börsennotierte Unternehmen ist der DCGK durch das Transparenz und Publizitätsgesetz aufgewertet worden, da eine Erklärungspflicht für börsennotierte Unternehmen nach § 161 AktG besteht, inwieweit sie den Empfehlungen des DCGK nachkommen. Wurden oder werden Empfehlungen des DCGK nicht angewendet, ist dies zu begründen.

Durch das Bilanzrechtsmodernisierungsgesetz, das seit 2010 anzuwenden ist, haben kapitalmarktorientierte Kapitalgesellschaften nach § 289 Abs. 5 HGB im Lagebericht die wesentlichen Merkmale des internen Kontroll- und des Risikomanagementsystems im Hinblick auf die Rechnungslegung zu erläutern.[4]

1 *Hentschel*, Erfolgreiches Risikomanagement im Mittelstand, Berlin 2010, S. 6.

2 *Gleißner/Lienhard/Stroeder*, Risikomanagement im Mittelstand, Eschborn 2004, S. 9–11.; *Altmeppen, H.*: Die Auswirkungen des KonTraG auf die GmbH. Zeitschrift für Unternehmens- und Gesellschaftsrecht 1999, 28 (3), S. 301.

3 DCGK in der aktuellen Fassung vom 5.5.2015, NR 4.1.4.

4 *Gleißner/Berger*, Risikomanagement: Prozess und Organisation, 1. Aufl. , bookboon-com 2010, S. 11.

International gibt es ebenfalls Regelungen, die ggf. für deutsche Unternehmen mit Auslandsaktivitäten, eine Rolle spielen. Bereits seit Mitte 2002 existiert in den USA der sog. Sabanes-Oxley-Act, der in der Folge zahlreicher Bilanzskandale US-börsennotierte Unternehmen dazu verpflichtet, ein Internes Kontrollsystem einzurichten, dessen Zweckmäßigkeit vom Wirtschaftsprüfer zu bestätigen ist. Auch die Risikoberichterstattung nach den International Finance Reporting Standards (IFRS) verlangen eine Risikoberichterstattung nach IFRS 7, insbesondere eine Erläuterung des Risikomanagements im Hinblick auf den Einsatz von Finanzinstrumenten, wie z.B. Termingeschäfte zur Kurssicherung bei Exporten.

II. Bestandteile des Risikomanagementsystems

Unter einem Risikomanagementsystem werden alle organisatorischen, personellen und prozessualen Regelungen in einem Unternehmen verstanden, die der Identifizierung, Analyse, Bewältigung und Überwachung von Risiken dienen. Dazu gehört regelmäßig ein Frühwarnsystem, das negative Entwicklungen für das Unternehmen möglichst frühzeitig der Unternehmensleitung anzeigt, damit rechtzeitig Gegenmaßnahmen getroffen werden können, um eine Unternehmenskrise zu vermeiden. Der zweite Baustein ist ein Internes Kontrollsystem, das die Zuverlässigkeit betrieblicher Abläufe sicherstellen soll. Unverzichtbar ist auch ein Risikocontrolling mit dem systematisch Risiken in der Planung, Steuerung und Kontrolle, ausgerichtet an der von der Unternehmensleitung verabschiedeten Risikostrategie, berücksichtigt und in einem Risikobericht zusammengefasst werden.

Ein auf die Besonderheiten der Branche und des Unternehmen zugeschnittenes Risikomanagementsystem soll aber nicht nur die rechtlichen Anforderungen erfüllen, sondern der Unternehmensleitung wertvolle Informationen für die Unternehmenssteuerung liefern. Deshalb ist eine einseitige Erfassung nur der Risiken unzureichend. Das unternehmerische, auch im weiteren Sinne spekulativ genannte Risiko ist mit Chancen verbunden, die gegeneinander abgewogen werden müssen.[5]

1. Frühwarnsysteme

Frühwarnsysteme sollen Chancen und Risiken nach dem Zeithorizont kurz- mittel und langfristige, d.h. operative, taktische und strategische Unternehmensentwicklungen erkennen.[6]

---

5 *Brüwiler/Romeike,* Praxisleitfaden Risikomanagement, Berlin 2010, S. 99–100.

6 *Reich/Zerres/Zerres,* Frühwarnsysteme, bookbooncom 2014, S. 5.

Das Erkennen und Bewältigen von strategischen Risiken ist ureigene Aufgabe des Topmanagements. Das strategische Management hat die Aufgabe, die Voraussetzungen für den nachhaltigen Unternehmenserfolg zu schaffen und zu sichern. Dafür legt sich das Unternehmen fest, auf welchen Märkten, welchen Geschäftsfeldern und welchen Wertschöpfungsaktivtäten es tätig werden will. Ausgangspunkt ist eine strategische Analyse, die die Stärken (Kernkompetenzen) und Schwächen des Unternehmens aufdeckt. Risiken auf internationalen Märkten können sich z.B. über Wechselkursschwankungen ergeben oder rechtlichen Problemen beim Investitionsschutz für ausländische Unternehmen. Geschäftsfelder bergen Risiken in Form Technologieveränderungen, z.B. Elektromobilitätstechnik versus Verbrennungsmotorentechnik. Die Kernkompetenzen eines Unternehmens als Fähigkeit verstanden, Produkte oder Dienstleistungen im Vergleich zu den Wettbewerbern mit überlegener Qualität oder günstigeren Kosten zu produzieren, ist immer wieder durch Konkurrenten bedroht, die versuchen, ihrerseits den Wettbewerbsvorsprung aufzuschließen. Ein aktuelles Beispiel ist der teilweise auch mit juristischen Mitteln ausgetragene Wettbewerb zwischen Apple und Samsung.

2. *Interne Kontrollsysteme*

Interne Kontrollsysteme sind technische und organisatorische Regelungen, die Schäden von dem Unternehmen abwehren sollen. Das können bauliche und softwaretechnische Zutritts- und Zugriffskontrollen sein ebenso wie schriftlichen Anweisungen zu betrieblichen Abläufen, der Geheimhaltung von Betriebsgeheimnissen und weiter Maßnahmen, die dem Schutz des materiellen und immateriellen Vermögens des Unternehmens dienen. Ein typisches Beispiel dafür ist auch das Vieraugenprinzip, mit dem insbesondere wirtschaftskriminelle Handlungen verhindert werden sollen. Auch die interne Revision als prozessunabhängige Kontrolle hat dabei eine wichtige Funktion.

3. *Risikocontrolling*

Das Risikocontrolling als Teil des Unternehmenscontrolling, das der an den Unternehmenszielen ausgerichteten Koordination von Planung, Steuerung und Kontrolle dient, ist für die Einrichtung und den laufenden Betrieb eines Risikoberichtssystems verantwortlich.[7] Das Risikoberichtssystem bildet die wesentlichen Risiken des

---

7 Zur großen Bedeutung des Controlling im Rahmen der Insolvenzursachenforschung vgl. *Zenker, Klaus:* KMU Erfolgsfaktoren für den Mittelstand, bookbooncom 2012,

Unternehmens monetär ab, z.B. durch eine Risikorechnung, die mögliche Schadensereignisse mit einer objektiven oder subjektiven Eintrittswahrscheinlichkeit multipliziert und daraus einen Risikowert ermittelt. Während sich die objektiven Wahrscheinlichkeiten aus Statistiken zu Schadenfällen ableiten lassen, basieren die subjektiven Wahrscheinlichkeiten auf meist persönlichen Erfahrungen und Szenarioanalysen. Mit den einzelnen Risikowerten lassen sich mit Hilfe einer Risikoklassifizierung Prioritätenlisten für die Behandlung von Unternehmensrisiken erstellen.

III. Der Risikomanagementprozess

Der Risikomanagementprozess sollte über die gesetzlichen Mindestanforderungen hinausgehen und seinen Ausgangspunkt in der Risikopolitik als Teil der Unternehmenspolitik haben.[8] Das Unternehmen sollte seine Ziele und risikopolitischen Grundsätze klar formulieren. Damit möglichst alle Mitarbeiter im Unternehmen zu einem einheitlichen Umgang mit Risiken angeleitet werden, sind diese Grundsätze in das Unternehmensleitbild aufzunehmen. Entscheidend ist aber, wie der Umgang mit Risiken im Unternehmen gelebt wird. Dafür benötigen die Mitarbeiter Kriterien, die eine Abwägung von Rendite und Risiko ermöglichen. Das Risikomanagement sollte eine Obergrenze für den Gesamtumfang der Risiken in Abhängigkeit von der Höhe des Eigenkapitals festlegen. Auch die Einzelrisiken, z.B. bei einem größeren Investitionsprojekt wie dem Bau einer neuen Fertigungsanlage, sind zu limitieren.

Das unternehmensweite Frühwarnsystem hat im ersten Schritt unternehmerische interne und externe Risiken zu identifizieren. Im operativen Bereich sind dafür insbesondere betriebswirtschaftliche Kennzahlen geeignet, die als Frühindikatoren für eine mögliche negative Planabweichung dienen. So ist es bei den meisten Unternehmen üblich, das Zahlungsverhalten der Kunden im Rahmen des Debitorenmanagements und auch durch professionelle Auskunfteien zu überwachen, um den wirtschaftlichen Forderungsverlust bei insolvenzbedrohten Schuldnern zu vermeiden. Frühindikatoren geben also schon im Voraus ein Warnsignal über die Entwicklung des Unternehmens. Spätindikatoren zeigen dagegen an, ob das Unternehmen seine Ziele, insbesondere das Ergebnisziel in Form des Jahresüberschusses oder heutzutage eher des EBIT (Earnings before interest and taxes) erreicht hat. Ein besonders geeignetes Managementool ist in diesem Zusammenhang die Balanced Scorecard, die operative und strategische Aspekte der Unternehmensführung mit

S. 39. Danach wurde fehlendes Controlling noch vor Finanzierunglücken als häufigste Insolvenzursache genannt.

8 *Gleißner/Berger* (Fn 4), S. 19.

meist vier Perspektiven abdeckt: der Finanzperspektive, der Geschäftsprozessperspektive, der Lern- und Wachstumsperspektive und der Kundenperspektive.

In der strategischen Frühwarnung sind aber andere Instrumente erforderlich. Ein Indikatorenmodell ist dafür weniger geeignet, da es für das Unternehmen relevante Informationen möglichweise vernachlässigt. Geeignet ist dafür vielmehr das Konzept der schwachen Signale von Ansoff. Frühaufklärung (Bevor Fact Approach) als Alternative bzw. Ergänzung zum Krisenmanagement (After fact Approach) geht davon aus, dass sich Unternehmen zunehmend in einem Umfeld entwickeln, das durch Komplexität, Diskontinuitäten und strategischen Überraschungen gekennzeichnet ist. Die meisten strategischen Diskontinuitäten sind mit den bekannten statistischen oder ökonometrischen Prognosemodellen nicht vorhersagbar, weil sie sich nicht aus kausallogischen Erfahrungen der Vergangenheit ableiten lassen. Je frühzeitiger man aber auf bestimmte Entwicklungen aufmerksam wird, die sich häufig zu Beginn erst als schwache Signale zeigen, umso eher kann man darauf mit Strategieveränderung bzw. -anpassungen reagieren.[9] In der Vergangenheit sind häufiger Beispiele bekannt geworden, wo diese Signale ignoriert worden sind, wie z. B. die Produktion oder Verwendung von Baustoffen mit Asbestfasern, obwohl in der Produktion Asbest bereits als hoch gefährlicher Stoff bekannt war.

Empfehlenswert ist deshalb ein mindestens einmal im Jahr stattfindender Workshop der Unternehmensleitung, der sich mit Hilfe von Managementtechniken wie z. B. Brainstorming oder Szenarioanalyse im Rahmen der strategischen Planung mit für das Unternehmen relevanten schwachen Signalen beschäftigt.

Wenn man mit dem Bild einer Überwachung des Luftraums arbeiten möchte, dann ist für insbesondere schwache Signale ein 360 Grad Radar erforderlich. Wenn ein solches Signal erkannt wird, sollte es in seiner Veränderung überwacht werden (auf dem Monitor regelmäßig beobachtet werden). Das bietet sich z. B. bei Pharmaunternehmen an, die Nebenwirkungen ihrer Produkte gegebenenfalls weltweit unverzüglich erfassen.

Der nächste Schritt im Rahmen des Risikomanagementprozesses ist die Risikobewertung. Die Risikoquantifizierung ist für eine Ersteinschätzung zwingend, um die Relevanz des Risikos für das Unternehmen zu bestimmen. Dabei können z. B 5 Risikoklassen unterschieden werden, und zwar von unbedeutend (Risikoklassen 1 und 2) über bedeutend (Risikoklassen 3 und 4) bis bestandgefährdend (Risikoklasse 5). Für die Einordnung in die Risikoklassen ist der jeweils maximal mögliche Schaden zugrunde zu legen. Soweit statistische Wahrscheinlichkeiten herangezogen werden können, bietet sich der value-at-risk an, der Schaden, der mit einer bestimmten Wahrschein-

9 *Reich/Zerres/Zerres* (Fn 6), S. 7.

lichkeit in einem Jahr nicht überschritten wird. Am Ende steht dann ein Risikoinventar, aus dem alle relevanten Risiken mit ihrer Relevanzklasse verzeichnet sind.

Im dritten Schritt wird beurteilt, wie groß der Umfang des unternehmerischen Gesamtrisikos ist. Bei der Risikoaggregation werden bewerteten Risiken aus dem Risikoinventar in die Unternehmensplanung integriert. Risikosimulationsverfahren, wie z.B. die Monte-Carlo-Simulation, sind dazu in der Lage, eine große Anzahl von unterschiedlichen Zukunftsszenarien zu berechnen und zu analysieren. Dies lässt Rückschlüsse auf das Gesamtrisiko und eine Einschätzung der Bandbreite des Unternehmensergebnisses zu.

Im vierten Schritt ist die Risikobewältigung als zentrale Aufgabe des Risiko managements zu nennen. Das Risikomanagement entscheidet, inwieweit Risiken zu vermeiden sind, z.B. bestimmte risikoreiche Geschäfte nicht abgeschlossen werden dürfen. Soweit das Eingehen von Risiken unumgänglich ist, wird versucht, Risiken zu vermindern oder zu begrenzen, z.B. bei größeren Projekten durch das Eingehen von Arbeitsgemeinschaften oder Partnerschaften bei technischen Innovationsprojekten. Soweit es der Markt zulässt, wird versucht, Risiken zu transferieren, z.B. auf einen Zulieferer im Anlagengeschäft oder den Kunden außerhalb des Euroraums durch Fakturierung der Leistungen in €. Falls diese Maßnahmen nicht greifen, bleibt nur das Risiko selber zu tragen und sich ausreichend Deckungspotential in Form von Eigenkapital zu beschaffen.

Unerlässlich ist schließlich die laufende Überwachung zumindest der bedeutenden Risiken in Form des Monitoring. Aus dem KonTraG ergibt sich ein Dokumentationserfordernis im Hinblick auf den Überwachungsturnus und- umfang.

Abb. 1: Der Risikomanagementprozess

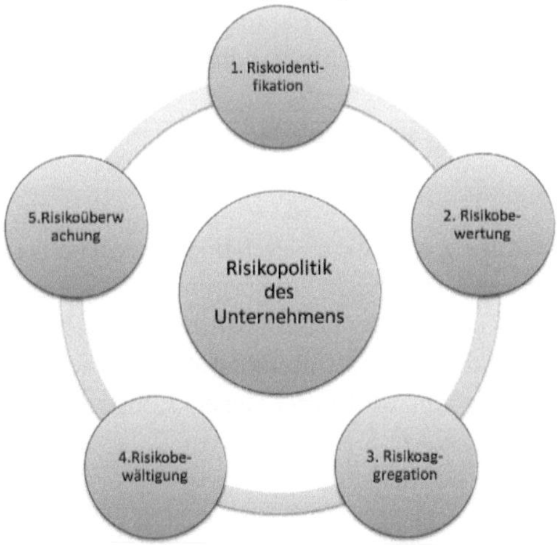

B. Haftung der Geschäftsführung in der Krise der Gesellschaft

Die Bewältigung von Unternehmenskrisen ist eine zentrale Aufgabe des Managements. Welche Anforderungen dabei an die Geschäftsleitung gestellt werden, hängt im Wesentlichen vom Krisenstadium ab, in welchem sich das Unternehmen befindet. Im Allgemeinen wird zwischen den nachstehend aufgeführten 4 Krisenstadien unterschieden.

Abb. 2: Der Weg von der strategischen Krise zur Insolvenz

Mit fortschreitendem Krisenzyklus nehmen für das Management die Handlungsoptionen ab. Zeitgleich steigen die Sorgfaltspflichten und die Haftungsrisiken an. Gerät ein Unternehmen in eine Liquiditätskrise, erhöht sich der Handlungs- und Erfolgsdruck auf das Management. Gleichzeitig wird das Zeitfenster, in dem Entscheidungen getroffen werden müssen, enger. Dagegen haben die zu treffenden Entscheidungen regelmäßig existentielle Bedeutung für das Unternehmen und weitreichende Folgen. Werden diese nicht oder nicht rechtzeitig getroffen, kann sich die Geschäftsführung haftbar machen. So hat zum Beispiel der Gesetzgeber bei juristischen Personen mit § 64 GmbHG und § 92 AktG Haftungsnormen für Geschäftsleiter geschaffen, die ein Unterlassen der rechtzeitigen Insolvenzantragstellung bei Eintritt der materiellen Insolvenzreife sanktionieren.

Nachstehende Ausführungen befassen sich mit der Frage, welche Anforderungen an eine ordnungsgemäße Geschäftsführung in der Liquiditätskrise zu stellen sind und welche Haftungsrisiken dem Management hierbei drohen.

I. Ordnungsgemäße Geschäftsführung in der Krise

1. Was heißt ordnungsgemäße Geschäftsführung?

Die Begrifflichkeit, was unter einer ordnungsgemäßen Geschäftsführung zu verstehen ist, ist im Gesetz nicht legal definiert. Die Pflicht zur sorgsamen Geschäftsführung wird allgemein dahin umschrieben, dass der Geschäftsführer im Rahmen der Gesetze, des Gesellschaftsvertrages, der für die Geschäftsführung verbindlichen Beschlüsse anderer Gesellschaftsorgane und unter Berücksichtigung öffentlicher Interessen die Gesellschaft zu fördern, d.h. ihr die Vorteile zu wahren und Schaden von ihr abzuwenden hat.[10] Mit konkretisierenden Regelwerken wird versucht zu erfassen, was letztlich im Allgemeinen unter einer ordnungsgemäßen Geschäftsführung zu verstehen ist, so wie z. B. „Corporate Governance“. Eine gesetzliche Bezugnahme hierfür findet sich in § 161 AktG der auf die Empfehlungen der Regierungskommission Deutscher Corporate Governance Kodex (DCGK), die sich zwar in erster Linie an börsennotierte Aktiengesellschaften richten, aber auch von börsenfernen Gesellschaften beachtet werden sollen, verweist. Unter Corporate Governance versteht man den rechtlichen und faktischen Ordnungsrahmen für die Leitung und Überwachung eines Unternehmens.

Bei der Abgrenzung/Eingrenzung der Pflichten die zu einer ordnungsgemäßen Geschäftsführung gehören, ergeben sich in der Praxis erhebliche Schwierigkeiten. Zum einen sind die gesetzlichen Regelungen zum Umfang der einem Geschäftsführer auferlegten Pflichten nicht abschließend und zum anderen erfahren sie häufig durch Gesellschaftsvertrag, Gesellschafterbeschlüsse und den Dienstvertrag des Geschäftsführers Erweiterungen oder Einschränkungen. Maßstab für die Pflichterfüllung ist die Sorgfalt eines sog. ehrbaren Kaufmanns, eines selbständigen Treuhänders fremden Vermögens. Was bedeutet dies für die Handlungspflichten in der Liquiditätskrise/bei Eintritt der Insolvenzreife?

2. *Pflichten und Anforderungen an die Geschäftsführung in der Liquiditätskrise / bei Insolvenzreife*

Welche Maßnahmen ein Geschäftsleiter in der Krise ergreifen muss und welche Handlungen er vorzunehmen hat, wird letztlich aus dem allgemeinen Sorgfaltsmaßstab des § 43 Abs. 1 GmbHG bzw. § 91 AktG hergeleitet. Wie bereits ausgeführt, muss er dabei mit der Sorgfalt eines ordentlichen Kaufmanns handeln.

a) Allgemeine Pflichten

Zunächst obliegt jedem Geschäftsleiter die Aufgabe, in seinem Unternehmen die Organisationsstruktur zu schaffen, die ihm die zur Wahrnehmung seiner Pflichten erforderliche Übersicht über die wirtschaftliche und finanzielle Situation der Gesellschaft jederzeit ermöglicht.[11] Das bedeutet, dass er durch Etablierung einer Top-down-Organisation dafür Sorge tragen muss, dass unterhalb der Geschäftsführerebene die Arbeit entsprechend den Vorgaben geleistet wird und dass eine Koordination zwischen den einzelnen Abteilungen und den Mitarbei-

10 OLG Zweibrücken, NZG 1999, S. 506 f.

11 BGH, Urteil v. 20.02.1995, II ZR 9/94, ZIP 1995, S. 560 f.

tern stattfindet, wobei insbesondere auch ein ausreichender Informationsfluss zwischen den verschiedenen Hierarchieebenen und zwischen den einzelnen Abteilungen bzw. Unternehmenszweigen sichergestellt sein muss.[12] Je größer ein Unternehmen und je mehr Personen zu seinem Erfolg zusammenwirken, desto mehr Organisation ist erforderlich, um eine effektive positive Zusammenarbeit und die Vermeidung von Fehlern zu sichern. Neben der Schaffung einer Organisationsstruktur obliegt dem Geschäftsführer auch die Einrichtung eines Risikomanagementsystems, um frühzeitig Fehlentwicklung feststellen zu können. Der Geschäftsführer hat für eine beständige wirtschaftliche Selbstprüfung zu sorgen und die finanzwirtschaftliche Lage zu kontrollieren. Damit er die finanzwirtschaftliche Situation des Unternehmens beurteilen und damit rechtzeitig eine Krisensituation erkennen kann, muss es ein entsprechendes Informations- und Controllingsystem im Unternehmen einrichten, z.B. durch die Erhebungen und die Auswertung von Kennzahlen.

b) Pflichten bei Krisenanzeichen

Ergeben sich aus dem eingerichteten Risikomanagementsystem erste Anzeichen für eine finanzwirtschaftliche Krise, verlangt der allgemeine Sorgfaltsmaßstab vom Management die Aufstellung eines Finanz-/Liquiditätsplans und die Erstellung von Zwischenbilanzen. Dieser ist stetig fortzuschreiben und zu überwachen. Ergibt sich aus der Zwischenbilanz, dass das Stammkapital der Gesellschaft zu über 50 Prozent aufgezehrt ist, muss der Geschäftsführer umgehend die Gesellschafter informieren und eine Gesellschafterversammlung einberufen, § 49 Abs. 3 GmbHG.

Neben der ständigen Liquiditätskontrolle und der Prüfung muss die Geschäftsführung in der Krise auch die Sanierungsfähigkeit prüfen. Kann diese anhand konkret entwickelter Sanierungsmaßnahmen bejaht werden, hat der Geschäftsführe für die Umsetzung der Sanierungsmaßnahmen Sorge zu tragen. Bei der Erstellung eines solchen Sanierungskonzeptes hat der Geschäftsleiter auch zu prüfen, ob und unter welchen Maßgaben die Durchführung eines Insolvenzverfahrens zur Überwindung der Unternehmenskrise eine strategische Handlungsoption und für die Nachhaltigkeit der Unternehmenssanierung vorteilhaft sein kann. Welche Handlungsinstrumente für eine Sanierung im Rahmen eines Insolvenzverfahren bestehen und welche Neuerungen durch das Gesetz zur Erleichterung der Sanierung von Unternehmen (ESUG) geschaffen worden sind, wird im Teil B erläutert. Bei der Auswahl der Sanierungsmaß-

---

12 *Haas/Ziemons*, in: Michalski (Hrsg.), GmbHG, 2. Aufl., 2010, § 43 Rz. 75a.

nahmen steht der Geschäftsführung ein weiter Ermessensspielraum im Sinne der Business Judgement Rule zu.[13] Risikobehaftete Geschäfte sind in der Krise zu unterlassen.

c) Praxiserfahrung

Die Praxis zeigt, dass die Geschäftsleiter, insbesondere bei mittelständischen Unternehmen, der stetigen Liquiditätskontrolle und einer rechtzeitigen Prüfung der Sanierungschancen wenig Bedeutung schenken. Zwischen Eintritt der materiellen Insolvenz und der Stellung eines Insolvenzantrages vergehen regelmäßig mehrere Monate. Dies liegt zum einen daran, dass die Geschäftsführung häufig die Krisenanzeichen nicht bzw. nicht rechtzeitig erkennt und zum anderen daran, dass bei dem Management das Verständnis vorherrscht, mit dem Einleiten solcher Prüfungsmaßnahmen ist gleichzeitig ein Eingeständnis des Scheiterns der eigenen Geschäftspolitik verbunden. Dies hat zur Folge, dass die gebotenen Handlungen nicht oder nicht rechtzeitig vorgenommen werden. Daraus resultieren in der Liquiditätskrise der Gesellschaft erhebliche Haftungsrisiken für die Organe.

II. Haftung des Geschäftsführers in der Krise

Gerät ein Unternehmen in einer Liquiditätskrise ergeben sich für die Geschäftsführer sowohl zivilrechtliche als auch strafrechtliche Haftungsrisiken, die gegebenenfalls zu einer existentiellen Bedrohung für das einzelne Organ werden können.

1. Zivilrechtliche Haftung

a) Schadenersatzpflicht wegen Insolvenzverschleppung, § 823Abs. 2 iVm § 15a Abs. 1 InsO

Gemäß § 15a Abs. 1 InsO haben vertretungsberechtigte Organe einer juristischen Person spätestens 3 Wochen nach Eintritt der Zahlungsunfähigkeit oder Überschuldung Antrag auf Eröffnung eines Insolvenzverfahrens zu stellen. Die Norm des § 15a InsO hat drittschützenden Charakter und stellt ein Schutzgesetz im Sinne des § 823 Abs. 2 BGB dar.[14] Der Schutzbereich erstreckt sich nicht nur auf Altgläubiger, sondern erfasst auch Neugläubiger die in Unkenntnis der Insolvenzreife in eine Geschäftsbeziehung mit der Schuldnerin eintreten. Dagegen handelt es sich bei den Altgläubigern um jene, die bereits im Zeitpunkt des Ein-

---

13 *Kleindick*, in: Lutter/Hommelhoff (Hrsg.), GmbHG, 18. Aufl., 2012, § 43 Rz. 14.

14 BGH, Urteil v. 14.05.2012, II ZR 130/10, ZIP 2012, S. 1455 f.

tritts der materiellen Insolvenzreife eine Gläubigerstellung innehatten. Bezüglich des Umfangs des Schadenersatzanspruchs ist zu differenzieren. Den Neugläubigern haftet das vertretungsberechtigte Organ auf das sog. negative Interesse. Neugläubiger sind somit so zu stellen, wie sie stünden, wenn der Geschäftsleiter seiner Insolvenzantragspflicht rechtzeitig nachgekommen wäre, mit der Folge, dass sie nicht mehr in eine vertragliche Beziehung zur Schuldnerin hätten treten können. Der zu ersetzende Schaden besteht deshalb nicht in dem wegen Insolvenz der Gesellschaft „entwerteten" Erfüllungsanspruch. Auszugleichen ist vielmehr lediglich das negative Interesse, z.B. in Form von Waren- und Lohnkosten, die der Neugläubiger wegen des Vertragsschlusses mit der Schuldnerin erbracht hat.[15] Dagegen erhalten Altgläubiger nur den sog. Quotenschaden ersetzt. Darunter versteht man die Differenz zwischen der ursprünglich erzielbaren (Soll-Quote) und der tatsächlich erzielten Insolvenzquote (Ist-Quote).[16]

b) Haftung für verbotene Zahlungen, § 64 Satz 1 GmbHG bzw. § 92 Abs. 2 AktG

Nach diesen Vorschriften haften Geschäftsleiter für Zahlungen, die nach Eintritt der materiellen Insolvenzreife noch geleistet werden. Die Haftungsnorm ist Ausfluss einer weiteren insolvenzspezifischen Organpflicht, nämlich dem Gebot der Masseerhaltung bei Eintritt der Insolvenzreife. Insofern dürfen Geschäftsführer nur noch solche Zahlungen leisten, die mit der Sorgfalt eines ordentlichen Kaufmannes vereinbar sind, z.B.:

- Zahlungen, bei denen eine gleichwertige Gegenleistung in das Vermögen fließt (Aktivtausch),
- Zahlungen, die zur Aufrechterhaltung des Geschäftsbetriebes zwingend notwendig sind und Nachteile für das Vermögen abwenden (z.B. Strom, Gas, Wasser).

Die Vorschrift will die Ansprüche der Gläubiger sichern und ein Aufzehren der Insolvenzmasse verhindert.[17] Ein Verstoß gegen dieses Verbot hat für den Geschäftsleiter weitreichende Folgen, da dieser alle verbotswidrig geleisteten Zahlungen in die Insolvenzmasse erstatten muss. Dabei handelt es sich nicht um einen Schadenersatzanspruch sondern um einen Ersatzanspruch „sui generis".[18]

15 BGH, Urteil v. 06.06.1994 – II ZR 292, 91, BGHZ 126, 181, 201.
16 *Casper*, in: Ulmer/Habersack/Winter (Hrsg.), GmbHG, 2008, § 64 Rn. 115.
17 BGH, Urteil v. 29.11.1999- II ZR 273/98, ZIP 2000, S. 184, 185.
18 BGH, Urteil v. 08.01.2001 – II ZR 88/99, ZIP 2001, S. 235, 239 – Geschäftsführer.

c) *Haftung nach § 43 Abs. 2 GmbHG auf Schadenersatz*

Gemäß § 43 Abs. 1 GmbHG hat ein Geschäftsführer mit der Sorgfalt eines ordentlichen Kaufmanns zu handeln. Ihm anvertrautes Vermögen muss er wie ein „Treuhänder“ behandeln und darf es nicht zum eigenen Vorteil einsetzen. Verletzt er diese Pflicht, führt dies zu einer uneingeschränkt Schadenersatzpflicht gegenüber der Gesellschaft.

2. *Strafrechtliche Haftung*

a) *Insolvenzverschleppung, § 15a Abs. 4, 5 InsO*

Nach § 15a Abs. 4, 5 InsO wird bestraft, wer entgegen der Verpflichtung aus Abs. 1 einen Insolvenzantrag nicht, nicht richtig oder nicht rechtzeitig stellt. Mit der Strafandrohung soll die Erfüllung der Insolvenzantragspflicht zum Schutz der Alt- und Neugläubiger der Gesellschaft sichergestellt werden und damit den durch die Weiterführung der Geschäfte hervorgerufenen Gefahren vorgebeugt werden.[19]

b) *Bankrott, § 283 StGB*

Ein Geschäftsleiter macht sich wegen Bankrotts strafbar, wenn er bei Vorliegen einer Insolvenzreife entweder Vermögen beiseiteschafft (§ 283 Abs. 1 Nr. 1 StGB) oder seine Buchführungspflichten verletzt (§ 283 Abs. 1 Nr. 5–7 StGB). Die Bankrotthandlungen müssen entweder zeitlich während der Unternehmenskrise begangen worden sein (Abs. 1) oder aber selbst kausal eine Krise (Überschuldung oder Zahlungsunfähigkeit) herbeiführen (Abs. 2).[20] Voraussetzung für eine Strafbarkeit ist aber, dass die Gesellschaft ihre Zahlungen eingestellt hat, eine Insolvenzverfahrens eröffnet oder der Antrag mangels Masse abgewiesen wird. Schutzzweck des § 283 StGB ist in erster Linie die Sicherung der Insolvenzmasse im Interesse der Gläubiger.

c) *Verletzung der Buchführungspflicht, § 283b StGB*

Anders als § 283 Abs. 1 StGB stellt die Vorschrift des § 283b StGB bestimmte Buchführungs- und Bilanzdelikte unabhängig vom Vorliegen einer Unternehmenskrise unter Strafe. Erforderlich ist aber für die Strafbarkeit ebenso wie bei § 283, dass es schließlich zum Unternehmenszusammenbruch kommt, also die

---

19 *Kreft*, in: Heidelberger Kommentar zur Insolvenzordnung, 7. Aufl. 2014, § 15a Rz. 39.

20 *Tiedemann/Rönnau*, in: Scholz (Hrsg.), GmbHG, 10. Aufl.,2010, Vorbemerkungen Vor §§ 82 Rz. 27.

Zahlungen eingestellt werden, das Insolvenzverfahren eröffnet oder der Eröffnungsantrag mangels Masse abgewiesen wird (Absatz 3).

d) Gläubigerbegünstigung, § 283 c StGB

Eine Gläubigerbegünstigung begeht, wer in Kenntnis einer bestehenden Zahlungsunfähigkeit einem Gläubiger eine inkongruente Sicherheit oder Befriedigung in der Absicht gewährt, diesen Gläubiger im Verhältnis zu den übrigen Gläubigern zu bevorteilen. Sowohl die Begünstigung als die Benachteiligung müssen tatsächlich eintreten. In der Praxis ist festzustellen, dass zwar häufig Handlungen festgestellt werden können, die den Tatbestand dieses Deliktes erfüllen, aber eine strafrechtliche Bewertung dagegen nicht erfolgt.

III. Zusammenfassung

Eine ordnungsgemäße Geschäftsführung erfordert die Errichtung eines Informations- und Controllingsystems zur Ermittlung von Krisenanzeichen. Treten solche auf, ergeben sich umfassende Handlungspflichten für die Geschäftsführung. Verstößt die Geschäftsführung gegen ihr obliegende Pflichten, macht sie sich haftbar und schadenersatzpflichtig.

C. Die Sanierungsmöglichkeiten im Rahmen des Insolvenzverfahrens

I. Neue Sanierungswerkzeuge und eine historische Problematik

Seit die Insolvenzordnung (InsO) am 1.1.1999 in Kraft getreten ist und mehrere Reformrunden überstanden hat, wird ihre Rolle als Sanierungswerkzeug überlagert vom Image der früheren Konkursordnung, die seit 1877 das Image des 'Bankrotts' prägte. In der Öffentlichkeit war ein Konkurs der Ausweis des geschäftlichen Versagens und der andauernden Stigmatisierung. Die Zerschlagung der betroffenen Unternehmen und ihre Vollliquidierung zum Zweck der Gläubigerbefriedigung war das Ziel des gesetzlichen Auftrags. Die Konkursverfahren waren geprägt von Massearmut. Etwa drei Viertel aller Verfahren wurden mangels Masse nicht eröffnet, so dass die Gesamtvollstreckung nicht zum Zuge kam und die Gläubiger auf den Weg der Einzelzwangsvollstreckung zurückverwiesen wurden.[21]

---

21 *Pape*, Gesetz zur weiteren Erleichterung der Sanierung von Unternehmen, ZInsO 2011, S. 1033.

Mit der großen Insolvenzrechtsreform, die mit dem Inkrafttreten der InsO ihren Höhepunkt fand, sollte der Grundgedanke der Sanierung notleidender Unternehmen an die Stelle einer gesetzlich gewollten Liquidierung treten, ohne die Grundprinzipien der Gläubigerbefriedigung und der Gläubigergleichbehandlung aufzugeben. Der Reformgedanke befasste sich intensiv damit, dass der bisherigen Vernichtung von Unternehmensvermögen und Arbeitsplätzen Einhalt geboten werden müsse. Eine Insolvenz sollte nicht mehr der Ausmerzung eines 'Krebsgeschwürs' dienen, sondern Möglichkeiten eröffnen, mit Hilfe von übertragenden Sanierungen, Insolvenzplanverfahren und Eigenverwaltung unter Abstimmung aller Verfahrensbeteiligten sowohl eine (Teil)gesundung des insolventen Unternehmens als auch generell höhere Befriedigungsquoten für die Gläubigergruppen in den Regelinsolvenzen zu erzielen.[22]

II. Die 'Kinderkrankheiten' der InsO

1. Die Struktur

Die vielen Vorschusslorbeeren des ersten Insolvenzrechtsreformpakets von 1999 konnten nicht darüber hinwegtäuschen, dass in der Praxis die zur Verfügung gestellten Sanierungswerkzeuge zum überwiegenden Teil stumpf bleiben mussten. Die Handschrift des früheren Konkurs- und Gesamtvollstreckungsverfahrens überlagerte den neuen Sanierungsgedanken. Grundsätzlich gingen bei Verfahrenseröffnung die Verfügungs- und Verwaltungsbefugnisse für die Insolvenzmasse vom Schuldner auf einen vom Gericht eingesetzten Insolvenzverwalter über, der sich in erster Linie den Gläubigerinteressen verpflichtet fühlte. Der Schuldner und häufig einzige Know-How-Träger in teilweise sehr spezialisierten Unternehmensumfeldern verlor jeden Einfluss auf die weitere Abwicklung des Verfahrens. Auch die gesellschaftliche Ächtung als Teil des Insolvenzprozesses blieb als ungute Nebenwirkung einer jeden Insolvenzeröffnung. Eine Insolvenz wurde nicht als zweite Chance begriffen, die in eine 'Win-Win-Situation' für alle Verfahrensbeteiligten münden konnte.

Dieses Fehlen einer Sanierungs- und Fortsetzungsvision war es auch, was in Krisenzeiten die meisten Unternehmer dazu brachte, nicht rechtzeitig im Stadium der drohenden Zahlungsunfähigkeit oder Überschuldung proaktiv einen Insolvenzantrag zu stellen, um in einer gefestigten Verfassung gemeinsam mit den Insolvenzpartnern eine Sanierung anzugehen, sondern den eingeschlagenen Weg bis zur vollständigen Zahlungsunfähigkeit weiterzugehen, um dem späteren

---

22 Vgl. BT-Drucks. 12/2443, S. 223.

Insolvenzverwalter ein nicht mehr sanierungsfähiges Konstrukt zu übergeben und sich als Geschäftsführer und Entscheider häufig über die Strafbarkeitsgrenze hinaus bewegt zu haben.

Nicht viel besser erging es unter der frühen Ägide der InsO den Gläubigerinteressen, die sich zwar in Gruppen in den Gläubigerausschüssen wiederfanden und über die Gläubigerversammlung ihre Interessen poolen konnten. Tatsächlich waren mit der Konstituierung der Gläubigerversammlung aber bereits die hauptsächlichen Weichen zur Verfahrensabwicklung zwischen Insolvenzantragstellung und Verfahrenseröffnung gestellt. Die wesentliche Aufgabe der Gläubiger beschränkte sich darauf, den vom (vorläufigen) Verwalter eingeschlagenen Kurs bei dünner Informationslage zu bestätigen oder zu verwerfen.[23]

2. *Das Instrument der Eigenverwaltung*

Der Siebte Teil der Insolvenzordnung sah in den §§ 270–285 InsO als Neuerung vor, dass ein Insolvenzverfahren auch in Eigenverwaltung des Schuldners unter überwachender Mitwirkung eines Sachwalters statt eines Insolvenzverwalters durchgeführt werden könne. Die Verfügungs- und Verwaltungsbefugnis würde dem Schuldner und Know How Träger verbleiben.

Die Idee entlehnte der Gesetzgeber Chapter 11 des US Bankruptcy Code, der als Regelfall die Weiterführung des Betriebes in Eigenverwaltung des Schuldners vorsieht, um die Reorganisation und Gesundung des Unternehmens zeitnah voranzutreiben.[24] Kein unternehmens- und fachfremder Verwalter muss sich bei einem solchen Szenario mühsam in die Geschäfts- und Betriebsabläufe einarbeiten. Gleichzeitig biete das Eigenverwaltungsverfahren dem Unternehmer den Anreiz einer frühzeitigen Insolvenzantragstellung, weil er weder Kontroll- und Existenzverlust, noch ein erhöhtes Risiko von Schadensersatzforderungen und Kriminalisierung befürchten muss. Zugleich würden sich die Sanierungschancen exponential erhöhen und die Befriedigungsquoten der Gläubiger entsprechend steigen.

In der Praxis zeigte sich mit Ausnahme einiger Großinsolvenzen, dass die Eigenverwaltung kaum angeordnet wurde. Die neue Verfahrensart war mit dem Makel behaftet, dass man mit seiner Anordnung den 'Bankrotteur' unangemessen privilegiere, die Insolvenzverwalter zu bloßem 'Aufsichtspersonal' degradiere und eine ordentliche Abwicklung des Insolvenzverfahrens gefährdet sei. Die starken Widerstände gegen die Eigenverwaltung – auch in den Reichen der Justiz – wur-

---

23 *Haarmeyer/Buchalik*, Sanieren statt Liquidieren. Neue Möglichkeiten der Sanierung durch Insolvenz nach den ESUG, 2012, S. 1 ff.

24 Zusammenfassend *LoPucki*, ZInsO 2013, S. 420 ff., 425.

den zusätzlich dadurch befeuert, dass das Instrument der Eigenverwaltung nicht mit dem notwendigen weiteren Instrumentarium versehen wurde, die Chapter 11 selbstverständlich bereithält. Die Reform blieb halbherzig, systemfremd und mit Unsicherheiten behaftet.[25]

3. Das Instrument des Insolvenzplanverfahrens

Eine praxisferne Konstruktion war dem Gesetzgeber auch bei einer weiteren Reformsäule unterlaufen, dem Insolvenzplanverfahren.

Die Anforderungen an das Planverfahren waren außerordentlich komplex und z.T. unpraktikabel. Die für eine Insolvenz typische Liquiditätsproblematik muss beim Einsatz eines jeden Insolvenztools schnell überwindbar sein. Eine langwierige, über mehrere Instanzen gezogene gerichtliche Überprüfung des Insolvenzplans bei ungewissem Ausgang machte den Einsatz dieses Instruments unattraktiv. Verbleibende Obstruktionsmöglichkeiten einzelner Gläubiger führten dazu, dass Rechtsmittel mit der Behauptung eingelegt wurden, dass sie durch den Plan schlechter gestellt wurden. Die Glaubhaftmachung solcher Einwände wurde häufig als Verzögerungstaktik angewendet, um den Schuldner zu zwingen, diesen Gläubigern Sondervorteile zu verschaffen und damit gegen den Grundsatz der Gläubigergleichbehandlung zu verstoßen.

Selbst gegen den Beschluss, durch den der Insolvenzplan bestätigt wurde, konnten Rechtsmittel ohne Begründung eingelegt werden. Das war selbst dann möglich, wenn Rechtsmittel durch einen Verfahrensbeteiligten eingelegt wurden, der selbst dem Plan zugestimmt hatte. Ein erfolgreicher Planabschluss mit Zeit- und Kostenersparnissen führte zwangsläufig über den Weg des gesetzwidrigen 'Abkaufs' von Verzögerungsmitteln, die das Gesetz zur Verfügung stellte.

Um wie viel einfacher war es für einen Verwalter, ein insolventes Unternehmen zu Liquidationswerten fortzusetzen, zu filetieren und mittels 'Asset Deals' übertragend zu veräußern und damit einer schnelle, saubere und unaufwändige 'übertragende Sanierung' zu gestalten. War kein Investor in Sicht, wählten Insolvenzverwalter wegen der genannten und weiterer Probleme häufig nicht den Weg der Sanierung im Wege eines Planverfahrens, sondern die Vollliquidation des Unternehmens. Der Zustimmung der exzellent gesicherten Großgläubiger zu diesem Vorgehen konnte sich der Verwalter gewiss sein.[26]

---

25 Dazu *Siemon*, Das Eigenverwaltungsverfahren der USA auf dem Prüfstand und die Systemfrage für das deutsche Recht, ZInsO 2013, S. 1861 f.

26 *Siemon*, Das Geschäftsmodell und die Fortführung des Unternehmens in der Insolvenz, ZInsO 2014, S. 625 f.

III. Das Sanierungsinstrumentarium nach Einführung des ESUG

1. Die Gesetzesbegründung

Zum 1.3.2012 ist in einem weiteren Reformschritt das 'Gesetz zur weiteren Erleichterung der Sanierung von Unternehmen' (ESUG) in die InsO eingearbeitet worden.

Der sperrige Gesetzestitel ist Programm. Die Bundesregierung bekannte in der Begründung des Gesetzentwurfs, dass das geltende Insolvenzrecht der frühzeitigen Sanierung insolvenzbedrohter Unternehmen zahlreiche Hindernisse in den Weg legt, die sogar zur Sitzverlegung von Unternehmen vornehmlich nach England führten, da die Sanierung nach englischem Recht in jeder Hinsicht vorteilhafter erschien. Der Ablauf des deutschen Insolvenzverfahrens sei für die Verfahrensbeteiligten kaum berechenbar, dauere zu lange, sei fast beliebig verzögerbar und habe nicht die Nutzung des bisher zur Verfügung gestellten Instrumentariums zur Sanierung von Unternehmen mit sich gebracht, wie es vom Gesetzgeber intendiert war. Insbesondere seien in kaum nennenswertem Umfang Eigenverwaltungen angeordnet worden und auch das Insolvenzplanverfahren führe ein Schattendasein.

Schuldner und Gläubiger seien zu einem möglichst frühen Zeitpunkt in den Ablauf des Verfahrens einzubeziehen, die Sanierungsmöglichkeit in Eigenverwaltung zu stärken und die Möglichkeit einer Umwandlung von Forderungen in Anteilsrechte zu schaffen. Überall dort, wo der Fortführungswert eines Unternehmens den Zerschlagungswert übersteige, sei der Sanierung aus der Insolvenz der Weg zu ebnen. Zur Abwehr von Störerstrategien sei es erforderlich, bestehende Obstruktions- und Verzögerungshindernisse abzubauen, um einen reibungslosen Ablauf der Verfahren zu ermöglichen.

Das vorläufige Eigenverwaltungsverfahren solle unter den Voraussetzungen des neu eingefügten § 270a InsO weitaus häufiger zum Einsatz kommen als die spärliche Anordnung der Eigenverwaltung bisher. Als einen weiteren Anreiz zur frühzeitigen Sanierung mit den Mitteln des Insolvenzrechts biete die ESUG-Reform bei lediglich drohender Zahlungsunfähigkeit oder Überschuldung den Schuldnern die Möglichkeit, unter der Sicherheit des 'Schutzschirms' des § 270b InsO und in Eigenverwaltung einen Sanierungsplan zu erarbeiten.[27]

2. Der Gebrauch des ESUG – Sanierungsinstrumentariums

Es ist nicht zu leugnen, dass der Gesetzgeber mit dem ESUG – Reformschritt eine Reihe von Forderungen aus der Verwalterpraxis umgesetzt hat, um die Sanierungsmöglichkeiten aus der Insolvenz zu schärfen.

---

27 Vgl. BT – Drucks. 17/5712, S. 24 ff.

Seit dem 1.3.2012 können bereits in der Phase zwischen Insolvenzantragstellung und Eröffnung ein Schutzschirmverfahren, § 270b InsO, oder ein vorläufiges Eigenverwaltungsverfahren, § 270a InsO, angeordnet werden. Das entspricht einer Vorverlagerung der Eigenverwaltung in das Eröffnungsverfahren.[28]

3. *Das Schutzschirmverfahren*

Mit dem Schutzschirmverfahren wird dem im Zeitpunkt der Insolvenzantragstellung drohend zahlungsunfähigen oder überschuldeten Schuldner im Zeitraum zwischen Insolvenzantragstellung und Eröffnung des Insolvenzverfahrens ein eigenständiges Sanierungsverfahren zur Verfügung gestellt. Der Schuldner erhält auf einen entsprechenden Antrag und Beschluss des Gerichts bis zu drei Monate Zeit, unter dem 'aufgespannten Schutzschirm' bei Aufsicht der Geschäftstätigkeit durch einen vorläufigen Sachwalter frei von Vollstreckungsmaßnahmen einen Sanierungsplan zu erstellen, der anschließend als Insolvenzplan umgesetzt werden kann.

In der Praxis hat sich gezeigt, dass durch ein konzertiertes Herangehen von Gläubigern und Schuldner unter Sachwalteraufsicht und kundiger Beratung eines Krisenmanagers, beispielsweise der vorübergehenden Einsetzung eines CRO, eine Schnellsanierung innerhalb eines Jahres aus der Insolvenz gelingen kann.

Die Voraussetzungen für die Einleitung eines Schutzschirmverfahrens regelt § 270b I InsO. Mit dem Antrag ist nach § 270b I, S. 3 InsO eine mit Gründen versehene Bescheinigung der Sanierungsfähigkeit eines in Insolvenzsachen erfahrenen Steuerberaters, Wirtschaftsprüfers, Rechtsanwalts oder einer Person mit gleicher Qualifikation vorzulegen, aus der sich ergibt, dass das schuldnerische Unternehmen nicht zahlungsunfähig ist und die angestrebte Sanierung nicht offensichtlich aussichtslos ist.[29]

Eine wesentliche Stärkung erfährt das Schutzschirmverfahren durch die Befugnis des Schuldners, Masseverbindlichkeiten begründen zu können, § 270b III InsO. Der eigenverwaltende Schuldner erhält damit die Rechtsposition, die bislang nur ein starker vorläufiger Insolvenzverwalter innehatte.

Wird der Schuldner trotz der Vorlage und Befolgung eines mit den Gläubigern abgestimmten 'pre-packaged plans' zahlungsunfähig, wird das Insolvenzgericht das Schutzschirmverfahren aufheben und zu einem klassischen Eröffnungsverfahren zurückkehren. Gleiches gilt auch, wenn die angestrebte Sanierung erkennbar aussichtslos wird, etwa weil finanzierende Banken weitere Finanzierungen end-

28 DIAI e.V., Der vorläufige Gläubigerausschuss, 10/2013, S. 12.

29 *Siemon,* Das ESUG und § 270b InsO in der Anwendung, ZInsO 2012, 1045 f.

gültig ablehnen. Gerade diese Eingriffs- und Steuerungsbefugnisse des Insolvenzgerichts, die durch Hinweise des vorläufigen Sachwalters oder eines anderen Verfahrensbeteiligten ausgelöst werden, dürften den Gläubigergruppen die Besorgnis davor nehmen, mit ihrer Zustimmung zu und Mitwirkung in Sanierungsverfahren ihrer Sicherungsmöglichkeiten verlustig zu gehen.

4. Das vorläufige Eigenverwaltungsverfahren

Statt eines Schutzschirmverfahrens kann der Schuldner – gerade auch bei Vorliegen einer Zahlungsunfähigkeit – ein vorläufiges Eigenverwaltungsverfahren nach § 270a InsO beantragen.

Für den Fall, dass der Schuldner den Insolvenzantrag mit einem Antrag auf Eigenverwaltung verbindet und dieser nicht offensichtlich aussichtslos ist, schreibt § 270a I, S. 2 InsO vor, dass das Gericht auf die Bestellung eines vorläufigen Insolvenzverwalters verzichten soll. Stattdessen soll durch das Gericht ein vorläufiger Sachwalter mit den Befugnissen bestellt werden, die dem Sachwalter bei der Eigenverwaltung im eröffneten Insolvenzverfahren zustehen.

Im Gegensatz zum Schutzschirmverfahren, bei dem das Gericht kraft Gesetzes dazu angehalten ist, dem Schuldner auf Antrag die Befugnis zur Eingehung von Masseverbindlichkeiten in unbegrenztem Umfang einzuräumen, kann das Gericht in einem Verfahren nach § 270a InsO dem eigenverwaltenden Schuldner nach h.M. lediglich sogenannte Einzelermächtigungen im Voraus erteilen, die zur Fortführung des Geschäftsbetriebes im Zeitraum des Insolvenzeröffnungsverfahrens notwendig sind.[30]

Während beim Schutzschirmverfahren der Insolvenzschuldner ein eigenes Vorschlagsrecht im Hinblick auf die Person des vorläufigen Sachwalters hat, § 270b II, S. 2 InsO, besteht ein solches Recht beim Verfahren nach § 270a InsO nicht. Stattdessen kann der Schuldner durch Vorlage eines einstimmigen Beschlusses des vorläufigen Gläubigerausschusses das Insolvenzgericht dazu verpflichten, den von allen gewollten vorläufigen Sachwalter zu bestellen, §§ 270a I, S. 2, 274 I, 56a II, S. 1 InsO.

Mit dem § 270a InsO begegnete der Gesetzgeber der Tendenz, keine Eigenverwaltung zu beantragen, weil insolvenzbedrohte Schuldner vor der ESUG – Reform die Erfahrung machten, dass ihr Eigenverwaltungsantrag abgelehnt und ein Insolvenzverfahren mit Insolvenzverwalter eröffnet wurde. Aus der begründeten Angst

---

30 Siehe dazu etwa: LG Duisburg, Beschl. v. 29.11.2012–7 T 185/12; *Vallender*, NZI 2013, S. 342; *Buchalik/Kraus*, ZInsO 2013, S. 815.

heraus, die Kontrolle und damit Sanierungsmöglichkeiten zu verlieren, setzten Schuldner außergerichtliche Sanierungsbemühungen fort, bis häufig auch wegen nicht mehr vorhandener Fortsetzungschancen im Insolvenzfall keine Sanierung mehr möglich war.[31]

5. *Die Stärkung der Gläubigermitbestimmung*

Um die Gläubigerrechte zu stärken, wurde die Möglichkeit geschaffen, bereits unmittelbar nach dem Eingang eines Eröffnungsantrags einen vorläufigen Gläubigerausschuss einzurichten, sofern im vorangegangenen Geschäftsjahr mindestens zwei der folgenden drei Schwellenwerte erreicht wurden, § 22a I InsO:

- 4,84 Mio. Euro Bilanzsumme eines auf der Aktivseite ausgewiesenen Fehlbetrages (siehe § 268 III HGB),
- 9,68 Mio. Euro Umsatzerlöse sowie
- im Jahresdurchschnitt 50 Arbeitnehmer.

Auch unterhalb der Schwellenwerte erfolgt die Einrichtung eines vorläufigen Gläubigerausschusses auf Antrag des Schuldners, des vorläufigen Sachwalters oder eines Gläubigers, wenn Personen benannt werden, die als Mitglieder in Betracht kommen und dem Antrag die Einverständniserklärungen der benannten Personen beigefügt werden, § 22a II InsO.[32]

Die Befugnisse des vorläufigen Gläubigerausschusses sind weitreichend und bewirken – richtig eingesetzt – eine frühzeitige Weichenstellung im neuen Sanierungsinstrumentarium der InsO:

- vor Bestellung des Verwalters/Sachwalters ist dem vorläufigen Gläubigerausschuss Gelegenheit zu geben, sich zu den Anforderungen zu äußern, die an den Verwalter zu stellen sind, § 56a I InsO.
- Innerhalb der Grenzen der Geeignetheit bindet eine einstimmige Entscheidung des vorläufigen Gläubigerausschusses für die Bestellung eines Verwalters/Sachwalters das Gericht, § 56a II, S. 1 InsO.
- Bereits bestellte Verwalter/Sachwalter können in der ersten Sitzung des Ausschusses per einstimmigen Beschluss gekippt und ein anderer Verwalter/Sachwalter bestellt werden.

---

31 Umstritten dazu das AG Hamburg v. 19.12.2013 – Az. 67 c IN 501/13; BB 2014, S. 1 150 f.

32 *Haarmeyer*, Bestellung eines vorläufigen Gläubigerausschusses und die Auswahl seiner Mitglieder, ZInsO 2012, S. 2109 ff.

- Vor der Entscheidung über die Anordnung einer Eigenverwaltung ist dem vorläufigen Gläubigerausschuss Gelegenheit zur Äußerung zu geben, § 270 III, S. 1 InsO.
- Die beteiligten Gläubigergruppen sind im Ausschuss repräsentativ abzubilden. Typischerweise sind dies Banken, Lieferanten, die Bundesagentur für Arbeit, der Betriebsratsvorsitzende bzw. ein Arbeitnehmer und die Kleingläubiger.[33]

6. *Optimierung des Insolvenzplanverfahrens und erleichterte Aufhebung des Gesamtverfahrens*

In einem mutigen Schritt ist es nach US-Vorbild möglich, die Rechte der Anteilsinhaber durch Regelungen im Insolvenzplan zu ändern und somit Einfluss auf gesellschaftsrechtliche Gestaltungsrechte zu nehmen. Durch den 'Lehrfall Suhrkamp' mit seinem jahrelangen erbitterten Gesellschafterstreit und der 'Flucht' des Verlages in eine Insolvenzsituation mit Schnellsanierung, sind die Grenzen der insolvenzrechtlich/gesellschaftsrechtlichen Gestaltungsmöglichkeiten aufgezeigt worden, wenn ein Instrumentarium ersichtlich rechtsmissbräuchlich genutzt wird, um einen unbequemen Mitgesellschafter durch insolvenzrechtlich mögliche Strukturänderungen der Gesellschaft zu 'entmachten'.[34]

Das Instrument der Umwandlung von Forderungen von Gläubigern in Anteils- und Mitgliedschaftsrechte an der sanierten Gesellschaft, der sogenannte Debt-Equity-Swap, § 225a InsO, eröffnet in der Sanierungspraxis hochinteressante Gestaltungsmöglichkeiten, die in der bundesrepublikanischen Insolvenzrealität noch längst nicht zur Gänze angekommen ist. Der Gesetzgeber hat eine Reihe von Sanierungsbeteiligungsmöglichkeiten durch Investoren, nicht zuletzt die Umwandlung von Fremdkapital in Eigenkapital durch einen Debt-Equity-Swap nach § 39 IV, S. 2 InsO privilegiert. Gläubiger, die zum Zweck der Sanierung in einer Insolvenzsituation Anteile an der Gesellschaft erwerben und damit zu einer nachhaltigen Sanierung beitragen, fallen nicht unter die Nachrangregelung des § 39 I, Nr. 5 InsO. Die grundsätzliche Privilegierung einer Sanierungsbeteiligung, die auch in einem derivativen Beteiligungserwerb bestehen kann, ist ein wichtiger Baustein, um z.B. einen Debt-Equity-Swap attraktiv und aus einem Gläubiger einen Investor zu machen.[35]

---

33 Zusammenfassend dazu *Obermüller,* Der Gläubigerausschuss nach dem ESUG, ZInsO 2012, S. 18 ff.

34 Siehe hierzu auch *Möhlenkamp,* BB 2013, S. 2828 f.; *Thole,* ZIP 2013, S. 1937 f.

35 Zum Chapter 11 – Verfahren: *Harner,* Activist Distressed Debtholders: The New Barbarians at the Gate?, 89 Wash. U.L.Rev. 155, 2011.

Bislang war es möglich, dass einzelne Gläubiger unter Berufung auf § 251 InsO das Zustandekommen des Insolvenzplans blockierten, wenn sie glaubhaft machten, dass sie durch den Plan schlechter gestellt werden, § 251 II InsO a. F. Nach der Reform hat der Schuldner die Möglichkeit, im Plan vorzusehen, für diese Gläubiger Mittel für den Fall bereitzustellen, dass sie ihre Schlechterstellung nachweisen. Ob die Beteiligten einen Ausgleich aus diesen Mitteln erhalten, ist außerhalb des Insolvenzverfahrens vor den Zivilgerichten zu klären, § 251 III InsO. Damit wird einer taktischen Verzögerungshaltung der Boden entzogen und jahrelanges Prozessieren unattraktiv gemacht, weil die Ausschöpfung von Rechtsmitteln das zügige Zustandekommen des Plans nicht verhindert.

Vor der Reform konnten Rechtsmittel gegen den Beschluss, durch den der Insolvenzplan bestätigt wurde, ohne Begründung eingelegt werden. Das war selbst dann möglich, wenn dem Plan durch denjenigen, der die Rechtsmittel eingelegt hat, zugestimmt worden war. Nach der Reform sind Rechtsmittel nach § 253 InsO nur noch zulässig, wenn dem Plan spätestens im Abstimmungstermin schriftlich widersprochen, gegen den Plan gestimmt und glaubhaft gemacht wurde, dass der widersprechende Gläubiger durch den Plan wesentlich schlechter gestellt wird, und dieser Nachteil nicht durch Zahlung aus den in § 251 III InsO genannten Mitteln ausgeglichen werden kann.[36]

Früher führte die Pflicht zur Berichtigung aller unstreitigen Masseansprüche vor der Aufhebung des Insolvenzverfahrens zu erheblichen praktischen Schwierigkeiten, da für viele begründete Verbindlichkeiten noch keine Rechnungen vorlagen und Dauerschuldverhältnisse fortgesetzt werden sollten. Nach § 258 II InsO hat der Verwalter jetzt vor der Aufhebung des Verfahrens nur noch die unstreitigen fälligen Masseansprüche zu berichtigen und für die streitigen oder nicht fälligen Ansprüche Sicherheit zu leisten. Für nicht fällige Masseansprüche kann auch ein Finanzplan vorgelegt werden, aus dem sich ergibt, dass ihre Erfüllung gewährleistet ist.[37]

IV. Ausblick

Mit dem ESUG hat der Gesetzgeber ein Sanierungsinstrumentarium in die Insolvenzlandschaft eingebracht, das den Fokus aller Beteiligten auf Sanierungsbemühungen in Eigenverwaltung richtet, wenn Krisensituationen zu eskalieren drohen. Die Sanierung aus der Insolvenz bietet die Chance einer raschen 'Wiederauferstehung' eines Unternehmens unter Erhalt oder Optimierung seiner Struktur ohne

36 *Haarmeyer/Wutzke/Förster*, InsO ZAP Praxiskommentar, 2. Aufl. 2012, S. 1748 ff.
37 *Thies*, in: Hamburger Kommentar zum Insolvenzrecht, 3. Aufl. 2009, S. 1844 f.

Zerschlagung und Verwertung. Finanzierende Banken erhalten sich einen bonitätsmäßig aufgebesserten Kunden, Arbeitsplätze werden erhalten und Gläubiger erhalten eine schnellere und bessere Befriedigung in einem Planverfahren oder wandeln sich zu Investoren bei einer 'Kultur der zweiten Chance'.

Die neuen Instrumente erfordern besonders sorgfältige Vorbereitungen der Insolvenz- und Eigenverwaltungsanträge, eine ganz frühzeitige Abstimmung mit dem Insolvenzgericht und den Gläubigern und die fortdauernde Beratung durch Experten während der Sanierungsphase, in der dem Schuldner die Verwaltungs- und Verfügungsbefugnis verbleibt.

III. Arbeit und Soziales

Prof. Dr. Peter Pulte und Dirk Siedersleben, LL. M.

Von Schwangerschaft bis Bagatellkündigung – Aktuelle arbeitsrechtliche und personalwirtschaftliche Probleme im Betrieb

Die nachfolgende Fallstudie berührt einen Teilbereich praktischer Probleme, die im Zusammenhang mit Personalfragen regelmäßig in Betrieben auftauchen können. Sie stellt sich aus der Perspektive eines Arbeitgeberverbandes dar und greift die Themenkomplexe Bewerbung einer Schwangeren und das dem Arbeitgeber zustehende Fragerecht, das Weihnachtsgeld, die betriebliche Übung und die Kündigung im Anwendungsbereich des Kündigungsschutzgesetzes auf. Hierbei werden sowohl juristische als auch ökonomische Ansätze zur Analyse des nachfolgenden Sachverhaltes herangezogen.

Je nach Position im Unternehmen sind derartige Fragestellungen Alltag. Der vorliegende Fall stellt die Perspektive eines Mitarbeiters bei einem Arbeitgeberverband dar. Genauso gut könnte es sich aber auch um einen Mitarbeiter einer Rechtsabteilung handeln, die für Fragestellungen dieser Art zuständig ist. Außerdem kann vor allem in kleineren oder mittelständischen Unternehmen ohne eigene Rechtsabteilung die Geschäftsführung selbst mit derartigen Fragen konfrontiert werden, sei es im Rahmen einer Einzelfallentscheidung oder im Rahmen einer Optimierung von Betriebsabläufen wie z.B. Dokumentationspflichten (Stichwort „Compliance“). Und unter Umkehr der Perspektive betrifft der Fall auch Mitarbeiter von Gewerkschaften oder auch Mitarbeiter eines Betriebes, die im Betriebsrat aktiv sind. Zuletzt berührt dieser Fall auch Interessen der Arbeitnehmer unmittelbar, die in Kenntnis der Rechtslage unter Umständen die ein- oder andere Auseinandersetzung vermeiden können, was letztlich dem Betriebsfrieden insgesamt dienlich sein kann.

A. Sachverhalt

Der zuständige Mitarbeiter M des *Arbeitgeberverbandes Recklinghausen* erhält folgendes Telefaxschreiben der *Firma F.* vom 25.09.2015.

„Sehr geehrte Damen und Herren,
wir sind ein Unternehmen mit 20 Mitarbeitern und Mitglied in Ihrem Verband. Leider haben wir aktuell einige arbeitsrechtliche Probleme, zu denen wir Ihren Rat einholen möchten. Es handelt sich hierbei um folgende Sachverhalte:

1.) Um unseren Personalbedarf zu decken, haben wir kürzlich eine Stellenanzeige aufgegeben, worauf wir eine Flut von Bewerbungen – alles Frauen – erhielten. Eine Dame, Frau Krause, haben wir am 04.08.2015 als Außendienstmitarbeiterin eingestellt. Vorgestern haben wir dann erfahren, dass Frau Krause im 4. Monat schwanger ist. Vor allem hatte ich sie beim Einstellungsgespräch gefragt habe, ob sie schwanger sei. Darauf hat sie mir geantwortet: „Nein. Habe ich auch nicht vor." Frau Krause hat mir auf meine Frage heute noch bestätigt, dass sie von der Schwangerschaft bei der Einstellung wusste. Nun erwartet Frau Krause auch noch, dass ich mir das gefallen lasse. Von wegen. Bitte sagen Sie mir, wie ich die Mitarbeiterin schnell wieder loswerde.

2.) Unser Angestellter Karl Richter machte bei uns die Buchhaltung bis zum 30.06.2015. Vom 02.09.2014 bis zu der mit ihm vereinbarten Beendigung des Arbeitsverhältnisses zum 30.06.2015 war er krank. Wir haben alles bezahlt, was wir bezahlen mussten. Nur, jetzt will er noch das Weihnachtsgeld für 2014 haben, obwohl er doch 2014 kaum gearbeitet hat. Auch zum Stichtag der Zahlung (wir zahlen immer mit dem Novembergehalt) war er krank. Allerdings haben wir in den Anstellungsvertrag damals reingeschrieben, dass für uns die Zahlung eines Weihnachtsgeldes (1 Monatslohn) selbstverständlich ist. Müssen wir noch zahlen?

3.) Das mit dem Weihnachtsgeld haben wir in allen anderen Verträgen glücklicherweise nicht drin. Früher haben wir auch nie Weihnachtsgeld gezahlt. Nur in den letzten 3 Jahren hatten wir uns jeweils nach reiflicher Überlegung entschieden, an alle Arbeitnehmer 500,00 € Weihnachtsgeld zu zahlen. Ende dieses Jahres wollen wir aber kein Weihnachtsgeld mehr zahlen. Das ist doch wohl kein Problem, oder?

4.) Wir haben nach wie vor einen relativ hohen Krankenstand zu verzeichnen. Nach dem Entgeltfortzahlungsgesetzes gaben wir unseren Mitarbeitern daher durch Aushang bekannt, dass sie verpflichtet sind, dem Arbeitgeber die Arbeitsunfähigkeit und deren voraussichtliche Dauer unverzüglich anzuzeigen und vor Ablauf des dritten Kalendertages nach Beginn der Arbeitsunfähigkeit eine ärztliche Bescheinigung über die Arbeitsunfähigkeit sowie deren voraussichtliche Dauer nachzureichen, auch wenn die Arbeitsunfähigkeit selbst nur einen Tag besteht.

Unser Betriebsrat machte nun ein Mitbestimmungsrecht geltend. Er forderte uns auf, den Aushang zurückzuziehen und in Verhandlungen über eine Betriebsvereinbarung einzutreten. Wir lehnten dies ab.

Ein Mitbestimmungsrecht kann doch wohl nicht gegeben sein, da wir nur unsere Rechte aus dem Entgeltfortzahlungsgesetz wahrnehmen!?

5.) Unser Mitarbeiter Martin Kuhn ist in den letzten Monaten an insgesamt 15 Arbeitstagen zu spät zur Arbeit erschienen. Das waren meistens zwar nur kurze Zeiten, es bringt aber unseren gesamten Betriebsablauf durcheinander, da wir morgens

nie wissen, ob die entsprechende Schicht voll besetzt ist. Als Herr Kuhn am letzten Freitag wieder 10 Minuten zu spät zur Arbeit erschien, habe ich ihm gesagt, dass er nach Hause gehen könne, nicht wiederkommen brauche und wir ihm seine Arbeitspapiere zuschicken würden. Diese Kündigung ist doch sicherlich in Ordnung, oder?
6.) Ein Mitarbeiter, Herr Thorsten Schmitt, wurde vor vier Tagen dabei ertappt, wie er zwei Toilettenpapierrollen, die sich auf den Mitarbeitertoiletten befanden, eingesteckt hat und mit nach Hause nehmen wollte. Dieses Verhalten überrascht und enttäuscht mich dermaßen, dass ich mit dem Mitarbeiter unmöglich weiterhin zusammenarbeiten kann. Wer weiß, was er künftig noch mitgehen lässt!? Kann ich dem Mitarbeiter fristlos kündigen?
Bitte informieren Sie mich möglichst kurzfristig.

Mit freundlichen Grüßen
Harald Meister
(kaufm. Leiter)"

B. Juristische und ökonomische Betrachtung

Inhaltlich wird sich die mit dem Fall betraute Person mit folgenden Themen auseinandersetzen:

I. Fragerecht des Arbeitgebers und Einstellung einer Schwangeren

Vor der Einstellung eines neuen Mitarbeiters wird jeder Arbeitgeber bestrebt sein, über die persönliche und fachliche Eignung des Bewerbers möglichst umfassende Informationen zu erhalten. Dieses Interesse ist auch rechtlich betrachtet grundsätzlich berechtigt. Die betriebliche Praxis bedient sich häufig hierzu eines Personalfragebogens. Hierbei ist allerdings zu beachten, dass der Betriebsrat zum Inhalt des Personalfragebogens gem. § 94 BetrVG ein Mitbestimmungsrecht hat.

Es dürfen dabei ausschließlich arbeitsplatzbezogene Fragen gestellt werden.[1] Nach der Rechtsprechung steht dem Arbeitgeber bei Einstellungsverhandlungen aber kein uneingeschränktes Fragerecht zu. Dies ergibt sich aus dem Persönlichkeitsrecht gem. Art. 2 GG, das die Privatsphäre des Arbeitnehmers schützt.[2] Der Arbeitgeber darf im Bewerbergespräch hiernach nur solche Fragen stellen, an deren wahrheitsgemäßer Beantwortung er objektiv ein berechtigtes Interesse hat.

---

1 *Von Hoyningen-Huene*, in: Schmidt (Hrsg.), Münchener Kommentar zum Handelsgesetzbuch, Band I, 3. Aufl., 2010, § 59, Rn. 102 m.w.N.

2 BAG, Urteil vom 5. 12. 1957–1 AZR 594/ 56, NJW 1958, 516 f.; *von Hoyningen- Huene*, in: Schmidt (Fn. 1), § 59, Rn. 102.

Darüber hinaus dürfen die Fragen nicht durch Rechtsvorschriften wie z.B. dem AGG verboten sein.[3] Werden zulässige Fragen falsch beantwortet, so kann der Arbeitgeber den Arbeitsvertrag gem. § 123 Abs. 1 BGB anfechten oder gem. §§ 620 BGB ff. in Verbindung mit den besonderen Kündigungsvorschriften (z.B. KSchG, § 22 BBiG u.ä.) kündigen. Unzulässige Fragen dürfen vom Bewerber hingegen folgenlos falsch beantwortet werden.[4]

Auf den Fall bezogen wurde sich nach der Schwangerschaft von Frau Krause erkundigt. Da Schwangere bzw. Wöchnerinnen einen besonderen Kündigungsschutz gem. § 9 MuSchG und Anspruch auf Fortzahlung des Arbeitsentgeltes gem. § 11 MuSchG genießen sowie ihre Beschäftigung nach dem MuSchG erheblichen Einschränkungen unterliegt (vgl. z.B. §§ 2, 4 MutterschutzG), hat der Arbeitgeber auch regelmäßig ein Interesse zu erfahren, ob eine Bewerberin schwanger ist.

Die Rechtsprechung hat daher die Frage nach einer Schwangerschaft im Einstellungsgespräch auch lange Zeit für zulässig gehalten. Vor allem wenn es um Stellen geht, deren Besetzung nur durch Frauen erfolgen soll, war dies der Fall. Die Argumentation dabei war, dass eine Benachteiligung nur in Frage käme, wenn diese sich aus dem Vergleich mit dem anderen Geschlecht ergäbe, nicht aber, wenn diese geschlechtsintern erfolge.[5] Das hat sich seit längerem und nun mit dem allgemeinen Gleichbehandlungsgesetz (AGG) grundlegend geändert. Die Frage nach der Schwangerschaft ist hiernach unzulässig, weil sie eine verbotene Diskriminierung wegen des Geschlechts enthält.[6] Danach dürfen solche Fragen grundsätzlich nicht mehr gestellt werden, und es besteht bei einer solchen Frage sogar die Gefahr, dass sich der Arbeitgeber schadensersatzpflichtig nach dem AGG macht.[7] Eine weitere Regelung, die Fragen nach der Schwan-

---

3 *Von Hoyningen-Huene*, in: Schmidt (Fn. 1), § 59, Rn. 102 m. w. N.

4 Vgl. BAG, Urteil vom 5. 12. 1957–1 AZR 594/ 56, NJW 1958, 516 f.; BAG, Urteil vom 15.01.1970–2 AZR 64/ 69, DB 1970, 1276; *von Hoyningen-Huene*, in: Schmidt (Fn. 1), § 59, Rn. 103.

5 Vgl. bspw.: BAG, Urteil vom 06.10.1962–2 AZR 360/ 61, NJW 1963, 222; BAG, Urteil vom 01.07.1993–2 AZR 25/93, NJW 1994, 148 ff.; LAG Hessen, Urteil vom 08.02.1985–13 Sa 864/84.

6 BAG, Urteil vom 06.02.2003–2 AZR 621/ 01, NZA 2003, 848f.; *Mansel*, in: Stürner (Hrsg.), Jauernig, Bürgerliches Gesetzbuch, 15. Auflage, 2014, § 7 AGG, Rn. 5; *Preis*, in: Müller-Glöge/Preis (Hrsg.), Erfurter Kommentar zum Arbeitsrecht, Band 51, 15. Auflage, 2015, § 611, Rn. 345; ausf.: *Pallasch*, Diskriminierungsverbot wegen Schwangerschaft bei Einstellung, NZA 2007, S. 306ff.

7 Vgl. etwa im Zusammenhang mit Beförderungen und Mutterschutz: AG Wiesbaden, Urteil vom 18.12.2008–5 Ca 46/ 08.

gerschaft für unzulässig erklärt, stellt § 7 Abs. 2 Bundesgleichstellungsgesetz dar. Diese Vorschrift verbietet unter anderem Fragen nach der Schwangerschaft ausdrücklich.

Neuerdings hat die Rechtsprechung gar entschieden, dass die Bewerbung einer Schwangeren auch dann nicht abgelehnt werden darf, wenn sie ihre Position erst nach der Geburt ausfüllen kann. Das Beschäftigungshindernis ist in diesen Fällen als nur vorübergehend anzusehen, so dass es nach Auffassung der Gerichte nicht zu einer dauerhaften Störung des Vertragsverhältnisses führt.[8]

Im Ergebnis bedeutet dies nach der aktuellen Rechtsprechung, dass die Frage nach einer Schwangerschaft nicht gestellt werden darf bzw. Frau Krause diese Frage falsch beantworten konnte, ohne hierdurch rechtliche Nachteile zu erleiden. Der mit Frau Krause geschlossene Arbeitsvertrag kann weder angefochten noch gekündigt werden. Im Hinblick auf zukünftige Einstellungen ist es empfehlenswert, derartige Fragen von Arbeitgeberseite weder direkt noch indirekt zu stellen, um so einem etwaigen Schadensersatz (z. B. gem. § 15 AGG) zu entgehen.

Hierbei ist natürlich nicht zu verkennen, dass das Vertrauensverhältnis zwischen Arbeitnehmerin und Arbeitgeberin stark gestört ist und unter diesem Gesichtspunkt das Arbeitsverhältnis regelmäßig nicht fortgeführt werden soll. Eine Anfechtung oder Kündigung ist nicht möglich, und die Mitarbeiterin besitzt zudem den besonderen Kündigungsschutz gem. § 9 MuSchG. Weiterhin nimmt sie womöglich auch Elternzeit in Anspruch und genießt demnach ebenfalls einen besonderen Kündigungsschutz. Nach alledem käme nur eine einvernehmliche Auflösung des Arbeitsvertrages in Betracht. Gegebenenfalls ist auch Frau Krause selbst hieran interessiert, da sie sich womöglich ganz ihren familiären Aufgaben zuwenden möchte oder aber den denkbaren Spannungen zwischen ihr, Mitarbeitern und/oder der Geschäftsführung aufgrund der Umstände entziehen möchte. Auf Arbeitgeberseite besteht neben dem offenkundigen Vertrauensverlust möglicherweise ein weitergehendes Interesse daran, das Arbeitsverhältnis zu beenden. Durch die Anstellung der Frau Krause entstehen Nachteile, die sich aber mit Blick auf die Betriebsgröße in Grenzen halten. Nachteile sind z. B. erhöhte Kosten durch die Anstellung. Darüber hinaus bestehen auch Beschäftigungsverbote für Schwangere. Allerdings werden die Kosten für die Betriebe seit einer Gesetzesänderung 2006 nach dem Aufwendungsausgleichsgesetz durch die Ausgleichskasse im sogenannten U2-Verfahren wieder erstattet.

---

8 BAG, Urteil vom 06.02.2003–2 AZR 621/ 01, NZA 2003, 848f.

II. Weihnachtsgeld als Anwesenheitsprämie

Im Hinblick auf das Weihnachtsgeld für Herrn Richter ist festzuhalten, dass das von ihm begehrte Weihnachtgeld für 2014 an ihn noch auszuzahlen auszahlen ist. In dem geschilderten Fall ergibt sich der Anspruch aus der entsprechenden einzelvertraglichen Regelung im Anstellungsvertrag, die mit Herrn Richter getroffen wurde. Hiernach ist die Zahlung eines Weihnachtsgeldes selbstverständlich.

Die Ausführungen des Falles können allerdings dahingehend verstanden werden, dass das Weihnachtgeld auch als eine Anwesenheitsprämie ausgestaltet werden sollte. Von einer Anwesenheitsprämie kann dann gesprochen werden, wenn dem Arbeitnehmer freiwillig eine Prämie oder Gratifikation versprochen wird, jedoch die Zahlung insgesamt oder teilweise davon abhängig gemacht wird, dass der Arbeitnehmer in einem bestimmten Bezugszeitraum keine entschuldigten oder unentschuldigten Fehlzeiten aufweist.[9] In der Praxis hat sich dabei eingebürgert, dass der Arbeitgeber sich für jeden Fehltag eine Kürzung der Anwesenheitsprämie in bestimmter Höhe vorbehält. Dieser Vorbehalt muss mit dem Arbeitnehmer nur rechtzeitig vorher vereinbart werden.[10]

Hierbei ist § 4 a EFZG zu beachten. Danach ist eine Vereinbarung über die Kürzung von Leistungen, die der Arbeitgeber zusätzlich zum laufenden Arbeitsentgelt erbringt, auch für Zeiten der Arbeitsunfähigkeit infolge Krankheit zulässig. Die Kürzung darf aber für jeden Tag der Arbeitsunfähigkeit infolge Krankheit ein Viertel des Arbeitsentgelts, das im Jahresdurchschnitt auf einen Arbeitstag entfällt, nicht überschreiten.

Es kommt demnach auf den konkreten Wortlaut der Klausel im Anstellungsvertrag an, so dass diese näher untersucht werden muss.

III. Betriebliche Übung und Weihnachtsgratifikation

1. *Begriff der betrieblichen Übung*

Ein Anspruch auf eine Weihnachtsgratifikation für die anderen Mitarbeiter kann sich aus Tarifvertrag, einer Betriebsvereinbarung oder einer entsprechenden ein-

---

9 Vgl. etwa: BAG, Urteil vom 26.10.1994–10 AZR 482/ 93, NZA 1995, 266 ff.; *Joussen*, in: Rolfs/Giesen/Kreikebohm/Udsching (Hrsg.), Arbeitsrecht, Edition 35, 2015, § 612a BGB, Rn. 21.

10 Vgl. z.B. *Boudon*, in: Moll (Hrsg.), Münchener Anwaltshandbuch Arbeitsrecht, 3. Auflage, 2012, § 20, Rn. 181 ff. m.w.N.

zelvertraglichen Regelung ergeben.[11] Diese Anspruchsgrundlagen sind im vorliegenden Fall nicht anwendbar.

Daneben können solche Ansprüche aber auch aus dem sog. „Grundsatz der betrieblichen Übung" erwachsen.[12] Von besonderer Bedeutung ist die betriebliche Übung im Bereich zusätzlicher Leistungen des Arbeitgebers, insbesondere bei Gratifikationen und betrieblichen Sozialleistungen oder wie im vorliegenden Fall bei der Weihnachtsgeldgewährung. Die ganz herrschende Ansicht in Rechtsprechung und Literatur geht nach der sog. „Vertragstheorie" davon aus, die betriebliche Übung enthalte eine Willenserklärung des Arbeitgebers, die von den Arbeitnehmern nach dem objektiven Empfängerhorizont nur als solche verstanden werden konnte und konkludent gem. § 151 BGB angenommen werde.[13] Die betriebliche Übung zeichnet sich insbesondere durch ihren kollektiven Bezug aus[14], wodurch diese nicht nur für einen einzelnen Arbeitnehmer, sondern für sämtliche Arbeitnehmer oder für eine abgrenzbare Gruppe von ihnen Geltung erlangt.[15] Demnach gelten die Regelungen auch für neu in den Betrieb eintretende Arbeitnehmer, sofern nichts Gegenteiliges vereinbart wird.[16]

2. *Voraussetzungen der betrieblichen Übung*

Allgemeine Voraussetzung und ausreichend für die Annahme einer betrieblichen Übung ist in jedem Fall, dass der Arbeitgeber bewusst bestimmte Leistungen erbringt und hierdurch bei den Arbeitnehmern einen Vertrauenstatbestand dahingehend schafft, dass der Arbeitgeber sich binden wollte.[17] Eine allgemein gültige Regelung, ab welcher Anzahl von Leistungen ein Arbeitnehmer auf die Fortge-

---

11 Vgl. z.B. *Müller-Glöge*, in: Säcker (Hrsg.), Münchener Kommentar zum Bürgerlichen Gesetzbuch, Band IV, 6. Auflage, 2012, § 611, Rn. 411.

12 Zum Begriff: *Müller-Glöge*, in: Säcker (Fn. 11), § 611, Rn. 411 m.w.N.

13 BAG, Urteil vom 5. 8. 2009–10 AZR 483/ 08, NZA 2009, 1105; BAG, Urteil vom 18.03.2009–10 AZR 281/ 08, NZA 2009, 601; BAG, Urteil vom 31.07.2007–3 AZR 189/ 06, NZA-RR 2008, 263; BAG, Urteil vom 11.10.1995–5 AZR 802/ 94, NZA 1996, 718; BAG, Urteil vom 12.01.1994–5 AZR 41/ 93, NZA 1994, 694; BAG, Entscheidung vom 26.05.1993–4 AZR 149/ 92, NZA 1994, 513; *Müller-Glöge*, in: Säcker (Fn. 11), § 611, Rn. 413 f.

14 BAG, Urteil vom 11.04.2006–9 AZR 500/ 05, NZA 2006, 1089; BAG, Entscheidung vom 24.09.2003–5 AZR 591/ 02, NZA 2003, 1387; *Müller-Glöge*, in: Säcker (Fn. 11), § 6 11, Rn. 416.

15 *Müller-Glöge*, in: Säcker (Fn. 11), § 611, Rn. 416.

16 *Müller-Glöge*, in: Säcker (Fn. 11), § 611, Rn. 416 m. w. N.

17 *Müller-Glöge*, in: Säcker (Fn. 11), § 611, Rn. 413 ff. m. w. N.

währung vertrauen kann, besteht nicht. Vielmehr kommt es auf die Dauer und Intensität sowie die Relation von Anzahl und Dauer der Wiederholungen an.[18] Dabei entsteht ein Vertrauenstatbestand mit Blick auf Weihnachtsgratifikationen regelmäßig dann, wenn der Arbeitgeber mindestens dreimal eine Gratifikation vorbehaltslos gewährt hat[19], was vorliegend der Fall ist.

3. Ausschluss der Bindungswirkung

Da die betriebliche Übung auf einer Willenserklärung des Arbeitgebers beruht, kann dieser bereits bei ihrer Abgabe grundsätzlich eine Bindung für die Zukunft ausschließen. Üblicherweise geschieht dies durch einen Hinweis auf die Freiwilligkeit der Leistung oder durch einen Hinweis, dass durch die Leistung kein Rechtsanspruch besteht oder dadurch, dass ein jederzeitiger Widerruf vorbehalten bleibt.[20]

a) Allgemeiner Freiwilligkeitsvorbehalt im Anstellungsvertrag

Der Freiwilligkeitsvorbehalt dient dem Zweck, die Entstehung eines Rechtsanspruchs von vornherein zu verhindern. Typischer Regelungszweck des Freiwilligkeits-vorbehalts ist die Verhinderung des Entstehens einer betrieblichen Übung. Um dieses Ziel zu erreichen formuliert der Arbeitgeber im Anstellungsvertrag ausdrücklich, dass er nicht nur freiwillig leisten, sondern auch einen Rechtsanspruch für die Zukunft ausschließen möchte.

Für Gratifikationen, Weihnachtsgeld, Urlaubsgeld oder anlassbezogene Zuwendungen (Jubiläum, Eheschließung etc.) war die Zulässigkeit von Freiwilligkeitsklauseln seit jeher anerkannt. Erst mit der neueren, an den Kriterien der AGB-Kontrolle orientierten Rechtsprechung hat das BAG die Grenzen für Freiwilligkeits-vorbehalte deutlicher abgesteckt. Bei einem Vorbehalt, der die Leistung für die Zukunft ausschließt, fehlt es an einer versprochenen Leistung gem. § 308 Nr. 4 BGB, so dass eine Freiwilligkeitsklausel hiernach zunächst nicht unwirksam ist.[21] Allerdings ist ein allgemeiner Freiwilligkeitsvorbehalt in einem

---

18 *Müller-Glöge*, in: Säcker (Fn. 11), § 611, Rn. 420 m. w. N.

19 BAG, Urteil vom 08.12.2010–10 AZR 671/ 09, NZA 2011, 628; BAG, Urteil vom 18.03.2009–10 AZR 281/ 08, NZA 2009, 601; BAG, Urteil vom 21.01.2009–10 AZR 219/ 08, NZA 2009, 310; BAG, Urteil vom 30.07.2008–10 AZR 606/ 07, NZA 2008, 1173, 1176; *Müller-Glöge*, in: Säcker (Fn. 11), § 611, Rn. 420.

20 *Müller-Glöge*, in: Säcker (Fn. 11), § 611, Rn. 419 m. w. N.

21 BAG, Urteil vom 08.12.2010–10 AZR 671/ 09, NZA 2011, 628, 630; BAG, Urteil vom 21.01.2009–10 AZR 219/ 08, NZA 2009, 310, 312; *Müller-Glöge*, in: Säcker (Fn. 11), § 611, Rn. 419.

Arbeitsvertrag nicht ausreichend, eine Bindungswirkung für eine in demselben Arbeitsvertrag gewährte Weihnachtsgratifikation zu beseitigen. Es liegt ein Verstoß gegen das Transparenzgebot des § 307 Abs. 1 S. 2 BGB vor, da nicht auf der einen Seite ein Anspruch auf Weihnachtsgeld ausgeschlossen werden kann, wenn dieses in einer anderen Klausel geregelt ist.[22] Dieser Fall ist hier aber nicht einschlägig.

Vielmehr führt vorliegend die später einsetzende betriebliche Übung unter Umständen zur Entstehung eines Anspruchs zu einer Zeit nach Abschluss des Arbeitsvertrages. Nicht ganz unumstritten ist die Möglichkeit, mittels Freiwilligkeitsvorbehalt eine betriebliche Übung vorbeugend auszuschließen. Denn in dieser Konstellation besteht bei Abschluss des Arbeitsvertrages gerade keine Regelung, die im Widerspruch mit einer Freiwilligkeitsklausel steht. Insoweit besteht kein Verstoß gegen das Transparenzgebot.[23]

Konsequenz dieser Rechtsprechung ist, dass solche Vergütungs- und Entgeltbestandteile, die eine laufende Gegenleistung für die Arbeitsleistung darstellen, nicht mehr zum Gegenstand eines Freiwilligkeitsvorbehalts gemacht werden können. Sein Anwendungsbereich wird auf Leistungen, die der Arbeitgeber aufgrund eines konkreten Anlasses oder zu bestimmten Terminen zusätzlich zum laufenden Arbeitsentgelt erbringt, eingeschränkt. Auch leistungsunabhängige Treueprämien zählen hierzu, während Tantiemen oder die Privatnutzung des Dienstwagens als leistungsabhängige und „verdiente" Vergütungsbestandteile künftig kaum noch einem Freiwilligkeitsvorbehalt standhalten dürften, sofern diese bereits im Arbeitsvertrag „freiwillig" zugesagt werden.

b) Widerrufsvorbehalt im Anstellungsvertrag

Von dem zuvor dargestellten Freiwilligkeitsvorbehalt ist der Widerrufsvorbehalt abzugrenzen. Gegenüber dem Freiwilligkeitsvorbehalt setzt der Widerrufsvorbehalt einen bestehenden Anspruch voraus. Wirksam und zumutbar ist die Vereinbarung eines Widerrufsvorbehaltes dann, wenn der Widerruf nicht grundlos erfolgen soll, sondern wegen der unsicheren Entwicklung der Verhältnisse als Instrument einer Anpassung notwendig ist. Ähnlich wie beim Freiwilligkeitsvorbehalt darf auch der Widerrufsvorbehalt nicht den Kernbereich von Leistung und Gegenleistung berühren. Die Zulässigkeit des Widerrufsvorbehalts als arbeitsvertragliches Gestaltungsmittel setzt dabei Folgendes voraus:

---

22 *Müller-Glöge*, in: Säcker (Fn. 11), § 611, Rn. 419 m.w.N.

23 Vgl. BAG, Urteil vom 30.07.2008–10 AZR 606/ 07, NZA 2009, 1173, 1174; dazu instruktiv: *Preis*, NZA 2009, S. 281 ff.

- Bei vertraglich vereinbarten leistungsbezogenen Vergütungsbestandteilen entfallen nicht mehr als 25 % bzw. bei zusätzlich und freiwillig gewährten Leistungen nicht mehr als 30 % der Vergütung auf diese Leistungen,
- dem Arbeitnehmer verbleibt mindestens der Tariflohn bzw. gesetzliche Mindestlohn,
- die sachlichen Gründe werden in der Vereinbarung genannt, wobei die sachlichen Gründe selbst anerkennungsfähig sein müssen und der Widerruf ausdrücklich erklärt wird,
- die Widerrufsgründe müssen bei Ausübung tatsächlich vorgelegen haben und die Ausübung des Widerrufsrechts entspricht dem billigen Ermessen.[24]

c) Leistung unter Vorbehalt

Eine weitere Möglichkeit ist die Leistung der konkreten Gratifikation unter Vorbehalt. Das bedeutet, der Arbeitgeber teilt mit jeder Zusatzleistung, die über das im Anstellungsvertrag Vereinbarte hinausgeht, die Unverbindlichkeit bzw. Freiwilligkeit der konkreten Leistung an den Arbeitnehmer mit.[25] Es müsste also an die Arbeitnehmer jeweils unter individuellem Vorbehalt die Weihnachtsgratifikation geleistet worden sein.

Laut Sachverhalt wurde von Seiten der Firma F. keine der drei vorgenannten Maßnahmen getroffen, so dass mittels betrieblicher Übung auf Seiten der übrigen Arbeitnehmer ein Anspruch auf Zahlung der Weihnachtsgratifikation besteht.

d) Weitere Lösungsansätze zur Beseitigung von Ansprüchen aus betrieblicher Übung

Da eine betriebliche Übung die Vertragsbeziehungen zwischen den Arbeitsvertragsparteien unmittelbar gestaltet, kann grundsätzlich nicht einseitig zum Nachteil der Arbeitnehmer von ihr abgewichen werden. Im vorliegenden Fall bleibt nur der Versuch einer einvernehmlichen Vertragsänderung oder der Weg über die (Änderungs-)Kündigung.[26]

Früher war es möglich, die betriebliche Übung dadurch zu beenden, dass erneut drei Mal mit einem Vorbehalt die Zahlung erfolgte. Die Rechtsprechung des

24 Vgl. BAG, Urteil vom 12.01.2005–5 AZR 364/ 04, NZA 2005, 465 ff.

25 BAG, Urteil vom 08.12.2010–10 AZR 671/ 09, NZA 2011, 628 ff.; BAG, Urteil vom 05.08.2009–10 AZR 483/ 08, NZA 2009, 1105 ff.; BAG, Urteil vom 18.03.2009–10 AZR 281/ 08, NZA 2009, 610 ff.; BAG, Urteil vom 21.01.2009–10 AZR 219/ 08, NZA 2009, 310 ff.; BAG, Urteil vom 30.07.2008–10 AZR 606/ 07, NZA 2008, 1173 ff.; *Müller-Glöge*, in: Säcker (Fn. 11), § 611, Rn. 420.

26 *Hoffmann*, in: Pielow (Hrsg.), Gewerberecht, Edition 29, 2015, § 105, Rn. 94 ff.

BAG, wonach auch eine derartige negative betriebliche Übung möglich gewesen ist, wurde allerdings 2009 aufgegeben.[27]

Bei der vorgenannten Kündigungsmöglichkeit sind allerdings die strengen Anforderungen des Kündigungsschutzgesetzes auch bei einer Änderungskündigung zu berücksichtigen, vgl. § 2 KSchG. Auf eine Änderungskündigung kann der Arbeitnehmer auf dreifache Weise reagieren: Er könnte sich hiermit einverstanden erklären. Er könnte das Änderungsangebot ablehnen, so dass nur noch die Kündigung rechtlich im Raume stünde und er könnte, was sehr häufig passiert, die Änderungskündigung unter Vorbehalt annehmen, dass diese nicht sozial ungerechtfertigt ist, vgl. § 2 KSchG. Im letzteren Fall könnte dann das Arbeitsgericht darüber entscheiden, ob die vom Arbeitgeber vorgetragenen Gründe ausreichen sind.

Demnach müssten im vorliegenden Fall die Gründe, weshalb kein Weihnachtsgeld mehr gezahlt werden soll, mit Blick auf das KSchG näher geprüft und ggf. eine (Änderungs-)Kündigung schriftlich erklärt werden bzw. gem. § 102 BetrVG der Betriebsrat angehört werden, sofern eine einvernehmliche Vertragsänderung ausscheidet.

IV. Arbeitsunfähigkeitsbescheinigungen und Mitbestimmung des Betriebsrates

1. *Arbeitsunfähigkeitsbescheinigung*

Dauert eine Arbeitsunfähigkeit länger als drei Kalendertage, hat der Arbeitnehmer gem. § 5 EFZG eine ärztliche Bescheinigung über das Bestehen der Arbeitsunfähigkeit sowie deren voraussichtliche Dauer spätestens an dem darauffolgenden Arbeitstag vorzulegen. Nach § 5 EFZG ist der Arbeitgeber aber auch berechtigt, die Vorlage der ärztlichen Bescheinigung früher zu verlangen.

Die Regelung eröffnet dem Arbeitgeber nicht nur das Recht der zeitlich früheren Anforderung. Er darf daneben auch den Nachweis der Arbeitsunfähigkeit durch Vorlage einer ärztlichen Bescheinigung für Zeiten verlangen, die nicht länger als drei Tage andauern, also z.B. auch für eine nur eintägige Arbeitsunfähigkeit.

Personalwirtschaftlich ist allerdings zu überlegen, ob eine solche Handhabung zweckdienlich ist. Denn es ist davon auszugehen, dass Arbeitnehmer, die einen Arzt aufsuchen, für länger als einen Tag arbeitsunfähig geschrieben werden. Es besteht mithin die Gefahr, dass durch solch eine Handhabung nicht der Kran-

27 *Hoffmann*, in: Pielow (Fn. 26), § 105, Rn. 95 m.w.N.

kenstand gesenkt, sondern erhöht wird. Unter diesem Gesichtspunkt gibt es Firmen, die selbst nach einer dreitägigen Arbeitsunfähigkeit keine entsprechende Bescheinigung verlangen.

2. Mitbestimmungsrecht des Betriebsrates

Hinsichtlich der Frage nach der Mitbestimmung des Betriebsrates bei frühzeitigem Nachweis der Arbeitsunfähigkeit ist festzuhalten, dass nach § 87 Abs. 1 Nr. 1 BetrVG der Betriebsrat bei Fragen der Ordnung des Betriebes und des Verhaltens der Arbeitnehmer im Betrieb mitzubestimmen hat. Dabei ist zwischen mitbestimmungspflichtigem Ordnungsverhalten und mitbestimmungsfreiem Arbeitsverhalten zu unterscheiden.[28] Das Arbeitsverhalten ist berührt, wenn der Arbeitgeber kraft seiner Organisations- und Leitungsmacht näher bestimmt, welche Arbeiten auszuführen sind und in welcher Weise das geschehen soll.[29] Mitbestimmungsfrei sind danach nur Anordnungen, mit denen die Arbeitspflicht unmittelbar konkretisiert wird. Hingegen betreffen Anordnungen, die dazu dienen, das sonstige Verhalten der Arbeitnehmer zu koordinieren, die Ordnung des Betriebes im Sinne des § 87 Abs. 1 Nr. 1 BetrVG.[30]

Die im Sachverhalt geschilderte Anordnung bezieht sich auf das betriebliche Ordnungsverhalten. Sie enthält keine Konkretisierung der Arbeitspflicht. Sie verlangt unabhängig von einer Arbeitsleistung den Nachweis jeglicher Arbeitsunfähigkeit in einer bestimmten Form, nämlich durch ärztliche Bescheinigung, und in einer bestimmten Frist, nämlich durch Vorlage spätestens am dritten Kalendertag nach Beginn der Arbeitsunfähigkeit. Es wird demnach eine Regel aufgestellt, die von allen Arbeitnehmern unabhängig von der Arbeitsleistung zu beachten sein soll. Es geht also nicht um eine individuelle Fragestellung, sondern um ein allgemeines Ordnungsproblem. Derartige allgemeine Anordnungen des Arbeitgebers gegenüber den Arbeitnehmern betreffen grundsätzlich eine gem. § 87 Abs. 1 Nr. 1 BetrVG mitbestimmungspflichtige Frage der betrieblichen Ordnung. Daran hat die Neuregelung in § 5 EFZG nichts geändert, da sie nicht den Begriff der be-

---

28 *Kania*, in: Müller-Glöge/Preis/Schmidt (Hrsg.), Erfurter Kommentar zum Arbeitsrecht, Band 51, 15. Auflage, 2015, § 87 BetrVG, Rn. 18 m.w.N.

29 BAG, Beschluss vom 08.11.1994–1 ABR 22/ 94, NZA 1995, 857; BAG, Entscheidung vom 23.10.1984–1 ABR 2/ 83, NZA 1985, 224; BAG, Entscheidung vom 24.03.1981–1 ABR 32/ 78, NJW 1982, 404; *Kania*, in: Müller-Glöge/Preis/Schmidt (Fn. 28), § 87 BetrVG, Rn. 18 und 21.

30 BAG, Beschluss vom 11.06.2002–1 ABR 46/01, NZA 2002, 1299; *Kania*, in: Müller-Glöge/Preis/Schmidt (Fn. 28), § 87 BetrVG, Rn. 18; *Werner*, in: Rolfs/Giesen/Kreikebohm/Udsching (Fn. 9), § 87 BetrVG, Rn. 27.

trieblichen Ordnung bestimmt. Das BAG vertritt die Auffassung, dass § 5 EFZG dem Arbeitgeber zwar einen Regelungsspielraum eröffnet. Dieser sei aber gerade Voraussetzung für das Bestehen von Mitbestimmungsrechten und seine Ausfüllung verlange eine Beteiligung des Betriebsrats. § 5 Abs. 1 Satz 3 EFZG ist dem Wortlaut nach nur zu entnehmen, dass der Arbeitgeber berechtigt ist, eine frühere Vorlage zu verlangen. Die ausdrückliche Zuweisung dieses Bestimmungsrechts besagt jedoch nichts darüber, ob der Arbeitgeber bei dessen Ausübung von den allgemeinen Beschränkungen befreit sein soll, die sich aus der Mitbestimmung in sozialen Fragen ergeben.[31] Von diesem Fall scharf abzugrenzen ist die Anordnung einer solchen Maßnahme gegenüber einem einzelnen Arbeitnehmer. Diese bedarf nicht der Mitbestimmung, da der Arbeitgeber damit keinen kollektiven Bezug der Maßnahme erkennen lässt.[32]

Da dem Betriebsrat bei der Aufstellung der hier erfolgten Anordnung ein erzwingbares Mitbestimmungsrecht zukommt, muss über diese Frage eine Betriebsvereinbarung im Sinne von § 77 BetrVG abgeschlossen werden.

3. *Handlungsalternative „Betriebliches Eingliederungsmanagement“*

Ein hoher Krankenstand ist für jeden betroffenen Betrieb mit hohen Personalkosten verbunden, da der Arbeitgeber nach dem Entgeltfortzahlungsgesetz verpflichtet ist, bei einer Krankheit bis zu sechs Wochen Entgeltfortzahlungen zu gewähren. Um diese Kosten zu vermindern, führen viele Betriebe ein Gesundheitsmanagement durch, wonach die betrieblichen Belastungen, die zu einer Arbeitsunfähigkeit führen, vermindert werden. Dies hat auch seinen Niederschlag in § 84 Abs. 2 SGB IX gefunden, wonach der Arbeitgeber ein betriebliches Eingliederungsmanagement anzubieten hat. Sind Beschäftigte innerhalb eines Jahres länger als sechs Wochen ununterbrochen oder wiederholt arbeitsunfähig, klärt der Arbeitgeber mit den Interessenvertretungen sowie mit Zustimmung und Beteiligung der betroffenen Person die Möglichkeiten, wie die Arbeitsunfähigkeit möglichst überwunden werden und mit welchen Leistungen oder Hilfen erneuter Arbeitsunfähigkeit vorgebeugt und der Arbeitsplatz erhalten werden kann. Soweit erforderlich, wird der Werks- oder Betriebsarzt hinzugezogen. Kommen Leistungen zur Teilhabe oder begleitende Hilfen im Arbeitsleben in Betracht, werden vom Arbeitgeber die örtlichen gemeinsamen Servicestellen oder bei schwerbehinderten Beschäftigten das Integrationsamt hinzugezogen. Die Rehabilitationsträger

31 So auch: BAG, Beschluss vom 25.01.2000–1 ABR 3/ 99, NZA 2000, 665 666 f.

32 ArbG Hamburg, Beschluss vom 21.10.2008–19 BV 3/ 08.

und die Integrationsämter können Arbeitgeber, die ein betriebliches Eingliederungsmanagement einführen, durch Prämien oder einen Bonus fördern.

Die Durchführung des betrieblichen Eingliederungsmanagements ist freiwillig. Sie ist für die Wirksamkeit einer krankheitsbedingten Kündigung auch keine Voraussetzung, wird nach der Rechtsprechung des BAG aber im Rahmen der durchzuführenden Interessenabwägung berücksichtigt. Dabei kann ein abgelehntes betriebliches Eingliederungsmanagement im Arbeitsgerichtsprozess zu Nachteilen bei dem Berechtigten führen.[33]

Die Einführung eines solchen Eingliederungsmanagements bietet sich auch im vorliegenden Fall zur Vermeidung von höheren Krankenständen an, da es auch präventiv wirken soll und kann. Mit Blick auf das Erfordernis einer Arbeitsunfähigkeitsbescheinigung handelt es sich um eine echte Alternative der Personalführung.

V. Kündigung eines Angestellten wegen häufiger Verspätungen

Regelmäßige Verspätungen von Mitarbeitern stellen ein Ärgernis für den Großteil der Betriebe dar. Verspätungen bringen allerdings nicht nur den Betriebsablauf durcheinander, sondern sind auch eine arbeitsvertragliche Pflichtverletzung seitens des Arbeitnehmers. Ein solches Verhalten muss von Arbeitgebern auch nicht geduldet werden und kann letztlich auch zu einer Kündigung führen.[34]

1. Verhältnismäßigkeitsgrundsatz

Da die Kündigung die einschneidenste arbeitsrechtliche Maßnahme ist, kommt sie nur in Betracht, wenn ein milderes Mittel nicht zumutbar ist.[35] Bei Vertragspflichtverletzungen, die ihren Ursprung im Verhalten des Arbeitnehmers haben, ist zu berücksichtigen, dass der Arbeitnehmer künftig sein Verhalten ändern und sich vertragsgemäß verhalten kann. Denn „Verhalten" ist im Gegensatz zu den meisten personenbedingten Gründen wie Krankheit etc. steuerbar. Deshalb ist in solchen Fällen dem Arbeitnehmer erst einmal Gelegenheit zu geben, sein Ver-

---

33 *Giesert/Reiter/Reuter*, Neue Wege im Betrieblichen Eingliederungsmanagement, 2013, S. 6.

34 So z.B.: BAG, Urteil vom 25. 7. 1957–2 AZR 93/ 56, DB 1957, 1220; *Dörner/Vossen*, in: Ascheid/Preis/Schmidt, Kündigungsrecht, 4. Auflage, 2012, § 1 KSchG, Rn. 287; *Henssler*, in: Säcker (Rn. 11), § 626, Rn. 154 f.; *Müller-Glöge*, in: Müller-Glöge/Preis (Fn. 6), § 626, Rn. 144.

35 *Eisemann*, in: Röller, Personalbuch 2015, 22. Auflage, 2015, Rn. 7, 13.; *Fromm*, DB 1989, S. 1409 ff.; *Müller-Glöge*, in: Müller-Glöge/Preis (Fn. 6), § 626, Rn. 29.

halten zu ändern, ohne dass es zum Äußersten in Form der Kündigung kommt. Der Mitarbeiter ist, statt ihm zu kündigen, abzumahnen.[36]

2. *Inhalt einer Abmahnung*

Dem Arbeitnehmer gegenüber muss deutlich gemacht werden, dass sein konkretes Verhalten gegen seine arbeitsrechtlichen Pflichten verstößt und nicht geduldet wird. Soll das pflichtverletzende Verhalten eines Arbeitnehmers zum Anlass für eine verhaltensbedingte Kündigung gemacht werden, muss der Arbeitnehmer zuvor gewarnt und ihm die Gelegenheit eingeräumt werden, sein Verhalten zu ändern (Hinweis- und Ermahnungsfunktion).[37]

Die Abmahnung ist die Rüge eines konkreten Fehlverhaltens verbunden mit der Androhung vertraglicher Konsequenzen für den Fall der Wiederholung ähnlich gelagerter Pflichtverletzungen.[38]

Eine Abmahnung bedarf keiner besonderen Form, sollte aber zu Beweiszwecken schriftlich mit Zustellnachweis erfolgen.[39] Im Falle einer etwaigen Kündigungs-schutzklage wird sich der Mitarbeiter möglicherweise auf eine fehlende Abmahnung berufen, so dass im Falle fehlender Beweise für eine erfolgte Abmahnung dem Antrag vor Gericht stattgegeben werden könnte.

Bei einer ggf. unwirksamen Abmahnung ist der Arbeitgeber verpflichtet, eine mögliche Gegendarstellung des Arbeitnehmers zu den Akten zu nehmen, bzw. der Arbeitnehmer kann auch auf Entfernung der Abmahnung aus der Personalakte klagen. Letztlich kann die Richtigkeit der Abmahnung auch noch in einem späteren Kündigungsschutzprozess angeführt werden.

3. *Schriftform der Kündigung und Anhörung des Betriebsrates*

Die Kündigung selbst kann wirksam nur schriftlich im Sinne von § 623 BGB erfolgen und vor der Kündigung muss immer gem. § 102 BGB der Betriebsrat gehört werden. Ansonsten ist eine mündliche Kündigung oder eine ohne Anhörung des Betriebsrates ausgesprochene Kündigung allein schon aus diesen Gründen unwirksam.

Herr Kuhn sollte von daher zunächst schriftlich und mit Blick auf die Zustellung nachgewiesen abgemahnt werden. Dabei ist das konkrete Fehlverhalten

---

36 *Eisemann*, in: Röller (Fn. 35), Personalbuch 2015, Rn. 1, 13; *Müller-Glöge*, in: Müller-Glöge/Preis (Fn. 6), § 626 Rn. 29 ff m.w.N.

37 *Hergenröder*, in: Säcker (Fn. 11), § 1 KSchG, Rn. 199 m.w.N.

38 *Hergenröder*, in: Säcker (Fn. 11), § 1 KSchG, Rn. 202 m.w.N.

39 Vgl. *Hergenröder*, in: Säcker (Fn. 11), § 1 KSchG, Rn. 203.

darzustellen, welches künftig geändert werden soll. Die Kündigung vom letzten Freitag war nicht wirksam.

VI. Bagatellkündigung

Auch bei Herrn Schmitt kommt eine Kündigung in Betracht. Die Besonderheit ist hier allerdings das strafbare Verhalten des Herrn Schmitt. Dieser hat sich je nach den Umständen des Einzelfalls des (versuchten) Diebstahls einer geringwertigen Sache gem. §§ 242 Abs. 1, 248a (ggf. i.V.m. § 242 Abs. 2, 22, 23) StGB oder der Unterschlagung einer geringwertigen Sache gem. §§ 246 Abs. 1, 248a StGB strafbar gemacht, indem er das Toilettenpapier einsteckte bzw. versuchte, es nach Hause mitzunehmen.

Die Rechtsprechung hat bisher fast ausschließlich die Zulässigkeit einer fristlosen Kündigung ohne Abmahnung bei Bagatellfällen als wirksam angesehen. Begründet wurde dies mit den Loyalitätspflichten einer Arbeitnehmerin bzw. eines Arbeitnehmers.[40]

Diese Rechtsprechung wurde insoweit klarstellend korrigiert, als dass im Einzelfall auch Bagatellkündigungen unwirksam sein können. Eine starre Grenze, ab wann von einer Bagatellkündigung ausgegangen werden kann, besteht nicht.[41] Maßgebend sind Faktoren wie z.B. langjährige Betriebszugehörigkeit[42], wirtschaftliche Folgen und Grad des Verschuldens, Intensität der kriminellen Energie (aber nicht strafrechtliche Vorwerfbarkeit), Wiederholungsgefahr,[43] Verantwortung im Betrieb[44] u.ä., die bei der Gesamtabwägung zu berücksichtigen sind. Dabei ist auch nach neuerer Rechtsprechung weiterhin eine zweistufige Prüfung vorzunehmen: Zunächst ist zu prüfen, ob der Sachverhalt ohne seine besonderen Umstände „an sich" als wichtiger Kündigungsgrund geeignet ist. Sodann ist zu prüfen, ob dem Kündigenden die Fortsetzung des Arbeitsverhältnisses unter

---

40 So z.B. BAG, Urteil vom 12.08.1999–2 AZR 923/ 98, NZA 2000, 421; BAG, Entscheidung vom 17.05.1984–2 AZR 3/ 83, NZA 1985, 91; LAG Baden-Württemberg, Urteil vom 10. 2. 2010, 13 Sa 59/09, BeckRs 66411; LAG Baden- Württemberg, Entscheidung vom 30.03.2010–9 Sa 75/09, 9 Sa 75/09, BeckRs 2012, 25594; LAG Hamm, 18.09.2009–13 Sa 640/09, BB 2009, 2141.

41 BAG, Urteil vom 10.06.2010–2 AZR 541/ 09, NZA 2010, 1227 ff.

42 BAG, Urteil vom 10.06.2010–2 AZR 541/ 09, NZA 2010, 1227 ff.; *Walker*, NZA 2011, 1, 3.

43 BAG, Urteil vom 10.06.2010–2 AZR 541/ 09, NJW 2011, 167, 169; *Stoffels*, NJW 2011, 118, 122.

44 BAG, Urteil vom 10.06.2010–2 AZR 541/ 09, NZA 2010, 1227, Rn. 42; *Stoffels* (Fn. 43), NJW 2011, 118, 122 f.; *Walker* (Fn. 42), NZA 2011, 1, 3.

Berücksichtigung der konkreten Umstände des Falls und unter Abwägung der Interessen beider zumutbar ist oder nicht.[45]

In Bezug auf das Mitnehmen von zwei Rollen Toilettenpapier als strafbares Verhalten ist davon auszugehen, dass dieses Verhalten grundsätzlich als Kündigungsgrund geeignet ist. Auf zweiter Stufe wird man auf den hier vorliegenden Einzelfall bezogen von einer Bagatelle ausgehen müssen. Allerdings sind die Einzelheiten zu dem vorliegenden Fall nicht bekannt. Und auch eine denkbare Gerichtsentscheidung kann aufgrund der Einzelfallbezogenheit nicht sicher prognostiziert werden. Infolgedessen sollten weitere Informationen zum Sachverhalt eingeholt werden und ggf. der Vorsicht wegen eine den gesetzlichen Bestimmungen entsprechende Abmahnung gegenüber Herrn Schmitt ausgesprochen werden, bevor ihm im Falle der Wiederholung tatsächlich eine fristlose Kündigung ausgesprochen werden kann.[46]

C. Schlussbetrachtung

Der vorliegende Sachverhalt verdeutlicht nicht nur die Komplexität arbeitsrechtlicher und personalwirtschaftlicher Fragestellungen, sondern zeigt auch den komplizierten Einzelfallbezug von Problemen im Betrieb auf. Während die in Teilen nur schwer prognostizierbaren Gerichtsurteile dazu führen, vorsichtshalber rechtlich relevante Maßnahmen zu treffen, die auf den Einzelfall bezogen unter Umständen nicht notwendig waren, sind in personalwirtschaftlicher Hinsicht neben dem erhöhten Verwaltungsaufwand, bspw. bei Kündigungen und Neueinstellungen, die Probleme zur Sicherstellung des ordnungsgemäßen Betriebsablaufes und die Mitarbeitermotivation im Auge zu behalten.

Die Frage nach der Schwangerschaft ist rechtlich betrachtet eindeutig unzulässig und sollte auch mit Blick auf etwaige Schadensersatzforderungen unterbleiben. Personalwirtschaftlich und rechtlich bleibt die Unzulässigkeit gelegentlich ein Problem. Nicht nur die wirtschaftlichen Interessen des Arbeitgebers, sondern auch der Schutz des ungeborenen Lebens gerade am Anfang einer Schwangerschaft kann derartige Fragen früh aufwerfen.

Diese Frage, einem Schadensersatzanspruch auszusetzen ist kritisch zu sehen. Vor allem wird sich ein Arbeitgeber im Zweifel gegen eine derartige Frage entscheiden, wenn er die Folgen selbst nicht absehen kann.

---

45 BAG, Urteil vom 26.03.2009–2 AZR 953/ 07, NZA-RR 2010, 516, 517; BAG, Urteil vom 27.04.2006–2 AZR 386/ 05, NZA 2006, 977, 978; BAG, Entscheidung vom 17.05.1984–2 AZR 3/ 83, NZA 1985, 91, 92; *Stoffels* (Fn. 43), NJW 2011, 118, 120.

46 Vgl. *Walker* (Fn. 42), NZA 2011, 1, 4.

Mit Blick auf (freiwillige) Sonderleistungen an Arbeitnehmer ist die Rechtsprechung vergleichsweise eindeutig. Bei der Erstellung von Arbeitsverträgen sollte sich der Ersteller an dieser orientieren und zur Vermeidung von Zweifeln auch deren Terminologie verwenden. Lediglich die Voraussetzungen der Entstehung einer betrieblichen Übung sind einzelfallabhängig und nur hinsichtlich bereits bekannter und abgeurteilter Formen von Sonderleistungen absehbar. Insoweit empfiehlt sich hier regelmäßig die Vereinbarung von Widerrufsvorbehalten bzw. die Leistung unter individuellem Vorbehalt.

Ähnlich verhält es sich mit der verhaltensbedingten Kündigung von Mitarbeitern. In Grenzfällen sollte bezüglich der Voraussetzungen einer solchen Kündigung grundsätzlich eine Abmahnung erfolgen, um eine Kündigung eines Mitarbeiters, der den betrieblichen Ablauf wirtschaftlich oder persönlich stört, zu ermöglichen. Auf diese Weise wird im Zweifel das Ultima- Ratio Prinzip berücksichtigt. Andere Führungselemente sollten dabei allerdings ebenfalls in Erwägung gezogen werden. So bietet sich auf den Fall bezogen an, nicht nur eine rechtliche Lösung zu verfolgen, sondern auch personalwirtschaftlich nach neuen Konzepten zu suchen und die innerbetrieblichen Strukturmaßnahmen kritisch zu durchleuchten. Anstatt eine Kündigung auszusprechen, sollte über familienfreundliche Arbeitgebermodelle nachgedacht werden. Oder auch die Einführung eines Gleitzeitmodells kann im Gegensatz zu einer Kündigung durchaus der Mitarbeiterförderung und -motivation dienlich sein. Aufklärungsmaßnahmen, die den Angestellten rechtliche Grenzen ihres Handelns aufzeigen, vermeiden spätere Auseinandersetzungen. Ferner bringt das betriebliche Eingliederungsmanagement, welches bereits präventiv wirkt, einen Beitrag zur Vermeidung von (personenbedingten) Kündigungen. Die Gesundheitsvorsorge wird zudem an anderer Stelle ebenfalls an Bedeutung gewinnen. Gerade im Hinblick auf den abzusehenden künftigen Fachkräftemangel ist betrieblich alles zu unternehmen, um die Mitarbeiter im Betrieb zu halten und auf deren Befähigung möglichst umfassend zurückgreifen zu können. Diese und weitere personalwirtschaftlichen Maßnahmen können hierzu einen Beitrag leisten, ohne dass es des Mittels der Kündigung bedarf.

Prof. Dr. Heinz-J. Bontrup und Prof. Dr. Thomas Korenke

Die wichtigsten Aussagen des BVerfG im „Hartz IV"-Urteil zu den sog. Regelleistungen des SGB II und die Bemessung des Existenzminimums aus ökonomischer Sicht

A. Einleitung

In seiner landläufig als Hartz-IV Urteil bezeichneten Entscheidung vom 09. Februar 2010[1] hat das Bundesverfassungsgericht (BVerfG) seine Rechtsprechung zum Grundrecht auf Gewährleistung eines menschenwürdigen Existenzminimums für alle in Deutschland lebende Menschen fortentwickelt. Das eigenständige Recht wird abgeleitet aus der Garantie der Menschenwürde des Art. 1 Abs. 1 Grundgesetz (GG) in Verbindung mit dem Sozialstaatsprinzip des Art. 20 Abs. 1 GG. Damit gewinnt hier die Höhe der Grundsicherung eine weitere Verfassungsverrechtlichung, wogegen das BVerfG in seinen frühen Entscheidungen noch ausdrücklich festgehalten hatte, dass die Menschenwürde nicht vor materieller Not schütze, sondern vor Erniedrigung, Brandmarkung, Verfolgung und Ächtung im Sinne eines klassischen Abwehrrechts gegen den Staat.

In seinem Hartz-VI Urteil hat nun das BVerfG in Konkretisierung des eigenständigen Leistungsrechts aus den Artt. 1 Abs. 1 und 20 Abs. 1 GG den Gesetzgeber aufgefordert, ein transparentes und nachvollziehbares Verfahren zu entwickeln, nach dem der Regelbedarf ermittelt werden kann.

Auch die Regelungen zum sog. Sozialgeld für Kinder wurden unter diesem prozeduralen Aspekt vom BVerfG kritisiert, da der Gesetzgeber den Bedarf der Kinder nicht empirisch ermittelt, sondern schlicht einen pauschalen Abschlag von der Regelleistung für Erwachsene vorgenommen hatte. Stattdessen sei, so das BVerfG, eine eigenständige Ermittlung des kinderspezifischen Bedarfs erforderlich, „*die sich an kindlichen Entwicklungsphasen auszurichten (hat) und an dem, was für die Persönlichkeitsentfaltung des Kindes erforderlich ist*".[2] Ein besonderer Bedarf sei „*vor allem bei Schulkindern zu erwarten*". Notwendige Aufwendungen zur Erfüllung schulischer Pflichten gehörten zu ihrem existenziellen Bedarf. Ohne

---

1 BVerfG, Urteil vom 09. Februar 2010–1 BvL 1/09, 1 BvL 3/09, 1 BvL 4/09 – BVerfGE 125, S. 175–260.

2 BVerfGE 125 (Fn.1), Rn. 191.

Deckung dieser Kosten drohe hilfebedürftigen Kindern der *„Ausschluss von Lebenschancen“* und sie seien in ihren Möglichkeiten eingeschränkt, *„später ihren Lebensunterhalt aus eigenen Kräften bestreiten zu können“*.[3]

Mit dieser Kritik an den damals geltenden Hartz-IV Regelleistungen hat das BVerfG mit seiner Entscheidung vom 09.02.2010 durchaus sozialpolitische Erwartungen auch hinsichtlich der materiellen Leistungshöhe der Regelleistungen geweckt. Allerdings erscheint es fraglich, ob und inwieweit diese Erwartungen sich aus den Gründen des Hartz-IV Urteils ableiten lassen und *juristisch* begründen lassen. Dieser Frage wird in dem ersten Teil sub B. der vorliegenden Abhandlung nachzugehen sein. Im zweiten Teil sub C. soll eine *ökonomische* Betrachtung im Hinblick auf die zutreffende Bemessung des sozio-ökonomischen Existenzminimums vorgenommen werden.

B. Das Hartz-IV Urteil vom 09. Februar 2010 und seine rechtlichen Folgen für künftige Justierungen des Existenzminimums

Hier zunächst eine kurze Skizze des Sachverhalts, wie er der „Hartz-IV“-Entscheidung des BVerfG im Hinblick auf die im Fokus stehenden Regelleistungen des SGB II zugrunde gelegen hat[4]:

> Die Kläger des Ausgangsverfahrens bilden eine dreiköpfige Familie, bestehend aus dem im Jahre 1962 geborenen Kläger zu 1)., seiner 1963 geborenen Ehefrau, der Klägerin zu 2). und der gemeinsamen 1994 geborenen Tochter, der Klägerin zu 3). Sie beziehen seit dem 01.01.2005 Leistungen der Grundsicherung für Arbeitssuchende nach dem SGB II. Für den streitgegenständlichen Zeitraum vom 01.01.2005 bis zum 30.06.2005 bewilligte ihnen die Beklagte des Ausgangsverfahrens monatliche Leistungen in Höhe von insgesamt 825 Euro. Die Bewilligung enthielt Leistungen für Unterkunft und Heizung in Höhe von insgesamt 150 Euro, eine Regelleistung für den Kläger zu 1). und die Klägerin zu 2). in Höhe von jeweils 311 Euro und eine Regelleistung in Höhe von 53 Euro für die Klägerin zu 3)., die sich ausgehend von der gesetzlichen Regelleistung in Höhe von 207 Euro ergab, weil Kindergeld in Höhe von 154 Euro monatlich angerechnet wurde.
>
> Nach erfolglosem Widerspruch machten die Kläger vor dem Sozialgericht die Gewährung höherer Leistungen mit der Begründung geltend, *die gesetzliche Regelleistung reiche zur Sicherung ihres Existenzminimums nicht aus*. Das Sozialgericht wies die Klage unter anderem mit Hinweis auf das Urteil des Bundessozialgerichts vom 23.11.2006[5] ab, dem

---

3 BVerfGE 125 (Fn.1), Rn. 192.

4 BVerfGE 125 (Fn.1), Rn. 82.

5 BSG, Urteil vom 23.11.2006 – B 11b AS 1/06 R- BSGE 97, S. 265.

zufolge die Regelleistung für Alleinstehende mit dem Grundgesetz vereinbar ist.[6] Das Hessische Landessozialgericht (LSG) hat dann nach Einholung von Sachverständigengutachten zu den Fragen der Ermittlung, Höhe und Bedarfsgerechtigkeit der Regelleistung das Berufungsverfahren ausgesetzt und dem BVerfG die Frage zur Entscheidung vorgelegt.[7]

Welchen Standpunkt hat nun das BVerfG zu diesen Fragestellungen der Konkretisierung des *Existenzminimums* in seinem Hartz-IV Urteil vom 09.02.2010 eingenommen?

I. Der sogenannte Prozeduralisierungsansatz des BVerfG

Wie schon eingangs angedeutet, hat das BVerfG sich in seiner Entscheidung am 09.02.2010 auf eine primär prozedurale Kritik an den Gesetzgeber beschränkt, diesem aber in der Sache, also in Bezug auf die (materielle) Leistungshöhe, letztlich weiterhin einen erheblichen Gestaltungsspielraum eingeräumt und damit für sich selbst als Verfassungsgerichtsbarkeit eine nur zurückhaltende Kontrolle reklamiert. Zur Bestimmung der Regelleistungen hat das BVerfG zusammengefasst dem Gesetzgeber folgende Vorgaben gemacht:

Der Gesetzgeber hat eine nachvollziehbare Vorstellung davon zu entwickeln, was er als Mindestbedarf verstanden wissen will. Dabei muss er Erfahrungswerte heranziehen, die zur begründeten Vermutung Anlass geben, rechtstauglich zu sein und die Bedarfsdeckung zu gewährleisten sowie Wertungen bei der Konkretisierung so vorzunehmen, dass diese nicht gegen sonstige Bestimmungen des Grundgesetzes verstoßen. Anders gewendet: Wenn eine bestimmte Methode zur Quantifizierung (etwa Statistikmodell oder Warenkorbmodell) gewählt wird, dann scheint der Rest eine Frage der methodisch exakten Durchführung zu sein. Freilich verbleiben dem Gesetzgeber dabei gleichwohl Wertungsentscheidungen und Typisierungsbefugnisse. So fordert das BVerfG in diesem Kontext nur *„ein im Grundsatz taugliches Berechnungsverfahren"*. Die erforderlichen Tatsachen müssen dabei lediglich *„im Wesentlichen vollständig und zutreffend ermittelt werden"*. Der Gesetzgeber müsse sich *„im Rahmen des Vertretbaren"* in allen Berechnungsschritten innerhalb des gewählten Verfahrens halten.

Gerade die soeben zitatweise heraus gestellten Formulierungen zeigen, dass das BVerfG dem Gesetzgeber in erster Linie im Hinblick auf das gewählte Verfahren zur Konkretisierung des Existenzminimums Vorgaben gemacht hat. Dabei wird das BVerfG von manchen hoffnungsvoll durchaus so interpretiert, dass der

6 BVerfGE 125 (Fn.1), Rn. 83.

7 BVerfGE 125 (Fn.1), Rn. 84.

Gestaltungsspielraum des Gesetzgebers doch im Wesentlichen auf ein Methodenwahlrecht beschränkt werde. Würde man das BVerfG indes im Sinne einer so weitgehenden Beschneidung der Kompetenz des Gesetzgebers verstehen, so wäre die Höhe des Existenzminimums letztlich zum Ergebnis einer bloßen Rechenoperation degradiert. Dass sich das BVerfG so nicht verstanden wissen wollte, zeigen indes die vorstehend wiedergegebenen Vokabeln in den Urteilsgründen. Dem Gesetzgeber verbleibt somit auch künftig bei der konkreten Bestimmung dessen, was als Existenzminimum im Sinne des SGB II in Euro und Cent letztlich zu verstehen ist, ein nicht zu unterschätzender (weitreichender) Gestaltungsspielraum. Daran hat das BVerfG in seiner Entscheidung vom 02.09.2010 wenig Zweifel gelassen. Denn wenn der Gesetzgeber künftig die prozeduralen Vorgaben sorgfältiger, d.h. *„im Grundsatz"* und *„im Wesentlichen"* sowie *„im Rahmen des Vertretbaren"* beachtet, dann wird man auch künftig als Betroffener bzw. Beschwerdeführer schwerlich den Nachweis führen können, dass der (künftige) Gesetzgeber die Regelleistungen in *„evident unzureichender"* Höhe konkretisiert hat. Denn das BVerfG hat in seiner Hartz-IV Entscheidung zu der betragsmäßigen Höhe der damalig streitgegenständlichen Regelleistungen des SGB II neben der prozeduralen Kritik am Gesetzgeber zugleich wie folgt heraus gestellt:

II. Die Regelleistungen des SGB II sind zur Sicherstellung eines menschenwürdigen Existenzminimums *„nicht als evident unzureichend"* anzusehen

Die in den vorstehend skizzierten Ausgangsverfahren den Klägern gewährten Regelleistungen von 345, 311 und 207 Euro können, so führt das BVerfG aus, zur Sicherstellung eines menschen-würdigen Existenzminimums nicht als evident unzureichend erkannt werden.[8]

Für den Betrag der *Regelleistung von damals 345 Euro* nach § 20 Abs. 1 1. Halbsatz SGB II a.F. kann eine evidente Unterschreitung nicht festgestellt werden, weil die Regelleistung zur Sicherung der physischen Seite des Existenzminimums ausreicht und der Gestaltungsspielraum des Gesetzgebers bei der sozialen Seite des Existenzminimums weiter ist. So kommt beispielsweise die Untersuchung des Deutschen Vereins für öffentliche und private Fürsorge zu dem Ergebnis, dass die Beträge des § 2 Abs. 2 der Regelsatzverordnung für „Nahrungsmittel, Getränke, Tabakwaren" sowie für „Beherbergungsdienstleistungen, Gaststättenbesuche" die Ernährung eines Alleinstehenden mit Vollkost decken können. Der Ausschluss einer *evidenten* Unterschreitung findet eine gewisse Bestätigung darin, dass der

8 BVerfGE 125 (Fn.1), Rn. 151.

Betrag der Regelleistung von 345 Euro sich an die Regelsätze des Bundessozialhilfegesetzes anlehnt, die jahrzehntelang von der Verwaltungsgerichtsbarkeit unbeanstandet geblieben sind.

Das BVerfG hat dabei ausdrücklich betont, dass das Existenzminimum in unterschiedlichen Rechtskomplexen je nach ratio legis unterschiedlich ausfallen kann. Der Umstand, dass der Gesetzgeber in anderen Regelungsbereichen, wie etwa bei den Einkommensgrenzen im Prozesskostenhilferecht (früher sog. Armenrecht) oder bei den Pfändungsfreigrenzen, andere Beträge festgesetzt hat, begründe – so hat das BVerfG herausgestellt[9] –, keinen durchgreifenden Zweifel an der Bedarfsgerechtigkeit der Summe von 345 Euro monatlichen Regelsatz nach dem SGB II. Der Gesetzgeber könne in anderen Bereichen unterschiedliche Wertungen nach der jeweiligen ratio legis treffen und dabei auch über das hinausgehen, was er von Verfassungs wegen denjenigen zur Verfügung stellen muss, die ihren Lebensunterhalt nicht aus eigenen Mitteln bestreiten können. Aus anderen Rechtsbereichen können daher keine Rückschlüsse auf die notwendige Höhe der Leistungen zur Sicherstellung eines menschenwürdigen Existenzminimums gezogen werden.[10]

Das gelte auch, so fährt das BVerfG fort[11], für den sich aus § 20 Abs. 3 Satz 1 SGB II a.F. ergebenden *Betrag von 311 Euro für erwachsene Partner einer sog. Bedarfsgemeinschaft.* Der Gesetzgeber durfte davon ausgehen, dass durch das gemeinsame Wirtschaften Aufwendungen gespart werden und deshalb zwei zusammenlebende Partner einen finanziellen Mindestbedarf haben, der unter dem Doppelten des Bedarfs der alleinwirtschaftenden Person liegt. Da aufgrund des Zusammenlebens anzunehmen ist, dass beide Partner „aus einem Topf“ wirtschaften, ist es nicht zu beanstanden, dass der Gesetzgeber für beide Partner einen gleich hohen Bedarf in Ansatz bringt. Eine gleichmäßige Aufteilung des geminderten gemeinschaftlichen Bedarfs trägt jedenfalls, anders als das früher im Sozialhilferecht praktizierte sog. Haushaltsvorstandsprinzip, dem Gleichheitsgrundsatz des Art. 3 GG Rechnung.

Es könne schließlich ebenfalls nicht festgestellt werden, dass der *für Kinder bis zur Vollendung des 14. Lebensjahres geltende Betrag von 207 Euro* zur Sicherung eines menschenwürdigen Existenzminimums offensichtlich unzureichend ist.[12] Auch dann nicht, wenn das *Kindergeld* gegengerechnet wird.

---

9 BVerfGE 125 (Fn.1), Rn. 152.
10 BVerfGE 125 (Fn.1), Rn. 153.
11 BVerfGE 125 (Fn.1), Rn. 154.
12 BVerfGE 125 (Fn.1), Rn. 155.

III. Zwischenfazit

Wie vorstehend gezeigt werden konnte, steht zu befürchten, dass das Hartz-IV Urteil des BVerfG vom 02.09.2010 bei vielen Betroffenen bis heute Hoffnungen geweckt haben dürfte hinsichtlich der materiellen Leistungshöhe, die juristisch aus den Gründen des Urteils nicht abzuleiten und damit nicht zu begründen sind. Das BVerfG hat es durch seinen weitgehend prozeduralen Ansatz und den daraus resultierenden, lediglich das Konkretisierungsverfahren betreffende Vorgaben zu Recht vermieden, gleichsam die Rolle eines *Ersatzgesetzgebers* zu übernehmen. Aufgabe des BVerfG ist es, die Verfassungsmäßigkeit und also die Rechtskonformität eines verabschiedeten Gesetzes zu überprüfen, nicht dagegen die von den demokratisch legitimierten Kräften zu klärende Frage nach einem „besseren" Gesetz bzw. einer politisch alternativen Lösung zu beantworten. Wie eigentlich zu erwarten war, hat das BVerfG in seiner Hartz-IV Entscheidung vom 09.02.2010 sich einmal mehr in Selbstbeschränkung geübt und damit die Frage nach der „richtigen" Bezifferung des *sozio-ökonomischen Existenzminimums* an die politischen und ökonomischen Akteure zurückgegeben. Diese haben somit den künftigen Diskurs darüber zu führen, wie man ein *menschenwürdiges Existenzminimum* am besten sicherstellen kann bzw. sollte. Dennoch muss die Frage erlaubt sein, ob die vom BVerfG im Hartz-IV Urteil praktizierte rein formaljuristische Herangehensweise nicht doch eine für das höchste deutsche Gericht allzu „sterile" Sicht der Realität zugrunde legt, welche kritisch zu hinterfragen ist. Hierzu soll nachfolgend von ökonomischer Seite, neben grundsätzlichen ökonomischen Bemerkungen zum Urteil, ein eigener Konkretisierungsversuch unternommen werden.

C. Ökonomische Beurteilung des Verfassungsurteils – und was ist ein menschen-würdiges Existenzminimum?

I. Ökonomisch grundsätzliche Bemerkungen zum Urteil

Aus ökonomischer Sicht ist das Urteil enttäuschend. Sicher ist es richtig, dass das Bundesverfassungsgericht kein *Ersatzgesetzgeber* für eine wirtschaftspolitisch versagende Legislative ist, aber das höchste Gericht hätte hier im Duktus der *ökonomisch* zugrunde liegenden Problematik viel mehr von der Politik (Legislative) einfordern können und auch müssen. Völlig unverständlich ist dabei zunächst einmal das offensichtlich fehlende juristische Verständnis für ökonomische *Kausalitäten*. Das heißt, das BVerfG fragt in keiner Weise nach den *Ursachen* von notwendigen *Grundsicherungsleistungen von Menschen* in einer Volkswirtschaft, die zu den reichsten der Erde gehört und deren – aber stark ungleich verteilter – Nettovermögensbestand sich auf fast 10 Billionen Euro beläuft, wovon gut 5 Billionen Euro Geldvermögen sind, und wo alleine von 2010 bis 2014 jahresdurchschnittlich 232 Milliarden Euro aus dem verfügbaren Einkommen gespart werden konnten. Somit ist das hier zugrunde gelegte und im Urteil zum Ausdruck kommende *rein juristische Denken* ein in den Symptomen (Wirkungen) verhaftetes *unökonomisches Herangehen* an ein schwerwiegendes sozio-ökonomisches Problem. Schwerwiegend allein deshalb, weil im Jahr 2013 (die Zahlen für 2014 liegen noch nicht vor) gut 7,4 Millionen Menschen in Deutschland auf Grundsicherungsleistungen gemäß SGB II angewiesen waren; davon 4,3 Mio. Arbeitslosengeld II, 1,4 Mio. Hartz-IV-Empfänger und 1,7 Mio. Sozialgeldempfänger.[13] Hinzu kamen fast eine Million Empfänger von Grundsicherungsleistungen im Alter und bei Erwerbsminderungen.[14] Die hier betroffenen Menschen sind arm und gehen in die *Armutsquote* ein, die 2013 in Deutschland bei 15,5 v.H. lag. Dabei in den alten Bundesländern bei 14,4 v.H. und in den neuen Bundesländern bei 19,8 v.H. Die höchste Armutsquote weist dabei unter den Bundesländern Bremen mit 23,1 v.H. aus. Am niedrigsten ist die Armutsquote in Baden-Württemberg mit 11,1 v.H.[15] In Deutschland sind damit 12,5 Millionen Menschen arm und das gilt auch für jedes 5. Kind. In Berlin ist sogar jedes 3. Kind von Armut betroffen.[16]

Was ist aber die ökonomische *Ursache* für diesen schwerwiegenden gesellschaftlichen Missstand? Mit dieser Frage hat sich das BVerfG erst gar nicht beschäftigt. Es ist in einem immanenten juristischen (technokratischen) Denkprozess verhaftet geblieben. Dabei blieb logisch folgend ein wissenschaftlich interdisziplinäres sowie holistisches und dialektisches Denken außen vor. Und das BVerfG hätte sich auch fragen müssen, was unternimmt die Politik zur Ursachenbekämpfung? Auch diesbezüglich findet man im Urteil keine Antworten. Bei methodisch richtigem sozialwissenschaftlichen Vorgehen hätte dagegen das höchste deutsche Gericht festgestellt, dass die Politik so gut wie Nichts gegen die *Ursache* von notwendigen Grundsicherungsleistungen unternimmt, schaut man sich nur

---

13 *Arbeitslosengeld II* wird seit 2005 an Menschen zwischen 15 und 65 Jahren gezahlt, die mindestens drei Stunden täglich einer Erwerbstätigkeit nachgehen können. Familienangehörige, die das nicht leisten können, insbesondere Kinder unter 15 Jahren und schulpflichtige Kinder, erhalten *Sozialgeld* zur Sicherung ihres Lebensunterhaltes.

14 Vgl. Der Paritätische Gesamtverband, Paritätisches Jahresgutachten 2015, 2015, S. 21.

15 Vgl. *Bischoff/Müller*, Hamburg: Verhärtung der sozialen Spaltung, in: Soziale Spaltung in Hamburg. Prekäre Beschäftigung, Hartz IV, Sozial-räumliche Polarisierung, Kinderarmut, Altersarmut, 2014, S. 4 ff.

16 Vgl. *Bischoff/Müller* (Fn. 14), S. 19.

unter dem politisch-neoliberalen Mainstream[17] den Bedeutungsverlust der aktiven Arbeitsmarktpolitik an! Seit jetzt bereits 40 Jahren liegt in Deutschland *Massenarbeitslosigkeit* als die entscheidende ökonomische Ursache für eine staatliche Alimentierung von Menschen ohne Arbeit vor. Gut 3,5 Millionen sind dabei *tatsächlich* (registrierte und aus der Statistik entfernte Arbeitslose) ohne Beschäftigung, davon zählt man gut eine Million zu den Langzeitarbeitslosen, die noch einmal besonderen Belastungen ausgesetzt sind. Hinzu kommen 7,8 Millionen *prekarisierte Beschäftigungsverhältnisse*, die von einer als Normalarbeitsverhältnis bezeichneten sozialversicherungspflichtigen, tariflich bezahlten Vollzeittätigkeit abweichen. Darunter fallen so unterschiedliche Arbeitsverhältnisse wie geringfügige Beschäftigungen (sog. Mini- und Midi-Jobs), Teilzeitbeschäftigungen, befristete Beschäftigungen, Werkverträge oder Leiharbeit.[18]

Das BVerfG hätte aber auch, unabhängig von einem nicht praktizierten ökonomisch (sozialwissenschaftlichen) kausalem Denken, erkennen müssen, was es bedeutet, *arbeitslos* zu sein. Menschen wird damit die einzige ökonomische Reproduktionsmöglichkeit zur Erzielung von notwendigem Einkommen vorenthalten. Dies ist ein ökonomischer *„Gewaltakt, ein Anschlag auf die körperliche und seelisch-geistige Integrität der davon betroffenen Menschen“* (Oskar Negt),[19] der außerdem gegen die Selbstbestimmung, gegen die Freiheit und Würde des Menschen, und somit auch gegen die Verfassung (Art. 1 und 2 GG) verstößt. Nur wenn der Mensch in einer ihm in Deutschland *ordnungstheoretisch* vorgegebenen marktwirtschaftlich-kapitalistischen Ordnung[20] von Unternehmern (Produktionsmittel-eigentümern), denen man ihre unternehmerische Freiheit nicht abspricht, an den Arbeitsmärkten nachgefragt wird, erhält der Mensch einen *ökonomischen Wert*. Ansonsten hat er keinen Wert. Er ist schlicht arbeitslos und muss von der Gesellschaft, von den Arbeitenden und deren geschaffener Wertschöpfung alimentiert werden.

---

17 Zur politischen Intention und Kritik am vorherrschenden Neoliberalismus vergleiche ausführlich: *Schui/Ptak/Blankenburg/Bachmann/Kotzur*, Wollt ihr den totalen Markt? Der Neoliberalismus und die extreme Rechte, 1997; *Goldschmidt/Klein/Steinitz* (Hrsg.), Neoliberalismus. Hegemonie ohne Perspektive, 2000; *Urban* (Hrsg.), ABC zum Neoliberalismus. Von Agenda 2010 bis zu Zumutbarkeit, 2006; *Butterwegge/Lösch/Ptak*, Kritik des Neoliberalismus, 2. Aufl., 2008.

18 Vgl. Arbeitsgruppe Alternative Wirtschaftspolitik, Memorandum 2015: 40 Jahre für eine soziale und wirksame Wirtschaftspolitik gegen Massenarbeitslosigkeit, 2015.

19 Vgl. *Negt*, Arbeit und menschliche Würde, 2. Aufl., 2002, S. 5.

20 Vgl. dazu den ehemaligen Vorsitzenden des Bundesverfassungsgerichts: *Papier*, Wirtschaftsordnung und Grundgesetz, in: Aus Politik und Zeitgeschichte. Beilage zur Wochenzeitung „Das Parlament, 13/2007, S. 4.

Dabei gilt im Kapitalismus das ökonomische Gesetz: Jeder Unternehmer hat die Freiheit, völlig autonom darüber zu entscheiden, ob er überhaupt einen abhängig Beschäftigten in seinem Unternehmen einstellt. Und hat er ihn einmal eingestellt (nachgefragt), dann bestimmt er wieder alleine darüber, ob er ihn entlässt und zu einem Arbeitslosen macht. Diese damit einhergehende *ökonomische Machtasymmetrie* ist den Juristen des BVerfG offensichtlich nicht einmal im Ansatz bewusst bzw. sie wurde bewusst verdrängt. Und auch nicht das ökonomische *Arbeitswertgesetz* wurde bedacht, wonach der Unternehmer sich auf Grund des Eigentums an den sächlichen Produktionsmitteln einen Teil des von den Arbeitskräften geschaffenen Werts, den über den ausgezahlten Lohn liegenden *Mehrwert* in Form von Gewinn, Zins und Grundrente, aneignet.[21]

II. Zum menschenwürdigen Existenzminium

Versagt eine Wirtschaftsordnung auf Grund ihrer immanenten Widersprüche, wie die marktwirtschaftlich-kapitalistische Ordnung durch den Gegensatz von Kapital (Mehrwert) und Arbeit (Lohn), und ist sie außerdem krisenhaft und nicht einmal in der Lage, allen Menschen, die Arbeiten wollen, auch eine existenzsichernde Beschäftigung zu geben, so muss das System zur Befriedung der Externalisierten mindestens eine *staatliche Alimentierung* leisten. Hierbei gilt das ökonomische Gesetz: Diese Leistung kann nur aus der jeweils von den Arbeitenden geschaffenen *Wertschöpfung*, dem Volkseinkommen, erbracht werden. 2014 lag dabei das Volkseinkommen in Deutschland bei 2.175 Milliarden Euro. Je Einwohner waren das 26.403 Euro. Von der Wertschöpfung haben die *abhängig Beschäftigten*, die gemäß Arbeitswertgesetz fast den gesamten Wert geschaffen haben, aber nur 68,1 v.H. oder 1.482 Milliarden Euro erhalten. Die verbleibenden 31,9 v.H. oder 693 Milliarden Euro gingen an die *Kapital- bzw. Produktionsmitteleigentümer*. Das Arbeitnehmerentgelt (Bruttoentgelt des Beschäftigten plus der Arbeitgeberbeiträge zur Sozialversicherung) lag dabei im Jahr 2014 bei durchschnittlich 3.223 Euro im Monat bzw. 38.676 Euro im Jahr. Das Bruttoentgelt kam auf einen Betrag von 2.632 Euro (monatlich) und 31.593 Euro (jährlich). Von dem Bruttoentgelt werden aber Steuern und Sozialabgaben beim abhängig Beschäftigten in Abzug gebracht. Was bleibt ist das *Nettoeinkommen*. Dies lag 2014 durchschnittlich je Arbeitnehmer bei monatlich 1.757 Euro, jährlich bei 21.084 Euro.[22]

---

21 Vgl. *Bontrup*, Lohn und Gewinn. Volks- und betriebswirtschaftliche Grundzüge, 3. Aufl., 2014.

22 Vgl. Statistisches Bundesamt, Volkswirtschaftliche Gesamtrechnungen, Fachserie 18/ Reihe 1.1, 2015.

Vor diesem empirisch-ökonomischen Tatbestand der realisierten und verteilten Wertschöpfung ist letztlich für Diejenigen, die auf Grund ihrer Arbeitslosigkeit oder nur prekären Beschäftigungssituation nicht an der Schaffung der Wertschöpfung bzw. nur wenig daran beteiligt waren, ein *menschenwürdiges Existenzminimum* zu beurteilen und zu bestimmen. Ökonomisch wissenschaftlich exakt lässt sich dabei die Höhe nicht festlegen. Hier ist nur ein ökonomisch *normatives Werturteil* möglich. Aber man kann sich zur Bestimmung über die ökonomische Armutsforschung,[23] die von einem relativen Armutsbegriff ausgeht, der Lösung des Problems annähern. Demnach ist man arm, wenn das Nettoeinkommen die *Armutsrisikogrenze* von 60 v.H. des Durchschnittseinkommens, genauer des Medianeinkommens, unterschreitet.[24] „Bislang besteht (dabei) unter Fachleuten ein breiter Konsens – dass bei einem Unterschreiten der auf europäischer Ebene definierten Armutsschwelle *soziale Ausgrenzungsprozesse* stattfinden – das Armutsrisiko auf diese Weise zu bestimmen."[25] Um dabei das Gesamteinkommen eines Haushalts (einer Lebensgemeinschaft) festzulegen, hat man sich auf Äquivalenzfaktoren verständigt, die den Bedarf pro Kopf in Abhängigkeit von der Haushaltszusammenstellung abbilden soll. Für die erste erwachsene Person des Haushalts wird dabei ein Faktor von 1,0 angenommen. Jede weitere erwachsene Person im Haushalt erhält den Faktor 0,5 und Kinder unter 14 Jahren den Faktor 0,3. Demnach würde eine Familie mit zwei Erwachsenen und einem Kind einen Äquivalenzfaktor von 1,8 zur Bestimmung der Armutsgrenze erhalten.

Bezieht man diese Armutsmessung realiter auf die oben für das Jahr 2014 empirisch ermittelten Netto-Einkommenswerte der nur *abhängig Beschäftigten* in Deutschland, so wäre jemand arm, wenn er mit weniger als 12.650 Euro im Jahr, monatlich mit weniger als 1.054 Euro, auskommen müsste. Für einen privaten Haushalt mit zwei Erwachsenen und einem Kind, sowie dem nur einen erzielten monatlichen Durchschnittseinkommen, gilt dann die *Armutsformel*: 1.054 Euro x 1,0 + 1.054 Euro x 0,5 + 1.054 Euro x 0,3 oder (1,8 x 1.054 Euro) = 1.897 Euro. Das BVerfG gesteht implizit der klagenden dreiköpfigen Familie aber insgesamt nur 825 Euro zu, und es hält, wie ausgeführt, die in der einfachen Gesetzgebung festgelegten Regelleistungen von 345, 311 und 207 Euro zur Sicherstellung eines *menschenwürdigen Existenzminimums* für nicht evident unzureichend.

Ökonomisch geht diese juristische Sicht völlig an der Realität und an einer anerkannten sozialwissenschaftlichen Armutsforschung sowie der hier abgeleiteten

23 Vgl. *Butterwegge*, Krise und Zukunft des Sozialstaats, 5. Aufl., 2014.

24 Sowohl die Statistischen Ämter des Bundes und der Länder als auch die Europäische Union benutzen diese Definition zur Determinierung von Armut.

25 Der Paritätische Gesamtverband, Paritätisches Jahresgutachten 2015, 2015, S. 19.

Armutsdefinition vorbei. Vor dem Hintergrund der oben angeführten ökonomischen Fakten liegt das als juristisch für hinreichend eingestufte menschenwürdige Existenzminimum in Höhe von 825 Euro im Monat um 1.072 Euro unter der *ökonomisch* definierten Armutsschwelle. Die Kluft wird dabei noch wesentlich größer, beziehungsweise sie verdoppelt sich, bezieht man als Referenzgröße nicht nur das Einkommen der abhängig Beschäftigten, sondern auch das *Mehrwerteinkommen* der Produktionsmitteleigentümer unter Berücksichtigung aller Erwerbstätigen, also auch der Selbständigen, in die Berechnung einer für Deutschland geltenden relativen Armut ein. So lag 2014 das verfügbare Einkommen (Ausgabenkonzept) bei 1.719 Mrd. Euro und das Einkommen je Erwerbstätigen bei 40.303 Euro im Jahr bzw. 3.359 Euro im Monat. Bei der definierten Armutsgrenze von 60 v.H. liegt die *Armutsschwelle* demnach hier bei 2.015 Euro im Monat – bezieht man auch die Mehrwerteinkommen und nicht nur die Arbeitnehmergelte in die Berechnung mit ein.

Verfügbares Einkommen (Ausgabenkonzept)	1.719.000	Mio. Euro
Erwerbstätige	42.652.000	
Verfügbares Einkommen je Erwerbstätigen im Jahr	40.303	Euro
Verfügbares Einkommen je Erwerbstätigen im Monat	3.359	Euro
davon 60 v.H. Armutsgrenze	2.015	Euro

Für einen privaten Haushalt mit zwei Erwachsenen und einem Kind, sowie dem nur einen erzielten monatlichen Durchschnittseinkommen als verfügbares Einkommen, würde dann die folgende *Armutsformel* gelten: 2.015 Euro x 1,0 + 2.015 Euro x 0,5 + 2.015 Euro x 0,3 oder (1,8 x 2.015 Euro) = 3.627 Euro. In Relation von dem vom BVerfG juristisch zugestandenen Existenzminium in Höhe von 825 Euro wäre dies eine Lücke in Höhe von 2.802 Euro. Das heißt ökonomisch: Der hier definierte Drei-Personen-Haushalt müsste nur zur Erreichung der Armutsgrenze eine um 2.802 Euro höhere staatliche Alimentierung erhalten. Das Ergebnis einer solchen Berechnung und Umsetzung wäre allerdings realiter, dass so gut wie niemand mehr arbeiten würde. Also ein völlig unrealistisches Ergebnis.

Ökonomisch das Beste wäre dagegen, und das gilt für jede Berechnung eines menschenwürdigen Existenzminimums, die *Ursachen* für die Zahlung von staatlichen Grundsicherungsleistungen, die Massenarbeitslosigkeit und die Millionen von prekären Beschäftigungsverhältnissen würden beseitigt. Dem stehen aber das widersprüchliche marktwirtschaftlich-kapitalistische System und die herrschende Politik entgegen. So verbleibt dann den politischen (staatlichen) Akteuren nur ein Kurieren an den *Symptomen* um die Externalisierten mit staatlichen Alimentierungen einigermaßen zu befrieden und nicht den totalen Zusammenbruch des Systems zu riskieren. Das Urteil des BVerfG drückt im Ergebnis dies ganze Elend und die Widersprüchlichkeit nur aus.

Prof. Dr. Vera de Hesselle und Dipl. Oec. Michael Bödow

Eigentum verpflichtet: Überlegungen zur Mietpreisbremse

Der folgende Beitrag zur Mietpreisbremse nähert sich mit interdisziplinärem Ansatz der überfachlichen Fragestellung zum Eigentum. Eine solche überfachliche Betrachtungsweise ist in vielen Bereichen von Wirtschaft und Politik üblich und notwendig, um rechtliche und wirtschaftliche Entscheidungen unter Einbeziehung der jeweiligen Rahmenbedingungen vorzubereiten, durchzuführen, zu evaluieren und/oder Schlüsse für zukünftiges Handeln daraus zu ziehen.

In vielen Bereichen des politischen und gesetzgeberischen Handelns sind nicht immer eindeutige Lösungen zwischen verschiedenen Anspruchsgruppen auszumachen, dennoch ist es durchaus möglich – in vielen Fällen sogar dringend geboten – ökonomische und juristische Aspekte bei der Entscheidungsfindung zu berücksichtigen.

Der Beitrag widmet sich der grundgesetzlichen Vorgabe „Eigentum verpflichtet" in juristisch-ökonomischer Hinsicht unter besonderer Betrachtung der sogenannten Mietpreisbremse. Der vorliegende gemischt methodische Diskurs ist auch auf andere interdisziplinäre Fragestellungen übertragbar. Insoweit stehen klassische juristische bzw. klassische ökonomische Fragestellungen nicht im Vordergrund, wie z.B. die Prüfung der Verfassungsmäßigkeit des Gesetzes oder die Untersuchung des Einflusses des neuen Gesetzes auf die Immobilienpreise. Der Beitrag soll zu weiteren Diskussionen animieren.

A. Einführung und Fallbeispiele

„Eigentum verpflichtet" – steht im Grundgesetz. Was heißt das genau? Kann und darf der Staat diese Verpflichtung steuern?

An zwei einfachen Beispielen, nämlich dem Vergleich zwischen einer Geldanlage in Aktien einerseits und der Geldanlage in Immobilieneigentum mit anschließender Vermietung andererseits, wird die Frage der Eigentumsverpflichtung beleuchtet werden.

Anlass ist das kürzlich vom Gesetzgeber verabschiedete Gesetz zur sogenannten „Mietpreisbremse". Es wird untersucht, ob dieses Gesetz bereits ein rechtswidriger Eingriff in die Eigentumsrechte des Einzelnen ist oder ob der Gesetzgeber damit gesetzeskonform die Verpflichtung des Gemeinnutzens des Eigentums stärkt. Dabei werden wirtschaftliche und juristische Faktoren betrachtet.

Ausgangsbeispiele:

Beispiel 1: Theresa Freudenstein erwirbt für 200.000 EUR Aktien einer B-Aktiengesellschaft. Die B-AG hat ihren Sitz in Berlin und produziert und vertreibt sog. Intelligente Steuerungssysteme, die zum Einsatz in komplexen Lebens- und Arbeitssituationen produziert und vertrieben werden. Sie erwirbt die Aktien zu einem Zeitpunkt, in dem der Kurs niedrig ist, für 20 EUR/Stück. Mehrere Jahre später ist die Nachfrage nach den von der B-AG produzierten Steuerungssystemen so hoch, dass das Unternehmen an Wert gewinnt und der Aktienkurs deutlich steigt. Sie verkauft die Aktien zum Stückpreis von 50 EUR und versteuert den Gewinn.

Hier wird deutlich, dass sich die Verpflichtung gegenüber der Gemeinschaft im Kern auf die Besteuerung der Dividenden und des Veräußerungsgewinns bezieht. Die Nutzung des Kapitals durch Theresa hingegen ist in der Verwertung nicht eingeschränkt.

Beispiel 2: Lena Freudenstein, die Schwester von Theresa, erwirbt zu einem Zeitpunkt, in dem die Immobilienpreise sehr günstig sind, für 200.000 EUR ein altes Haus mitten in Berlin. Sie renoviert das Objekt und vermietet die im Haus befindlichen fünf Wohneinheiten zu einem m^2-Preis von 5 EUR zzgl. Nebenkosten und versteuert die Einkünfte aus Vermietung und Verpachtung. Einige Jahre später ist das Viertel, in dem sich das Haus befindet, sehr begehrt. Aufgrund der Wohnungsnot und der modernen Ausstattung der Wohnungen, könnte sie nunmehr einen Mietpreis 14 EUR/m^2 zzgl. Nebenkosten – ca. 30 % oberhalb des normalen und ortsüblichen Mietniveaus erzielen.

Lena sorgt sich um ihre zukünftigen Einkünfte aus Vermietung und Verpachtung, da sie befürchtet, dass sie aufgrund des Gesetzes zur Mietrechtsnovellierung ihr Immobilieneigentum nicht marktgerecht verwerten und vermehren kann.

Die Verpflichtung von Lena bezieht sich zum Einen auf die Versteuerung der Einkünfte aus Vermietung und Verpachtung, zum Anderen stellt sich die Frage, ob Lena die o.g. 14 EUR/m^2 marktgerecht als Mietzins erheben darf. Die Frage nach der Regulierung des Mietmarktes durch den Gesetzgeber versus des Umfanges des Eigentumsschutzes durch das Grundgesetz ist hier entscheidend.

Die sogenannte Mietpreisbremse, d.h. das Gesetz zur Dämpfung des Mietanstiegs auf angespannten Wohnungsmärkten und zur Stärkung des Bestellerprinzips bei der Wohnungsvermittlung (Mietrechtsnovellierungsgesetz – MietnovG) vom 21.4.2015 beinhaltet wesentliche Restriktionen im Mietrecht und tritt am

1.6.2015 in Kraft.[1] Zuvor waren diese Maßnahmen zur Dämpfung des Mietanstiegs heftig umstritten.

B. Eigentum aus juristischer und ökonomischer Sicht

Lena Freudenstein hat ihr Kapital in eine Immobilie investiert und hat daher das Eigentumsrecht an dem renovierten und vermietenden Haus erlangt. Ihre Schwester Theresa hat ihr Kapital auf andere Weise marktgerecht eingesetzt und ist von den Restriktionen des neuen Mietrechts nicht betroffen. Die Bedeutung des Eigentums – hier insbesondere für Lena – soll daher zunächst erläutert werden.

Das BGB erhält keine Legaldefinition des Eigentums. Aus zivilrechtlicher Sicht ist Eigentum das Recht, mit einer Sache nach Belieben zu verfahren, § 903 BGB. Der Eigentümer kann andere von jeder Einwirkung ausschließen. Eigentum beschreibt also im Wesentlichen das Verhältnis einer Person zu einer Sache, nämlich das umfassende Recht der Person zur tatsächlichen und rechtlichen Herrschaft über die Sache. Dabei können Sachen nach § 90 BGB sowohl beweglich (Mobilien) als auch unbeweglich (Immobilien) sein. Der Umfang des Rechts ergibt sich aus der jeweiligen Rechtsordnung. Gesetzliche Einschränkungen stellen dabei keine Ausnahmen vom Herrschaftsrecht, sondern eine wesensmäßige Begrenzung des Eigentumsinhalts dar.[2]

Ökonomisch betrachtet sichert das Eigentum in marktwirtschaftlichen Systemen vorrangig die Verfügungsgewalt über Produktionsmittel und damit die Möglichkeit der eigenständigen Planung und Verwendung. Durch Nutzung, Verarbeitung oder Verkauf dient es der Wertschöpfung. Im Vordergrund stehen hier die persönliche Leistungsbereitschaft, die Schaffung eines Mehrwertes und das Wirtschaftswachstum. Im marktwirtschaftlichen System kommt der erwirtschaftete Gewinn der Person bzw. Einrichtung zugute, in dessen wirtschaftlichem Eigentum die Produktionsmittel stehen.[3]

---

1 Es ist am 05.03.2015 vom Bundestag verabschiedet worden. Am 27.03.2015 billigte der Bundesrat das Gesetz, BR-Drs. 79/15 v. 27.03.15, S. 1. Verkündung im BGBl. I 2015 S. 610. Ferner wird im Gesetz zur Regelung der Wohnungsvermittlung (WohnVermRG) eine Änderung insoweit eingeführt, dass die Maklercourtage nicht vom Mieter zu zahlen ist, wenn der Vermieter die Maklertätigkeit beauftragt hat. Diese Änderung durch das Gesetz ist nicht Gegenstand der Untersuchung.

2 Vgl. *Bassenge*, in: Palandt (Hrsg.), BGB, 74. Aufl., 2015, Überl v § 903, Rn. 1.

3 Gabler Wirtschaftslexikon, 2010, Band L – O, Marktwirtschaft, S. 2032 f.

In planwirtschaftlichen Wirtschaftssystemen[4] gibt es dagegen Staats- oder Kollektiveigentum an Produktionsmitteln. Dabei liegt das Eigentum an den Produktionsmitteln in der Hand des Kollektivs. Der Staat besitzt i.d.R. die gesetzlichen Eigentumsrechte an den volkswirtschaftlichen Produktionsmitteln und überträgt diese zur Nutzung unter staatlicher Kontrolle gegebenenfalls an staatseigene oder fremde Unternehmen.[5] Diese Idee folgt eher dem Gedanken der gesellschaftlichen allgemeinen Bedürfnisdeckung und der Verteilungsgerechtigkeit. Der geschaffene Mehrwert kommt somit dem Kollektiv bzw. dem Staat, nicht aber direkt dem Einzelnen zugute.

Eigentumsgarantien sowie der Schutz von Eigentumsbeeinträchtigungen werden durch das Grundgesetz geregelt. Ökonomische Überlegungen müssen zudem immer im Lichte des jeweiligen sog. Gesellschaftsvertrags, also des demokratisch legitimierten, politischen und wirtschaftlichen Systems – mithin in Deutschland der sozialen Marktwirtschaft – betrachtet werden.[6]

C. Eigentum im Lichte von Verfassung und Gesellschaft

Die Verfassung regelt u.a. den grundlegenden organisatorischen Staatsaufbau, sowie Rechte und Pflichten der Staatsbürger. Sie schützt die Freiheit des Einzelnen vor übermäßigen staatlichen Eingriffen.

Im Grundgesetz ist das Recht auf Eigentum durch Art. 14 GG als elementares Grundrecht geschützt. Es steht in innerem Zusammenhang mit der Garantie der persönlichen Freiheit.[7] Der Schutz umfasst sowohl den Erwerb als auch die Verwertung des Eigentums. Die Eigentumsgarantie soll dem Träger des Grundrechts einen Freiraum im vermögensrechtlichen Bereich sichern und ihm damit eine eigenverantwortliche Gestaltung des Lebens ermöglichen. Dies gilt nicht nur im privaten Bereich des Einzelnen, sondern auch für seine wirtschaftliche Betätigung.[8] Das Eigentumsrecht gibt dem Bürger die Chance, Eigentum selbst zu erwerben, zu erhalten, zu nutzen, zu vermehren oder auch zu übertragen.

Gleichfalls definiert das Grundgesetz aber auch eine Sozialbindung des Eigentums in Art. 14 Abs. 2 GG: "Eigentum verpflichtet. Sein Gebrauch soll zugleich dem Wohle der Allgemeinheit dienen." Das Verhältnis von privat- und fremdnützigem Eigentumsgebrauch normativ zu bestimmen, ist in erster Linie die

---

4 Gabler Wirtschaftslexikon (Fn. 3), Band P – SK, Planwirtschaft, S. 2369 f.
5 Gabler Wirtschaftslexikon (Fn. 3), Band SI – U, Sozialismus, S. 2764 f.
6 Vgl. *Rousseau*, Der Gesellschaftsvertrag, 1945, S. 33 ff.
7 Vgl. *von Münch/Kunig*, GG, 6. Aufl., 2012, Art. 14 Rn. 3.
8 BVerfGE 78, 58 (73 f.).

Aufgabe des demokratisch legitimierten Gesetzgebers. Seiner Regelungsbefugnis sind jedoch in differenzierter Weise gesetzliche Schranken gezogen. Sein Gestaltungsrecht ist umso größer, je stärker der soziale Bezug des Objekts festzustellen ist. Das Wohl der Allgemeinheit ist nicht nur Grund, sondern auch Grenze für die dem Eigentum aufzuerlegenden Belastungen. Der Kernbereich, d.h. die Privatnützigkeit und die grundsätzliche Verfügungsbefugnis über den Gegenstand dürfen nicht ausgehöhlt werden.[9]

Der verfassungsrechtliche Eigentumsbegriff des Grundgesetzes ist inhaltlich vom Begriff des Eigentums im BGB gelöst. Während § 903 BGB vom Eigentümerbelieben ausgeht – demgegenüber privatrechtliche und öffentlich-rechtliche Bindungen als von außen auferlegte Beschränkungen erscheinen – ist der Eigentumsbegriff von Art. 14 GG von vornherein durch die Sozialbindung des Art. 14 Abs. 2 GG und die Ausgestaltungsbefugnisse des Gesetzgebers definiert.[10]

Darüber hinaus gebietet Art. 20 Abs. 1 GG das Sozialstaatsprinzip. Es ist die allgemeine Verpflichtung des Gesetzgebers, für eine gerechte Sozialordnung zu sorgen, Schwächere zu schützen, mehr Gleichheit durch Abbau von Wohlstandsdifferenzen oder etwa auch Sicherheit in Wechselfällen des Lebens zu bieten.[11] Moderate Grundrechtsbeschränkungen sind prinzipiell zur Gewährleistung dieser staatlichen Aufgabe tauglich. Das Sozialstaatsprinzip des Grundgesetzes verdichtet sich allerdings kaum zu definitiven Einzelkonsequenzen für den Gesetzgeber, es ist eher als allgemeiner verfassungsrechtlicher Auftrag zu sehen.[12]

Das Gleichheitsgebot des Art. 3 GG normiert die Gerechtigkeitsidee, die eine relative Gleichheit zum Ziel hat. Geschützt sind alle Menschen in ihrer rechtlich, wirtschaftlich und sozial differenzierten Position zueinander, sowie die Achtung des Berechtigten in seiner – auch sozialen – Stellung innerhalb der Gesellschaft.[13]

Hieraus ergeben sich auch Anforderungen an die wirtschaftliche Ordnung im System der sozialen Marktwirtschaft.

Die Soziale Marktwirtschaft strebt auf Basis des kapitalistischen Wettbewerbs eine *sozialpolitisch motivierte Verteilung der Einkommenszuwächse* sowie eine *sozialorientierte Beeinflussung der Marktprozesse* bei Gewährleistung der Marktkonformität der Instrumente an.[14] Es wird keine starre Ordnung vorgegeben, sondern

9 BVerfGE 100, 226 (241).

10 Vgl. *von Münch/Kunig* (Fn. 7), Art. 14 Rn. 12.

11 Vgl. *Sommermann*, in: v. Mangoldt/Klein/Starck, GG, 6. Aufl., 2010, Art. 20 Rn. 105; *Sachs*, in: ders. (Hrsg.), GG, 7. Aufl., 2014, Art. 20 Rn. 46 ff.

12 Vgl. *Sachs*, in: ders. (Fn. 11), Art. 20 Rn. 47.

13 Vgl. *Osterloh/Nußberger*, in: Sachs (Fn. 11), Art. 3 Rn. 40.

14 *Schubert/Klein*, Das Politiklexikon, 2011, Soziale Marktwirtschaft.

es sollen im Rahmen flexibler Vorgaben sozial unerwünschte Marktergebnisse durch Beschränkung oder indirekte Beeinflussung der privatwirtschaftlichen Initiativen korrigiert werden.[15]

Daraus leitet sich ein staatlicher Handlungsbedarf in sozialpolitisch relevanten Bereichen ab, in denen ein Marktversagen zu befürchten ist (z. B. Zwangsmitgliedschaft in sozialen Sicherungssystemen anstatt selbstbestimmte Absicherung des Einzelnen für Krankheit oder Alter). Hier hat der Staat unter Wahrung des Subsidiaritätsprinzips unterstützend einzugreifen oder für die Bereitstellung entsprechender Dienstleistungen bzw. Güter selbst Sorge zu tragen. Dadurch werden Allokationsverbesserungen herbeigeführt, die Verteilungsgerechtigkeit unterstützen.[16] Durch das Subsidiaritätsprinzip ist der Staat erst dann gehalten, in den Markt und mithin im o.g. Fall in die Eigentumsverwendung durch Lena einzugreifen, wenn dieser Markt sich aller Wahrscheinlichkeit nach nicht selbst regulieren kann.

D. Juristische und ökonomische Aspekte der sog. Mietpreisbremse

Das Mietrechtsnovellierungsgesetz vom 21.4.2015[17] beinhaltet wesentliche zivilrechtliche Änderungen im Mietrecht. Es soll bei knappem städtischem Wohnraum die Höhe des Mietzinses regulieren, damit dieser nicht über die Maßen steigt. Dass es sich um städtischen Wohnraum handelt, ist im Gesetz nicht vorgegeben, ergibt sich aber implizit aus dem Umstand, dass der ländliche Wohnraum nicht knapp ist und daher der Markt aus juristischer und ökonomischer Sichtweise keiner besonderen Regulierung bedarf.

In angespannten Wohnungsmärkten darf bei der Wiedervermietung von Bestandswohnungen die zulässige Miete höchstens auf das Niveau der ortsüblichen Vergleichsmiete zuzüglich zehn Prozent steigen, § 556d Abs. 1 BGB. Beanstandungen der vereinbarten Miete muss der Mieter qualifiziert rügen, um Rückforderungsansprüche für künftig fällige Mieten zu erhalten.

Bei dem sogenannten „angespannten Wohnungsmarkt" handelt es ich um einen unbestimmten Rechtsbegriff. Das Gesetz bedient sich zur näheren Ausgestaltung der Kompetenz des jeweiligen Landesgesetzgebers, der nach dem neu geschaffenen § 556d Abs. 2 S. 1 BGB die Gebiete mit angespanntem Wohnungsmarkt per Rechtsverordnung ausweisen und festlegen muss, so dass die Miet-

15 Gabler Wirtschaftslexikon (Fn. 3), Band SI – U, Soziale Marktwirtschaft, S. 2757 f.

16 Gabler Wirtschaftslexikon (Fn. 3), Band V – Z, Verteilungsgerechtigkeit, S. 3259.

17 BGBl. I 2015 S. 610.

preisbremse nur in diesen Gebieten und nur für die Dauer von höchstens fünf Jahren Anwendung findet. Gebiete mit angespannten Wohnungsmärkten liegen vor, wenn die ausreichende Versorgung der Bevölkerung mit Mietwohnungen in einer Gemeinde oder einem Teil der Gemeinde zu angemessenen Bedingungen besonders gefährdet ist. Dies kann nach der Aufzählung in § 556d Abs. 2 BGB insbesondere dann der Fall sein, wenn die Mieten in einer Gegend/Stadtteil/Ort deutlich stärker steigen als im bundesweiten Durchschnitt, die durchschnittliche Mietbelastung der Haushalte den bundesweiten Durchschnitt deutlich übersteigt, die Wohnbevölkerung wächst, ohne dass durch Neubautätigkeit insoweit erforderlicher Wohnraum geschaffen wird, oder geringer Leerstand bei großer Nachfrage besteht.

Nach dem neuen § 556e BGB ist die zuvor erzielte Miete (Vormiete), sofern sie höher als die ortsübliche Miete ist, nicht im Mietpreis zu senken. Dies bedeutet, dass Wohngebiete mit derzeit hohen Mietpreisen auch weiterhin zu hohen Mietpreisen angeboten werden dürfen, jedoch darf keine weitere Erhöhung des Mietzinses erfolgen. Insoweit kann der status quo durch die vermietende Partei zwar gehalten werden, eine weitere, noch bessere Ertragserzielung bei Wohnraumvermietung ist hingegen ausgeschlossen. Sofern daher Lena vor Geltung der Regelungen zur Mietpreisbindung die 14 EUR/m^2 bereits erzielt hat, müsste sie die Mieten nicht senken, dürfte sie jedoch in den Folgejahren nicht weiter erhöhen, da sich der Mietzins bereits 30 % über den ortsüblichen Mieten bewegt.

Unter sozialpolitischen Gesichtspunkten führt in diesen besonders auszuweisenden Gebieten der freie Wohnungsmarkt nicht zu staatlich gewünschten Ergebnissen eines ausgeglichenen Mietmarktes, da angestammte Bevölkerungsstrukturen verdrängt werden. Wenn in diesem Umstand jedoch kein Marktversagen zu sehen ist, wäre aus ökonomischer Sicht die Rechtfertigung für einen Eingriff des Staates nicht gegeben.

Eingriffsberechtigendes Marktversagen läge dann vor, wenn der Marktmechanismus der Preisentwicklung über Angebot und Nachfrage nicht zu volkswirtschaftlich wünschenswerten Ergebnissen führt.[18] Dies kann unterschiedliche Gründe haben. Der freie Marktmechanismus funktioniert insoweit, als Personen, die mehr Geldmittel zur Verfügung haben (und die auch bereit und fähig sind, höhere Mieten zu zahlen), die teureren Wohnungen anmieten werden. In Fällen in denen z.B. die Marktmacht jedoch ungleich verteilt ist, ein ausreichendes Angebot

---

18 *Fritsch/Wein/Ewers*, Marktversagen und Wirtschaftspolitik, 2007, S. 82 ff.

für alle Einkommensgruppen nicht existiert oder unerwünschte Nebeneffekte einer Regelung auftreten, kann der Staat in das Marktgeschehen eingreifen.[19]

Auf unser Beispiel bezogen hieße das, dass Lena Freudenstein aufgrund der o.g. Situation sehr hohe Mieteinkünfte generieren könnte. Daraus folgt für die Gesellschaft, dass – wenn dies ein Trend in dem Stadtteil darstellt – der Wegzug von Arbeitskräften verstärkt und mithin Arbeitswege verlängert werden. Diejenigen, die keine hohe Miete zahlen können, werden in das von Lena sanierte Haus nicht einziehen können. Die zuvor im Stadtteil wohnenden Mieterinnen und Mieter werden bei einer solchen Entwicklung – Steigerung von 5 EUR / m^2 auf 14 EUR / m^2 – wahrscheinlich keine adäquate Wohnung in ihrem Wunschstadtteil mehr finden.

Aus den Forschungsstudien[20] zum Dritten Armutsbericht 2007 ergab sich bereits, dass das allgemeine Armutsrisiko in Deutschland, die Niedriglohnbereiche und die Schuldenlast der einzelnen Haushalte steigen.[21] Dies bedeutet, dass viele Personen nicht die finanziellen Ressourcen haben können, um immer weiter steigende Mieten zu zahlen. Verschuldung oder Wegzug in weniger attraktivere Gebiete ist die Folge.

I. Ziel und Strategie

Ziel des Gesetzentwurfs ist, dem Mietanstieg bei Bestandswohnungen zu begegnen, der nach Ansicht der Bundesregierung teilweise in erheblichem Maß über der ortsüblichen Vergleichsmiete liegt.[22] Im marktwirtschaftlichen System führt der Markt von Angebot und Nachfrage zu einem Gleichgewichtspreis.[23] Dieser Gleichgewichtspreis wird aber durch weitere Faktoren beeinflusst, z.B. die Verkehrsanbindung, Attraktivität der Lage, Infrastruktur sowie auch die individuelle Bereitschaft und das finanzielle Vermögen, eine höhere Miete zu zahlen. Dieser Markt von Angebot und Nachfrage wird insbesondere dadurch beeinflusst, dass stark differierende Lebensentwürfe auch die finanziellen Möglichkeiten potentieller Mietparteien unmittelbar beeinflussen. Der Anteil der Mietkosten an den gesamten Lebenshaltungskosten steigt daher in manchen Gegenden erheblich an.

---

19 *Fritsch/Wein/Ewers* (Fn. 18), S. 82.

20 *DIW/ZEW/Hauser/Becker*, Integrierte Analyse der Einkommens- und Vermögensverteilung v. 5.12.2007, im Auftrag des Bundesministeriums für Arbeit und Soziales, abzurufen unter http://www.bmas.de/SharedDocs/Downloads/DE/PDF-Publikationen/forschungsprojekt-a369.pdf. (Aufruf 26.05.2015).

21 *DIW/ZEW/Hauser/Becker* (Fn. 20), S. IV ff. 76 ff., 146 ff.

22 BT Drs. 18/3121, S. 1.

23 *Fritsch/Wein/Ewers* (Fn. 18), S. 46 ff.

Im Gesetzentwurf wird darauf verwiesen, dass es nicht erwünscht sei, dass durch Mietpreiserhöhungen erhebliche Teile der angestammten Wohnbevölkerung aus ihren Wohnquartieren verdrängt werden.[24]

Der Verweis auf die Länderkompetenz, besonders betroffene Gebiete auszuweisen, garantiert den direkten regionalen Bezug des gestalterischen Eingriffs des Gesetzgebers. Ferner müssen die Länder ihre eigenen Maßnahmen zum Umgang mit diesem Phänomen darlegen.[25]

Von der Mietpreisbremse sind Neubauten und in den letzten drei Jahren grundlegend modernisierte Wohnungen ausgenommen, so §§ 556e Abs. 2, 556 f. BGB. Mit dieser Strategie versucht der Gesetzgeber sowohl den Anforderungen der Mieterinnen und Mieter als auch den allgemeinen Bedürfnissen nach einer Erhöhung und Erhaltung des Wohnraums und der energetischen Modernisierung zu schaffen. Ferner sollen Anreize für die Schaffung von Neubauten, Sanierungen und umfangreiche Renovierungen von Altbauten nicht verhindert werden. Die Herausforderung für den Gesetzgeber ist schwierig – Schutz des sozialen Friedens ohne Beeinträchtigung von Investitionsvorhaben.

II. Stärken und Schwächen

Die Regelung ist in ihrer zeitlichen Ausgestaltung klar formuliert und auf eine Begrenzung der Mietpreise jeweils über fünf Jahre gerichtet. Ferner ist ein Rückforderungsanspruch des Mietenden nach § 556g BGB vorgesehen, wenn die/der Vermietende gegen die Mietpreisbremse verstößt.

Dazu muss aber zunächst die vermietende Vertragspartei von der mietenden Vertragspartei schriftlich in Textform gerügt worden sein, eine Rückforderung ergibt sich sodann nur für überzahlte Mieten, die nach der erfolgten Rüge fällig geworden sind.

Diese Regelung ist mit finanziellen Einbußen der vermietenden Partei verbunden. Dies soll sie dazu anhalten, nicht gegen die Vorschrift zu verstoßen. Andererseits wird die Mietpartei während eines laufenden Mietverhältnisses möglicherweise gehemmt sein, die Rückzahlung von Mietanteilen gerichtlich zu fordern, da sie weitere Nachteile befürchtet.

Eine weitere Stärke der neuen Regelung ist die Klarheit der vorgegebenen 10 %-Grenze. Die Dezentralisierung, durch die Ermächtigung zu Rechtsverordnungen ist zu begrüßen, da damit die Länderverantwortung für die Wohnungsentwicklung vor Ort gestärkt wird. Indem die Länder bei Erlass einer

---

24 Vgl. BT Drs. 18/3121, S. 1.

25 BT Drs. 18/3121 S. 2; vgl. § 556d Abs. 2 BGB.

Rechtsverordnung eine umfangreiche Begründungspflicht trifft, ist gewährleistet, dass keine Gebiete auf „Verdacht“ und ungeprüft ausgewiesen werden. Andererseits ist der Begriff des angespannten Wohnungsmarktes, wie er in § 556d Abs. 2 BGB verwendet wird, stark auslegungsfähig und damit angreifbar. Ein angespannter Wohnungsmarkt liegt insbesondere dann vor, wenn die Mieten eines Gebietes deutlich stärker als im Bundesdurchschnitt steigen, die durchschnittliche Mietbelastung deutlich über dem Bundesdurchschnitt liegt, die Wohnbevölkerung wächst ohne ausreichende Neubautätigkeit oder generell bei geringem Leerstand und großer Nachfrage (alle Vorgaben jeweils alternativ), vgl. § 556d Abs. 2 BGB. Ob die Rechtsverordnungen der Landesregierungen sodann einer gerichtlichen Überprüfung standhalten werden, bleibt abzuwarten.

Durch die Begrenzung auf 10 % ist die Mietsteigerung klar nach oben begrenzt und bietet damit einen gewissen Schutz, Wohnungen vermehrt als Spekulationsobjekte zu betrachten.

Nach Ansicht des Vereins “Haus & Grund” wird das Gesetz seinen Zweck nicht erreichen. Der Verein vermutet, dass nunmehr die Mieten in einem stärkeren Maße während des noch laufenden Mietverhältnisses angepasst werden, anstatt – wie seit langem üblich – bei einem Mieterwechsel. Ferner wird vermutet, dass die Mietpreisbremse der Gentrifizierung nicht entgegen wirkt, da für Vermietende die Zahlungskraft der mietenden Partei ausschlaggebend ist. Die zahlungskräftigen Mieterinnen und Mieter, d.h. die mit höherem Einkommen, werden auch in Zukunft trotz Mietpreisbremse bessere Chancen auf die Anmietung einer Wohnung in begehrten Gebieten haben.[26]

Grundlegende Probleme ergeben sich auch bei der Berechnung der Vergleichsmieten. Die Benennung von drei willkürlichen Vergleichsmieten in unmittelbarer Nähe, gibt keine geeignete Auskunft über das Mietniveau der Region. Vorgaben geben der § 558c BGB (einfacher Mietspiegel) und der § 558d BGB (qualifizierter Mietspiegel).

Der sog. einfache Mietspiegel wird von den Gemeinden ohne weitere gesetzliche Vorgaben erstellt, eine Pflicht zu Erstellung besteht nicht. Ferner kann die Gemeinde die Fortschreibung eines von Interessenverbänden aufgestellten Mietspiegels übernehmen.[27] Die Aussagekraft des einfachen Mietspiegels ist daher gering.

---

26 Haus & Grund, Mietpreisbremse und Bestellerprinzip für Maklerleistungen, S. 3, http://www.hausundgrund.de/mietpreisbremse.html. (Aufruf 26.5.2015).

27 *Weidenkaff*, in: Palandt (Fn.2), § 588c Rn. 4, 5.

Der qualifizierte Mietspiegel nach § 558d BGB ist nach anerkannten wissenschaftlichen Methoden zu fertigen. Der qualifizierte Mietspiegel wirkt im Prozess als gesetzliche Vermutung nach § 292 ZPO[28], eine Widerlegung ist dann Sache desjenigen, der den qualifizierten Mietspiegel nicht akzeptiert; dies dürfte jedoch schwierig sein.

Insoweit ist die aktuelle Entscheidung des Amtsgerichts Berlin-Charlottenburg von besonderer Bedeutung. Es hat in dem kürzlich ergangenen Urteil vom 11.05.2015[29] den Berliner Mietspiegel rechtlich infrage gestellt. Begründung ist, dass die dem Mietspiegel zu Grunde liegende Stichprobe beträchtliche Zweifel hinsichtlich ihrer Repräsentativität erlaube, die Definition der Mietspiegelzellen und die Zuordnung der Wohnungen zu diesen Zellen sei stellenweise systemwidrig, die bei der Berechnung der Nettomieten in Anrechnung gebrachten Abschläge für Betriebskosten entsprächen nicht der Mietenwirklichkeit.[30] Ob dieses Urteil wegweisend dafür ist, dass sämtliche städtische Mietspiegel nunmehr einer genaueren Überprüfung unterzogen werden, bleibt abzuwarten. Sicher ist allerdings, dass die Anforderungen, die an einen qualifizierten, nach wissenschaftlichen Kriterien zu erstellenden Mietspiegel zu stellen sind, von zahlreichen Städten und Gemeinden aus eigener Kraft möglicherweise nicht erfüllt werden können.

Das Urteil hat damit eine bundesweite Debatte über die Grundlage für Mietverträge ausgelöst. Möglicherweise bedeutet dies aber auch, dass die Mietpreisbremse juristisch schon ausgebremst wird, bevor die ihr zugeschriebene ökonomische Bremswirkungen überhaupt eintreten können. Folge wäre eine weitere unregulierte Steigerungsmöglichkeit von Mieten in begehrten Wohngebieten.

Problematisch ist ferner, dass der derzeitige Trend der Landflucht – also der Abwanderung der ländlichen Bevölkerung in die Städte – auch durch die Mietpreisbremse nicht unterbunden wird. Aufgrund unzureichender ländlicher Infrastruktur, mangelnder Arbeitsplatzangebote, hoher Benzinpreise und langer Arbeitswege ziehen viele Menschen in Städte und Ballungsgebiete. Die Mietpreisbremse unterstützt diesen Trend anstatt ihm durch Beeinflussung der Ursachen entgegen zu wirken. Insoweit stellt sich die Frage, ob der Staat durch eine Verbesserung der Arbeits- und Verkehrspolitik den steigenden Mieten mehr entgegen setzen könnte als durch eine gesetzliche Reglementierung der Miethöhe.

---

28 *Weidenkaff*, in: Palandt (Fn. 2), § 588d Rn. 5.

29 AG Berlin-Charlottenburg v. 11.05.2015–235 C 133/13, veröffentlicht unter der Seite des Kammergerichts Berlin: http://www.berlin.de/imperia/md/content/senatsverwaltungen/justiz/kammergericht/235_c_133_13_urteil_vom_11.05.2015.pdf (Aufruf 26.05.2015).

30 AG Berlin-Charlottenburg (Fn. 29), S. 8.

Eine umfangreiche Förderung des Wohnungsbaus für Eigennutzung sowie für Vermietungstätigkeit ist zu begrüßen, so dass sich die Investitionen, also die Renovierungs- und Sanierungskosten, die Lena im Beispiel 2 aufgewendet hat, in einer absehbaren Zeit amortisieren. Mietbindungen durch Wohnungsbauförderungsprogramme sind jedoch immer zeitlich begrenzt, so dass diese Wohnungen nicht dauerhaft preiswert bleiben (werden).[31] Als Alternative kommt im Wesentlichen nur öffentlicher Wohnungsbau in Betracht.

Zu überlegen ist ferner, ob sich der Staat durch das hier diskutierte Gesetz nachhaltig seiner Aufgabe zur Daseinsvorsorge[32] entledigt, indem er zunächst zahlreiche Grundstücke verkauft und damit einen starken Markteinfluss zulässt, diesen aber sodann durch die Marktregulierung wieder behindert, und damit das durchaus nachvollziehbare Gewinnstreben von Privaten wieder eingrenzt.

In vielen Innenstädten liegen die Mieten schon lange Zeit über den deutschen Durchschnittsmieten, so dass dort bereits viele Einkommensschwächere an die Stadtgrenzen verdrängt wurden. Zudem sind die Wohnungen aus sozialem Wohnungsbau über die Sozialbindung hinaus weitgehend nicht der Mietpreisbremse unterworfen, was wiederum eher einkommensschwächere Personen betrifft. Es stellt sich somit die Frage, ob diese Maßnahmen einen nennenswerten Beitrag zu gemischten Wohngebieten leisten können.

Mieten, die bereits jetzt mehr als zehn Prozent über der Miete vergleichbarer Wohnungen liegen, müssen nicht gesenkt werden, § 556e BGB. Das heißt dort, wo die hohe Nachfrage schon zu Mietsteigerungen geführt hat, wird keine Abhilfe mehr geschaffen, lediglich eine weitere Erhöhung nicht ermöglicht. Trotzdem haben diese Wohnungen natürlich einen Einfluss auf die Durchschnittsberechnungen.

Neben der Mieterhöhung stehen dem Vermieter auch andere (rechtswidrige aber praktizierte) Möglichkeiten zur Verfügung, eine starke Nachfrage monetär auszunutzen, indem er weitere, andere oder zusätzliche Zahlungen mit dem Mieter vereinbart. Hier bieten sich z.B. die zusätzliche Vermietung eines Stellplatzes an, der zuvor selbstverständlich in der Miete enthalten war, oder auch hohe Ablösesummen für eingebautes Mobiliar oder inoffizielle (Unter-)Vermietungen, die im Zweifel zudem die Rechte der mietenden Partei einschränken.

---

31 Vgl. z.B. Wohnungsbauprogramm Bremen, 20 Jahre Mietpreisbindung nach den Richtlinien zur Durchführung der vertraglich vereinbarten Förderung der Modernisierung von Mietwohnraum in der Freien Hansestadt Bremen – Modernisierungsförderung – vom 21.06.2011 (Brem. ABl. 2011 S. 707).

32 Für das BVerfG ist die Daseinsvorsorge eine Leistung, derer der Bürger zur Sicherung einer menschenwürdigen Existenz unumgänglich bedarf, vgl. BVerfGE 66, 248 (258).

E. Gesellschaftliche Verpflichtung durch Eigentum

In der Regel stehen aus ökonomischer Sicht bei der Betrachtung von Eigentum der Grund und Boden sowie die Produktionsmitteln im Fokus.

Bereits in der Antike entwickelten sich Fragen zur „Sozialverpflichtung des Eigentums“, da “Tugend” und “Gerechtigkeit” bereits eine überragende Rolle spielten.[33] Somit waren Eigentumstheorien zunächst oft Bestandteil der politischen Philosophie, insbesondere von Staatstheorien. Mit der Differenzierung der Wissenschaften seit dem 19. Jahrhundert haben sich eigenständige Sichtweisen der Wirtschaftswissenschaften, der Politikwissenschaften und der Soziologie entwickelt.

Ökonomisch gesehen galt Eigentum in der Antike als die Bedingung wirtschaftlichen Handelns. Kern waren hier allerdings noch die Familienhaushalte (Oikos), inklusive der Sklaven. Zwar besaß der Hausvater die alleinigen Rechte über alle im Haushalt Lebenden, sowie das gesamte Vermögen, trug aber auch die gesamte Verantwortung für alle. Das Wohnen war somit Bestandteil des Haushaltes.[34] Bei Platon war die Beziehung des Einzelnen zum Eigentum eine Frage des zweckmäßigen, auf Vernunft beruhenden menschlichen Denkens und Handelns und eng mit der Frage der Gerechtigkeit verbunden.[35]

Bei Thomas von Aquin hatte die menschliche Not Vorrang vor dem Eigentumsrecht.[36] Demgegenüber wurden später eher individuelle Rechte am Eigentum hervorgehoben und staatliche Eingriffe in diese kategorisch abgelehnt.[37] Die Politik sollte hier nur einen Rahmen schaffen, indem die Besitzenden das Wirtschaftswachstum antreiben.[38]

Bis ins Mittelalter war der Besitz von Grund und Boden die Basis wirtschaftlichen Handelns. Im 13. Jahrhundert bildeten sich in Genua die ersten Kapitalgesellschaften in denen das Eigentum – nun repräsentiert durch Anteile – stärker auf Erträge statt auf Vermögen ausgerichtet wurde.[39] Eigentum diente zunehmend der Schaffung von Mehrwert, was zunächst in der Industrialisierung seine höchste

---

33 *Söllner,* Die Geschichte des ökonomischen Denkens, 1999, S. 3 ff.

34 Vgl. *Richarz,* Oikos, Haus und Haushalt. Ursprung und Geschichte der Haushaltsökonomik, 1991, S. 106 f.

35 *Platon*, Sämtliche Werke, Band 2, 1940, S. 7–46.

36 *Söllner* (Fn. 33), S. 7.

37 Z.B. in der Arbeitstheorie von John Locke.

38 *Söllner* (Fn. 33), S. 10 ff.

39 Vgl. *Oexle,* Wirtschaft III. Mittelalter, in: Geschichtliche Grundbegriffe, in: Brunner/Conze/Koselleck (Hrsg.), 1992, S. 526–550.

Ausprägung fand.[40] Damit einher gingen jedoch zunehmend auch soziale Probleme, da große Bevölkerungsschichten nicht an den Wertzuwächsen des Eigentums partizipieren konnten. Denn durch die stark ansteigende Nachfrage nach Arbeit in den Städten wurde u. a. zusätzlicher Wohnraum benötigt.

Im Zuge der Französischen Revolution sowie durch Kant wurden stärkere Gemeinschaftsverpflichtungen aus dem Eigentum abgeleitet, die bis in unser heutiges Grundgesetz wirken. Der Streit um das Eigentum hat sich zu Beginn des 21. Jahrhunderts mehr zu einer Frage der Verteilungsgerechtigkeit[41] und des zulässigen Umfangs von Privateigentum gewandelt. Arbeitsrecht, Mitbestimmung, Mietrecht, Umweltgesetzgebung und öffentliche Kontrolle stellen deutliche Schranken der Verfügungsgewalt über das Eigentum dar.

In Russland und China führten die sozialen Unterschiede zur Vergesellschaftung von Eigentum in Anlehnung an die Marxistische Theorie.[42] In Europa reagierten hingegen die politischen Systeme mit staatlichen Eingriffen. Unternehmer übernahmen mehr soziale Verantwortung, der Einfluss der Kirchen sorgte zusätzlich für einen Ausgleich zwischen Individualismus und Kollektivismus.

Max Weber[43] betrachtete das Eigentum unter dem Aspekt der sozialen Beziehungen und der Möglichkeiten des sozialen Handelns, was somit über die rein wirtschaftliche Betrachtung hinausgeht. Eigentum schließt danach die Teilnahme anderer zur Verbesserung eigener Chancen zur Befriedigung von Bedürfnissen aus.[44] Die höchste Ausprägung des Ausschlusses ist die Monopolisierung.

In der sozialen Marktwirtschaft wird deshalb die Monopolisierung ordnungspolitisch durch entsprechende Gesetze eingeschränkt. Im Falle von Marktversagen werden lebensnotwendige Güter aus staatlicher Hand angeboten, um dadurch eine angemessene Teilhabe aller zu ermöglichen.[45]

Auf die eingangs dargestellten Fälle bezogen bedeutet dies Folgendes: Wenn die Marktmacht von Immobiliengesellschaften zu groß würde, greift der Staat begrenzend ein oder schafft eigene zusätzliche Angebote z. B. durch sozialen Wohnungsbau bzw. andere geeignete Maßnahmen.

---

40 *Gabler Wirtschaftslexikon*, (Fn. 3), Band I–K, Industrialisierung, S. 1470 f.

41 *Gabler Wirtschaftslexikon*, (Fn. 3), Band V–Z, Verteilungsgerechtigkeit, S. 3259 f.

42 *Söllner* (Fn. 33), S. 263 ff.

43 1864 bis 1920.

44 *Weber*, Wirtschaft und Gesellschaft, 1972, S. 23.

45 Vgl. *Fritsch/Wein/Ewers* (Fn. 18), S. 211.

Aus der neueren „Theorie der Verfügungsrechte“[46] geht wiederum eher der ökonomische Nutzen von Eigentum hervor, der sich u.a. mit der sich aus den Rechten ergebenden Vermeidung von Transaktionskosten begründet, was in unserem Falle heißen würde, dass ein ständiger Kauf und Verkauf von Wohnungen mehr Kosten erzeugt als das Halten von Eigentum verbunden mit der Erhebung eines Mietzinses.

Letztlich bleibt die Spannung zwischen der Erzielung eines Mehrwertes aus der Verwendung von Eigentum und der Nutzungsverpflichtung des Eigentums für die Gemeinschaft erhalten.

Art. 14 Abs. 2 GG wendet sich mit seiner „Eigentumsverpflichtung“ nicht ausschließlich an den Gesetzgeber, sondern auch an den Eigentümer selbst. Dieser soll von Verfassung wegen zu einer sozialgerechten Nutzung seines Eigentums und zum Unterlassen sozialwidriger Eigentumsnutzungen verpflichtet sein. Es wird die Auffassung vertreten, dass sich unmittelbar aus Art. 14 Abs. 2 GG zahlreiche Gebrauchs-, Nutzungs- und Verfügungsbeschränkungen ergeben, ohne dass der Gesetzgeber im Rahmen des Art. 14 Abs. 1 S. 2 GG derartige Grenzen ausdrücklich als Inhalts- und Schrankenbestimmung vorsehen muss.[47]

F. Ergebnis

Sofern die Schwestern Theresa und Lena Freudenstein ihren Kapitaleinsatz und die daraus resultierenden Risiken und Chancen vergleichen, ergibt sich folgendes Bild: Beide Geschwister haben in etwa den gleichen Kapitaleinsatz, Lena hingegen kann ihr Kapital am Markt nicht so optimal verwerten, wie es Theresa kann. Dies ist durch den Markt und die gesetzliche Deckelung der Mieten vorgegeben. Umgekehrt aber ist der wenig preisregulierte Aktienmarkt ein Sektor mit – aufgrund großer Wertschwankungen – erheblich höheren Risiken.

Eigentum verpflichtet, eingesetztes Kapital hingegen unterliegt weniger Restriktionen als die Bindung des Kapitals in einem Bereich der Daseinsvorsorge.

Umgekehrt ist Immobilieneigentum ein Wert, der im Regelfall weniger Wertschwankungen unterliegt als eine Beteiligung an einem wirtschaftlichen Unternehmen und der daher dauerhaft gewinnbringend ist. Der Preis für diese ökonomische Stabilität ist eine möglicherweise geringere Rendite mit einem erheblich geringeren Verlustrisiko und die Verpflichtung, dieses Eigentum sozialverträglich einzusetzen.

---

46 Vgl. *Demsetz,* Toward a Theory of Property Rights, in: American Economic Review 57 (1967), S. 347 ff.

47 Vgl. *Papier* in: Maunz/Dürig (Hrsg.), GG, 2014, Art. 14 Rn. 305.

Darüber hinaus besteht auch für Theresa die Möglichkeit – nicht aber die Verpflichtung – im Rahmen Ihrer Investitionen gesellschaftspolitische Aufgaben mit zu tragen in dem sie Ihr Geld in Aktien anlegt, die bestimmten ökologischen und sozialen Restriktionen unterliegen und damit nicht allein auf Gewinn ausgerichtet sind. Verpflichtet ist sie jedoch nicht dazu.

Lena erfüllt eine gesellschaftliche Verpflichtung hingegen schon dadurch, dass sie ihr Eigentum für andere als Wohnraum zur Verfügung stellt und die Mietpreise innerhalb des gesetzlich zulässigen Rahmens generiert.

Im Rahmen der sozialen Marktwirtschaft war das Marktversagen zu untersuchen. Die Mietsteigerungen zumindest in den Ballungsräumen einerseits und der Leerstand in ländlichen Gegenden andererseits sprechen stark für ein Markversagen. Hier ist die Mietpreisbremse aufgrund der dargestellten Schwächen jedoch eher ein schwacher ordnungspolitischer Eingriff.

Diese Beschränkung ist auch nur eine von mehreren Möglichen, der Gentrifizierung vorzubeugen. Sie unterbindet diese Entwicklung allerdings nicht, sondern verlangsamt sie lediglich. Ob damit die grundgesetzliche Verpflichtung des Eigentums und des Eigentümers umgesetzt wird, ist eine Frage der juristischen bzw. ökonomischen Perspektive.

Ähnliche ordnungspolitische Eingriffe sind jedoch auch bei Aktien denkbar, in dem z.B. der Handel mit ökologisch und sozial vorteilhaften Anlagevarianten begünstigt würde oder die Höhe der Besteuerung der Gewinne auch nach sozialen Kriterien bemessen würde.[48]

Im Ergebnis wird die eingangs gestellte Untersuchungsfrage beantwortet: Das Gesetz zur Mietpreisbindung ist aus juristischer und ökonomischer Sicht kein rechtswidriger Eingriff in die Eigentumsrechte des Einzelnen, der Gesetzgeber stärkt damit gesetzeskonform die Verpflichtung des Gemeinnutzens des Eigentums. Jedoch werden die mit dem Gesetz verbundenen gesetzgeberischen Erwartungen wahrscheinlich nicht erreicht.

---

48 Einen solchen Ansatz verfolgt z.B. die von der EU-Kommission vorgeschlagene Transaktionssteuer, bei der der Handel mit Aktien direkt besteuert wird, um so Spekulations(ver)käufe zu verteuern, vgl. http://ec.europa.eu/taxation_customs/taxation/other_taxes/financial_sector/index_de.htm (Aufruf 27.5.2015).

IV. Implementierung

Bettina Klett und Prof. Dr. Ulrich Sick

Contract Management als Voraussetzung für eine wirtschaftlich erfolgreiche Projektabwicklung

Der vorliegende Beitrag widmet sich eingehend dem Grenzbereich zwischen Betriebswirtschaft und rechtsgestaltender Tätigkeit. Bei – gerade größeren – Projekten ist es nach der praktischen Erfahrung der Autoren nicht ausreichend, ein möglichst umfassendes, in sich logisches und alle vorhersehbaren Problembereiche abdeckendes Vertragswerk zu schaffen, sondern es bedarf in der Projektabwicklung des nahtlosen Ineinandergreifens betriebswirtschaftlicher ebenso wie vertragsrechtlicher Aspekte ähnlich einem Werk aus Zahnrädern. Nur so besteht die Möglichkeit, am Ende der Projektabwicklung nicht nur ein gutes Vertragswerk zu haben, sondern auch ein angemessenes profitables wirtschaftliches Ergebnis vorweisen und so zum Erfolg des Unternehmens beitragen zu können. Dabei müssen sich die Autoren in Anbetracht des bei einem Beitrag für eine Festschrift zur Verfügung stehenden Raumes darauf konzentrieren, die wesentlichen Grundprinzipien in der gebotenen Kürze darzustellen.

A. Begriffliche Klärung

In der unternehmerischen Praxis ist hierfür der Schlüsselbegriff das so genannte „Contract Management". Unter diesem Begriff ist die gesamte vertragsjuristische und betriebswirtschaftliche Begleitung einer Projektabwicklung zu verstehen. Diese beginnt mit der Strukturierung, Planung und Kalkulation des Projektes einschließlich der Erstellung des ersten Vertragsentwurfes und endet mit der Nachkalkulation des Projektes, die den wirtschaftlichen Erfolg des Projektes im Vergleich zur ursprünglichen Kalkulation aus der Angebotsphase aufzeigt. Die einzelnen Phasen des Contract Management werden im Rahmen dieses Beitrages nachfolgend eingehend beschrieben. Ein besonders betrachtungswürdiger Teil des Contract Management ist das Claims Management. Dieses beinhaltet zum einen die Geltendmachung zusätzlicher Vergütungsansprüche gegenüber dem Kunden für vom Kunden eingeforderte und dann vom Lieferanten auch erbrachte Mehrleistungen. Zum anderen beschäftigt sich das Claims Management mit der Abwehr von Minderungs- oder gar Schadenersatzansprüchen des Kunden gegenüber dem Lieferanten sowie mit der Einforderung von erhöhten

Kosten und der Geltendmachung bzw. Abwehr von Schadenersatz oder sonstigen Forderungen gegenüber Vorlieferanten.

B. Konkreter Fall aus der unternehmerischen Praxis

Zur praktischen Verdeutlichung der hier behandelten Themenstellung sei folgender Fall aus der unternehmerischen Praxis geschildert:

Der Lieferant L bewirbt sich um ein von einem staatlichen Kunden ausgeschriebenes Projekt, das die Erstellung eines großen Industrieanlagenkomplexes in Fernost im Gesamtauftragswert von 1,2 Mrd. € bei einer mehrjährigen Bauzeit vorsieht. Wie geht L zur Erreichung dieses Zieles bei Anwendung eines stringenten und konsequenten Contract Management in den einzelnen Projektphasen vor?

C. Vertragsvorbereitung

Bereits während der Angebotsphase, in der natürlich die gesamte technische Planung ebenso wie die betriebswirtschaftliche Kalkulation des Projektes und seiner einzelnen Teile detailliert erfolgt, bereitet L (nachdem diesbezüglich vom Kunden K in der Ausschreibung keine Vorgaben gemacht worden waren) auch schon mit Unterstützung seiner Rechtsabteilung ein umfassendes Vertragswerk vor, das als „projektspezifische Kodifikation" möglichst alle technischen und kaufmännischen Aspekte sowie auch vorhersehbare Konfliktbereiche regeln soll. Voraussetzung für den Erfolg in dieser Phase ist die enge und nahtlose vertrauensvolle Zusammenarbeit zwischen den einzelnen im Unternehmen L in das Projekt involvierten Abteilungen, insbesondere der jeweils technisch und kaufmännisch federführenden Abteilung mit der Rechtsabteilung.

Wichtig ist bei dieser vertragsgestaltenden Tätigkeit, dass das kaufmännisch-juristische Vertragswerk mit ausführlicher Anlagendokumentation ergänzt wird, in der alle technischen Spezifikationen für die vertraglichen Verpflichtungen von L, insbesondere die exakte Definition der von L unter diesem Vertrag zu erbringenden Lieferungen und Leistungen, und der für L gültige Zeitplan, aber auch die exakte Spezifikation der von K zu erbringenden Beistellungen einschließlich auch eines speziellen Zeitplanes hierfür enthalten sein müssen. Selbstverständlich ist, dass innerhalb dieses Anlagenkonvoluts ebenso wie zwischen dem Anlagenkonvolut und dem kaufmännisch-juristischen Hauptteil des Vertrages jeder Widerspruch vermieden werden muss. Daher tut L gut daran, seine Rechtsabteilung auch alle diese Anlagen im Hinblick auf begriffliche Konsistenz zum kaufmännisch-juristischen Hauptteil des Vertrages eingehend prüfen zu lassen.

Nur so ist eine verlässliche Basis geschaffen, um später auch im Claims Management erfolgreich agieren zu können.

Wegen der vom Kunden geforderten Preisstellung „turn-key“ (schlüsselfertig) und ebenfalls als Basis für ein späteres erfolgreiches Claims Management ist es für L von besonderer Bedeutung, sowohl unter technischen als auch unter kaufmännischen Gesichtspunkten den eigenen Liefer- und Leistungsumfang im Vertrag genau zu beschreiben. So werden die exakten Schnittstellen im Vertrag definiert, bis zu welchen Lieferungen und Leistungen von L im Rahmen des „Turn-key“-Gedankens vom Vertragspreis noch abgedeckt sind und ab welchem Punkt es sich um separat zu vergütende Mehrleistungen von L handelt. Denn genau an diesem Punkt wird später ein erfolgreiches Claims Management ansetzen.

Etliche der gerade aufgezeigten Gedanken und Überlegungen sind uns auch im Alltag nicht unbekannt, finden jedoch zumeist wenig Beachtung. Beispielsweise im Rahmen größerer Anschaffungen wie dem Kauf eines PKW oder dem Verkauf einer Arztpraxis werden häufig entsprechende Überlegungen angestellt. So kann sich die Frage stellen, ob mögliche Sonderausstattungen oder die Übernahme von weitergehenden Verpflichtungen (z.B. aus Mietverträgen oder Versicherungen etc.) bei der Preisfindung berücksichtigt werden sollten. Als selbstverständlich gilt gerade beim Autokauf, dass sämtliche Wünsche des Kunden, wie Farbe, Felgen, Navigationssystem etc. im Vorfeld überlegt werden und schließlich in den Verkaufspreis Eingang finden.

D. Vertragsverhandlung

In der Phase der Vertragsverhandlung zwischen L und K ist das gesamte von L vorbereitete Vertragswerk zu erörtern. Natürlich ist das Ergebnis solcher Vertragsverhandlungen eine im Wege des Kompromisses modifizierte Vertragsfassung. Sollten bei den Vertragsverhandlungen mehrere Teams parallel verhandeln (z.B. ein technisches Team und ein kaufmännisch-juristisches Team, was bei einer Projektgröße wie dem hier angebotenen Industrieanlagenkomplex durchaus nicht unüblich ist), muss vom zuständigen Vertragsjuristen von L peinlich darauf geachtet werden, dass die Einheitlichkeit und Stringenz des Vertragswerkes erhalten bleibt und keine parallelen, abweichenden oder gar widersprüchlichen Regelungen in das Vertragswerk Eingang finden. Er wird also das Team, in dem er nicht gleichzeitig sein kann, darauf einschwören, die vertraglich definierten Begriffe zu verwenden und im Zweifelsfall Rückfrage zu halten. In jedem Fall muss er sich die letzte Durchsicht der von diesem Team verhandelten Anlagen vorbehalten, was gerade bei einem solchen Großprojekt wie bei dem von L zu erstellenden Industrieanlagenkomplex in der Schlussphase vor der „feierlichen“ Vertragsunterzeichnung für den Vertragsjuristen noch einmal massiven Zeitdruck und enorme Arbeitsbelastung bedeutet.

Um über die bereits in der Entwurfsfassung des Vertrages identifizierten Konfliktbereiche hinaus möglichst alle in einer Projektabwicklung denkbaren Konfliktbereiche im Vertrag erfassen und regeln zu können, bedarf es in der Phase der Vertragsverhandlung eines dezidierten, genauen und offenen Zuhörens, um beim Austausch der Argumente mögliche divergierende Auffassungen oder ein divergierendes Verständnis zwischen L und K identifizieren zu können. Denn derartige Diskrepanzen weisen eindrücklich auf spätere mögliche Konfliktfelder in der Vertrags- und Projektabwicklung hin, für die es gilt, möglichst bereits in der originären Vertragsverhandlung eine Regelung zu finden. Sind derartige Konfliktfelder auf diese Weise festgestellt, müssen sie im Rahmen der Vertragsverhandlungen intensiv erörtert und dann im Rahmen der vertraglichen Regelungen einer Lösung zugeführt werden. Nur so kann L seinem eigenen Anspruch, dem Bau des Industrieanlagenkomplexes eine projektspezifische Kodifikation in Form des fertigen Vertragswerkes zugrunde zu legen, gerecht werden.

Nach intensiver Vorarbeit und langwierigen Vertragsverhandlungen in mehreren Runden erhält L schließlich den Zuschlag, den Industrieanlagenkomplex auf „Turn-key-Basis“ (schlüsselfertig) zu erstellen.

Aus der Praxiserfahrung wird dem Bereich Vertragsverhandlung häufig zu wenig Aufmerksamkeit geschenkt, da die Komplexität sowie der Nutzen nicht richtig erkannt werden. In der Regel fehlt es am Willen oder an der Zeit, sich mit dem Vertragswerk ausreichend auseinander zu setzen, das Zusammenspiel der einzelnen Abschnitte zu verstehen und die Vermeidbarkeit von Rechtsstreitigkeiten zu erkennen. Es gilt jedoch der Grundsatz, dass je gründlicher die Verhandlungsphase geführt wird, desto weniger Streitigkeiten ergeben sich nachträglich.

E. Vorbereitung der Abwicklungsphase nach dem Vertragsabschluss

In dieser Phase wird ausgehend von dem letztlich von L und K unterzeichneten Vertragswerk die Basis geschaffen, auf der ein späteres Claims Management aufsetzen kann.

Dies erfolgt zunächst in Form einer Auflistung der einzelnen vertraglichen Verpflichtungen unter Zuordnung des jeweiligen Vertragspreisanteiles und der zuzuordnenden kalkulierten Gesamtkosten. Hierfür ist das Gesamtprojekt „Industrieanlagenkomplex“ in alle seine Teilprojekte aufzugliedern und diese wiederum sind Ebene für Ebene bis zu jeder einzelnen Lieferung und Leistung herunter zu brechen. Im Ergebnis erhält L so eine Auflistung aller seiner einzelnen

Lieferungen und Leistungen, die mit einem anteiligen Vertragspreis sowie den dafür kalkulierten anteiligen Kosten versehen sind. Es kommt dabei in keiner Weise darauf an, bis zu welchem Detaillierungsgrad sich dies unmittelbar aus dem Vertragswerk selbst entnehmen lässt. Vielmehr stellt diese Liste in ihrem endgültigen Detaillierungsgrad zunächst einmal eine interne Arbeitsgrundlage für L dar, an der später gemessen werden kann, ob erbrachte Leistungen noch vom „Turn-key"-Gedanken umfasst und damit vom vereinbarten Vertragspreis abgedeckt sind oder nicht. Ist eine solche Abdeckung vom Vertragspreis nämlich nicht mehr gegeben, muss das Claims Management genau an diesem Punkt ansetzen. Gerade im Baubereich sind gewiefte Unternehmer wie L Meister darin, den Vertragspreis so abzugrenzen, dass er Zusatzwünsche, die bereits vorhersehbar vom Kunden zu erwarten sind, nicht mehr abdeckt. So hat sich schon mancher versierte Unternehmer sein ursprünglich wegen des Preisdrucks maximal mit einer „schwarzen Null" kalkuliertes Projekt im Wege solcher Zusatzleistungen durch entsprechende Vertragsnachträge „saniert".

Ebenso muss der in den Vertrag aufgenommene Zeitplan für die Lieferungen und Leistungen von L Ebene für Ebene bis zu jeder einzelnen Lieferung und Leistung herunter gebrochen und weiter detailliert werden.

Entscheidende Bedeutung kommt bei dieser Auflistung der einzelnen Lieferungen und Leistungen in Verbindung mit dem dann detailliert ausgearbeiteten Zeitplan der Identifikation der Abhängigkeiten der einzelnen vertraglichen Verpflichtungen untereinander einschließlich der dafür relevanten zeitlichen und technischen Aspekte zu. In der Praxis bedeutet dies, dass sich eine Projektabwicklung wesentlich gegenüber dem vertraglich vereinbarten Zeitplan verzögern und gegenüber der Ausgangskalkulation wesentlich verteuern kann, wenn bestimmte – möglicherweise noch so kleine – Teile nicht rechtzeitig geliefert und im Laufe des Bauprozesses nicht wie im Zeitplan vorgesehen eingebaut werden können. Als besonders kritisch sind hier die Teile mit langer Lieferfrist (so genannte „long lead items") anzusehen, ohne deren Verbau die weitere Projektabwicklung im schlimmsten Fall zum Stehen kommen kann (beispielsweise wenn ein solches Teil beim Transport oder beim Einbau beschädigt wird und aus diesem Grund noch einmal neu geliefert werden muss). Tritt ein solcher Fall ein, wird L gut beraten sein, die Anlieferung weiterer Komponenten zu stoppen, bis klar ist, wann das verspätete kritische Teil tatsächlich auf der Baustelle ankommen wird. Ein solcher Anlieferstopp kann sich je nach Gestaltung der Lieferverträge zwar positiv auf die Kapitalbindung und die Liquidität von L auswirken, wenn die davon betroffenen Komponenten dann von L gegenüber den eigenen Vorlieferanten noch nicht (vorzeitig) abgenommen und bezahlt werden müssen. Sehr häufig wird aber dennoch eine entsprechende Abnahme- und Zahlungspflicht vorliegen, sodass die Kapitalbindung und die Liquidität von L negativ beeinflusst werden, weil L die entsprechenden Vertragspreisanteile noch nicht von K einfordern kann. In anderen Fällen kann ein solcher Anlieferstopp mit denselben Konsequenzen erforderlich sein, weil die entgegen dem ursprünglichen Zeitplan jetzt noch nicht benötigten Komponenten aus klimatischen Gesichtspunkten oder wegen der fehlenden Sicherheit auf der Baustelle oder vielleicht ganz schlicht aus Platzmangel dort nicht über längere Zeit gelagert werden können. Trifft das verspätete kritische Teil dann endlich auf der Baustelle ein, muss der gesamte Logistikprozess wieder angefahren werden. Stellt sich dann aber zum Beispiel heraus, dass die ursprünglich gebuchten Logistikkapazitäten jetzt nicht mehr in dem Maße, zu der gewünschten Zeit oder nur noch zu einem anderen Preis zur Verfügung stehen, kann dies zu einer weiteren Erhöhung der Projektkosten oder gar zu einer über den ursprünglichen Rahmen hinausgehenden weiteren zeitlichen Verzögerung führen.

Man sieht, die verspätete Lieferung von zeitkritischen Komponenten kann durch solche hinzukommenden Umstände die Projektkosten ebenso wie die für die Projektabwicklung erforderliche Zeit exponentiell erhöhen. Um dieses Risiko im eigenen Hause zu neutralisieren, wird L natürlich versuchen, im Rahmen seines Claims Management den für die verspätete Lieferung der zeitkritischen Komponente verantwortlichen Vorlieferanten für alle daraus entstehenden Zusatzkosten und Schäden haftbar zu machen.

Gerade bei Großprojekten wie dem von L zu errichtenden Industrieanlagenkomplex, kann es in der Praxis mitunter sehr schwierig oder gar unmöglich werden, derartige komplexen Listen zu handhaben und für die Berechnung von Konsequenzen auf der Kostenseite oder zur Beurteilung der zeitlichen Konsequenzen zu nutzen. Für Projekte mit derartiger Komplexität wird L daher gut daran tun, das Projekt mit allen seinen Einzelaspekten bereits möglichst frühzeitig in einem Softwaretool, beispielsweise MS Project oder dem Tool „Netzplantechnik“, abzubilden. Dann kann man sich – vereinfacht ausgedrückt – mit einem Knopfdruck von dem Softwaretool die Konsequenzen einer Soll-/Ist-Abweichung unter dem Kostenaspekt ebenso wie in zeitlicher Hinsicht aufzeigen lassen.

F. Beobachtung von Soll-/Ist-Abweichungen

Das Kernstück des Contract Management stellt aufbauend auf den zuvor beschriebenen Phasen die regelmäßige, dezidierte Beobachtung und Feststellung aller Soll-/Ist-Abweichungen während des gesamten Verlaufes der Projektabwicklung zum Bau des von L zu errichtenden Industrieanlagenkomplexes dar. Diese Betrachtung erfolgt durch einen Vergleich der aktuellen zeitlichen oder Kostensituation mit jener gemäß den zuvor beschriebenen detaillierten Listen. Wird ein geeignetes Softwaretool benutzt, kann ein derartiger Soll-/Ist-Abgleich praktisch zu jedem Zeitpunkt und in kürzester Frist vorgenommen werden.

Wird hierbei eine Soll-/Ist-Abweichung festgestellt, knüpft sich sofort die weitere Frage daran an, wer diese Soll-Ist-Abweichung verursacht hat und vertreten muss, also dafür haftbar ist. Dies kann zunächst L selbst sein, wenn einer/m seiner Mitarbeiterinnen oder Mitarbeiter bei der Projektabwicklung zum Bau des Industrieanlagenkomplexes ein Fehler unterlaufen ist. Ebenso kann die festgestellte Abweichung aber auch vom Kunden oder eben auch von einem von L's Vorlieferanten verursacht und damit von diesem zu vertreten sein.

Wird eine derartige Soll-/Ist-Abweichung festgestellt, sind damit fast regelmäßig Zusatzkosten verbunden. Es muss daher in jedem Fall umgehend reagiert werden, um nach Möglichkeit weiteren Schaden zu verhindern.

Wichtige Voraussetzung für die Durchführung dieser Soll-/Ist-Analyse ist im Rahmen des Contract Management, dass alle wesentlichen Aspekte der Vertragsabwicklung, insbesondere entstandene Zusatzkosten oder das Vorliegen von Behinderungen in der Vertragsabwicklung, für die L nicht verantwortlich ist, sauber und in dem erforderlichen Detaillierungsgrad dokumentiert werden. Nur auf der Basis dieser Dokumentation lassen sich im Rahmen des Claims Management Ansprüche umfassend begründen und so auch schlussendlich erfolgreich – notfalls vor Gericht – durchsetzen. Dabei kommt der Dokumentation gerade der heute so häufig in der Praxis vorkommenden telefonischen Absprachen und Vereinbarungen besonders große Bedeutung zu, weil sich deren Inhalt zu einem späteren Zeitpunkt nur noch sehr schwer, und wenn, dann allenfalls im Wege des Zeugenbeweises, nachweisen lässt (mit ungewissem Ausgang, wenn die auf beiden Seiten Beteiligten unterschiedliche Erinnerungen bekunden). Hier sollte man sich als Kaufmann auf eine alte Tugend besinnen und sich des bereits vom Reichsgericht anerkannten kaufmännischen Bestätigungsschreibens bedienen. Auf diesem Wege lassen sich auch alle mündlichen oder telefonischen Absprachen oder Vereinbarungen im Rahmen des Contract Management beweissicher dokumentieren und so eine Basis für ein effizientes Claims Management schaffen.

Ist die Soll-/Ist-Abweichung von L verursacht und ist L damit für die sich daraus ergebenden Konsequenzen selbst haftbar, muss L versuchen, unter Management-Aspekten mit allen Mitteln dieser Situation gegenzusteuern, um die Konsequenzen zur Schadensminderung im eigenen Interesse so gering wie möglich zu halten.

Im Rahmen des Contract Management muss L daher auch immer darauf bedacht sein, seinen Vorlieferanten durch die Äußerung von Zusatz-, Ergänzungs- oder Änderungswünschen keine Angriffsfläche zu bieten. Denn auch Vorlieferanten könnten über ein ebenso ausgeprägtes Contract Management und Claims Management wie L verfügen. Und dieses würde sofort greifen und L durch die berechtigte Forderung nach zusätzlicher Vergütung die Projektkosten erhöhen. Daher muss auch vor der unbedachten Weitergabe von Zusatz-, Ergänzungs- oder Änderungswünschen eines Kunden an Vorlieferanten von L gewarnt werden, weil dies zu schwer abzuwehrenden Mehrforderungen des Vorlieferanten führen kann.

Die richtige Reihenfolge ist die, dass derartige Wünsche von K seitens L an seine Vorlieferanten erst dann weitergegeben werden, wenn die vertragliche Seite zwischen K und L geregelt ist, wie es im folgenden Abschnitt beschrieben wird. Auch wenn häufig von Seiten des Vertriebs Zeitdruck herrscht, sollte auf einem derartigen Ablauf unbedingt bestanden werden. Die Aufforderung von L, ein entsprechendes Angebot seitens des Vorlieferanten abzugeben, ist von dieser Empfehlung selbstverständlich nicht betroffen, weil ein solches Angebot L ja oft erst in die Lage versetzt, seinerseits gegenüber K ein kaufmännisch durchkalkuliertes Angebot sowie einen substantiierten Vertragsnachtrag unterbreiten zu können.

Ist die Soll-/Ist-Abweichung dagegen von K (z.B. durch die Behinderung bei der vertragsgemäßen Projektabwicklung seitens L) oder einem Vorlieferanten von L verursacht (z.B. durch Lieferverzug), setzt hier als Teil des Contract Management das Claims Management von L ein, mit dessen Hilfe zumindest die sich aus der festgestellten Abweichung ergebenden wirtschaftlichen Konsequenzen auf den Verursacher, also K und/oder den Vorlieferanten von L, abgewälzt werden.

G. Von K oder von L's Vorlieferanten verursachte Soll-/Ist-Abweichungen

Handelt es sich um Soll-/Ist-Abweichungen wegen der Nichterbringung oder der zeitlichen Verzögerung von Lieferungen und Leistungen, für die K oder ein Vorlieferant von L verantwortlich ist, muss L seinen Kunden K oder seinen Vorlieferanten in Verzug setzen und die sich entsprechend den Regelungen des abgeschlossenen Vertrages ergebenden Konsequenzen aufzeigen.

Hat die festgestellte Soll-/Ist-Abweichung dagegen ihre Ursache in Zusatz-, Ergänzungs- oder Änderungswünschen – für derartige Wünsche ist in der Praxis in aller Regel der Kunde verantwortlich – muss L auf dem Durchlaufen des in seinem Vertrag mit K beschriebenen „Change Request"-Verfahrens (Vertragsänderungsverfahren, das natürlich auch für alle anderen erforderlichen Veränderungen des Vertrages zur Verfügung steht, die nicht auf dem Verlangen einer Partei beruhen) bestehen. Dies bedeutet, dass in der ersten Stufe der Zusatz-, Ergänzungs- oder

Änderungswunsch aufgenommen wird. Daran schließt sich eine Phase der Klärung an, in der von L die technischen, aber auch die kaufmännischen (vor allen Dingen die preislichen) sowie die zeitlichen Konsequenzen erarbeitet und bewertet werden. Auf dieser Basis wird L dann K ein durchkalkuliertes Angebot sowie eine entsprechende Vertragsänderung in der Form eines Vertragsnachtrages unterbreiten, der dann alle technischen, kaufmännischen und vertragsjuristischen Konsequenzen umfassend regelt. Je nach individueller Situation kann es über einen solchen Vertragsnachtrag zu richtigen Vertragsverhandlungen kommen. Hier hat L gegenüber K aber zumindest bei industriellen Großprojekten eine starke Verhandlungsposition, denn die Vertragsänderung wird ja speziell durch die von K geäußerten Zusatz-, Ergänzungs- oder Änderungswünsche erforderlich. Dies kann allerdings bei einem kleineren Projektvolumen oder im Verhältnis zu einem bedeutenden Großkunden anders aussehen.

Wenn L mit K im ursprünglichen Vertrag für den Fall derartiger Zusatz-, Ergänzungs- oder Änderungswünsche keine Einzelpreisliste („unit price list") vereinbart hat, hat ein derartiger von K geäußerter Zusatz-, Ergänzungs- oder Änderungswunsch für L den nicht zu verachtenden Charme, dass die preislichen Auswirkungen der Wünsche von K ganz anders als im Ausgangsvertrag kalkuliert werden können. Vertragsänderungen können so die ursprünglich für L wegen des Wettbewerbsdrucks nicht so vorteilhafte Kalkulation deutlich im Sinne einer Quersubventionierung aufbessern.

In manchen Fällen wird der Kunde natürlich bei den ursprünglichen Vertragsverhandlungen versuchen, eine derartige Einzelpreisliste zu bekommen. Gerade in Fällen wie dem vorliegenden, in dem ein großer Industrieanlagenkomplex im Rahmen eines „Turn-key"-Projektes von L zu errichten ist, wird sich L solchen Bestrebungen erfolgreich widersetzen können, weil es bei solchen „Turn-key"-Projekten aus Sicht von L unüblich ist, Einzelpreise zu nennen.

Interessanterweise würde bei dem zuvor bereits als Beispiel angeführten Autokauf kein Händler davor zurückschrecken, weitere Änderungswünsche des Kunden in Rechnung zu stellen, weil beide Vertragsparteien selbstverständlich davon ausgehen, dass diese grundsätzlich nur gegen Aufpreis zu erhalten sind. Diese „Selbstverständlichkeit" wird jedoch im Projektgeschäft häufig auf Lieferantenseite, insbesondere vom Vertrieb, nicht beachtet.

Werden in einer anderen Fallkonstellation dennoch bereits im Ausgangsvertrag derartige Einzelpreislisten vereinbart, sollte L bestrebt sein, die Preisgültigkeit so kurz wie möglich zu setzen, zum Beispiel nur für ein Jahr. Gerade bei Großprojekten wie dem vorliegenden kommen aller Erfahrung nach Änderungswünsche vom Kunden zu einem späteren Zeitpunkt. Und dann kann man als L, wenn die

Preisbindung ausgelaufen ist, mit allen möglichen Argumenten, nicht zuletzt dem der allenthalben zu beobachtenden allgemeinen Preissteigerung, die Einzelpreise erhöhen. Wegen der Vergleichbarkeit mit den ursprünglich vereinbarten Preisen wird dies jedoch kaum in demselben Umfang möglich sein wie in dem Fall, dass im Ausgangsvertrag keinerlei Einzelpreise vereinbart sind. Hat man sich also als L einmal auf die Vereinbarung von Einzelpreisen eingelassen, wird man durch Erhöhung dieser Preise nach Ablauf der Preisbindung sicherlich die Kalkulation nicht in demselben Umfang aufbessern können, wie dies ohne eine vorherige Vereinbarung von Einzelpreisen möglich sein kann.

Besondere Bedeutung für die Durchführung des Change Request Verfahrens gewinnt im Ausgangsvertrag die Bestimmung, dass ohne die rechtsverbindliche Vereinbarung des entsprechenden Vertragsnachtrages L nicht verpflichtet ist, Zusatz-, Ergänzungs- oder Änderungswünschen von K nachzukommen. Erst mit der Rechtswirksamkeit des Vertragsnachtrages sollte für L eine vertragliche Verpflichtung entstehen, diese Wünsche von K zu bearbeiten und umzusetzen.

Entgegen einer im Anlagen- und Systemgeschäft auch heute noch immer wieder anzutreffenden Gepflogenheit ist es unternehmerisch nicht ratsam, nach dem Motto „der Kunde ist König“ auf solche Zusatz-, Ergänzungs- und Änderungswünsche eines Kunden unmittelbar in die Abwicklung einzutreten, weil sich dadurch die Verhandlungsposition für einen umfassenden Vertragsnachtrag zur Regelung der daraus resultierenden technischen, kaufmännischen und vertragsjuristischen Folgen mit den oben aufgezeigten positiven wirtschaftlichen Chancen sofort wesentlich verschlechtert.

H. Ergebnis

Leider kann in der Praxis immer wieder vielfältig beobachtet werden, dass ein Lieferant ohne entsprechenden Vertragsnachtrag sofort mit der Bearbeitung und Umsetzung von Änderungswünschen des Kunden beginnt. Nicht selten führt dies schnell zu hohen Kosten, die dann nicht mehr auf den Kunden abgewälzt werden können. Manchmal geht dies so weit, dass das betreffende Projekt „überraschend notleidend“ wird, also keinen wirtschaftlichen Ertrag mehr abzuwerfen droht. Bei genauerem Hinsehen und Einhaltung der in diesem Beitrag dargelegten Regeln wäre dies nicht nur vorhersehbar, sondern sogar vermeidbar gewesen.

Wenn L für sein neu gewonnenes Großprojekt, nämlich dem Bau eines ganzen Industrieanlagenkomplexes in Fernost, seine Intention also wahr macht, ein umfassendes Contract Management unter Einschluss eines wirksamen und schlagkräftigen Claims Management im Unternehmen zu installieren, wird er auf folgende Aspekte sein ganz besonderes unternehmerisches Augenmerk lenken, um die in der Praxis oft zu beobachtenden Hauptfehler zu vermeiden:

L wird seine vertraglichen Verpflichtungen aus dem Vertrag mit K wirklich bis auf die unterste Ebene unter technischen, zeitlichen und preislichen Aspekten herunter brechen und detaillieren sowie die wechselseitigen Abhängigkeiten, insbesondere in zeitlicher Hinsicht, definieren. In Anbetracht der Größe und Komplexität seines Projektes wird er sich hierfür sinnvollerweise eines der am Markt verfügbaren Softwaretools bedienen.

Entsprechend dem im Vertrag mit K geregelten Change Request Verfahren wird L Änderungswünsche von K erst nach technischer, preislicher und zeitlicher Bewertung sowie dem rechtwirksamen Abschluss eines entsprechenden Vertragsnachtrages umsetzen. Durch eine speziell für dieses Claims Management eingesetzte Gruppe mit erfahrenen Mitarbeiterinnen und Mitarbeitern stellt L sicher, dass auf jeden Änderungswunsch von K umfassend und zeitnah reagiert wird. Auch auf diese Weise kann einem Kunden signalisiert werden, dass man seine Wünsche sehr ernst nimmt und er unverändert „König“ ist, ohne dabei die eigenen wirtschaftlichen Belange aus den Augen verlieren zu müssen. Im Wege dieses Claims Management ist L im Idealfall sogar in der Lage, seine ursprüngliche Projektkalkulation noch zu optimieren.

Dabei ist natürlich, insbesondere bei der im Unternehmen mit dem Contract Management und dem Claims Management betrauten Projektgruppe, unabdingbare Voraussetzung, dass der Vertrag zwischen L und K in jedem Detail bekannt und auch in den Köpfen der im Projekt arbeitenden Mitarbeiterinnen und Mitarbeiter allzeit in jeder Einzelheit präsent ist. Anders lässt sich ein effektives Contract Management mit einem ebenso effektiven Claims Management nicht realisieren. Dem häufig in Unternehmerkreisen gehörten Spruch, man schließe einen Vertrag nur dafür ab, um dann nicht mehr hineinsehen zu müssen und ihn in der Schreibtischschublade verschwinden lassen zu können, muss insoweit definitiv abgeschworen werden.

Dass die mit dem Contract Management und dem Claims Management betraute Projektgruppe besonders geschult sein muss, versteht sich von selbst. Dies gilt natürlich nicht nur für die Projektgruppe im „Headquarter“, sondern ganz besonders auch für die vor Ort, hier also in Fernost, arbeitende Projektgruppe. Sie ist an entsprechenden Soll-/Ist-Abweichungen in aller Regel durch die tägliche Beobachtung des Baufortschrittes am Nächsten dran und kann durch einen entsprechenden Informationsfluss an das „Headquarter“ sowie unmittelbares Gegensteuern vor Ort im Rahmen der Projektsteuerung am schnellsten reagieren.

Sollte sich bei den regelmäßig und in nicht zu großen zeitlichen Abständen durchzuführenden Soll-/Ist-Abgleichen herausstellen, dass aus dem Projektteam von L heraus selbst eine Abweichung verursacht wurde, wird L unter Management-Gesichtspunkten sofort nach der Gewinnung der Erkenntnis wirksam gegensteuern, möglicherweise durch Eskalation dieses Problembereiches in eine höhere Hierarchieebene im Unternehmen und Erklärung zur Chefsache. Ziel ist es, durch geeignete Maßnahmen möglichst schnell wieder in einen vertragsgemäßen Zustand zu kommen.

Sicherlich schreckt die Einführung des Contract Management zunächst aufgrund des zeitlichen Aufwandes, der hierfür notwendig ist, ab. Der große Nutzen sowie die Verringerung von Risiken und das Gefühl, in jeder Situation adäquat reagieren zu können, rechtfertigt derartige Schritte allemal, auch wenn zunächst sämtliche Abläufe bis ins letzte Detail aufgezeichnet und möglicherweise auch kritisch hinterfragt werden müssen.

Bei Beachtung der in diesem Beitrag in der gebotenen Kürze aufgezeigten Grundprinzipien des Contract Management einschließlich des darin enthaltenen Claims Management ist es nach Auffassung und Erfahrung der Verfasser dieses Beitrages auch heute noch möglich, nationale und internationale Großprojekte mit der ihnen innewohnenden Komplexität vertragsgemäß, insbesondere fristgemäß, abzuwickeln und dabei auch noch einen positiven unternehmerischen Ertrag zu erwirtschaften.

Leider ist in der heutigen Zeit bei meist von der öffentlichen Hand getragenen Infrastruktur-Großprojekten immer wieder zu beobachten, dass diese Grundprinzipien des Contract Management und des Claims Management einfach nicht eingehalten werden und es an einer wirksamen Projektsteuerung schlicht fehlt. Dann darf man sich natürlich nicht wundern, wenn bei vielen dieser Großprojekte ein enormer zeitlicher Verzug bei gleichzeitiger Kostenexplosion im Laufe der Projektabwicklung zu beobachten ist und über diese Großprojekte von Tag zu Tag aufs Neue in allen Medien Berichterstattung mit Negativschlagzeilen erfolgt. Bedauerlich dabei ist nur, dass hierbei Unsummen von Steuergeldern, die von den Unternehmen und Bürgern dieses Landes aufgebracht werden, wegen fehlender Professionalität und Kompetenz in verantwortungsloser Weise verschleudert werden.

York von Eichel-Streiber und Ass. iur. Sonja Stadler

Wissen was praktisch zählt – Wie Mariah Fairy zum ersten Mal seit 1998 den Stromanbieter wechselt

Seit der Liberalisierung des Strommarktes 1998 sieht sich der Verbraucher mit einem zunehmend verwirrenden Marktumfeld konfrontiert. Es gibt seitdem viele Stromanbieter mit einer noch größeren Anzahl unterschiedlicher Tarife in unterschiedlicher Energieträgerzusammensetzung.

Die Liberalisierung des Strommarktes geht zurück auf Bestrebungen der Europäischen Union den europäischen Binnenmarkt im Hinblick auf die Stromversorgung zu vereinheitlichen. Dabei verfolgt man vor allem die Ziele einer Intensivierung des Wettbewerbs, sinkender Preise für die Verbraucher, steigender Produktivität und Energieeffizienz und einer Verringerung des CO2 Ausstoßes. All diese Ziele werden im von der EU-Kommission veröffentlichten *Green Paper – A European Strategy for Sustainable, Competitive and Secure Energy* {SEC(2006) 317} in einen größeren Kontext gesetzt.

Es ist allerdings nicht nur das durch die Liberalisierung des Energiemarktes verfolgte Absinken der Preise für die Energieendverbraucher ausgeblieben, sondern es ist auch immer noch eine gewisse Wechsellethargie zu beobachten, was zusätzlich verhindert, dass im Wettbewerb die Preise sinken. Von den Klimazielen, die durch den jüngst geschlossenen Pakt von Bundesumweltminister Sigmar Gabriel (SPD) mit der Kohleindustrie gefährdet sind, mag man gar nicht erst reden.

Wir begleiten deshalb im Folgenden eine einigermaßen typische, einigermaßen wechselwillige Verbraucherin durch den Dschungel der Stromtarife, damit sie durch einen Wechsel zu Ökostrom einen kleinen Beitrag zum großen Ganzen leisten kann.

A. Der Fall Mariah Fairy

Mariah Fairy ist 29 Jahre alt und wohnt in einem Einpersonenhaushalt in der Ruhrfestspielstadt Recklinghausen. Der Einpersonenhaushalt ist in einer Dachgeschosswohnung beheimatet.

Sie hat seit 1998 noch nie ihren Stromanbieter gewechselt, nach eigenen Angaben sei sie dazu bisher immer "zu faul gewesen". Aus "reiner Trägheit" habe sie es bislang nicht geschafft.

Vor einigen Jahren hat sie einmal eine aktivere Phase der Stromanbieterfindung gehabt und bei den üblichen Internetpreisvergleichen (Verivox) nach einem geeigneten Ökostrom-Tarif gesucht. Ökostrom wollte sie damals "für ein reines Gewissen", dabei differenzierte sie nicht weiter zwischen verschiedenen Arten der Energieerzeugung aus regenerativen Energien, sie bezeichnet sich selbst als "durchschnittlich informiert" und in der "Hauptsache [an] Ökostrom" interessiert. Sie habe jedoch dann irgendwann von ihrem Wechselwunsch erst einmal Abstand genommen, weil sie von der Marktlage und den verschiedenen Angeboten „überwältigt" war.

Der von ihr gewünschte Tarif soll nicht teurer sein als ihr derzeitiger Tarif, bei dem sie jährlich rund 900 kWh zum Preis von 28,5 Cent/kWh bezieht. Ängste bei einem Anbieterwechsel hat sie vornehmlich im Hinblick darauf, bei einer Auflösung ihres bisherigen Vertrages eine hohe Ablösung an ihren bisherigen Versorger zahlen zu müssen.

Bislang hatte sie bis auf das Ablesen des Stroms und den Erhalt der jährlichen Abrechnungen wenig Kontakt zu ihrem Stromanbieter. Lediglich bei einem Umzug gab es einmal Probleme, als eine von Mariah Fairy mitgeteilte Adressänderung vom Stromanbieter nicht korrekt abgespeichert wurde.

Die Service- und Informationserwartungen, die Mariah Fairy an ihren Stromanbieter hat, bestehen vor allem in ihrem Interesse an einer korrekten und reibungslosen Abrechnung. Sie hat keine Probleme, die Stromrechnung nachzuvollziehen.

Ein Interesse an einer Beratung zur Energieeffizienz besteht bei Mariah Fairy nicht, da sie mit ihrem Verbrauch von 900 kWh wenig verbraucht. Der geringe Verbrauch ergibt sich daraus, dass sie jeden Tag lange im Büro ist und auch am Wochenende viel unterwegs ist. Sie hat zuhause keinen stationären PC, keine Geschirrspülmaschine und keinen Trockner. Auch gekocht wird bei Mariah Fairy nur äußerst selten und den Backofen benutzt sie nur, um darin Kleidung zu lagern, die gerade keine Saison hat. Ihr neuer Kühlschrank mit kleinem Gefrierfach hat die Energieeffizienzklasse A++; das alles hält die Kosten niedrig, obwohl die Warmwasserbereitung über einen strombetriebenen Durchlauferhitzer erfolgt.

B. Einordnung des Falles

Mariah Fairy ist einem realen Stromverbraucher nachgebildet. Der durchschnittliche Ein-Personen-Haushalt verbraucht 2050 kWh pro Jahr.[1]

Dabei verbraucht ein Ein-Personen-Haushalt mit elektrischer Warmwasserbereitung 2500 kWh pro Jahr, ohne elektrische Wasserbereitung 1700 kWh.[2] Damit liegt Mariah Fairy mit ihrem Verbrauch von 950 kWh pro Jahr weit unterhalb des Durchschnitts ihrer Vergleichsgruppe, was vor allem in den Details ihrer Lebensführung begründet liegen dürfte.

Für Mariah Fairy ist Ökostrom zwar ein Anliegen, welches sie auch „für ein reines Gewissen" verfolgt, aber sie ist offensichtlich nicht dahingehend moralisiert, oder radikalisiert, dass für sie ausschließlich die Nutzung von Ökostrom vertretbar ist. Die hohe Akzeptanz von Ökostrom ist ebenfalls mittlerweile eine Mehrheitsauffassung, obwohl nicht alle dazu bereit sind, für Ökostrom mehr zu bezahlen.[3]

Die Geräteausstattung von Mariah Fairy ist relativ typisch für einen Ein-Personen-Haushalt: Spülmaschinen und Wäschetrockner finden sich eher in größeren Haushalten.[4] Einen strukturellen Nachteil haben Ein-Personen-Haushalte allerdings durch einen im Vergleich zu größeren Haushalten pro Person höheren Sockelbetrag ihres Gesamtstromverbrauchs, der für Kühlen und Unterhaltungselektronik aufgewandt werden muss, da die Größe dieser Geräte fix ist und nicht in direkter Abhängigkeit zur Anzahl der Haushaltsmitglieder steht.[5]

Nach unserem Gespräch ist Mariah Fairy fest entschlossen, nun endlich ihren Stromanbieter zu wechseln. Auf diesem Weg wollen wir sie begleiten, damit sie einen für sich passenden Anbieter findet.

I. Preisvergleichssuchmaschinen

Auf der Suche nach einem passenden Stromtarif treibt es Mariah erst einmal zu den gängigen Vergleichsportalen. Es gibt viele verschiedene Anbieter für Preisvergleiche, genannt sein sollen Verivox, Check24 und preisvergleich.de als besonders bekannte Anbieter.

---

1 BDEW, Energie-Info Stromverbrauch im Haushalt, 2014, S. 5, Abb. 3.

2 BDEW (Fn.1), S. 9, Abb. 6.

3 Quelle TNS Emnid, im Internet abrufbar unter: http://de.statista.com/statistik/daten/studie/183752/umfrage/akzeptanz-hoeherer-kosten-fuer-oekostrom/ (alle Internetquellen wurden zuletzt am 20.08.2015 überprüft).

4 BDEW (Fn.1), S. 12 Abb. 8.

5 BDEW (Fn.1), S. 12 Abb. 8.

Doch es ist nicht immer klar, wie sehr man diesen Anbietern vertrauen kann. So ist z.B. der Anbieter Verivox im Zuge der Insolvenz des Stromanbieters Teldafax in die Kritik geraten, weil angeblich unzulässige Provisionen an Verivox geflossen seien – als Gegenleistung für Informationen über die Preisstrategien von Mitbewerbern.[6] Bislang ist dieser Fall nicht durch ein Gericht geklärt worden, dennoch macht er deutlich, wo die Gefahren der „unabhängigen" Preisvergleichsportale liegen.

Das Council of European Energy Regulators hat im Jahr 2011 die „Guidelines of good practice on price comparison tools" veröffentlicht.[7] Darin wird beschrieben, welche Kriterien ein Preisvergleich erfüllen muss, um einen funktionierenden liberalisierten Energiemarkt zu gewährleisten.

In erster Linie möchte man dabei den Wechsel des Stromanbieters für den Verbraucher so einfach und effektiv wie möglich gestalten.[8] Daneben werden als wichtige Kriterien noch genannt: die Unabhängigkeit des Vergleichswerkzeugs, die Transparenz, welche Einnahmen dem Anbieter des Vergleichs zufließen und in wessen Eigentum er steht; außerdem sollen alle Tarife, die der Markt hat, im Preisvergleich abgebildet werden. Um dieses Tool für alle Verbraucher nützlich zu gestalten, muss es nicht nur korrekte Informationen enthalten, sondern auch über einen anderen Kanal als das Internet verfügbar sein, durch die Abbildung typischer Verbrauchsmuster benutzerfreundlich sein und so insgesamt dem Verbraucher helfen, von seiner Marktmacht Gebrauch zu machen.[9]

Man fragt sich, ob all diese Ziele wirklich von einem privatwirtschaftlichen Unternehmen erreicht werden können, oder ob nicht doch ein staatliches Portal zum Preisvergleich der Königsweg ist, um wirkliche Transparenz für den Verbraucher erreichen zu können.

II. Tarifgestaltungen

Ein großer Faktor für die Intransparenz bei Stromtarifen ergibt sich aus den Tarifmodellen, die sich am individuellen Verbrauch orientieren und bei denen der Teufel häufig im Detail steckt.

---

6 http://www.handelsblatt.com/unternehmen/banken-versicherungen/teldafax-connection-verivox-koennte-die-gesamte-branche-schaedigen/4621904-2.html.

7 Council of European Energy Regulators, Guidelines of Good Practice on Price Comparison Tools Council of European Energy regulators, http://taenk.dk/sites/taenk.dk/files/bilag_3.ceers_good_practrice_for_price_comparisons_tools.pdf.

8 Council of European Energy Regulators (Fn. 7), S. 8.

9 Council of European Energy Regulators (Fn. 7), S. 7.

Besonders zu warnen ist vor Paketen, bei denen man nichts spart, wenn man weniger verbraucht und bei denen jede kWh mehr zu Mehrkosten führt. Auch vor einer Vorauszahlung für längere Zeiträume warnen Verbraucherschützer, da dann der Verbraucher das Insolvenzrisiko des Stromanbieters trägt. Insbesondere nach den Insolvenzen von Teldafax und Flexstrom wird davon abgeraten, im Voraus zu zahlen, da sonst der Verbraucher im Falle einer Insolvenz nicht gewiss sein kann, sein Geld wieder zurück zu bekommen, auch wenn er bereits seit längerem nicht mehr mit Strom beliefert wird.

Es ist empfehlenswert, sich einen Tarif auszusuchen, der für ein oder zwei Jahre gleichbleibende Preise garantiert, da sich der administrative Aufwand eines Wechsels ansonsten häufig nicht lohnt. Allerdings ist zu beachten, dass für eine längere Preisgarantie häufig ein Aufschlag seitens des Stromanbieters verlangt wird.

III. Rechtliche und wirtschaftliche Aspekte von Stromlieferverträgen

1. Rechtliche Einordnung

Strom ist keine Sache i.S.v. § 90 BGB. Seit der Schuldrechtsreform ist jedoch geklärt, dass es sich um den Kauf von sonstigen Gegenständen i.S.v. § 453 Abs. 1 BGB handelt.[10] Dies mag verwundern, da es bei einem desintegrierten Unternehmen neben dem Bezug von Strom als kaufrechtlicher Komponente auch die Nutzung des Netzes als dienstvertraglichen Bestandteil gibt; dennoch sprechen auch die einschlägigen Musterverträge für eine desintegrierte Lieferung von Strom immer von einem buyer.[11]

Nicht nur die Einordnung von Strom als nichtkörperlicher Gegenstand eines Kaufvertrages, sondern auch andere rechtliche Einordnungen werden durch seine physikalischen Besonderheiten erschwert.

Durch die Leitungsgebundenheit von Strom und seine dadurch entstehende Verflechtung mit dem Stromnetz als natürlichem Monopol ergeben sich Einschränkungen, wie Strom praktisch gehandhabt werden kann.[12] Dazu kommen Schwierigkeiten, die sich aus der fehlenden Speicherbarkeit ergeben und der Umstand, dass Strom aufgrund seiner physikalischen Eigenschaften nicht im Rahmen einer ungerechtfertigten Bereicherung herausverlangt werden kann.[13]

---

10 *Schöne*, in: Graf von Westphalen (Hrsg.), Vertragsrecht und AGB-Klauselwerke, 2015, Stromlieferverträge I. Einleitung, 1. Energiewirtschaftsrecht und Stromvertrieb Rn. 29, 36. EL 2015.

11 *Schöne*, in: Graf von Westphalen (Fn. 10), Rn. 29.

12 *Schöne*, in: Graf von Westphalen (Fn. 10), Rn. 16.

13 *Schöne*, in: Graf von Westphalen (Fn. 10), Rn. 16.

Ferner ist auch die Einordnung als Sukzessivlieferungsvertrag oder als Dauerschuldverhältnis sui generis im Einzelnen nicht ganz klar.[14]

Die spezifischen Eigenschaften von Strom, die seine rechtliche Verortung schwer machen, machen auch seine Vermarktung schwer.

2. Ökonomische Einordnung

Im Marketing nennt man die Vertragsbeziehungen zwischen Stromanbieter und Verbrauchern Versorgungsbeziehungen:

„Versorgungsbeziehungen sind auf unbestimmte Zeit eingegangene Beziehungen zwischen Kunden und Anbietern, in denen sich der Kunde verpflichtet, ein Produkt immer bei einem bestimmten Anbieter zu festgelegten Konditionen zu beziehen, und der Anbieter sich verpflichtet, das Produkt dem Kunden bereitzustellen, ohne dass es dafür einer Kontaktaufnahme oder Auswahlentscheidung durch den Kunden bedarf."[15]

Ergänzend zur juristischen Einordnung kann man anhand der ökonomischen Einordnung sehen, dass die vertragliche Beziehung bei Stromlieferungsverträgen grundsätzlich auf unbestimmte Zeit eingegangen wird und damit auf eine Weise in das Leben des Stromkunden integriert ist, die es schon wegen der starken Verankerung und der Sicherheit auch bei Nichtstun zu einer Art Sonderfall macht, wenn man den Anbieter wechseln möchte.

IV. Zusammensetzung der Energieträger

Jeder Stromtarif hat unterschiedliche Anteile, die aus unterschiedlichen Energieträgern stammen. Um dies für den Verbraucher transparent zu machen, ist nach Maßgabe von § 78 EEG 2014 i.V.m. § 42 EnWG auf der Stromrechnung eine Kennzeichnung der Anteile verschiedener Energieträger an der Stromerzeugung vorzunehmen. Der Zweck dieser Regelung ist es, die genaue Herkunft des Stromes zu dokumentieren, um dem Verbraucher Aufschluss darüber zu geben, aus welcher Quelle der von ihm bezogene Strom stammt und somit auch offen zu legen welche spezifischen Umweltrisiken damit verknüpft sind.[16]

Damit wird Art. 3 Abs. 9 RL 2009/72/EG umgesetzt, wonach auf nationaler Ebene eine Vergleichbarkeit der jeweiligen Stromkennzeichnung durch die verschiedenen Anbieter gewährleistet werden soll. Um dem Verbraucher das Ver-

---

14 *Schöne*, in: Graf von Westphalen (Fn. 10), Rn. 20.

15 *Henseler*, Das Wechselverhalten von Konsumenten im Strommarkt, 2006, S. 16.

16 http://www.pwc.de/de/energiewirtschaft/assets/2011_08_05_ENWG_MC.pdf.

ständnis dieser Daten zu erleichtern, ist eine Mindestgröße vorgeschrieben und auch eine Visualisierung der Anteile verschiedener Energieträger ist verpflichtend.

V. Zusammensetzung des Strompreises

Der Strompreis setzt sich aus einer Vielzahl einzelner Bestandteile zusammen. Dabei wird die Höhe des Strompreises einerseits über die Wertschöpfungsstufen in der Energiewirtschaft, von der Herstellung über den Transport bis zum Vertrieb bestimmt. Andererseits kommen noch die staatlich administrierten Preisbestandteile hinzu. „Das ergibt für den Endverbraucher einen Strompreis, der sich aus den folgenden Bausteinen zusammensetzt:

Herstellungspreise, bestehend aus

- Beschaffungspreisen und Handelsspannen der EVUs
- regulierten Netzentgelten (inklusive Entgelten für Abrechnung, Messung und Messstellenbetrieb.

Staatlich administrierte Komponenten mit *Energiewende*-Hintergrund in Form

- der EEG-Umlage,
- der Stromsteuer,
- des KWK-G-Aufschlags,
- der Offshore-Haftungsumlage,
- und der Umlage für abschaltbare Lasten.

Sonstigen staatlich administrierte Komponenten wie

- die §-19-StromNEV-Umlage
- die Konzessionsabgabe
- die Mehrwertsteuer.

Der Strompreis setzt sich also aus einer Vielzahl von Elementen zusammen, deren Grund und Höhe aus Sicht des durchschnittlichen Stromverbrauchers sicherlich nicht immer klar ersichtlich ist.

Bemerkenswert ist indessen: lediglich die Beschaffungspreise und die Handelsspannen von Strom sind wettbewerbsbasiert. Nur hierauf hat der Verbraucher durch die Wahl des Stromanbieters Einfluss. Die Höhe von Netzentgelt und Konzessionsabgaben variieren regional in ihrer Höhe, alle anderen Preisbestandteile sind bundeseinheitlich geregelt.[17]

---

17 *Bontrup/Marquardt*, Die Energiewende – Verteilungskonflikte, Kosten und Folgen, 2015, S. 19–20.

VI. Strompreiseffekte durch die Energiewende

Vor der Liberalisierung des Strommarktes hat man mit sinkenden Preisen durch die Liberalisierung gerechnet.

Der zu Beginn der Liberalisierung amtierende Bundeswirtschaftsminister Günther Rexrodt (FDP) war sogar sehr optimistisch ob der preisdämpfenden Effekte der Liberalisierung. Er hielt sich zwar bei einer Quantifizierung zurück, bemerkte aber, dass er Prognosen über Preissenkungen von 20–30 % für realistisch hielt. Es stellte sich relativ schnell heraus, dass diese Erwartungen unrealistisch waren. Zwar kam es zunächst nach der Marktöffnung in 1998 zu einer Preissenkung für Haushaltskunden, die im Jahr 2000 mit 19 % Preisverringerung ihren Tiefstand erreichte.[18] Doch nach diesem Einbruch stiegen die Preise rasch wieder an. Selbst wenn man die staatlich administrierten Bestandteile vollständig außen vor lässt, ist der Strompreis für einen durchschnittlichen 3-Peronen-Haushalt mit einem Jahresverbrauch von 3500 kWh/a bis 2013 um rund 12 % im Vergleich zu 1998 gestiegen. Hierbei werden also nur die Beschaffung, die Netzentgelte und der Vertrieb berücksichtigt. Nach der Liberalisierung fiel der Strompreis zunächst und stieg dann zügig wieder an. Wenn man die staatlich administrierten Bestandteile noch hinzunimmt, ist der Strompreis in ct/kWh sogar um ca. 70 % gestiegen. 2015 ist der Strompreis erstmals seit der Marktöffnung 1998 gesunken.[19]

VII. Serviceleistungen der Stromanbieter

1. *Energieeffizienzberatung*

Viele Stromanbieter bieten ihren Kunden als Dienstleistung eine Energieeffizienzberatung an, entweder kostenlos oder gegen eine geringe Gebühr. Dabei werden das Nutzungsverhalten und die im Haushalt vorhandenen Geräte analysiert und im Anschluss Empfehlungen gegeben, wie der individuelle Stromverbrauch reduziert werden kann.

2. *Detaillierte/verständliche Stromrechnung*

Nach eigenem Bekunden hat Mariah Fairy keine Probleme, ihre Stromrechnung nachzuvollziehen. Doch nicht für alle Verbraucher ist und war das stets so einfach.

---

18 *Bontrup/Marquardt*, Kritisches Handbuch der deutschen Elektrizitätswirtschaft, Hans-Böckler-Stiftung, 2011, S. 121.

19 BDEW (Fn.1), aktualisierte Daten 02/2015, verfügbar: https://www.bdew.de/internet.nsf/id/9D1CF269C1282487C1257 E22002BC8DD/$file/150409 %20 BDE W %20 zum%20Strompreis%20der%20Haushalte%20Anhang.pdf.

Von § 40 Abs. 1 EnWG wird ausdrücklich verlangt, dass Stromrechnungen für Letztverbraucher einfach und verständlich sein müssen. Darüber hinaus regelt § 40 Abs. 2 EnwG, welche Details die Stromrechnung enthalten muss, um dem Verbraucher eine klare Orientierung über den Vertrag und seine Recht zu verschaffen.[20] Dennoch musste sich die Rechtsprechung in der Vergangenheit häufig mit Stromrechnungen, die aufgrund ihrer Intransparenz für den Verbraucher nicht nachvollziehbar waren, befassen.

VIII. Wettbewerb im liberalisierten Strommarkt

Mariah Fairy ist eine typische wechselwillige Stromverbraucherin, die ihre Absicht aber nicht in die Tat umsetzt. Das liegt daran, dass sie von der großen Anzahl an Optionen auf dem Strommarkt überwältigt ist. In diesem Abschnitt wollen wir ihr einen Einblick in die Marktdynamik seit der Liberalisierung geben, um Mariah Fairy ein besseres Verständnis für die Strategien der Akteure im neuen Marktumfeld zu geben. Mit diesem Wissen wird es ihr leichter fallen, sich bei der Wahl ihres Anbieters zu orientieren, auch unter der Berücksichtigung ihrer Präferenzen, z.B. bezüglich Ökostrom.

1. Marktmacht weniger großer Anbieter

Vor der Liberalisierung durch das EnWG 1998 war der deutsche Strommarkt unter der Kontrolle von 9 Gebietsmonopolen. Es gab allerdings bereits 1000 Energieversorgungsunternehmen und dabei spielte die kommunale Ebene („Stadtwerke") eine bedeutsame Rolle. Denn von den 1000 EVUs waren 820 kommunale Unternehmen im Eigentum von Kreisen, Städten und Gemeinden. Mit der Liberalisierung konnte schlagartig – zumindest de jure – jedes dieser Unternehmen überall in Deutschland und innerhalb der Europäischen Union Strom anbieten.[21] Dass sich auf einem derartig komplexen Markt mit einer hohen Anzahl von Unternehmen nicht schlagartig intensiver Wettbewerb einstellte, ist nicht überraschend. Das liegt einerseits an der bereits besprochenen Trägheit der Verbraucher. Andererseits zeichnete die ehemaligen Gebietsmonopolisten

20 Bei diesen Regelungen handelt es sich um verbraucherschützende Regelungen, die nicht von Anfang an im Energiewirtschaftsgesetz enthalten waren, sondern die bei seiner Novelle 2011 im Sinne des Verbraucherschutzes eingeführt wurden, da der liberalisierte Energiemarkt zuvor dem Verbraucher zwar eine Wahl erlaubte, ihn jedoch häufig orientierungslos ließ. Vgl. statt aller *Schöne,* in: Graf von Westphalen (Fn. 10), Rn. 1

21 *Kahmann/König* (Hrsg.), Wettbewerb im liberalisierten Strommarkt, 2000, S. 10.

ebenfalls eine durch mangelnde Erfahrung im Wettbewerb geprägte Trägheit aus. Bürokratische Geschäftsabläufe lähmten die großen Unternehmen, was zu weniger wettbewerblichem Verhalten führte.[22] Das ermöglichte es neuen Marktteilnehmern, schnell und leicht Kunden mit niedrigeren Preisen abzuwerben. Daher fiel der Strompreis auch in den ersten zwei Jahren nach der Liberalisierung, so wie es erwartet wurde. Auf diese Entwicklung reagierten die großen Verbundunternehmen mit einer Strategie der Machtkonzentration, die durch die Ausgangsstrukturen in der Elektrizitätswirtschaft begünstigt wurde. Denn wenige EVUs verfügten über den Großteil der Erzeugungskapazitäten, während die restlichen in der Stromverteilung tätig waren. Auf diese Weise entstanden die großen vier marktbeherrschenden Unternehmen E.ON, RWE, EnBW und Vattenfall. Diese Machtkonzentration führte in der Folge zu wieder ansteigenden Preisen und die großen vier EVUs fuhren erhebliche Gewinne ein, obwohl hierbei anzumerken ist, dass in den 2000er Jahren auch die Brennstoffkosten anstiegen.[23] In den 2000er Jahren verschärfte sich der Wettbewerb trotzdem, gerade auf dem Endkundenmarkt, und die vier großen EVUs gründeten Billigstromanbieter. Sie verloren aber auch viele Kunden an neu gegründete Unternehmen, die sich auf Handel und Vertrieb spezialisierten.

Die starke Stellung der großen EVUs ist heute geschwächt. Das ist vor allem auf die regulatorischen Eingriffe im Stromnetz sowie auf den Ausstieg aus der Atomenergie und auf die Förderung der erneuerbaren Energien zurückzuführen.[24] Wie bereits erwähnt, waren die steigenden Preise durch die Marktmacht der großen vier EVUs bedingt. Darunter litt das Image der großen Stromversorger und die Wechselbereitschaft stieg spürbar an. Die Kunden reagierten stärker auf die Strompreise. Aber auch die Stadtwerke wurden beliebter, obwohl vor der Liberalisierung ein Stadtwerkesterben prognostiziert wurde. Die steigende Beliebtheit von Stadtwerken ist auf eine Marketingstrategie zurückzuführen, die in eine allgemeine Diskussion über die Vorteile einer neuen Rekommunalisierung der Stromversorgung eingebettet ist. In einer Untersuchung wurde allerdings herausgefunden, dass die Eigentumsform – öffentlich oder privat – keinen signifikanten Einfluss auf die Preissetzung der Grundversorgungsverträge hat. Vielmehr spielt hier die Eigentümerstruktur die entscheidende Rolle. Die theoretischen

---

22 *Wieringa/Verhoef*, Understanding customer switching behavior in a liberalizing service market, Journal of Service Research, Volume 10, No. 2, 2007, S. 174–186.

23 *Bontrup/Marquardt*, Chancen und Risiken der Energiewende, Diskussionspapier im Auftrag der Heinz-Böckler-Stiftung, 2012, S. 16.

24 Vgl. *Bontrup/Marquardt*, Die Zukunft der großen Energieversorger, Studie im Auftrag von Greenpeace, 2015, S. 34–38.

Erkenntnisse der Corporate-Governance-Literatur besagen, dass eine niedrige Eigentumskonzentration die Anteilseigner zu einer kurzfristigen Strategie verleitet. Da sie weniger Einfluss auf die Geschäftspolitik haben, versuchen sie kurzfristig ihren Gewinn zu maximieren. Bei hoher Eigentumskonzentration verfolgen die Eigentümer hingegen langfristigere Strategien. Sie sind eher daran interessiert, Kunden zu halten und bereit ihren Grundversorgungstarif dafür zu senken. Es kann nicht bestätigt werden, dass öffentliches Eigentum automatisch zu niedrigeren Preisen im Grundversorgungstarif führt. Da aber öffentliche Investoren häufig hundertprozentige Beteiligungen anstreben, ergibt sich daraus indirekt ein Gewinn für die Wohlfahrt der Konsumenten, insbesondere für weniger wechselbereite Stromkunden, die im Grundversorgungstarif sind.[25]

2. Besonderheiten bei der Vermarktung von Strom

Wie genau sich Energieversorger, ob sie nun in privatem oder öffentlichem Eigentum sind, gegenüber den Stromverbrauchern verhalten, ist auf betriebswirtschaftlicher Ebene eine Frage des Marketings. Strom ist ein Produkt mit ganz besonderen Eigenschaften, was erhebliche Auswirkungen auf die Marketingstrategien der Marktakteure hat. Als Produkt ist Strom nicht modifizierbar. Daher ist es nicht möglich, durch Innovationen oder Verbesserungen Strom für den Verbraucher interessanter zu machen. Es gibt keinen direkten Nutzen von Strom. Der Nutzen stellt sich für den Verbraucher erst ein, wenn er ein elektrisches Gerät einstellt. Diese Abstraktheit des Stroms kann häufig der Grund für ein geringes Involvement des Verbrauchers sein. Die technische Homogenität ist eine weitere Besonderheit des Produkts Strom. Es ist genormt und unveränderbar, egal aus welcher Quelle der Strom bezogen wird. Die Verteilung von Strom ist an Leitungen gebunden.

„Für das Verhalten gibt es in der Marketingwissenschaft einen intuitiv einleuchtenden Erklärungssatz: die Trägheit. Folgendermaßen wird er genauer definiert:

- Trägheit als Inaktivität oder Nicht-Handeln, obwohl ein Handeln oder Verändern der Situation für das Individuum von Vorteil wäre,
- Trägheit als Sich-Scheuen vor dem Aufwand oder der Arbeit, die ein Handeln erfordern würde,
- Trägheit als Nicht-Handeln durch mangelndes Interesse oder Involvement.“[26]

---

25 *Veith/Nikogosian,* Der Einfluss öffentlichen Eigentums auf die Preissetzung in deutschen Haushaltsstrommärkten, Discussion Paper No. 10-090, S. 3.

26 *Henseler* (Fn.15), S. 28.

Trägheit in Versorgungsbeziehungen ist ein entscheidender Faktor beim Marketing im Strommarkt, und er trifft auch auf Mariah Fairy zu. Beim Wechsel werden von Jörg Henseler vier Determinanten unterschieden:

- „Die Kundenzufriedenheit mit dem aktuellen Stromanbieter, die sich auf die Erfüllung der Erwartungen des Verbrauchers stützt,
- die Attraktivität der alternativen Anbieter, die sich aus ökonomischer Sicht aus dem erwarteten Nutzengewinn gegenüber dem aktuellen Anbieter ergibt,
- die wahrgenommenen Wechselkosten, die vor allem aus der Einschätzung des Verbraucher über Aufwand und Risiken bestehen
- und das Involvement oder bis zu welchem Grad der Verbraucher Interesse für das Thema Stromversorgung aufbringen kann.“[27]

Aus diesen Determinanten des Wechselverhaltens lässt sich in Bezug auf Mariah Fairy folgendes schließen: Zufriedenheit als Stromkundin ist nicht ausreichend, um alleine eine Fortführung der Versorgungsbeziehung zu ihrem Stromanbieter zu sichern. Deshalb lässt sich ihre Wechsellethargie, also der von ihr bisher noch nicht vollzogene Stromanbieterwechsel, auf andere Faktoren zurückführen.

Die Attraktivität der Alternativen ist aus ihrer Sicht nicht ausreichend hoch. Vielleicht nimmt sie auch die Wechselkosten als zu hoch wahr. Wie bereits festgestellt wurde, verfügt sie über ein gewisses Maß an Interesse und Involvement, das aber eventuell auch nicht ausreichend ist. Der Fall von Mariah Fairy ist ein klassisches Problem eines liberalisierten Strommarktes. Eine Wechselabsicht ist vorhanden, wird aber nicht vollzogen. Es ist aber eines der entscheidenden regulatorischen Ziele im Prozess der Liberalisierung. Daher wurde der rechtliche Rahmen so konzipiert, dass Wettbewerb stattfinden kann und die Wechselquote als Indikator der Wettbewerbsintensität ansteigt. Die Wechselquote hat sich aber nur schleppend entwickelt. Heute ist der Strommarkt zwar viel dynamischer geworden und immer mehr Menschen haben bereits gewechselt oder haben zumindest ernsthafte Absichten. Trotz allem ist Mariah Fairy bei weitem keine Ausnahme. Wie viele Leute haben noch nie den Anbieter gewechselt?

Die Wechsellethargie ist allerdings mittlerweile nicht mehr so groß wie zu Beginn der Strommarktliberalisierung.

C. Fazit

Die Ziele der Energiewende und des Dritten Binnenmarktpaketes Energie können nur erreicht werden, wenn einerseits der Marktanteil erneuerbarer Energien ge-

27 *Henseler* (Fn.15), S. 9.

steigert wird und andererseits ein Wettbewerb zwischen verschiedenen Anbietern von Strom stattfindet.

Dazu ist es zunächst erforderlich, dass die rechtlichen Möglichkeiten zu einem einfachen und effizienten Wechsel des Stromanbieters geschaffen werden. Gleichzeitig ist dieses System so zu strukturieren, dass auch ein Träger Verbraucher mit unterdurchschnittlichem Involvement dazu in die Lage versetzt wird, auch tatsächlich den Stromanbieter zu wechseln. Der rechtliche Rahmen mit kurzer Kündigungsfrist etc. scheint dazu insgesamt zur Zielerreichung geeignet zu sein, jedoch ist der rechtliche Rahmen nicht alleine ausreichend, um Wechselinteressierte zu Wechselwilligen und schließlich zu Wechslern zu machen.

Dafür bietet es sich an, durch staatliche Einrichtungen und NGOs eine positive Stimme, ein sogenanntes policy framework zu schaffen in dem ein Anbieterwechsel und auch erneuerbare Energien attraktiv gemacht werden.

Eine solche Attraktivitätssteigerung eines Anbieterwechsels und eines Wechsels hin zu erneuerbaren Energien ist durch die Marktteilnehmer selbst nicht zu leisten. Das Produkt Strom hat wahrscheinlich nicht ausreichend Potential, allein durch Marketinginstrumente eine solche Anziehungskraft zu entwickeln, dass die Wechselbereitschaft für den trägen Anteil der Konsumenten steigt. Gleichzeitig ist auch die generelle Befürwortung von Ökostrom und die Bereitschaft, mehr Geld dafür auszugeben, nicht ausreichend, um Verbraucher dazu zu motivieren, den Stromanbieter zu wechseln und sich mit dem dafür erforderlichen „Papierkram" auseinander zu setzen. Daher wären Maßnahmen zur Vereinfachung und mehr Transparenz, auch bei den Vergleichsportalen, sicherlich hilfreich.

Mit ihrer Wechsellethargie ist Mariah Fairy nicht alleine, für ihr Verhalten gibt es rationale Gründe und dennoch ist der Erfolg einer Liberalisierung des Strommarktes für alle vom tatsächlichen Wechsel des Stromanbieters durch Einzelne erforderlich. Wir wünschen Mariah Fairy deshalb alles Gute beim Wechsel ihres Stromanbieters.

Annika Eva Neugebauer, LL.B. und Dr. Chorusch Taheri

Das tiefe Wasser des Krisenmanagements – BP und der Untergang der Deepwater Horizon

Am 20. April 2010 um 21.45 Uhr ereigneten sich zwei Explosionen auf der Bohrinsel Deepwater Horizon im Golf von Mexiko. Zwei Tage lang versuchten Einsatzkräfte die aufgetretenen Brandherde zu löschen – vergeblich. Am 22. April versank die Deepwater Horizon im Golf von Mexiko mit katastrophalen Ausmaßen auf menschlicher, ökologischer, politischer und unternehmerischer Ebene. 11 Arbeiter starben, 17 weitere wurden zum Teil schwer verletzt. 87 Tage lang flossen mehr als 380 Millionen Liter Rohöl ins Meer und verseuchten rund 1750 km Küste.[1] Der 10.000 km^2 große Ölteppich bedrohte neben dem milliardenschweren Tourismusgeschäft an den Stränden von Texas, Alabama, Mississippi, Louisiana und Florida, Nistgebiete und die größten Fanggebiete der USA, die rund ein Drittel des Fischkonsums in den USA decken.[2] Der Druck auf BP und die US-Regierung wuchs immens, nachdem mehrere Versuche scheiterten, das durch die Explosionen entstandene Leck des Macondo-Bohrlochs zu schließen. Obamas Umfragewerte sanken, die Wiederwahl stand zur Diskussion.[3] Der Aktienkurs von BP brach um 50 Prozent ein. Die Kosten für die Abdeckung des Lecks, die Beseitigung der Ölpest, für Schadensersatzklagen, Bußgelder und den massiven Imageschaden gehen in die Milliarden und brachten BP an den Rand einer existenziellen Krise.[4]

Massive Defizite im Sicherheitsmanagement von BP wiesen wie Leuchtpfeile auf das Unglück hin. Der Druck auf das Unternehmen nach der Katastrophe war

1 *Hertsgaard*, „Giftige Kosmetik", Zeit Online, 19.04.2013, http://www.zeit.de/2013/17/bp-oelkatastrophe-golf-von-mexiko-corexit, abgerufen am 30.08.2015; *Flintz*, Markencheck, 2013, S. 85.

2 *Hertsgaard* (Fn. 1); *Jackson*, „Die vergessene Katastrophe", Tagesschau, 02.12.2014, http://www.tagesschau.de/ausland/deepwater-horizon-bp-101.html, abgerufen am 30.08.2015.

3 *Pieper*, „Deepwater Horizon- Katastrophe- Hat BP dazugelernt", Tagesschau, 20.04.2015, http://www.tagesschau.de/wirtschaft/bp-deepwater-horizon-105.html, abgerufen am 30.08.2015.

4 *Birnbaum/Remme*, „BP- beyond petroleum", Deutschlandfunk, 08.06.2010, http://www.deutschlandfunk.de/bp-beyond-petroleum.724.de.print?dram:article_id=99855, abgerufen am 30.08.2015.

beispiellos in seinen Ausmaßen. Negativschlagzeilen dominierten über Monate Tages- und Fachpresse und zeichneten das Bild eines überforderten, scheinheiligen Konzerns, dessen Missmanagement zur größten Umweltkatastrophe unserer Zeit führte.

Fünf Jahre nach dem Unglück werden im Rahmen dieses Beitrages folgende Punkte zentraler Gegenstand der Analyse sein: Wie sah das Sicherheitsmanagement des drittgrößten Ölkonzerns der Welt in einer der risikoreichsten Branche vor dem Untergang der Deepwater Horizon aus? Was sind die Gründe für die praktizierte Art der Unternehmensführung und wie hat diese sich in den letzten fünf Jahren entwickelt?

In Anbetracht der Tatsache, dass Vorbereitung und Erfahrung im Krisenfall alles ist, wird im weiteren Verlauf eine genauere Betrachtung der historischen Kommunikationsarbeit des Konzerns vorgenommen. Im Rahmen der Ereignisse um die Deepwater Horizon wird die Krisenstrategie von BP skizziert, ein Kausalzusammenhang zu dem eklatanten Imageschaden hergestellt und mögliche Handlungsalternativen aufgezeigt.

A. Vor der Katastrophe

I. Fehlerhistorie

1. Texas City Raffinerie, 2005

Wie so häufig war der 20.April 2010 nicht der Beginn, sondern das Ende einer Reihe von Fehlern, die sich im Konzern BP ereigneten. Bereits im März 2005 kamen ernsthafte Fragen hinsichtlich der Sicherheitsvorkehrungen des Konzerns auf. Ein Feuer und eine Explosion in der Texas City Raffinerie töteten 15 Menschen und verletzten mehr als 170 Mitarbeiter. Durch diese Tragödie entstand ein Schaden von mehr als 1,5 Milliarden US-Dollar. Entgegen der Behauptungen von BP, man habe noch vor dem Unglück mehr in die Raffinerie investiert als je zuvor, berichten Arbeiter von verrotteten Anlageteilen und abgeblättertem Korrosionsschutz.[5] Der Vorwurf an BP: gefährliche Sparsamkeit. CEO John Browne erklärte die Ingenieure der amerikanischen Amocco, von der das Werk aufgekauft worden war, für die Schuldigen.[6]

5 *Flintz* (Fn. 1), S. 86.

6 *Niederberger*, „Das Imagedesaster von BP“, Tagesanzeiger CH, 04.05.2010, http://www.tagesanzeiger.ch/wirtschaft/unternehmen-und-konjunktur/Das-Imagedesaster-von-BP/story/13415032, abgerufen am 30.08.2015.

2. *Ölplattform ThunderHorse, 2005*

Im Juli desselben Jahres entging BP nur knapp einer Ölkatastrophe ähnlich verheerenden Ausmaßes wie dem der Deepwater Horizon. Hurrikan Dennis erreichte im Golf von Mexiko die von BP betriebene Bohrinsel ThunderHorse und brachte diese in eine gefährliche Schräglage. Wiederum mussten BP und sein Minderheitengesellschafter Exxon Mobile mehrere hundert Millionen US-Dollar an Schadensersatz und Reparaturkosten zahlen. Zusätzlich wurde die Ölproduktion um 3 Jahre zurückgeworfen. Experten bescheinigten erhebliche Konstruktionsfehler, vor allem hinsichtlich der schlecht ausgeführten Schweißnähte im Unterwasserteil. Wiederum sah die BP die Schuld nicht bei sich selbst, sondern bei Ingenieurfehlern von Drittseite.[7]

3. *Prudhoe Bay, Alaska, 2006*

Im März 2006 liefen 267 Gallonen Öl in Prudhoe Bay, Alaska, aus. Ursächlich war laut regierungsamtlicher Untersuchungskommission die Korrosion der nur unzureichend überprüften und vollkommen verrosteten Unter-Wasser Pipelines. Es dauerte 5 Tage, bis die Lecks überhaupt entdeckt wurden. 16 Meilen des 20 Meilen langen Röhrensystems mussten ausgetauscht werden, BP die Förderung bis zum Juni 2010 einstellen. Wiederum hätte die Katastrophe durch regelmäßige Inspektionen verhindert werden können.[8] Den Vorwurf vernachlässigter Sicherheitsvorkehrungen wies BP auch in diesem Fall in erster Reaktion zurück.[9]

4. *Baker-Bericht*

Bereits als Nachspiel des Unglücks in Texas 2005 wurde auf Druck der US-Chemieaufsichtsbehörde ein unabhängiges Gremium von BP mit der Untersuchung der Vorfälle beauftragt.[10] Der Abschlussbericht des elfköpfigen Gremiums unter der Leitung des ehemaligen US-Außenministers James Baker wurde am 16. Januar 2007 veröffentlicht und liest sich wie eine Vorhersage der Deepwater Horizon Katastrophe: Erhebliche Mängel bei der Durchführung der Sicherheitsbestimmungen, ausgelöst durch eine Unternehmenskultur, die dem Profit mehr

---

7 *Niederberger* (Fn. 6).

8 *Birnbaum/Remme* (Fn. 4).

9 *Niederberger* (Fn. 6).

10 *Baker*, "The Report of the BP U.S. Refineries Independent Safety Review Panel", http://www.safetyreviewpanel.com/, Houston 2007, abgerufen am 30.08.2015.

Bedeutung beimisst als der Sicherheit.[11] Unter Druck gesetzt durch den 374 Seiten langen Mängelbericht gelobte BP Besserung und sah sich sogar „moralisch verpflichtet", sämtliche Vorschläge des Baker-Gremiums zur „Verbesserung der Sicherheitskultur" tatsächlich umzusetzen. CEO John Browne versicherte der Öffentlichkeit „BP kapiert es".[12]

Ob es BP tatsächlich bis in die höchsten Managementebenen „kapiert" hat, dass die praktizierte Unternehmensführung und Unternehmenskultur dem von der Öffentlichkeit geforderten Risikomanagement nicht gerecht wird, erschien schon damals eher zweifelhaft. Guter Wille und erste Einzelmaßnahmen wurden jedenfalls, schon um die Brisanz des Baker- Berichts abzuschwächen, kommuniziert. Die Fachleute des Gremiums erkannten an, dass ein Wandel im Sicherheitsverständnis von BP zu erkennen wäre, Betriebsinvestitionen in Sicherheitsstandards sollten folgen.[13]

Die Öffentlichkeit schien beruhigt, der mediale Druck ließ nach. Doch die Unfallstatistik des Konzerns und die dokumentierte Experteneinschätzung legten eine strategische Ausrichtung des Konzerns offen, deren Neukonzeptionierung auch bei einschneidenden Gegenmaßnahmen stets langwierig und kostenintensiv ist.

Ob diese in einem angemessenen Maß erfolgten, scheint in Anbetracht der Unternehmensentwicklung fraglich. BP erwirtschaftete zwischen 2000 und 2007 den geringsten Profit unter den sechs großen Ölkonzernen. Das festgefahrene Management, die mangelhafte Integration von zugekauften Firmen und die schweren Unglücke endeten in der Absetzung John Brownes und erforderten sorgfältige Auf- und Umbauarbeiten.[14] Während dieser Zeitperiode setzte BP, unter dem neuen CEO Tony Hayward, vor allem auf die Erschließung neuer, hochriskanter Fördergebiete. Investitionen in das Sicherheitsmanagement wurden erhöht, doch profitbedingt, in Relation zu dem Risikofaktor, wurde die erforderliche Höhe deutlich unterschritten.

---

11 *Baker* (Fn. 10), S. 109; "Das BP-Inferno", Wirtschaftspolitik, FAZ, 18.01.2007, http://www.faz.net/aktuell/wirtschaft/wirtschaftspolitik/energie-das-bp-inferno-1410970.html; *Pitzke*, „Schlamperei und Todesfälle: Das BP- Inferno", Spiegel Online, 17.01.2007, http://www.spiegel.de/wirtschaft/schlamperei-und-todesfaelle-das-bp-inferno-a-460234.html, abgerufen am 30.08.2015.

12 *Pitzke* (Fn. 11).

13 *Pitzke* (Fn. 11).

14 *Niederberger* (Fn. 6).

II. Von British Petroleum zu Beyond Petroleum und der Vorwurf des Greenwashing

Als erstes Unternehmen hatte BP aber in jedem Fall „kapiert“, dass dem äußerlich wahrnehmbaren Bild des Konzerns in der Öffentlichkeit, auch in einer Branche, in der die Marktmacht klar auf Seiten der wenigen Anbieter eines kaum substituierbaren Gutes liegt, immer eine zentrale Rolle beizumessen ist.

1. Die Bedeutung von Image und Krisenmanagement: Der Fall Brent Spar

Heutzutage ist der Wandel der Gesellschaft hin zu einem Bewusstsein über die Bedeutung von nachhaltigem Agieren und der Übernahme von gesellschaftlicher und ökologischer Verantwortung deutlich zu erkennen. Die Nachfrage nach alternativen und idealerweise kostengünstigeren Energiequellen steigt solide. Doch bereits Anfang der neunziger Jahre sensibilisierte sich das Thema vor dem Hintergrund von Ressourcenknappheit und Klimawandel, auch auf politischer Ebene.[15] Gleichzeitig stieg die Verärgerung der Bevölkerung über die sog. “Big–Oil“[16], begründet durch den praktizierten Lobbyismus der bis dato größten Umweltkatastrophe, hervorgerufen durch das Tankerunglück der ExxonValdez, und des Bohrinselentsorgungsvorhaben des Ölkonzerns Royal Dutch Shell.[17] Dieser will 1995 seine ausgediente Plattform Brent Spar in der Nordsee versenken. Greenpeace- Aktivisten besetzten die Bohrinsel und kämpften medienwirksam gegen die geplante Entsorgung.[18] Dabei war es für die Öffentlichkeit weniger bedeutend, welche Verschmutzungen die Versenkung tatsächlich im Vergleich zu alternativen Beseitigungsmöglichkeiten hervorruft. Relevant war vielmehr die Symbolik des Aktes eines profitgetriebenen Großkonzerns in einem dreckigen Business.[19]

---

15 Z.B. *Brundtland-Report*, Kyoto- Protokoll v. 1997, „Die Geschichte des Klimaschutzes“, http://www.energieleben.at/die-geschichte-des-klimaschutzes-2/, abgerufen am 30.08.2015; *Grabitz*, „Das teure Spiel mit dem Öko-Image“, Die Welt, 30.05.2010, http://www.welt.de/welt_print/wirtschaft/article7843641/Das-teure-Spiel-mit-dem-Oeko-Image.html?config=print, abgerufen am 30.08.2015.

16 Unter dem Begriff “Big Oil“ werden die größten Ölkonzerne zusammengefasst, wie BP, Chevron Corporation, ExxonMobil Corporation, Royal Dutch Shell plc und Total SA.

17 *The State of Alaska*, „Final Report, Alaska Oil Spill Commission“, February 1990, http://www.evostc.state.ak.us/index.cfm?FA=facts.details, abgerufen am 30.08.2015.

18 *Kratz*, „Lernen schmerzt“, Zeit Online, Juni 1995, http://www.zeit.de/1995/27/Lernen_schmerzt/komplettansicht, abgerufen am 30.08.2015.

19 *Fuchs, Ruprecht*, „Scheinheilige grüne Sonne- Der Öl- Konzern BP und die Umwelt“, 3sat. Online, 25.05.2010. http://www.3sat.de/page/?source=/kulturzeit/themen/144771/

Imageslogans des Konzerns verloren vor dem Hintergrund der Aktionen von Presse und Umweltschützern vollkommen an Glaubwürdigkeit. Shell hatte offensichtlich den Kampagnen der Stakeholder keine geeignete Krisenstrategie entgegenzusetzen und erlitt einen immensen Imageschaden. Letztlich beugte sich Shell dem Druck und entschied sich gegen die Versenkung und für eine Entsorgung der Brent Spar an Land, für Mehrkosten von 5 Millionen Pfund. Peter Duncan, Vorstandschef der deutschen Shell begründete die Entscheidung mit dem riesigen Proteststurm, der eine Ausübung des Tagesgeschäftes nahezu unmöglich gemacht hatte.[20]

Die Tatsache, dass auch unabhängige Experten schon damals überwiegend die Meinung vertreten haben, dass die Versenkung der Bohrinsel nicht nur die kostengünstigere, sondern wahrscheinlich auch die ökologisch verträglichste Entsorgungsalternative darstellt, zeigt eindrucksvoll, welche Macht Stakeholder auf die Entscheidungsfähigkeit eines Weltkonzerns haben können und in welchem Ausmaß das Unternehmen selbst die Macht über seine Marke verlieren kann.[21]

2. Beyond Petroleum

BP schien den gesellschaftlichen Wandel, das gegenwärtige schlechte Bild der Ölriesen in der Öffentlichkeit und die Bedeutung des Images verstanden zu haben und reagierte mit einer ausgeklügelten Marketingstrategie. Unter der Leitung des damaligen CEO John Browne wurden rund 200 Millionen Dollar in eine Neupositionierung des Konzerns investiert.[22] BP sollte als Lösung in einer neuen Energiezukunft stehen.[23] Aus „British Petroleum" wurde „Beyond Petroleum", das alte BP Logo wurde durch eine freundliche gelb-grüne Sonne ersetzt. Der Konzern präsentiert sich in der Werbung als klimafreundliches und nachhaltig

index.html, abgerufen am 30.08.2015; *Gunkel*, „ Krieg in der Nordsee – Besetzung der Brent Spar", Spiegel- online, 29.04.2010, http://www.spiegel.de/einestages/besetzung-der-brent-spar-a-948877.html, abgerufen am 30.08.2015.

20 *Duncan*, „Eine Dummheit" – Peter Duncan, Vorstandschef der Deutschen Shell AG, über das ramponierte Image des Ölkonzerns", Der Spiegel 25/1995.

21 *Löfstedt*, *Renn*, „The Brent Spar Controversy: An Example of Risk Communication Gone Wrong", Risk Analysis: an international journal, Vol. 17, No. 2, 1997; *Luyken*, „Versenkt die Brent Spar!", Zeit- Online, 24.10.1997, http://www.zeit.de/1997/44/Versenkt_die_Brent_Spar_, abgerufen am 30.08.2015; *Sommer*, Der Fall Brent Spar", polinomics – Politics meets Economics No. 5, http://www.polinomics.eu/archiv/polinomics_05/druck/brent_spar_druck.htm, abgerufen am 30.08.2015.

22 *Grabitz* (Fn. 15).

23 *Niederberger* (Fn. 6).

agierendes „grünes“ Unternehmen.[24] Die radikale Imagekorrektur hin zu einem sozial- und umweltverantwortlichen Ölkonzern kam in den Köpfen der Öffentlichkeit an.[25] Die eingesetzte Marketingstrategie wurde von Kritikern gelobt und mit Awards ausgezeichnet.[26] Die Vereinbarkeit der verkauften Botschaften mit der operativen Zielsetzung der Unternehmensführung war jedoch schon Ende der neunziger Jahre umstritten und ist es bis heute.

3. *Greenwashing-Strategie*

Investitionen in Windkraft und Solarenergie erfolgten. So kaufte sich BP durch die Übernahme der Fotovoltaikfirma Solarex 1999 für 45 Millionen Dollar ins Solargeschäft ein. Die Ausgaben für das Geschäftsfeld erneuerbare Energien beliefen sich von 2005–2009 auf etwa 2,9 Milliarden und damit 4,2 % der Gesamtinvestitionen in diesem Zeitraum.[27] Deutlich wird, grüne Energie ist stets nur ein Nischengeschäft gewesen, 99 % des Umsatzes ergeben sich aus der originären Geschäftsgrundlage Öl und Gas. BP expandierte weiterhin in hochriskante Fördergebiete, investierte in teure, oft unerprobte Explorationstechniken, während die Investitionen in Sicherheit, in Relation zu den Risiken, verschwindet gering ausfielen und, wie oben beschrieben Grundlage einer Reihe verheerender Unglücke bildeten.[28]

Zeitgleich zu der Imageoffensive machte sich der Konzern in den USA für die Aufweichung von Ölförderbeschränkungen in Naturreservaten stark und gab seit 2005 rund 40 Millionen Dollar für Lobbyaktivitäten in Washington aus. 2014 gehörte BP zu den 20 Firmen mit dem größten Budget für Lobbyarbeit.[29]

In der Marketingwelt wird eine solche Strategie „Greenwashing“ genannt. Laut Definition versteht man unter diesem Begriff den Versuch von Unternehmen, durch Marketing- und PR-Maßnahmen ein „grünes Image“ zu erlangen, ohne

---

24 *Gybas*, „Beyond Petroleum? – Greenwashing bei BP“, Juli 2011, http://www.kritischeaktionaere.de/fileadmin/Dokumente/STOP_GREENWASHING/Downloads/BP_Greenwashing_Studie.pdf, abgerufen am 30.08.2015.

25 *Kenney*, „Beyond Propaganda“, The New York Times, 14.08.2006, http://www.nytimes.com/2006/08/14/opinion/14kenney.html, abgerufen am 30.08.2015; *Niederberger* (Fn. 6).

26 *Kenney* (Fn. 25).

27 *Gybas* (Fn. 24).

28 *Niederberger* (Fn. 6).

29 *Birnbaum*/*Remme* (Fn. 8).

allerdings entsprechende Maßnahmen im Rahmen der Wertschöpfung zu implementieren.[30]

Der Vorwurf scheint berechtigt: Schwerpunktmäßig investierte BP um ein bestimmtes Image zu präsentieren. Trotz Investitionen in alternative Energien und Sicherheit, blieb eine grundsätzliche neue Ausrichtung der Firmenpolitik aber aus. Investitionen in das marode Sicherheitssystem erfolgten, waren aber in Anbetracht der eklatanten Sicherheitsdefizite gefährlich gering. Realität und verkauftes Image klafften weit auseinander. Was als genialer PR-Coup gefeiert wurde, wirkt in Anbetracht der Ausmaße des Untergangs der Deepwater Horizon tragisch.

Der verfolgte Marketingplan, sich in guten Zeiten ein Reputationspolster zuzulegen, um in schlechten Zeiten davon profitieren zu können, ist für BP nicht aufgegangen.[31] Der Dissens zwischen kommunizierter und tatsächlicher Unternehmensführung ist zu groß, um glaubwürdig zu sein und bietet somit eine ideale Angriffsfläche für die Medien und andere Stakeholder im Rahmen der Berichterstattung zu der Umweltkatastrophe 2010.

B. Während der Krise

I. Kommunikation im Krisenfall

Es bedarf keiner intensiven Recherche der Berichterstattung über das Unglück der Deepwater Horizon, um den ersten, oberflächlichen Eindruck zu gewinnen, dass das Krisenmanagement von BP wenig erfolgreich verlaufen ist.

Die Bewältigung von Schadensereignissen stellt besondere Anforderungen an die Unternehmensführung. Das Management hat operative und kommunikative Komponenten, die sich gegenseitig beeinflussen.[32] Unter Berücksichtigung dieses Ursache-Wirkungs-Zusammenhangs konzentriert sich die detaillierte Analyse auf den Bereich der externen Krisenkommunikation von BP als Teilbereich des Krisenmanagements. Professionelle Krisenkommunikation ist eine zentrale Managementaufgabe mit dem Ziel, im Krisenfall proaktiv die Kommunikation aus dem Unternehmen heraus zu steuern und zu handhaben.[33]

Fünf Jahre nach dem Unglück im Golf von Mexiko steht sicher fest: Es ist die bis heute größte Umweltkatastrophe.

---

30 *Lin-Hi*, Definition Greenwashing, Gabler Wirtschaftslexikon, http://wirtschaftslexikon.gabler.de/Definition/greenwashing.html, abgerufen am 30.08.2015.

31 *Birnbaum/Remme* (Fn. 8).

32 *Höbel/Hofmann*, „ Krisenkommunikation“, 2. Auflage, 2014, S. 127.

33 *Hering/Schuppener/Schuppener*, „Kommunikation in der Krise“, 2009, S. 44.

Im Rahmen der Krisenkommunikation gilt es als Priorität, eine Skandalisierung des Ereignisses in den Medien zu vermeiden.[34] Wenn aber das Geschehen selbst objektiv schon ein Skandal ist, ist die Krisenkommunikation eine umso schwerer zu bewältigende Aufgabe.

1. Faktoren der Krisenkommunikation

Ist der Krisenfall, hier in Form eines Schadensereignisses, eingetreten, ist es notwendig, taktisch die Meinungsführerschaft zu erlangen, um unbedingt zu vermeiden, dass externe Interessenvertreter das Ruder übernehmen, Themen und Tempo der Berichterstattung dominieren und es zu einer Kommunikationskrise kommt.[35]

Die Zielverwirklichung hängt dabei von verschiedenen Faktoren ab. Als elementar gilt der Faktor Zeit bzw. Geschwindigkeit. Krisen verlaufen dynamisch und erfordern ein sofortiges Handeln.[36] Nachrichtensendungen unterbrechen innerhalb von Sekunden das laufende Programm, ebenso schnell werden erste Nachrichten über ein Ereignis auf einschlägigen Internetportalen abgesetzt.[37] Der gesamte spätere Krisenverlauf wird in den ersten Stunden geprägt und einmal gemachte Fehler können nur schwer und sehr aufwendig korrigiert werden.[38] In dieser ersten Welle der Berichterstattung verfestigen sich die Informationsbruchstücke zu einer "Story", daher ist es an dieser Stelle entscheidend, Fakten und Sichtweisen des Unternehmens einzubringen.[39]

Als weiterer und bedeutendster Faktor erfolgreicher Krisenkommunikation ist der des Vertrauens zu identifizieren. Stakeholder jeglicher Art reagieren auf ein Unglück meist auf hochemotionaler Ebene, so dass es gilt, Vertrauen in das Unternehmen zu schaffen, zu bewahren oder wiederherzustellen.[40] Einsatzfaktoren dazu sind neben Ehrlichkeit, Transparenz und Einheitlichkeit der Kommunikation auch die Übernahme von Verantwortung und, gerade wenn es um Menschenleben oder Existenzgrundlagen geht, das richtige Maß an Empathie.[41] Zusammenfassend sollten fünf Kernbotschaften kommuniziert werden: Es gibt

34 *Hering/Schuppener/Schuppener* (Fn. 33), S. 48.
35 *Hering/Schuppener/Schuppener* (Fn. 33), S. 41.
36 *Höbel/Hofmann* (Fn. 32), S. 44.
37 *Nolting/Thießen*, „Krisenmanagement in der Mediengesellschaft", 2008, S. 211.
38 *Höbel/Hofmann* (Fn. 32), S. 44.
39 *Nolting/Thießen* (Fn. 37), S. 211.
40 *Höbel/Hofmann* (Fn. 32), S. 47.
41 *Nolting/Thießen* (Fn. 37), S. 208 ff.

ein Problem, dieses wurde erkannt, das Unternehmen arbeitet daran, ist kompetent in der Problemlösung und informiert umfassend.[42]

Um diesen Anforderungen an eine schnelle und umfassende Kommunikation gerecht werden zu können, bedarf es unbedingt auch des Einsatzes des Faktors Technologie. Neben den sozialen Netzwerken wird der Unternehmenswebsite in einer Krisensituation viel Aufmerksamkeit geschenkt, die gut gepflegt proaktiv und kontrolliert einen wichtigen Teil der Pressearbeit übernehmen kann.[43]

2. *Krisenkommunikation der BP im Rahmen der Deepwater Horizon Katastrophe*

Als das Unglück am 20. April 2010 im Golf von Mexiko begann, reagierte BP zeitnah und eröffnete die Kommunikation auf allen Kanälen. Neben der Unternehmenswebsite und einer offiziellen Homepage zur Katastrophe wurden als Instrumente auch die Facebook-Seite, der Youtube-Kanal, Twitter-Feeds und der Flickr-Kanal eingesetzt. Die Vernetzung erfolgte schnell und umfassend und spricht für eine gute Vorbereitung im Vorfeld. Eine aufwendige Suchmaschinenoptimierung ermöglichte außerdem, dass die entsprechenden Seiten auch von Informationssuchenden gefunden werden konnten.[44]

Wenig überzeugend waren dagegen die online und offline präsentierten Inhalte. Institutionelle Arroganz und gewohnte Verhaltensweisen abzuschütteln fiel BP auch im Fall der Deepwater Horizon sichtlich schwer. So reagierte CEO Tony Hayward auf die Katastrophe im Golf von Mexiko mit dem gleichen Verhaltensmuster, mit dem BP auch schon bei früheren Schadensereignissen auftrat. Die Schuld wies der Konzern zunächst von sich und sah die Verantwortung bei der amerikanischen Betriebsgesellschaft Transocean.

Des Weiteren war die Dichte der Informationen um die Fakten des Unfalls, das Ausmaß der Katastrophe und den Stand der Schadensbegrenzung, die BP bereitstellte, äußerst widersprüchlich. Bestritten die Verantwortlichen zunächst, dass überhaupt Öl ausgetreten sei, folgten Angaben des Unternehmens über austretende Ölmengen, die unglaubwürdig niedrig angesetzt und wiederholt massiv nach oben korrigiert werden mussten.

Gleichzeitig brachte BP durch gezielte Behinderungsversuche der Berichterstattung die Presse gegen sich auf. Die Koordination der Aufräumarbeiten und die strenge Reglementierung der Medien erfolgten von BP in Zusammenarbeit

42 *Hering/Schuppener/Schuppener* (Fn. 33), S. 11.

43 *Nolting/Thießen* (Fn. 37), S. 210 f.

44 *Höbel/Hofmann* (Fn. 32), S. 67.

mit den zuständigen Bundesbehörden im Rahmen der sog. Deepwater Horizon Unified Command. Dadurch war es möglich, den Journalisten den Zutritt zu den Krisengebieten durch die örtliche Polizei zu verweigern, Fotomaterial wurde nur zensiert und retuschiert freigegeben, Interviews mit Betroffenen waren nur in genehmigten Ausnahmefällen zugelassen.[45] Ein eklatanter Mangel an Transparenz, Ehrlichkeit und Einheitlichkeit prägte konsekutiv den gesamten Verlauf der Ölkatastrophe.

Auch BP-Chef Tony Hayward konnte als Gesicht des Unternehmens wenig überzeugen. Unüberlegte und unglücklich gewählte Äußerungen des CEO gaben der Presse weitere Angriffspunkte. Im Angesicht der ökologisch verheerenden Ausmaße sprach er davon, dass die Ölkatastrophe im Golf von Mexiko in Relation zu der Größe des Ozeans doch relativ klein sei.[46] Eine weitere zynische Sprachentgleisung stellte sein Auftritt vor Fernsehkameras an der ölverseuchten Küste Louisianas dar. 20 Ölarbeiter waren bei den Explosionen auf der Bohrinsel ums Leben gekommen, Zehntausende Tiere verendeten in dem riesigen Ölteppich. Menschen fürchteten um ihre Existenzgrundlage, die Strände von 5 Bundesstaaten waren verseucht und der millionenschwere Boss des verantwortlichen Ölriesen äußert ungeschickt: „Ich hätte gerne mein Leben zurück".[47] Schließlich ließ er sich unvorteilhaft bei einem Segeltörn ablichten, während hunderte Helfer gegen die Ausbreitung der Ölpest ankämpften. In einem Moment, in dem die Öffentlichkeit ein angemessenes Maß an Empathie und Kompetenz fordert, sind solche Aussagen und ein derartiges Auftreten offensichtlich ein Kommunikationsdesaster. Aufgrund seines ungeschickten Verhaltens hielten ihn nur wenige für kompetent BP aus der Katastrophe herauszuführen. Der Konzern zog die notwendigen Konsequenzen und gab Ende Juli 2010 bekannt, dass Hayward in gegenseitigem Einvernehmen, zum 01. Oktober 2010 durch den Amerikaner Robert Dudley ersetzt würde.[48]

---

45 *Klüver*, „Ölkatastrophe im Golf von Mexiko – Betreten verboten", Süddeutsche Zeitung, 12.06.2010, http://www.sueddeutsche.de/medien/oelkatastrophe-im-golf-von-mexiko-betreten-verboten-1.957864, abgerufen am 30.08.2015.

46 *Webb*, "BP boss admits job on the line over Gulf oil spill", The Guardian, 14.05.2010, http://www.theguardian.com/business/2010/may/13/bp-boss-admits-mistakes-gulf-oil-spill, abgerufen am 30.08.2015.

47 *Höbel/Hofmann* (Fn. 32), S. 67.

48 *BP*, „BP CEO Tony Hayward to Step Down and be Succeeded by Robert Dudley", 27.07.2010, http://www.bp.com/en/global/corporate/press/press-releases/bp-ceo-tony-hayward-to-step-down-and-be-succeeded-by-robert-dudley.html, abgerufen am 30.08.2015.

Zusammenfassend entwickelte sich das Deepwater Horizon Unglück für BP zur Kommunikationskrise. Das geschilderte Vorgehen des Konzerns wirkte gegen die angestrebte Zielsetzung, die Meinungsführerschaft zu erlangen.

Der Umgang mit dem Unglück, die gewählte Marketingstrategie des Greenwashings und das praktizierte marode Sicherheitsmanagement rächten sich für BP in der zweiten Welle der medialen Berichterstattung.

War der Konzern bei den oben geschilderten Unfällen in Texas, Alaska und der ThunderHorse Ölplattform im Golf von Mexiko medial relativ glimpflich davongekommen, wurden diese nun in Zusammenhang mit der Katastrophe im Golf von Mexiko von Presse und anderen Stakeholdern massiv sanktioniert. BP´s Unfähigkeit, die austretenden Ölmassen zu stoppen, der eklatante Mangel an Transparenz und Ehrlichkeit, die beeindruckende Fehlerchronik des Unternehmens, Berichte und Expertenmeinungen zu den mangelnden Sicherheitsstandards und die der Öffentlichkeit „verkaufte" Diskrepanz zwischen Image und Realität boten monatelang reißerische Schlagzeilen. Berichterstattung und Öffentlichkeitsmeinung entzogen sich vollkommen der Kontrolle des Unternehmens. Es entstanden die Facebook-Seiten "Stop the spill by stuffing BP executives into the leaking pipe" mit 280 000 Fans und "Boycott BP" mit 840 000 Personen als Fans der Seite.

Greenpeace UK rief im Internet zum Wettbewerb auf. Mit dem Titel "Behind the Logo", in Anspielung auf den unglaubwürdigen Slogan von BP "Behind Petroleum", forderten Umweltaktivisten die Öffentlichkeit auf, ein neues Logo für den Ölkonzern zu kreieren. Das Gewinnerlogo zeigt einen ölverschmierten Pelikan im Vordergrund der BP-Sonne.[49]

II. Rückblick auf das Risikomanagement

Dieser Eindruck wird durch einen Blick in das Bonussystem von BP verstärkt. Wie die grundsätzlichen Bonuszahlungen von 170 % des Gehalts zu bewerten sind, kann dabei dahinstehen. Die Tatsache, dass nur 15 % der Bonuszahlungen sicherheitsbedingt, jedoch

70 % der Zahlungen finanzbedingt waren, zeigt deutlich die Prioritätsverteilung des Unternehmens.[50]

Wenngleich eine Kausalitätsbeziehung zwischen den Bonuszahlungen und den Schwerpunkten der Unternehmenspolitik naturgemäß nicht nachweisbar ist, zeigt sich doch eine deutliche Korrelation:

49 *Greenpeace UK*, http://www.greenpeace.org.uk/files/tarsands/rules.html, http://www.greenpeace.org.uk/files/bp/rebranded/index.html, abgerufen am 30.08.2015.

50 *BP*, „BP Annual Report and Accounts 2009", 2009. S. 84.

Die Produktion stieg um 4 % und die Produktionskosten sanken um 12 %. Die Kosten der Raffinierung sanken gar um 15 %, so dass BP allem Anschein nach viele Konkurrenten auf dem Ölmarkt ausstach.

An dieser Stelle zeigt sich ein bedeutendes Problem solcher „Momentaufnahmen": Während die wirtschaftlichen und finanziellen Erfolge Ende 2009 detailliert evaluiert werden konnten, ist eine solche Beurteilung des Sicherheitsstandards kaum möglich. Um wie viel Prozent sank oder stieg das Risiko eines Unfalls mit erheblichen Folgen? Während sich die kurzfristigen Erfolge Ende 2009 zeigen und evaluiert werden, findet die Erhöhung des Risikos in der Betrachtung des Jahres 2009 keine Beachtung. Selbst wenn es zu einem späteren Zeitpunkt zu einem Unfall und erheblichen wirtschaftlichen und finanziellen Folgen kommt, bleibt die „Weste" für das Jahr 2009 „rein".

Nun könnte dem entgegnet werden, dass sich das Unfallrisiko nicht bemessen lässt. Doch eine anonyme, wenige Wochen vor der Katastrophe lancierte Umfrage unter den Arbeitern auf der Deepwater Horizon zeigt, dass gerade vor Ort ein steigendes Risiko diagnostiziert wurde. Die Anonymität der Umfrage hatte einen guten Grund: Gut die Hälfte der Befragten befürchteten Repressalien, wenn sie die Versäumnisse ansprechen.

Wiederum lässt sich nicht nachweisen, ob die Unternehmenspolitik, etwa im Bereich der Bonuszahlungen, ausschlaggebend war. Es ist nicht einmal nachweisbar, ob die befürchteten Repressalien tatsächlich erfolgt wären oder ob die Arbeiter sich dies nur einbildeten. Die Umfrage brachte jedoch zutage, dass weniger die Reaktionen vor Ort, sondern vielmehr die Reaktion im fernen Houston befürchtet wurde.[51] Die Arbeiter dürften ferner zu diesem Zeitpunkt noch gut das Schicksal von Stuart Sneed in Erinnerung gehabt haben. Sneed war für die Sicherheit der Pipelines zuständig. Aufgrund erheblicher Bedenken ließ er die Arbeit auf der Plattform zeitweise einstellen, woraufhin er seinen Posten räumen musste. Im Anschluss an die Katastrophe erhob er schwere Vorwürfe gegen BP.[52]

---

51 *Urbina*, „Workers on Doomed Rig Voiced Concern About Safety", The New York Times, 21.07.2010, http://www.nytimes.com/2010/07/22/us/22transocean.html, abgerufen am 30.08.2015.
Hierfür könnte auch die Kommunikationspolitik des Unternehmens verantwortlich sein, die es versäumte, solche Bedenken bei den Arbeitern zu zerstreuen.

52 *Lustgarten7Knutson*, „Years of Internal BP Probes warned that neglect could lead to accidents", ProPublica, 07.06.2010, http://www.propublica.org/article/years-of-internal-bp-probes-warned-that-neglect-could-lead-to-accidents, abgerufen am 30.08.2015.

Spätere Untersuchungen brachten tatsächlich erhebliche Versäumnisse ans Licht. So konnte der vom Minerals Management Service (MMS)[53] geforderte Sicherheitsbericht nicht aufgefunden werden.

Ferner konnte oder wollte die Eigentümerin der Bohranlage, Transocean Ltd.[54], keine detaillierten Angaben über die Historie der Plattform machen.[55]

Im Mai 2007 wurde John Brown, ehemaliger CEO von BP, durch Tony Hayward ersetzt. Er verpflichtete sich öffentlichkeitswirksam dazu, dem Thema Sicherheit nun eine größere Bedeutung beizumessen. Tatsächlich begannen auf der Grundlage des Baker Reports auch erste Maßnahmen zur Verbesserung der Sicherheit und des Images des Konzerns, etwa die Hinzuziehung von unabhängigen Experten zur Kontrolle des Sicherheitssystems von BP. Es gelang sogar, L. Duane Wilson, ein Mitglied des Baker-Ausschusses, als Kontrolleur zu gewinnen. Allerdings erfolgten diese Maßnahmen zu spät und zu zaghaft, um die Katastrophe noch zu verhindern.

C. Nach der Katastrophe

I. Die finanziellen Folgen der Krise

Im Anschluss an ein Treffen mit Barack Obama am 16.Juni 2010 trat BP an die Öffentlichkeit und gab bekannt, dass man sich auf die Einrichtung eines Fonds in Höhe von 20 Milliarden US-Dollar durch BP geeinigt habe. Hieraus sollten alle berechtigten Schadensersatzforderungen getilgt werden.

Ferner stimmte BP zu, 500 Millionen US-Dollar zu einer 10 Jahre andauernden, unabhängigen Studie über die Langzeitfolgen der Katastrophe für die Umwelt beizusteuern.[56]

Als Konsequenz wurde auf die ursprünglich geplante Ausschüttung der Dividende der ersten 3 Quartale 2010 verzichtet.[57]

---

53 Dieses ist nun durch das „Bureau of Ocean Energy Management" (BOEM) and das „Bureau of Safety and Environmental Enforcement" (BSEE) ersetzt worden.

54 BP hatte diese nur geleast.

55 *Pritchard*, „BP rig inspections were fewer than advertised", NBC NEWS, 07.04.2011, http://today.msnbc.msn.com/id/37179888/ns/today/, abgerufen am 30.08.2015.

56 *BP*, „BP Annual Report and Form 20-F 2010", 2010, S. 6.

57 *BP*, „BP Establishes $20 Billion Claims Fund for Deepwater Horizon Spill and Outlines Dividend Decisions", 17.06.2010, http://www.bp.com/en/global/corporate/press/press-releases/bp-establishes-20-billion-claims-fund-for-deepwater-horizon-spill-and-outlines-dividend-decisions.html, abgerufen am 30.08.2015.

Trotz der hinterlassenen gewaltigen Imagekrise erhielt Tony Hayward äußerst großzügig angesetzte Abfindungen. So wurde ihm u.a. eine Direktzahlung aus seinem Pensions-Fond in Höhe von 600 000 Britischen Pfund gewährt.[58]

Die Abfindungen für Hayward riefen heftige Kritik in der Öffentlichkeit hervor. Es wurde in Frage gestellt, ob DIESE Zahlungen angesichts der Unternehmensführung überhaupt berechtigt waren. Die Kritik wurde noch einmal deutlicher, als bekannt wurde, dass Hayward die Rolle eines Aufsichtsrats im Russischen Joint Venture von BP, TNK-BP, wahrnehmen würde.[59] Dabei standen insbesondere die angeblich mangelnde Effektivität und langsame Reaktion im Umgang mit der Krise im Vordergrund.[60]

BP reagierte und stellte u.a. klar, dass weder Hayward noch Dudley Bonuszahlungen für das Jahr 2010 erhielten.[61] Außerdem sollten häufigere Inspektionen auf der Bohrinsel stattfinden und das Sicherheitskomitee neu besetzt werden.[62]

BP ließ sich hinsichtlich der zahlreichen Schadensersatzklagen gegen den Konzern auf verschiedene Vergleiche ein, die gemeinsam mit den strafrechtlichen Sanktionen die Grenze von 1,4 Milliarden US-Dollar sprengten. Ferner verpflichtete sich BP, 500 Millionen Dollar in die Sicherheit der Raffinerie zu investieren. [63] Die allerdings wichtigste Entscheidung fiel später: Im letzten Quartal 2010 entschied sich Dudley dafür, die Bonuszahlungen vollständig sicherheitsbedingt zu definieren.[64]

---

58 *BBC*, „BP boss Hayward to get immediate £600,000 pension", 26.07.2010, http://www.bbc.co.uk/news/business-10434908, abgerufen am 30.08.2015.

59 *Pitzke* (Fn. 11).

60 *Heineman*, „BP's Board Has Questions to Answer, Too, BusinessWeek, 27.07.2010, http://www.law.harvard.edu/programs/corp_gov/articles/Heineman_BusinessWeek_07-27-10.pdf, abgerufen am 30.08.2015.

61 *Svanberg*, „Annual Report and Form 20-F 2010, 2010, S. 114.

62 *Herron/Lublin*, „BP Managers Overseeing Fatal Oil-Well", The Wall Street Journal, 04.03.2011, http://www.wsj.com/articles/SB10001424052748703300904576178714081529234, abgerufen am 30.08.2015.

63 *Malakoff*, "Second Oil Spill Settlement Adds to Gulf Coast Science and Restoration Funding", Science, 03.01.2013, http://news.sciencemag.org/people-events/2013/01/second-oil-spill-settlement-adds-gulf-coast-science-and-restoration-funding, abgerufen am 30.08.2015; *Seba*, „BP agrees to pay Texas 50 Milion for pollution", Yahoo, 03.11.2011, http://finance.yahoo.com/news/BP-to-pay-Texas-50-million-apf-2526415144.html;_ylt=A9mSs2W_4WpVqg0AF24zCQx.;_ylu=X3oDMTByMWk2OWNtBGNvbG8DaXIyBHBvcwMyBHZ0aWQDBHNlYwNzcg, abgerufen am 30.08.2015.

64 *Brooks*, "Bonus system to encourage safety improvements at BP", Business blog, http://beta.tutor2u.net/business/blog/bonus-system-to-encourage-safety-improvements-at-bp, abgerufen am 30.08.2015.

Wenngleich die Unternehmenszahlen des Konzerns nach dem Verlustjahr 2010 bereits im Jahr 2011 wieder positiv aussahen und auch in den Folgejahren eher vom niedrigen Ölpreis als von der Deepwater Horizon Katastrophe beeinflusst waren[65], sollten die Folgen der Katastrophe nicht unterschätzt werden. Zum einen profitiert BP davon, dass bislang nur ein kleiner Teil der fälligen Schadensersatzforderungen bezahlt wurden. Die vollständige Summe wird noch verhandelt, könnte aber bis zu 13,7 Milliarden Dollar betragen.[66] Wochenlang dominierten zudem Spekulationen über eine Übernahme von BP die Schlagzeilen, was sogar die Britische Regierung zu einer Ankündigung nötigte, notfalls zu intervenieren.[67]

II. Die Entwicklung des Images

Auch die Imagekrise hat der Konzern bis heute nicht überwunden. Die journalistische Ausschlachtung der Deepwater Horizon Katastrophe mag längst abgeschlossen sein und das Interesse der Rezipienten an dem Thema weitgehend befriedigt, es lebt doch auch außerhalb der Wirtschaftspresse immer wieder auf.[68] Nach wie vor wird der Konzern im Rahmen dieser Berichterstattung wenig positiv dargestellt. So finden sich vermehrt Artikel über Fischer und Anwohner der verseuchten Küstengebiete, die über verspätete und zu geringe Schadensersatzzahlungen und die spürbaren ökologischen Auswirkungen des Unglücks berichten.[69]

Schlagzeilen machte auch das Vorhaben der BP, die Kosten der Ölkrise komplett von der Steuer abzusetzen.

Ein weiteres großes Thema stellt die Corexit-Problematik dar. Das von BP eingesetzte Dispersionsmittel hat die Funktion, sich mit dem auslaufenden Öl

---

65 *Statista 2015*, „Statistik 2015", 2015, http://de.statista.com/statistik/daten/studie/158486/umfrage/gewinnentwicklung-von-bp-seit-dem-jahr-2003/, abgerufen am 30.08.2015.

66 *Barnett*, „Judge denies Coon motion to delay, decrease nearly $14 billion BP oil spill fines under Clean Water Act", Southeast Texas' Legal Journal, 2015.

67 *N.N.*, „BP-Aktie steigt nach Spekulation um Übernahme durch Shell", Börse Online, 03.12.2014, http://www.boerse-online.de/nachrichten/aktien/BP-Aktie-steigt-nach-Spekulation-um-Uebernahme-durch-Shell-1000400956, abgerufen am 30.08.2015; *N.N.*, „FT: Britische Regierung will Versuch einer–Übernahme von–BP verhindern", Börse Online, 27.04.2015, http://www.boerse-online.de/nachrichten/aktien/FT-Britische-Regierung-will-Versuch-einer-Uebernahme-von-BP-verhindern-1000599621, abgerufen am 30.08.2015.

68 *Hering/Schuppener/Schuppener* (Fn. 33), S. 10.

69 *Fritz*, „Es war kein Unfall, es war Gier", Tagesschau, 20.04.2015, *Jackson*, „Die vergessene Katastrophe", Tagesschau, 02.12.2014, http://www.tagesschau.de/ausland/deepwater-horizon-101.html, abgerufen am 30.08.2015.

zu verbinden und es in kleine Tröpfchen zu zerlegen, so dass es sich leichter im Meer verteilen kann und weniger Öl an die Küsten und Strände geschwemmt wird.[70] Bei dem Einsatz der giftigen und umstrittenen Chemikalie soll BP wenig rücksichtsvoll mit den Helfern an Land und auf dem Wasser umgegangen sein. Einsatzkräfte berichten heute über unterlassene Aufklärung über den Umgang mit Corexit und den Mangel an bereitgestellter Sicherheitskleidung. Hunderte Arbeiter zeigten schmerzhafte Vergiftungssymptome.[71]

Fünf Jahre nach dem Unglück ist BP nicht gelungen, das Vertrauen in die Kompetenz des Konzerns wiederherzustellen. Auf Veröffentlichungen des Unternehmens über die erfolgreiche Beseitigung der Katastrophe folgen unverzüglich Berichte über Einzelschicksale, die eine Beschönigung der tatsächlichen Lage beweisen sollen. BP bleibt für die Öffentlichkeit der rücksichts- und verantwortungslose Ölriese.

D. Fazit

Es stellt sich die Frage, welche Schlussfolgerungen aus den Ereignissen zu ziehen sind. Es finden sich klare Hinweise, dass eine auf kurzfristigen Profit ausgerichtete Unternehmenspolitik katastrophale Folgen für Mensch und Umwelt, das Image des Konzerns und die Finanzen des Unternehmens mit sich bringt. Nun könnte man annehmen, dass die Gesetze des Marktes dieses Problem mittelfristig regeln. Spricht nicht die Tatsache, dass mangelnde Sicherheitsvorkehrungen mittelfristig zu Katastrophen führen, für eine Regulierung? Führt die Tatsache, dass BP neben der Verantwortung für Menschenleben, den gravierenden Folgen für die Umwelt auch einen enormen Image- und Finanzschaden zu bewältigen hat, zu einem Umdenken?

Die obigen Ausführungen zeigen, dass BP in den hier thematisierten Bereichen des Sicherheits- und Krisenmanagements erhebliche Fehler begangen hat. Unbestreitbar ist, dass diese den Konzern teuer zu stehen gekommen sind, und dass das Kapitel Deepwater Horizon aus finanzieller Sicht noch nicht abgeschlossen ist.

---

70 *Eberle/Schäfer*, „Tschernobyl unter Wasser", Handelsblatt, 04.06.2010, http://www.handelsblatt.com/technik/energie-umwelt/corexit-tschernobyl-unter-wasser/3452516.html, abgerufen am 30.08.2015; *Hertsgaard* (Fn. 1); *Rico-Martinez/Snell/Shearer*, "Synergistic toxicity of Macondo crude oil and dispersant Corexit 9500A to the Brachionus plicatilis species complex", Environmental Pollution Volume 173, p. 5–10, 27.9.2012, http://www.sciencedirect.com/science/article/pii/S0269749112004344#, abgerufen am 30.08.2015.

71 *Hertsgaard* (Fn. 1).

Doch sprechen die Umsatzzahlen des drittgrößten Ölkonzerns der Welt nicht eher für die praktizierte Art der Unternehmensführung? Diese sind fünf Jahre nach der Katastrophe im Golf von Mexiko besser als davor. Die Gesetze des Ölmarktes, auf dem die Marktmacht auf Seiten der Anbieter liegt, scheinen, ökonomisch betrachtet, ein ethisch und moralisch fragwürdiges Management nicht zu Lasten des Unternehmens zu regulieren. Ein gutes Image scheint wettbewerbsvorteilhaft zu sein, aber nicht von existenzieller Bedeutung. So wurde auch das grüne Mäntelchen von BP, als Konsequenz der Katastrophe, unter der Führung von Robert Dudley, wieder eingemottet.[72]

Den Entscheidungsträgern war durchaus bewusst, dass ein Umlenken in der Sicherheitspolitik dringend erforderlich wäre. Zaghafte Versuche wurden auch bereits unternommen. Diese hatten jedoch keinen Erfolg. Es liegt der Schluss nahe, dass der wirtschaftliche Druck von Anlegern und Investoren sich im Endeffekt durchgesetzt hat.

Allerdings handelt es sich dabei um eine sehr kurzsichtige und oberflächliche Einschätzung des Marktes. Die gesamte Unternehmenspolitik von BP vermeidet langfristige Betrachtungen. Bei der Feststellung des Erfolges wird der Jahreszeitraum als Maßstab angelegt. Er ist die Basis für die Ausschüttung der Dividende, Bonuszahlungen und der Bewertung der „positiven" Bilanz. Dabei regieren die „nackten" Zahlen. Inwieweit jedoch die prozentuale Wahrscheinlichkeit eines Unfalls aufgrund der Sparmaßnahmen[73] zugenommen hat, wird nicht erfasst. Die Bilanz wird quasi geschönt, da die negativen Variablen (Unfallrisiko) ausgeklammert werden und sich erst in einigen Jahren bemerkbar machen, wenn es zu einer Katastrophe kommt. In dem Jahr, in dem die Katastrophe stattfindet, kommt es wiederum zu einer negativen Beeinflussung der Unternehmensergebnisses, da sich das Risiko realisiert hat, das über Jahre hinweg bestand und zunahm, ohne sichtbar zu sein.

Ein Ausweg ist aus hiesiger Sicht nur durch eine wirtschaftliche Evaluierung des Risikos bzw. der Sicherheitsmaßnahmen zu erzielen. Regelmäßige, möglicherweise jährliche unabhängige Untersuchungen könnten die Sicherheitslage evaluieren. Investitionen in die Sicherheit könnten so eine größere Bedeutung für Unternehmen erfahren. Da anzunehmen ist, dass solche Maßnahmen auf den Widerstand der Wirtschaft treffen, sollten verpflichtende Untersuchungen vorgesehen werden.

---

72 *David*, "´Beyond Petroleum` No More? BP Goes back to Basics", CNBC, 20.04.2013,http://www.cnbc.com/id/100647034, abgerufen am 30.08.2015. *Niederberger* (Fn. 6).

73 Welche ja u.a. die positiven Zahlen bedingen.

Ferner ist zu beachten, dass zumindest temporär Bonuszahlungen vollständig sicherheitsbedingt ausgezahlt werden sollten. Gerade in Situationen, in den festgefahrene Unternehmensstrukturen dominieren, kann das „Ruder“ nur durch eine vollständige Änderung der Motivationslage der Entscheidungsträger „herumgerissen“ werden.

Die dargestellten Feststellungen sind sicherlich fall- und branchenspezifisch. Sie könnten jedoch grundsätzliche Hinweise für eine Neubewertung der Unternehmensbilanzen liefern. Misst man der Sicherheit (künstlich) einen eigenen wirtschaftlichen Wert bei, stärkt man ggf. die Möglichkeiten der Entscheidungsträger bei der Verteidigung dieser Sicherheit im Angesicht des wirtschaftlichen Drucks, etwa von Sparmaßnahmen.

Die Katastrophe im Golf von Mexiko stellt das Ergebnis solcher beschönigten Bilanzen dar. Jahrelange Vernachlässigungen der Sicherheit haben Konsequenzen, im Fall der Deepwater Horizon in einem beispiellosen Ausmaß. Und die Uhr tickt weiter. Nicht nur BP betreibt Ölförderungsanlagen, die Berichten zu Folge erhebliche Sicherheitsdefizite aufweisen.

Darüber hinaus ist zu beachten, dass Märkte dynamisch sind. Kaum austauschbare Güter können längerfristig substituierbar werden. Von der Öffentlichkeit werden Themen wie Nachhaltigkeit und verantwortungsvolles Verhalten immer höher bewertet. Als Pionier der Branche erkannte und nutzte BP diesen gesellschaftlichen Wandel, um das Unternehmen neu zu positionieren und so Wettbewerbsvorteile aufzubauen. Doch auch in diesem Bereich war die gewählte Strategie kurzsichtig und unaufrichtig. Als Folge der Imagekrise nach der Deepwater Horizon Katastrophe wurde BP in den Köpfen der Öffentlichkeit „enttarnt“.

Eine langfristige Sanktionierung des schlechten Images durch das Konsumverhalten ist jedoch nicht feststellbar. Dabei ist aber eines zu beachten: Derzeitig stellt Öl noch ein kaum ersetzbares Gut dar. Doch in Anbetracht der Endlichkeit fossiler Brennstoffe schreitet die Energiewende stetig voran und erneuerbare Energie drängen auf den Markt. Corporate Social Responsibility ist immer weniger nur Teil eines Images, als vielmehr die tatsächlich geforderte Ausrichtung eines Unternehmens. Es ist fraglich, inwieweit sich der Ölkonzern BP in dieser Welt zurechtfinden und wettbewerbsfähig bleiben wird, wenn es langfristig nicht zu einem tatsächlichen Umdenken hinsichtlich Führung und Positionierung des Konzerns, kommt.

C. Chronik des Fachbereichs Wirtschaftsrecht

Mareike Frey, LL. M., Jutta Goerick und Bernd Sauer, LL. M.

Wissen. Was praktisch zählt – 20 Jahre Fachbereich Wirtschaftsrecht an der Westfälischen Hochschule Gelsenkirchen Bocholt Recklinghausen

Zum 1. August 1992 wurde die Westfälische Hochschule (damals noch als Fachhochschule Gelsenkirchen) mit Sitz in Gelsenkirchen und einer Abteilung in Bocholt als fünfzigste Hochschule in Nordrhein Westfalen gegründet.[1] Durch Qualifizierung und anwendungsnahe Forschung sollte die Hochschule einerseits zur Bewältigung des Strukturwandels im nördlichen Ruhrgebiet beitragen, andererseits die prosperierende mittelständische Industrie des Westmünsterlandes in ihrer Entwicklung unterstützen.

Im August 1995 kam mit Gründung der Hochschulabteilung in Recklinghausen schließlich der dritte Standort der Hochschule hinzu.[2] Bis zur Fertigstellung des neuen Gebäudekomplexes am Fritzberg (im August 1999), fanden die Veranstaltungen zunächst in 3 Etagen des innerstädtischen Löhrhof-Centers statt, das für drei Jahre Hochschulstätte war.

Innovativ und landesweit einmalig an einer Fachhochschule war dabei das am Standort Recklinghausen zum WS 1995/1996 eingeführte interdisziplinäre Studienangebot „Betriebswirtschaft mit dem Schwerpunkt Wirtschaftsrecht“.[3] Deutschlandweit war dies damals erst der dritte Studiengang dieser Art. Zunächst 42 Studienanfänger begannen ihre Hochschulausbildung mit dem Ziel, nach 8 Semestern das Studium als (damals noch) Diplom-Wirtschaftsrechtler/in (FH) abzuschließen.

1997 genehmigte das Ministerium für Wissenschaft und Forschung NRW schließlich die Umbenennung des Studiengangs in „Wirtschaftsrecht“ und im

---

1 S. Hochschulzeitschrift der W-HS, TRIKON, unter: http://trikon-online.w-hs.de; Informationen über den Fachbereich Wirtschaftsrecht unter: http://www.w-hs.de/erkunden/fachbereiche/wirtschaftsrecht/.

2 Weiterführend hierzu: *Strüder/Rüschenschmidt* (Hrsg.), Etappen des Hochschulstandortes Recklinghausen, Recklinghausen 1995.

3 Weiterführend zur allgemeinen Entwicklung des Studienfaches Wirtschaftsrecht s. *Schomerus/Stix/Zenz* (Hrsg.), Das Lüneburger Modell, 1999.

Herbst 1999 konnte der Fachbereich seine ersten 18 Absolventen – jetzt als Diplom-Wirtschaftsjuristen/innen (FH) – verabschieden.

Aufgrund großer Nachfrage und eines allgemeinen Anstiegs der Studierendenzahlen erweiterte der Fachbereich zum WS 2002/2003 sein Studienangebot zusätzlich um den 8-semestrigen Studiengang „International Business Law and Business Management“ mit dem Abschlusstitel Bachelor of Laws, LL. B.

Im Zuge des Bologna-Prozesses im europäischen Hochschulraum erfolgte zum WS 2006/2007 schließlich die Umstellung der beiden 8-semestrigen Studienprogramme auf die heutigen 6-semestrigen Varianten der (namensgleichen) Studiengänge. Beide grundständigen Studiengänge verleihen nunmehr den Titel des Bachelor of Laws, LL. B. Erweitert wurde das grundständige Studienangebot ab dem WS 2008/2009 zusätzlich durch den konsekutiven, 4-semestrigen Master-Studiengang „Law and Economics of Change Management“ mit dem Abschlusstitel Master of Laws, LL. M. Im Jahr 2011 wurde im Rahmen der Reakkreditierung das Master-Studienprogramm nochmals angepasst, umstrukturiert und in „Wirtschaftsrecht“ umbenannt.

Die Kombination der klassischen Disziplinen Wirtschaft und Recht, verbunden mit ausgeprägter Praxisorientierung, ist bis heute die Stärke der am Fachbereich angebotenen Studiengänge. Alle Studienprogramme wurden (und werden) dabei konsequent weiterentwickelt, um die Ausbildung der künftigen Wirtschaftsjuristen nicht nur Internationalisierungserfordernissen, sondern stets auch den aktuellen Bedürfnissen der Praxis anzupassen und anwendungsorientiert zu gestalten. Zum heutigen Zeitpunkt (15. Dezember 2015) beschäftigt der Fachbereich hierfür 13 Professoren, acht wissenschaftliche Mitarbeiter und eine Verwaltungsmitarbeiterin bei insgesamt 996 eingeschriebenen Studierenden.

Entwicklung der Studierendenzahlen

Studienjahr	Wirtschaftsrecht: Bewerberanzahl	Wirtschaftsrecht: Studienplätze	Wirtschaftsrecht: Studienanfänger	International Business Law: Bewerberanzahl	International Business Law: Studienplätze	International Business Law: Studienanfänger	Master: Bewerberanzahl	Master: Studienplätze	Master: Studienanfänger	Insg. immatrikuliert
1995/1996	66	40	42	-	-	-	-	-	-	42
1996/1997	136	69	65	-	-	-	-	-	-	109
1997/1998	137	87	75	-	-	-	-	-	-	175
1998/1999	185	94	100	-	-	-	-	-	-	252
1999/2000	322	92	162	-	-	-	-	-	-	386
2000/2001	270	111	116	-	-	-	-	-	-	437
2001/2002	302	106	108	-	-	-	-	-	-	474
2002/2003	383	115	117	55	30	27	-	-	-	536
2003/2004	463	100	112	107	12	21	-	-	-	577
2004/2005	249	98	96	97	19	32	-	-	-	541
2005/2006	224	96	97	167	29	29	-	-	-	558
2006/2007	178	88	86	82	47	44	-	-	-	555
2007/2008	207	89	82	142	41	44	-	-	-	510
2008/2009	146	77	94	144	52	44	8	5	2	494
2009/2010	121	81	80	139	40	42	20	15	6	483
2010/2011	108	91	79	310	45	44	21	15	1	468
2011/2012	1075	100	373	384	45	46	44	10	33	794
2012/2013	843	100	117	502	45	45	40	10	21	796
2013/2014	1067	120	170	750	45	56	65	15	23	922
2014/2015	1172	115	181	822	40	46	106	24	37	1012
2015/2016	1014	115	124	726	40	38	79	25	26	996

Berufungen	
1995	9/1995 – *Prof. Achim Albrecht*, Lehrgebiet „Bürgerliches Recht, insb. Handels- und Gesellschaftsrecht, Europarecht“, wird „mit der Wahrnehmung der Geschäfte“ des neuen Fachbereichs „Betriebswirtschaft, Studienrichtung Wirtschaftsrecht“ in Recklinghausen be-auftragt. Bereits 1992 berufen, wechselt er aus dem Fachbereich Wirtschaft in Gelsenkirchen.
1996	3/1996 – *Prof. Dr. Karl-Heinz Niehüser*, Lehrgebiet „Betriebswirtschaftslehre, insb. Management und Unternehmensführung“ (im Ruhestand seit 8/10). 4/1996 – *Prof. Dr. Heinz-Josef Bontrup*, Lehrgebiet „Betriebswirtschaftslehre, insb. Personalwirtschaft und Organisation“. 5/1996 – *Prof. Dr. Peter Pulte*, Lehrgebiet „Bürgerliches Recht, insb. Arbeitsrecht, Sozialrecht“. 9/1996 – *Prof. Dr. Bernhard-Müller-Jundt*, Lehrgebiet „Betriebswirtschaftslehre, insb. Controlling und Rechnungswesen; Steuerrecht“. 9/1996 – *Prof. Dr. Peter Oligmüller*, Lehrgebiet „Öffentliches Recht, Staats- und Verwaltungsrecht“.
1997	9/1997 – *Prof. Dr. Andreas Müglich*, Lehrgebiet „Internationales Wirtschaftrecht und Rechtsvergleichung“.
1998	3/1998 – *Prof. Dr. Ralf-Michael Marquardt*, Lehrgebiet „Volkswirtschaftslehre und Quantitative Methoden“. 8/1998 – *Prof. Dr. Rolf Hermes* († 13.6.2007), Lehrgebiet „Öffentliches Recht, Staats- und Verwaltungsrecht“.
2000	4/2000 – *Prof. Dr. Eva-Maria Lewkowicz*, Lehrgebiet „Betriebswirtschaftslehre und Marketing mit internationalen Bezügen“. 7/2000 – *Prof. Dr. Bernhard Bergmans*, Lehrgebiet „Internationales Privatrecht und Internationales Steuerrecht“.
2001	5/2001 – *Prof. Dr. Thomas Korenke*, Lehrgebiet „Bürgerliches Recht, insb. Arbeitsrecht; Sozialrecht und Verfahrensrecht“.
2003	4/2003 – *Prof. Dr. Vera de Hesselle*, Lehrgebiet „Zivilrecht, insb. Bürgerliches Recht“ (2/2008 Wechsel an die Hochschule Bremen). 12/2003 – *Prof. Dr. Thomas Heide*, Lehrgebiet „Betriebswirtschaftslehre, insb. internationale Unternehmensfinanzierung und internationale Rechnungslegung“.
2004	9/2004 – *Prof. Dr. Simone Beeser-Wiesmann*, Lehrgebiet „Deutsches und Internationales Wirtschaftsprivatrecht“.
2010	2/2010 – *Prof. Dr. Mike Wienbracke, LL.M.*, Lehrgebiet „Öffentliches Recht, insb. Staats- und Verwaltungsrecht sowie Europarecht“.
2012	3/2012 – *Prof. Dr. Joachim Strauch*, Lehrgebiet „Betriebswirtschaftslehre, insb. betriebswirtschaftliche Steuerlehre und Finanzen, Steuerrecht“.
2013	9/2013 – *Prof. Dr. Petra Senne*, Lehrgebiet „Bürgerliches Recht, insb. Arbeitsrecht mit sozialrechtlichen Bezügen“.

Forschungsprojekte	
2000	*Prof. Albrecht* – Entwicklung zivil- und steuerrechtlicher Strukturen in osteuropäischen Transformationsländern (Schwerpunkt Ukraine) in Zusammenarbeit mit *DAAD, GTZ* und *CIM.*
2001	*Prof. Dr. Bontrup* – Immaterielle Teilnahme und materielle Mitarbeiterbeteiligung als personalwirtschaftliches Motivationsinstrument im Duktus eines mitarbeiterzentrierten Ideenmanagements.
2002	*Prof. Dr. Oligmüller* – Die Umsetzung neuerer europäischer Umweltschutzvorgaben in deutsches Recht am Beispiel des Immissionsschutzes. *Prof. Dr. Müglich* – Neue Anforderungen an das Wirtschaftsrecht durch B2B-Handelsplattformen.
2003	*Prof. Dr. Müller-Jundt* – Einführung eines gruppenweiten DV-gestützten Controllingsystems; in Zusammenarbeit mit der *AGR mbh*, Essen. *Prof. Dr. Pulte* – Schwellenwerte im Individual- und Kollektivarbeitsrecht.
2004	*Prof. Dr. Marquardt* – Veränderungen an den Finanzmärkten und damit verbundene Auswirkungen auf Finanzsektor und Wirtschaftspolitik . *Prof. Dr. Hermes* – Eine neue Verkehrsverfassung für die Europäische Union. *Prof. Dr. Lewkowicz* – Multinationale Unternehmen im Globalisierungsprozess.
2005	*Prof. Albrecht* – Im Rahmen der Programme „Economic and Legal Reform in Eastern Europe", WIRAM, TACIS und SipCa III. Kompatibilität von Transformationsstaaten mit EU-Vorgaben schaffen. *Prof. Dr. Korenke* – Neue Versorgungsstrukturen in der gesetzlichen Krankenversicherung.
2006	*Prof. Dr. Bergmans* – Grundlagen einer modernen Rechtsdidaktik. *Prof. Dr. Bontrup* – Preissetzungsmodalitäten der heute gesetzlich möglichen Kosten- und Gewinnverrechnungen bei öffentlichen Aufträgen auf Basis der VPöA/LSP. *Prof. Dr. Müglich* – Analyse von Partnerschaftsbörsen unter vertrags- und wettbewerbs-rechtlichen Gesichtspunkten.
2007	*Prof. Dr. Bontrup* und *Prof. Dr. Marquardt* – Forschungsprojekt zum Thema „Liberalisierung in der Elektrizitätswirtschaft"; gefördert von der *Hans Böckler Stiftung*. Mit 165.000 Euro Fördergeld ist es das finanziell drittstärkste nicht-technische Förderprojekt seit Gründung der Hochschule. *Prof. Dr. Müller-Jundt* – Finanzdienstleistung, Beteiligungscontrolling und konzeptionelle Mitarbeiterrekrutierung; in Zusammenarbeit mit der Firma *Dr. Wimmer und Partner*, Management und Personalberatung in Düsseldorf. *Prof. Dr. Oligmüller* – Neue Regulierung bei der leitungsgebundenen Energieversorgung, Schwerpunkt Anreizregulierung.

Forschungsprojekte	
2008	*Prof. Dr. Heide* – Bewertung von nicht börsennotierten Beteiligungen eines Alternative Asset-Portefeuilles im Deutsche Bank Konzern. *Prof. Dr. Pulte* – Kodifikation des Arbeitsrechts. Notwendigkeit der Schaffung eines Arbeitsgesetzbuches. *Prof. Dr. Beeser-Wiesmann* – Gender im Recht.
2009	*Prof. Dr. Marquardt* und *Prof. Dr. Bontrup* – Neue Unternehmensstrategien und Mitbestimmungskulturen angesichts liberalisierter Rahmenbedingungen in der Elektrizitätswirtschaft; Drittmittelprojekt finanziert von der *Hans-Böckler-Stiftung*. *Prof. Albrecht* – Nach gelungenem EU-Aid-Auftaktprojekt Nachfolgeprojekt (Fortsetzung aus 2000). *Prof. Dr. Lewkowicz* – Untersuchung von Organisationsstrukturen von Unternehmen in der Automobilindustrie.
2010	*Prof. Dr. Korenke* – Das Recht der gesetzlichen Krankenversicherung -Fokus GKV-WSG. *Prof. Dr. Bergmans* – Möglichkeiten der Verbesserung der Rechtsdidaktik an Hochschulen, insbesondere in wirtschaftsjuristischen Studiengängen. *Prof. Dr. Bontrup* – Konzipierung eines neuen (erweiterten) unternehmensbezogenen Mitbestimmungsmodells.
2011	*Prof. Dr. Müglich* – Rechtliche Fragestellungen beim Betrieb einer Logistik-Mall in der Cloud.
2012	*Prof. Dr. Oligmüller* – Ausgesuchte Rechtsfragen des Energie- und Klimaschutzrechts. *Prof. Dr. Müller-Jundt* – Optimierung des Prüfungswesens bei der Haftpflichtgemeinschaft Deutscher Nahverkehrs- und Versorgungsunternehmen (HDN) in Bochum.
2013	*Prof. Dr. Heide* – Konzeption, Durchführung und Auswertung einer erweiterten Absolventenbefragung zur Gewinnung vertiefter Erkenntnisse zur inhaltlichen und didaktischen Konzeption von Lehrveranstaltungen interdisziplinärer wirtschaftsjuristischer Studiengänge. *Prof. Dr. Marquardt* – Änderung der Machtstrukturen auf den Strommärkten durch die Energiewende – Fokus: Dominanz der Big-4 (RWE, E.ON, EnBW und Vattenfall). *Prof. Dr. Wienbracke, LL.M.* – Vorgaben der US-amerikanischen Bundesverfassung für das rückwirkende In-Kraft-Setzen belastender Steuergesetze; von der *Heinrich Hertz-Stiftung* geförderter Forschungsaufenthalt als *Visiting Research Scholar* an der *University of Florida, Levin College of Law.*

Forschungsprojekte	
2014	*Prof. Dr. Lewkowicz* – Positionierungskonzept für die Volksbank Ruhrmitte e.G. *Prof. Dr. Korenke* – Das Recht der gesetzlichen Krankenversicherung (SGB V), insb. Rechtsfragen zur Erhebung von Zusatzbeiträgen nach § 242 SGB V. *Prof. Albrecht* – „Quality Assurance and Accreditation" – Einrichtung von Qualitäts-, Zertifizierungs- und Akkreditierungsorganisationen in Ägypten und Armenien; in Zusammenarbeit mit dem *DAAD*.
2015	*Prof. Dr. Bergmans* – Herausarbeitung der besonderen Merkmale der Berufstätigkeit und hierauf vorbereitend der Ausbildung von interdisziplinär ausgebildeten Wirtschaftsjuristen. *Prof. Dr. Bontrup* – Arbeitszeitverkürzung in der Elektrizitätswirtschaft als Instrument zur Vermeidung einer personellen Personalanpassung im Zuge der Auswirkungen der Energiewende. *Prof. Dr. Müglich* – Entwicklung von Netzwerkstrukturen und Informationsangeboten für Unternehmen der Kreativbranche im Raum Recklinghausen.

Prämierte Abschlussarbeiten und Studienpreise	
1997	Wissenschaftspreis der Sparkasse Vest Recklinghausen[4]: *Christoff Rössel*, Cyber Money – Rahmenbedingungen für Wirtschaft und Verbraucher, Betreuer: *Prof. Albrecht.*
1998	Wissenschaftspreis der Sparkasse Vest Recklinghausen: *Karsten Thielmann*, Providerhaftung im Internet, Betreuer: *Prof. Dr. Müglich.*
1999	Studienpreis und zugleich Wissenschaftspreis der Sparkasse Vest: *Martina* Simon, Vertragsgestaltung in DV-optimierten Geschäftsprozessen – Eine Untersuchung unter besonderer Berücksichtigung des Einsatzes von UN/EDIFACT beim elektronischen Zahlungsverkehr, Betreuer: *Prof. Dr. Müglich.* Studienpreis des Fachbereichs und zugleich Peter Borggraefe-Preis als Preis für die Jahrgangsbeste Diplomarbeit am Standort Recklinghausen (gestiftet von dem Vestischen Freundegesellschaft e. V.[5]): *Stefan Kenkmann*, Rechtliche Rahmenbedingungen und betriebswirtschaftliche Voraussetzungen zur Gründung und zum Betrieb eines juristischen Call-Centers zur telefonischen Rechtsberatung, Betreuer: *Prof. Albrecht.*

4 S. Wissenschaftsförderung der Sparkasse Vest Recklinghausen, unter: https://www.sparkasse-re.de/module/wfoerderung_pk/wfoerderung_intro/index.php?n=%2Fmodule%2Fwfoerderung_pk%2Fwfoerderung_intro%2F.

5 Vestische Freundegesellschaft e. V., im Internet unter: www.freundegesellschaft.de.

Prämierte Abschlussarbeiten und Studienpreise	
2000	Wissenschaftspreis der Sparkasse Vest: *Heiko T. Ciesinski*, Wertpapierhandel im Internet – Rechtliche Rahmenbedingungen für den Vertrieb von Investmentanteilen und Aktien im Internet, Betreuer: *Prof. Dr. Müglich.*
2001	Wissenschaftspreis der Sparkasse Vest: *Birgit Krchov*, Rechtliche und organisatorische Rahmenbedingungen elektronischer Archivierungssysteme in der Auftragsabwicklung, Betreuer: *Prof. Dr. Müglich.*
2002	Studienpreis des Fachbereichs: *Roland Könen*, Methoden und Modelle zur Aktienanalyse und Bewertung, Betreuer: *Prof. Dr. Marquardt.*
2003	Wissenschaftspreis der Sparkasse Vest: *Stephanie Schreiber*, Öffentliche Förderung kleiner und mittlerer Unternehmen – Dargestellt und kritisch beleuchtet an einem Förderverfahren zur Existenzgründung eines Technologieunternehmens, Betreuer: *Prof. Dr. Hermes.* Peter Borggraefe-Preis sowie Studienpreis des Fachbereichs: *Tanja Kolk*, Umsetzung der aufsichtsrechtlichen Mindestanforderungen an das Kreditgeschäft zur Qualitätsverbesserung im Kreditrisikomanagement am Beispiel einer Genossenschaftsbank, Betreuer: *Prof. Niehüser.*
2004	Peter Borggraefe-Preis, Studienpreis des Fachbereichs und Wissenschaftspreis der Sparkasse Vest: *Verena Dvorak*, US-Lease – Chancen und Risiken eines Finanzierungsinstrumentes des kommunalen Haushalts, Betreuer: *Prof. Dr. Marquardt.*
2005	Wissenschaftspreis der Sparkasse Vest: *Christian Egtved*, Die Entgelte der Kreditinstitute – Eine Untersuchung anhand einiger Grundsatzurteile des Bundesgerichtshofes, Betreuer: *Prof. Dr. Marquardt.* Studienpreis des Fachbereichs: Daniel Hundt, Akzeptanz der innerbetrieblichen Mediation bei Konflikten zwischen Geschäftsführung und Betriebsrat am Beispiel ausgewählter Unternehmen, Betreuer: *Prof. Dr. Pulte.*
2006	Studienpreis des Fachbereichs: *Miron Gil*, Besteuerung bei einer Körperschaft des öffentlichen Rechts – insbesondere im Krankenhausbereich am Beispiel des Knappschaftskrankenhauses Bochum Langendreer, Betreuer: *Prof. Dr. Bergmans.*
2007	Wissenschaftspreis der Sparkasse Vest: *Angelika Barann*, Entgeltregulierung nach dem neuen EnWG unter besonderer Berücksichtigung der Anreizregulierung, Betreuer: *Prof. Dr. Oligmüller.* Studienpreis des Fachbereichs: *Saskia Verstege*, Impairment-Test nach IFRS in Theorie und Praxis am Beispiel der Thyssen Krupp Nirosta GmbH, Betreuer: *Prof. Dr. Heide.*
2008	Wissenschaftspreis der Sparkasse Vest: *Monika Wittenberg*, Schutz der Verbraucher vor Werbung für Finanzdienstleistungen, Betreuer: *Prof. Dr. Bergmans.* Studienpreis des Fachbereichs: *Sonja Fabritius*, Aspekte der konzerninternen Arbeitnehmerüberlassung im Krankenhaus, Betreuer: *Prof. Dr. Pulte.*

Prämierte Abschlussarbeiten und Studienpreise	
2009	Wissenschaftspreis der Sparkasse Vest: *Kathrin Koziel*, Bewertung eines nicht-börsennotierten Unternehmens am praktischen Beispiel einer Private Equity Beteiligung, Betreuer: *Prof. Dr. Heide.* Peter Borggraefe-Preis und Studienpreis des Fachbereichs: *Sebastian Stein*, Die kapitalmarktrechtliche Verantwortlichkeit des Insolvenzverwalters und der Gesellschafts-organe in der insolventen, börsennotierten Aktiengesellschaft, *Betreuer: Prof. Albrecht.*
2010	Wissenschaftspreis der Sparkasse Vest: *Sebastian Stein*, Die kapitalmarkt-rechtliche Verantwortlichkeit des Insolvenzverwalters und der Gesellschaftsorgane in der insolventen, börsennotierten Aktiengesellschaft, *Betreuer: Prof. Albrecht.* Studienpreis des Fachbereichs: *Jens Kahmann*, Wertschöpfungsuntersuchung am Beispiel der deutschen Metallindustrie – Entstehung und Verteilungsrechnung, Betreuer: *Prof. Dr. Bontrup.*
2011	Wissenschaftspreis der Sparkasse Vest: *Cathrin Ziegler*, Bilanzierung von Sicherungsbeziehungen nach IFRS einschließlich eines Vergleichs mit HGB a. F. und BilMoG, Betreuer: *Prof. Dr. Heide.* Peter Borggraefe-Preis und Studienpreis des Fachbereichs: *Frank Roller*, Steuerliche Aspekte der Ausgliederung von Unternehmensteilen aus einer steuerbegünstigten Körperschaft in eine gGmbH, Betreuer: *Prof. Dr. Bergmans.*
2012	Wissenschaftspreises der Sparkasse Vest: *Elisabeth Reirat*, Chancen und Risiken von Private Equity als Finanzierungsalternative: Finanzanalyse am Beispiel des Leveraged-Buy-Outs der Hugo Boss AG, Betreuer: *Prof. Dr. Heide.* Studienpreis des Fachbereichs: *Ann-Christin Haag*, Anforderung an ein Compliance-Management-System auf Basis einer rechtsvergleichenden Darstellung des UK Bribery Act und des FCPA, Betreuer: *Prof. Dr. Bergmans.*
2013	Wissenschaftspreis der Sparkasse Vest: *Tim Brozio*, Das Instrument der Umkehrhypothek als Altersvorsorge – Ein Praxismodell, Betreuer: *Prof. Albrecht.* Studienpreis des Fachbereichs: *Christopher Schütz*, Kartellbildung im Recht der Europäischen Union, Betreuer: *Prof. Dr. Wienbracke, LL. M.*
2014	Wissenschaftspreis der Sparkasse Vest: *Arne Korff*, Debt to Equity Swap-Globalisierung der Insolvenzordnung durch das ESUG, Betreuer: *Prof. Albrecht.* Studienpreis des Fachbereichs: *Ilja Blonstejn* Strategische Erfolgsfaktoren im Privatkundengeschäft von Banken – Positionierungskonzept für die Zielgruppe der jungen Erwachsenen, Betreuerin: *Prof. Dr. Lewkowicz.*
2015	Wissenschaftspreis der Sparkasse Vest: *Ilja Blonstejn*, Strategische Erfolgsfaktoren im Privatkundengeschäft von Banken – Positionierungskonzept für die Zielgruppe der jungen Erwachsenen, Betreuerin: *Prof. Dr. Lewkowicz.* Studienpreis des Fachbereichs: *Thomas Alexander Birkner*, Gläubigerbeteiligung im Insolvenz- und Restrukturierungsverfahren, Betreuer: *Prof. Albrecht.*

Projekte/Sonstiges	
1995	Gründung der Lokalgruppe **ELSA-Gelsenkirchen e. V.** (European Law Students' Association) ELSA ist die weltweit größte unabhängige Jurastudentenvereinigung.[6]
2003	4/2004 – Der Fachbereich entsendet erstmalig eine Delegation (unter Leitung von *Prof. Albrecht* und *Prof. Dr. Müglich*) zur **NMUN**-National Model United Nations- Konferenz in NY und vertritt dabei Irland. NMUN ist die wichtigste internationale Simulation der Arbeit der Vereinten Nationen. Die Studierenden werden in der Veranstaltung in die Lage versetzt, die Positionen eines Landes realitätsnah in den Sitzungen der UN-Komitees zu vertreten.[7]
2004	4/2004 – Der Fachbereich entsendet eine Delegation zur **NMUN**- National Model United Nations-Konferenz in NY und vertritt Burkina Faso. 11/2004 – Im November wird in Recklinghausen erstmalig der **Vestische Unternehmerpreis** verliehen. Initiiert wird das Projekt von der Wirtschaftsvereinigung Vest in Kooperation mit der Sparkasse Vest, den Wirtschaftsförderer der Emscher-Lippe-Region und einem studentischen Projektteam des Fachbereichs Wirtschaftsrecht unter Leitung von *Prof. Dr. Müller-Jundt* und später *Prof. Dr. Heide*. Der Vestische Unternehmerpreis wird seit 2004 jährlich unter Mitarbeit eines studentischen Projektteams vergeben.[8]
2005	4/2005 – Der Fachbereich entsendet eine Delegation zur **NMUN**- National Model United Nations-Konferenz in NY und vertritt die Slowakische Republik.
2006	4/2006 – Der Fachbereich entsendet eine Delegation zur **NMUN**- National Model United Nations-Konferenz in NY und vertritt Israel.
2007	3/2007 – Der Fachbereich entsendet eine Delegation zur **NMUN**- National Model United Nations-Konferenz in NY und vertritt Afghanistan. 3/2007 – 1. **Symposium** zum Thema: **„Private Equity als Finanzierungsalternative in kleinen und mittleren Unternehmen"**, Leitung: *Prof. Dr. Heide* und *Prof. Dr. Marquardt*.[9]
2008	4/2008 – Der Fachbereich entsendet eine Delegation zur **NMUN**-National Model United Nations- Konferenz in NY und vertritt Italien. 5/2008 – 2. **Symposium** zum Thema: **„Unternehmen in der Krise – Sanierung oder Abwicklung?"**, Leitung: *Prof. Albrecht*. 12/2008 – Der Fachbereich ernennt den Rechtsanwalt Herrn *Dr. Sick* zum Honorarprofessor.

6 Elsa Deutschland e. V., https://www.elsa-germany.org/de/.

7 Weitere Informationen unter: http://www.w-hs.de/erkunden/fachbereiche/wirtschaftsrecht/einstieg-ins-studium/projekte/nmun/.

8 Informationen zum Vestischen Unternehmenspreis unter: http://www.vestischer-unternehmenspreis.de/Vestischer_Unternehmenspreis/Home.html.

9 Die Übersicht zu den Tagungsthemen unter: http://www.w-hs.de/erkunden/fachbereiche/wirtschaftsrecht/forschung-entwicklung/wissenschaftliche-tagungen-symposien/uebersicht/.

Projekte/Sonstiges	
2009	4/2009 – Der Fachbereich entsendet eine Delegation zur **NMUN**-National Model United Nations-Konferenz in NY und vertritt Somalia. 7/2009 – **3. Symposium** zum Thema: **„Liberalisierung in der Elektrizitätswirtschaft – Neue Unternehmensstrategien und Mitbestimmungskulturen“**, Leitung: *Prof. Dr. Bontrup* und *Prof. Dr. Marquardt.*
2010	1/2010 – Mit **„ReWir – Recklinghäuser Beiträge zu Recht und Wirtschaft“** veröffentlicht der Fachbereich eine eigene Publikationsreihe, in der ProfessorInnen, Lehrbeauftragte, wissenschaftliche Mitarbeiter und Absolventen die Ergebnisse ihrer wissenschaftlichen Tätigkeiten veröffentlichen können.[10] 4/2010 – Der Fachbereich entsendet eine Delegation zur **NMUN**-National Model United Nations-Konferenz in NY und vertritt die Türkei.
2011	4/2011 – Der Fachbereich entsendet eine Delegation zur **NMUN**-National Model United Nations-Konferenz in NY und vertritt Usbekistan. 7/2011 – Das **„Westfälische Energieinstitut“** (kurz WEI) wird gegründet. Themenschwerpunkten sind regenerative Energien, Energieumwandlung und -verteilung, Energienutzung, Energiewirtschaft und Energiepolitik. Vom Fachbereich beteiligt: *Prof. Dr. Bontrup* (Direktor und Vorstandsmitglied), *Prof. Dr. Marquardt* (Vorstandsmitglied) und *Prof. Dr. Oligmüller* (Mitglied).[11]
2012	4/2012 – Der Fachbereich entsendet eine Delegation zur **NMUN**-National Model United Nations-Konferenz in NY und vertritt die VAE. 6/2012 – *Prof. Dr. Bergmans* und *Prof Dr. Wienbracke, LL.M.* gründen das **„Institut für Rechtsdidaktik und -pädagogik (IRDiP)“**. Gegenstand des Instituts ist die rechtsdidaktische und rechtspädagogische Forschung im Kontext juristischer Hochschulstudiengänge an Universitäten und Fachhochschulen. Es verbindet die Forschungsaffinität der Mitglieder des Fachbereichs mit ihren Erfahrungen in der Lehre im In- und Ausland.[12] 7/2012 – Mit einem Festakt, Fachvorträgen zum Arbeits- und Sozialrecht sowie einer Festschrift[13] verabschiedet der Fachbereich *Prof. Dr. Peter Pulte* in den Ruhestand. 9/2012 – 4. **Symposium** zum Thema: **Berufs- und Arbeitsmarktperspektiven von Bachelor – und Master-Juristen**, Leitung: *Prof. Dr. Bergmans.*[14]

10 ReWir – Recklinghäuser Beiträge zu Recht und Wirtschaft (ISSN 2191-866X), http://www.w-hs.de/rewir/.

11 Westfälisches Energieinstitut, http://www.w-hs.de/kooperieren/forschungsinstitute/westfaelisches-energieinstitut/homepage/aktuelles/.

12 Institut für Rechtsdidaktik und -pädagogik (IRDiP), http://www.w-hs.de/irdip/.

13 S. *Bontrup/Korenke/Wienbracke* (Hrsg.), Arbeit – Personal – Soziales, Festschrift zum 65. Geburtstag von Peter Pulte, Verlag Dr. Kovač, Hamburg 2012.

14 S. *Bergmans* (Hrsg.), Berufs- und Arbeitsmarktperspektiven von Bachelor- und Master-Juristen, Boorberg Verlag, Stuttgart 2013.

Projekte/Sonstiges	
2013	4/2013 – Der Fachbereich entsendet eine Delegation zur **NMUN**-National Model United Nations-Konferenz in NY und vertritt Azerbaijan.
2014	4/2014 – Der Fachbereich entsendet eine Delegation zur **NMUN**-National Model United Nations-Konferenz in NY und vertritt Palästina. Die Gruppe wird erstmalig mit dem Delegation Award ausgezeichnet.
2015	4/2015 – Der Fachbereich entsendet eine Delegation zur **NMUN**-National Model United Nations-Konferenz in NY und vertritt Polen – erstmalig als „joint delegation" gemeinsam mit der Kobe University Japan und der DGVN Bonn. Erneut erhält die Gruppe einen Delegation Award. 9/2015 – **Akademische Feier** zum **20-jährigen Bestehen** des Fachbereichs Wirtschaftsrecht. 9/2015 – 1. **Wirtschaftsjuristentag.**[15]

15 S. *Bergmans* (Hrsg.), Zwanzig Jahre Wirtschaftsjuristenausbildung, Logos-Verlag, Berlin 2015.

Prof. Dr. Andreas Müglich und Anna Seidel, M. Sc.

Developing negotiation skills through National Model United Nations

Learning by doing is an excellent concept, not only for educational purposes. It is different to discuss an issue theoretically or experience the effects of your doings; the so-called Didactica magna[1]. Some subject matter is primarily designed to be experienced by doing. Negotiating skills are amongst these matters. In addition to that, labor markets are marked by accelerating progress. The challenges students and scholars are to be faced with demand a variety of skills including basic skills, literacy, numeracy, foreign languages, digital skills and transversal skills. On a European basis, the European Community provides a series of programs to foster the adaption of the academic education systems of the member states at high level. E.g. the European skills, competences, qualification and occupations initiative[2] highlighted the importance of skills like application of knowledge, attitudes at work, language and communication, social and thinking skills. What we are talking about are cross-sector skills, capabilities, abilities and competences.

If you are in charge of a company and have the obligation to recruit staff, which skills should employees have that work in the fields of business, law, engineering or communication? Being a single sided expert would not be sufficient in most cases. If you have ever had the chance to participate in a negotiation process, you will have learned that imposing your position on the counter side would work only in rare occasions. Less likely it is that you gain a cooperative partnership. Thus universities must design their programs in such a manner that students could develop those ability skills that are required to pursue their chosen career and meet the needs of their future employer.

Our distinguished colleague Prof. Achim Albrecht came across with the idea to prepare and bring students to NMUN in New York in 2002. What is NMUN? The National Collegiate Conference Association (NCCA) runs the conference. This program traces its origins to 1923 as a simulation of the League of Nations. The program adopted its current format in 1946, after the creation of the United Nations. To ensure the long-term success of the NMUN program, the National Col-

1 *Comenius*: Didactica Magna [1657], in: Schaller (Hrsg.), Ausgewählte Werke, Bd. 1., 1973. S. 82.

2 https://ec.europa.eu/esco, abgerufen am 30.08.2015.

legiate Conference Association (NCCA) incorporated in 1968 as a U.S. 501(c) (3) nonprofit educational organization. The United Nations Department of Public Information formally recognizes the NCCA as a registered Non-Governmental Organization (NGO).

During the conference, groups of students are organized as delegations and have to play the role of Member States of the United Nations. Like law, economics, literature or history, experiential education programs require students to draw on their reservoirs of empathy to see the world through the eyes of others. To portray their roles as diplomats effectively, participants of NMUN programs must learn the history, culture, politics, needs, expectations and limits of their assigned state. Furthermore, they also have to comprehend the history of the United Nations, the committee structure and the rules of the United Nations (Rules of Procedure). By participating in NMUN, students begin to see local and international issues and cultures with a new perspective, find a role for themselves as active participants in the global community, and gain life skills applicable to a variety of contexts. In addition, students learn to understand the impact of informal processes and formal proceedings. They have to address other delegates through speeches and texts. To be involved in the process of drafting a resolution or report is a unique experience, as well as trying to overcome the straits that occur during negotiations. Moreover, in the end, that there will be no success if you lack of strategies and tactics. At least learning to chair a discussion is of outmost importance, because otherwise it becomes very difficult to merge contrasting opinions.

Maybe we have answered the question "What is NMUN?" so far. However, there is another question in the basket. Why should students participate in NMUN?

Let's have a closer look at the programs of our Department. Students will graduate as Bachelors of Law, Bachelors of International Business Law and Business Management or as Masters of Law. Which skills are necessary to start a successful career in those fields of business?

Most Colleges and Universities share a common conception what the bouquet of skills should look like. Students have to acquire professional knowledge. A law student for example should have an understanding of key legal concepts and principles in order to design or analyze contracts properly as well as business strategies. Being a "lawyer" goes beyond this point. You need to be good in Mathematics, because otherwise you may not be able to generate business and economic competences, e.g. understanding how accounting works. So if you are good in both fields of knowledge, you still have not crossed the finishing line. You have to deal with people. What does it mean to be able to walk in the shoes of another?

Communications and cross cultural skills

You have to be able to talk with people. Therefore, it is necessary to have language skills, both spoken and written, which includes foreign languages and the knowledge of foreign cultures. How do you have to address peoples? If you do not take care of those matters, you are always in danger to put your foot in one´s mouth. In conclusion, the program must comprise cross-cultural training sections.

Oral communication requires listening abilities. Simultaneously speaking is comparable to a shootout, but not to a dialogue. Listening to the positions of your discussion partner is necessary to find a common sense and finally an agreement. The ability to speak clearly and persuasively is another skill that is essential to succeed. Therefore, students must also have excellent listening and writing skills. Business and legal education provides excellent opportunities for refining oral communication skills, and particularly for practicing the forms and techniques of oral expression that are most common in the practice of business. The NMUN simulation is the best training camp to exercise those skills.

During NMUN students learn to respect different viewpoints. Students must show enthusiasm for discussions and the ability to present ideas and argue a case. The written work has to be of very high standard, as students will be assessed by timed examinations and extended essay projects. An accurate and precise use of language is a prerequisite of business and legal scholarship.

Critical analysis

No position is given. Students should be confronted with courses and other experiences that will engage them in critical thinking about important issues; subjects that challenge their beliefs and improve tolerance for uncertainty. Business and legal education demand students to be able to structure and evaluate arguments for and against propositions that are susceptible to reasoned debates. Good education will teach them "think like a manager or lawyer", but the analytic and problem solving skills required from our students are not fundamentally different from those employed by other professionals. The outcome should be that students could develop the ability of thinking themselves. Critical analysis includes critical reading abilities as well. Economic and legal education should include substantial experience at close reading and critical analysis of complex textual material. In practice, careful reading and comprehension of business or judicial opinions, statues, documents, and other written materials are vital.

NMUN is a brilliant example of how critical reading abilities could be developed in a wide range of experiences, including the close reading of complex material in literature, political or economic theory, philosophy, or history. Delegates have to write so-called position papers. Position papers are written documents, which outline the Member State´s policies towards the agenda topics, which will be discussed during the simulation. The particular nature of the material examined is not crucial; what is important is that students are rigorously engaged in the enterprise of carefully reading and understanding, and critically analyzing complex written material of substantial length beyond economic and legal topics for the first time.

Flexibility

As much as flexibility is needed within the continuously changing business environment, students wanting to be prepared for the business world and are therefore taking part in the NMUN project are required to show their capability in terms of flexibility throughout the program, in order to contribute to the success of the simulation. More precisely, flexibility regarding the Model United Nations conference means being able to change to cope with variable circumstances and being capable of personal adjustments to meet particular needs. During the NMUN project, students are confronted with diverse challenges of both political as well as human nature. The intense collaboration with students from very diverse ethical backgrounds demands high flexibility as cultural and political aspects complicate negotiations. Furthermore, strong personalities as well as difficult characters are to be dealt with in the course of the program and respect has to be shown for the collaborative partners, no matter the differences in character or attitude. It is professionalism that is required from the students during negotiation.

Problem solving

Being professional also means being able to solve problems. Such problems do not only refer to the political context that is being addressed during the project, but do also focus on obstacles arising within a group of students. It is certainly the core of the NMUN project to involve students into current political challenges and to encourage them to invent solutions for existing political issues. However, despite the task to deal with political challenges, students are often confronted with problems regarding team work, reliability, cooperativeness, fidelity and ambition. It is very rare that a large group of students works heterogeneously; students keep solving different problems throughout the project.

Self-Management

To a large extend, while there is always the offer for support, students have to manage themselves regarding this project and the course of their studies. The NMUN project is undoubtedly extremely time consuming and therefore imposes an organizational challenge for the students who are in the course of their study program. Time management is a very large obstacle that needs to be overcome. On a weekly basis, essays, letters and messages have to be written and numerous presentations have to be given throughout the project. Students need to plan the completion of their tasks carefully and are requested to consider their fellows` needs when there is group work to be done. Arrangements are to be made between the group members and reliability to meet those arrangements is required. Apart from tasks that are to be completed, there is a seminar every week which students have to attend. This seminar often takes up to six hours. Especially at the beginning of the project, the weekly seminars are very time consuming and last for several hours. Apart from those tasks given to the students by the course instructor, they are requested to continuously stay up to date with the news and thus parallel improve their language skills through the consumption of international media.

Despite the time management, students also have to manage their finances on their own. Though there is financial support for each student from our department, this support cannot cover the total expenses. Therefore, on top of the management regarding the study context of the project, students have to manage this financial challenge on their own and in their spare time, too. Also, travelling to the United States of America requires some prearrangement, regarding for example the application for a visa, international health insurance and the booking of flights to the USA. Thus, first experiences regarding travels abroad are made and the organizational obstacles connected to such travels are faced.

With the completion of the project, students will have learned to manage themselves in the way that they are capable of using their time as efficiently as possible, in order to balance their duties, jobs and assignments. What seemed barely possible at the beginning did work out in the end and the lesson of how to overcome the challenge of self-management was learned.

Teamwork

Flexibility, problem solving and self-management form part of the basis for promising team work. In the course of learning how to solve problems, students experience that reliability, cooperativeness, fidelity and ambition are important characteristics which simplify team work for all group members. While teamwork is often a crucial part of s business, as it if often necessary for colleagues to work well together, to try their best in any circumstance, for NMUN teamwork means that students cooperate, using their individual skills and providing constructive feedback, despite any conflict between individuals.

Teamwork is deeply linked to team spirit, also within the NMUN project. Both of the former terms define a process of working collaboratively with a group of people to achieve a certain goal, in the case of NMUN, to complete the aforementioned tasks and to participate well in the conferences. As it is the case with all the capabilities mentioned in this paper, teamwork and team spirit are to be firstly understood in terms of what teamwork is, secondly students learn to and are required to live teamwork und thirdly they comprehend its advantages, in order to keep this capability for life, following the slogan: teamwork makes dreams work.

Intellectual ability

Studying is hard work, but it is also intellectually challenging and highly rewarding. It involves large quantities of written material that needs to be read, comprehended, synthesized and analyzed. Students need the ability to read and digest information quickly and to take good and accurate notes.

Professionals need to be able to accurately recall their knowledge and use it in continuously upcoming new situations. You should be able to take a logical approach and apply knowledge to factual situations. You must be willing to apply critical reasoning to issues, and to appreciate the ethical and moral dimensions of any cases you encounter.

Presenting in a clear and effective way

One of the major tasks, which is probably the most challenging one to be fulfilled by the students during the project, is giving short presentations and speeches in front of large audiences. Throughout the project, students are being taught presentation skills, e.g. correct diction (diplomatic diction in the case of NMUN), structured context, correct posture, persuasive appearance, convincing body language and eye contact.

In the course of our project, students improve their skills, starting off to give presentations and speeches for small audiences about simple topics and finishing off with their finals speeches at the conference in NYC with the largest audience and the most difficult, political context.

Command of spoken word

University programs markedly improve a student's oratory skills. Whether speaking in class when called upon, explaining complex economic or legal principles to a study group after class, or rehearsing mock arguments and other advocacy skills, little by little, students develop their vocabulary, diction, and oral presentation skills. This is something professionals should be proud of.

The command of the spoken word is the foundation for a successful legal practice and should be readily demonstrated in daily work processes. In discussions with senior attorneys in the office, speak clearly and with assuredness. In dealings with opposing counsel, speak authoritatively and decisively. In client presentations, use discretion. Contribute sparingly, but make meaningful contributions. In any appearance before a judge, be mindful of sentence structure, tone, and diction. In all instances, hone and develop this skill.

General Research Skills

Although there are many research sources and techniques that are specific to academic programs, students often do not have developed any familiarity with these specific skills or materials before starting their studies at a university. Students will have the chance to experience the undertaking of a project that requires significant library research and the analysis of large amounts of information obtained from that research.

Task Organization and Management Skills

To study and practice, students are going to need to be able to organize large amounts of information, identify objectives, and create a structure for applying that information in an efficient way in order to achieve desired results. Many university courses, for example, are graded primarily on the basis of one examination at the end of the course, and many projects in the practice of law require the compilation of large amounts of information from a wide variety of sources. During the process of preparation and performing at the simulation students will gain the experience by being evaluated by their classmates or other students they work with.

Study skills

Students must be able to motivate themselves to study when not constantly supervised, to take the initiative, to identify and search for material independently, to plan their studies, manage their time and meet deadlines while constantly being exposed to think and work under pressure.

Commitment

Attending a university course is not a small commitment: at a minimum, it is three years of (mostly) intensive academics, six semesters of final exams or papers, and the final bachelor exam. Many students also take NMUN, mock trial teams, moot court teams or clinics. And those are only the academic aspects.

Collaboration

Though individual academic achievement is emphasized in university courses, academic experience, in general, is largely collaborative.

Collaboration is equally important in private practice. In order to be successful, students must work well with others, show enthusiasm for the prospect of working with "business people" or "lawyers" they have not worked with before. Demonstrate that they work easily with any group of staff that happens to be assembled to work on a case or deal.

Treat everyone equally and with respect. Without a doubt, you will be a better practitioner for it—senior attorneys will want to work with you, fellow associates will regard you as a mentor, your secretary will care about the quality of your practice, and the mailroom will pull postal-strings when you are in a bind!

Social skills

Admittedly, not all students have enviable social skills. This is a function of youth and the level of focus required to be a successful student. However, a successful business or contract manager is both excellent at his or her craft, polished and sociable. A competitive person who wins and loses graciously is an exceptional one. Above all, a professional with good judgment is sure to have a long, successful career.

UN Models

National Model United Nations conferences are experiential learning programs, which provide a diverse group of informed college/university students and faculty mostly from all over the world a forum for addressing global concerns in a real world context. The main goals of such conferences are to foster global citizenship and address current world issues related to regional conflicts, peacekeeping, human rights, women and children, economic and social development, and the environment. Those conferences provide students with a better understanding of the inner working of the United Nations. At the same time, students have the opportunity to improve their skills in diplomacy and finding compromise. Amongst several programs, the United Nations decided to support the preparation processes by supplying knowledge and material through the UNITAR. The United Nations Institute for Training and Research (UNITAR) is a principal training arm of the United Nations, working in every region of the world, and an autonomous body within the UN-System. The purpose of this program is to empower individuals, governments and organizations through knowledge and learning to effectively overcome contemporary global challenges.

Having a closer look at the main field of training areas, which UNITAR covers, unveil a broad conformity with the desired educational outcome of national and international BB.L program, such as:

- strengthen multilateralism
- participation in discussion and decision making
- elaborate ideas for solutions
- value the exchange of information and informal processes
- promote a better understanding of economic development and mutual consent
- sustainability of development in reference to different objectives
- improvement of research skills
- self-management
- ability to speak to large groups of people
- merge positions and build roads to compromise
- experience the importance of having rules and procedures in order to carry out complex tasks and to operate negotiations
- prepare young professionals for areas of activity in commercial, governmental and non-governmental contexts
- reconcile multiple purposes
- experience the importance of preparations before participating in conferences
- work in a team
- settle disputes

Learning objectives for students an UN Model

Students will be involved in an intensive process of debate. In addition to specialized knowledge with respect to the topics that have to be discussed, such as Peace and Security, Privacy Rights, Sustainable Development, Climate Issues or Humanitarian Assistance, they have to be able to negotiate two settings: formal and informal session.

First, delegates have to follow the spirit of the simulation, which requires wearing professional business attire. Any national symbol is forbidden in committee, according to the neutrality of the United Nations. Secondly, the most important aspect is participating in the role of a foreign diplomat. Students have to act as representatives of the government and the peoples of the assigned Member State. To carry out the performance in dignity and respect, regardless of foreign policy affiliation or personal feelings is a tough endeavor.

Debating

Formal debates are conducted through committee rules and delegates have to participate remaining attentive and in decorum. If you want to contribute to the discussion before the committee, you have to apply for being accepted on the speakers list. If a delegation was placed on the speakers list, and only in this case, he is eligible to speak before the committee as listed. In addition to that, you have to adhere to the time limit, which has been specified at the beginning of the session.

You are only entitled to vote or speak before the committee if you are present during the opening of the debate and identified your country as present or present and voting (roll call). During the session, you have to be quiet and the usage of electric devices is not allowed. These policies are a manifestation of respectful cooperation amongst nations.

During informal debate (suspension of the meeting; caucus), delegates are allowed to caucus, without following special rules of how to discuss. Nonetheless, they have to act with diplomatic respect. Asking questions to other delegates is impossible during formal debate. The caucus is the appropriate format for diplomatic negotiations. Delegates must act according to the policies of the Member State they represent during the conference. Negotiations close to reality require a historical and political understanding of the topic from the perspective of the represented Member State. They have to stay "in character". In addition to that, delegates have to detect regional or political blocs or allies they should cooperate with. Those cooperation partners might change throughout the conference, depending on the topic. To be successful, you have to elaborate a negotiation strategy as well. Another task during caucus is to analyze proposed resolutions or reports. Drafters have to convince other delegates to be signatories or sponsors of proposals or drafts. This implicates the ability to merge conflicting positions by finding compromises. Finally, the process of negations leads to a meeting of minds. If this is not the case, there are two options if you don´t want to vote against a draft. Delegations have the option of making friendly or unfriendly amendments.

Friendly Amendment

Any delegation is allowed to propose a friendly amendment. It has to be accepted by the original sponsors of a draft resolution, i.e. those delegations who had drafted the paper. A friendly amendment is used to clarify a point mentioned in the draft resolution. This change is adopted by the resolution without voting procedure. All sponsors must agree that the amendment is friendly. Delegate must be very careful in reading those amendments to make sure that no substantial alteration of their position slips into the draft.

Unfriendly Amendment

In contrast to a friendly amendment, an unfriendly amendment aims for a modification of a draft and could be issued by any member of a body that does not have the support of the sponsors of a draft. Is has to be formally submitted to the Direction (chair of a body) with a given number of signatures (with respect to the committee). The committee will not consider an unfriendly amendment. This procedural tool is applied when a position does not reach the support of all sponsors of a draft resolution.

The rules of procedure

Procedural rules are essential to avoid chaotic discussions. On the other hand, those rules have been agreed upon by earlier conferences, such as the rules of procedure of NMUN and there is no option to adopt them to the delegates` purposes. Furthermore, they are complex and cover many aspects of how a conference is to be operated and they define the powers and responsibilities of the participants and chairpersons as well. Not being free to act, as you want is a novelty to most students and it takes a lot of work and time to get familiar with the rules and how procedural motions are to be handled.

Students feed back

Teach the teacher! Students sometimes do not believe in messages addressed by scholars. You talked about working hard, about things going wrong and about speaking in front of a large audience. Many students will respond to this by saying: “I have never done it before, but I´ll do that!”

Here are some testimonials:

- “NMUN is a great experience, but it comes with a lot of work and sacrifices.”

- "During this program you learn how to speak up, because if you don't, your voice wouldn't be heard."
- "I think what made us a unique group despite our different personalities is the fact that we are all open-minded, no one was discriminated, and neither did anybody feel left out. We pushed each other to become better and no grudges were held after a fight."
- "I think the reason we won an award had something to do with the fact that we weren't aiming an award. We had fun doing what we did and it paid off."
- "NMUN awarded me with the chance to view new perspectives and fell the power and potentials I hadn´t discovered before."

Conclusion

In the 2015 closing ceremony Secretary General Ban Ki-moon presented some closing remarks. He asked the delegates to get involved in the development of the next generation agenda for the United Nations and to become global citizens. Without having had the chance to have an inside view into the United Nations, you will understand the necessities of political and social development and solution finding. It does not matter whether you are working as a lawyer, a business economist, a politician or a civil servant, you have to take into account the effects of your doings. Having been a delegate at NMUN you will have a firsthand experience of how complex most economic, social and society issues are. To be prepared and trained is the key for success and in the end the core for having a strong personality. From the educational aspect, it is important to put students in motion. Empathy, goal-directedness and the knowledge of the necessity of self-responsibility with respect to one´s personal needs and objectives are competencies students can require through this project.

Autorenverzeichnis

Achim Albrecht
Prof. *Achim Albrecht* lehrt Internationales Wirtschaftsrecht am Fachbereich Wirtschaftsrecht der Westfälischen Hochschule. Seit Ende der 90er Jahre leistet er im EU-Auftrag Expertenmissionen zu Rechtsreformen in Transformationsländern. Der Schwerpunkt seiner Fachpublikationen liegt im internationalen Wirtschaftsrechtsbereich.

Bernhard Bergmans
Studium der Rechts- und Wirtschaftswissenschaften in Belgien (Docteur en droit UC Louvain, Dipl.-Ökon. KU Leuven), Deutschland (LMU München) und den USA (LL. M. Louisiana State University, Baton Rouge). Nach wissenschaftlicher Tätigkeit an der UC Louvain Berufstätigkeit in verschiedenen Stabs- und Linienfunktionen (Zentrale und Filialbank) im Firmenkundengeschäft einer deutschen Großbank. Seit Juli 2000 Professor für Internationales Privatrecht und Internationales Steuerrecht am FB Wirtschaftsrecht. Herausgeber der Recklinghäuser Beiträge zu Recht und Wirtschaft (ReWir) und Mitbegründer des Instituts für Rechtsdidaktik und -pädagogik (IRDip).

Michael Bödow
Dipl.-Oec. *Michael Bödow* – HTW Berlin Wissenschaftlicher Mitarbeiter für exzellente Lehre und hervorragender Service (excelLuS). Arbeitsschwerpunkte: Lehrtätigkeit im Bereich Wirtschaftsethik, Forschungsmanagement, Tutorenausbildung und Mathematik Vorkurse, Didaktische Unterstützung in Lehre und Studium, Lehrhospitation und -coaching, Online-Self-Assessment, Tutoren & Buddy Programme, E-Learning, Brückenkurse, Methodenkompetenz.

Heinz-J. Bontrup

Prof. Dr. rer. pol. *Heinz-J. Bontrup*, Dipl.-Ökonom, Dipl.-Betriebswirt lehrt seit 1996 Wirtschaftswissenschaft mit dem Schwerpunkt Arbeitsökonomie am Fachbereich Wirtschaftsrecht. Außerdem ist er Direktor am Westfälischen Energieinstitut der Westfälischen Hochschule. Vor seiner Berufung an die Hochschule war er Personalvorstand im Thyssen-Konzern.

York von Eichel-Streiber

York von Eichel-Streiber hat Politwissenschaften und Volkswirtschaftslehre an Sciences Po in Nancy und Paris studiert. Ein Auslandssemester hat er in Nischnij Nowgorod und Moskau absolviert. In der Zeit von Dezember 2014 bis Januar 2016 arbeitete er als wissenschaftlicher Mitarbeiter an der Westfälischen Hochschule in Recklinghausen. Seit Februar 2016 ist er im Business Development für mittelständische Unternehmen bei der Starting France GmbH in Mannheim tätig.

Mareike Frey

Dipl.-Wirtschaftsjuristin (FH) *Mareike Frey*, LL. M. studierte Wirtschaftsrecht an der Hochschule Trier und der Westfälischen Wilhelms-Universität Münster und ist seit Januar 2001 wissenschaftliche Mitarbeiterin am Fachbereich Wirtschaftsrecht der Westfälischen Hochschule Gelsenkirchen Bocholt Recklinghausen.

Jutta Goerick

Jutta Goerick ist seit April 1993 als Verwaltungsangestellte an der Westfälischen Hochschule im Dekanat tätig. Mit Gründung des Fachbereiches Wirtschaftsrecht im September 1995 wechselte sie von Gelsenkirchen nach Recklinghausen in das Fachbereichsdekanat.

Thomas Heide

Prof. Dr. rer. pol. *Thomas Heide* lehrt seit Dezember 2003 Betriebswirtschaftslehre, insbesondere Unternehmensfinanzierung und Rechnungslegung, am Fachbereich Wirtschaftsrecht der Westfälischen Hochschule Gelsenkirchen, Bocholt, Recklinghausen. Davor war er über zehn Jahre in verschiedenen Bereichen einer deutschen Großbank tätig. Aktuell ist er als Prodekan, Evaluationsbeauftragter und Fachstudienberater im Fachbereich engagiert.

Vera de Hesselle

Prof. Dr. iur. *Vera de Hesselle* lehrte von 2004 bis 2008 an der Westfälischen Hochschule (damals Fachhochschule Gelsenkirchen) und nunmehr an der Hochschule Bremen Wirtschaftsrecht und Steuerrecht. Über die Hochschultätigkeit hinaus ist sie beratend in internationalen Steuerangelegenheiten sowie als Mitglied der FIBAA Akkreditierungskommission für Programme aktiv.

Lars Hinkel

Lars Hinkel, M.B.A. ist in einer überörtlichen Sozietät als Rechtsanwalt und Insolvenzverwalter in dem Bereich Restrukturierungs- und Sanierungsberatung tätig. Seit 2014 ist er Lehrbeauftragter an der Westfälischen Hochschule im Fachbereich Wirtschaftsrecht. Er ist Mitherausgeber des Cranshaw/Hinkel „Gläubigerkommentar Anfechtungsrecht" und kommentiert im Cranshaw/Paulus/Michel „Bankenkommentar zum Insolvenzrecht" die Paragraphen 156–164. Daneben hat er zu zahlreichen insolvenz- und arbeitsrechtlichen Themen publiziert.

Bettina Klett

Bettina Klett ist seit 2001 als selbstständige Rechtsanwältin zugelassen und Partnerin der Rechtsanwälte Klett & Strohmeyer in Herne. Die Kanzlei ist spezialisiert auf Medizinrecht, Versicherungsrecht, Strafrecht, Sozialrecht und Betreuungsrecht. Den Fachbereich Wirtschaftsrecht der Westfälischen Hochschule Gelsenkirchen, Bocholt, Recklinghausen unterstützt Frau Klett als Lehrbeauftragte seit 2012.

Thomas Korenke

Prof. Dr. iur. *Thomas Korenke* lehrt seit 2001 Sozial- und Arbeitsrecht sowie Bürgerliches Recht an der Westfälischen Hochschule. Zuvor war er an dem Thüringer Landessozialgericht in Erfurt als Richter tätig. Studiert hat er an der Universität Bonn. Dort war er in den 1990-er Jahren an dem zivilrechtlich ausgerichteten Lehrstuhl von Herrn Prof. Dr. Robert Battes als wissenschaftlicher Mitarbeiter tätig.

André M. Latour

Dr. iur. *André M. Latour* ist seit 2006 als Rechtsanwalt in Recklinghausen tätig und lehrt als Vertretungsprofessor Unternehmensrecht und Öffentliches Recht am Fachbereich Wirtschaftsrecht der Westfälischen Hochschule Gelsenkirchen, Bocholt, Recklinghausen. Er ist zudem Autor diverser Veröffentlichungen in den vorgenannten Rechtsgebieten sowie Referent für Industrieunternehmen, Verwaltungen und Institutionen in der Erwachsenenbildung.

Eva-Maria Lewkowicz

Prof. Dr. rer. pol. *Eva-Maria Lewkowicz* lehrt Allgemeine Betriebswirtschaftslehre, insbesondere Marketing, Strategie und Organisation an der Westfälischen Hochschule und ist Direktorin am CAR-Center Automotive Research an der Universität Duisburg Essen sowie Dozentin am Institut für Psychodynamische Organisationsentwicklung + Personalmanagement Düsseldorf, e. V., Reiss-Profile Master.

Ralf-M. Marquardt

Prof. Dr. rer. pol. *Ralf-M. Marquardt* lehrt seit 1998 Volkswirtschaftslehre und Quantitative Methoden am Fachbereich Wirtschaftsrecht der Westfälischen Hochschule Gelsenkirchen, Bocholt, Recklinghausen. Seine Forschungsschwerpunkte sind die Energiewirtschaft sowie Geld- und Währungspolitik. Seit 2011 ist er Vorstandsmitglied im Westfälischen Energieinstitut.

Andreas Müglich
Prof. Dr. iur. *Andreas Müglich* lehrt Internationales Wirtschaftsrecht und Rechtsvergleichung am Fachbereich Wirtschaftsrecht der Westfälischen Hochschule Gelsenkirchen, Bocholt, Recklinghausen.

Bernhard Müller-Jundt
Prof. Dr. rer. pol. *Bernhard Müller-Jundt* lehrt BWL, insbesondere Controlling und Rechnungswesen, Steuerrecht am Fachbereich Wirtschaftsrecht der Westfälischen Hochschule Gelsenkirchen, Bocholt, Recklinghausen.

Annika Eva Neugebauer
Annika Eva Neugebauer, LL. B., ist seit Juli 2014 als wissenschaftliche Mitarbeiterin an der Westfälischen Hochschule angestellt. 2011 schloss sie ihr Studium im Bereich Wirtschaftsrecht an der Hochschule Osnabrück mit den Schwerpunktbereichen Marketing und Gesundheitsrecht ab. Neben ihrer Tätigkeit an der Hochschule studiert sie an der Hamburger Fernhochschule im Masterstudiengang Wirtschaftsrecht schwerpunktmäßig Steuer- und Insolvenzrecht.

Peter Oligmüller
Prof. Dr. iur. *Peter Oligmüller* lehrt seit 1996 am Fachbereich Wirtschaftsrecht der Westfälischen Hochschule. Sein Lehr- und Forschungsschwerpunkt liegt im Energie-, Klimaschutz- und Umweltrecht. In diesen Feldern berät er auch Industrieunternehmen.

Peter Pulte
Prof. Dr. iur. *Peter Pulte* studierte nach einer kaufmännischen Berufsausbildung Rechtswissenschaften und Arbeitswissenschaft. Danach arbeitete er über zwanzig Jahr in der Industrie und spezialisierte sich auf die Bereiche Arbeitsrecht und Personalwesen. Hier war er zuletzt als Personaldirektor bei der Fa. Krupp-Widia tätig. Von 1996 bis 2013 war er als Professor für Arbeit- und Sozialrecht an der Westfälischen Hochschule tätig. Zahlreiche Aufsätze und Bücher sind von ihm auf diesem Gebiet veröffentlicht worden.

Bernd Sauer

Dipl.-Betriebswirt (FH) *Bernd Sauer*, LL. M., ist seit September 2001 als wissenschaftlicher Mitarbeiter und Lehrkraft für besondere Aufgaben im Fachbereich Wirtschaftsrecht, an der Westfälischen Hochschule beschäftigt. Seine Schwerpunkte liegen in den Bereichen der Steuerlehre und des Rechnungswesens. Seine akademische Ausbildung erfolgte an der FH Dortmund zum Dipl.-Betriebswirt und der Westfälischen Wilhelms-Universität Münster zum LL. M. Seinen stetigen Praxisbezug flankierte er mit dem erfolgreich abgelegten Steuerberaterexamen im Jahre 2010.

Anna Seidel

Anna Seidel, M. Sc., ist seit März 2013 wissenschaftliche Mitarbeiterin am Fachbereich Wirtschaftsrecht an der Westfälischen Hochschule beschäftigt. 2012 schloss sie ihr Studium im Bereich Wirtschaftswissenschaften mit den Schwerpunkten Marketing, Personalmanagement, Gründungsfinanzierung und Dienstleistungsmanagement an der Technischen Universität Dortmund ab. Zuvor absolvierte sie ihren Doppel-Bachelor in den Bereichen Business Management und Hispanic Studies an der University of London mit einem Erasmusaufenthalt an der Universidad Complutense de Madrid.

Petra Senne

Prof. Dr. iur. *Petra Senne* hat seit mehr als 20 Jahren einen Schwerpunkt im Arbeitsrecht. Nach Stationen als wissenschaftliche Mitarbeiterin am Bundesarbeitsgericht sowie als Professorin am FB Wirtschaft der Fachhochschule Dortmund ist sie seit 2013 am Fachbereich Wirtschaftsrecht der Westfälischen Hochschule tätig.

Ulrich Sick

Rechtsanwalt und Mediator Prof. Dr. iur. *Ulrich Sick*, verfügt als Jurist über mehr als 25 Jahre Erfahrung aus der Tätigkeit in drei international tätigen Konzernen, davon 13 Jahre als Chefsyndikus (mit zusätzlichen kaufmännischen und unternehmerischen Verantwortungsbereichen) und 2 Jahre als Geschäftsführer einer deutschen Landesgesellschaft sowie zahlreichen Mandaten als Vorstand, Aufsichtsrat und Kurator, ab 1991 auch aus anwaltlicher Tätigkeit. Seit 2009 ist er geschäftsführender Gesellschafter der Prof. Dr. Sick Rechtsanwalts GmbH. An der Westfälischen Hochschule gibt er als Lehrbeauftragter seit 1999 und als Honorarprofessor seit 2008 seine Erfahrungen an die Studierenden weiter.

Dirk Siedersleben

Dipl.-Verwaltungswirt *Dirk Siedersleben*, LL. M., war zunächst mehrere Jahre im gehobenen Staatsdienst und später als angestellter Rechtsanwalt in einer Rechtsanwaltskanzlei tätig, bis er 2014 am Fachbereich Wirtschaftsrecht der Westfälischen Hochschule Gelsenkirchen, Bocholt, Recklinghausen als wissenschaftlicher Mitarbeiter seine Arbeit aufnahm. Zudem ist er als selbstständiger Rechtsanwalt in Dortmund aktiv.

Sonja Stadler

Ass. iur. *Sonja Stadler* ist seit Januar 2014 Wissenschaftliche Mitarbeiterin am Fachbereich Wirtschaftsrecht der Westfälischen Hochschule. Sie hat an der Universität Trier Jura studiert. Referendarexamen 2008. Assessorexamen 2012. Im Jahr 2009 war sie Visiting Scholar an der UCLA. Sie ist Mitglied der Cusanus-Gesellschaft und der Selden Society. Ihre juristischen Interessensschwerpunkte sind internationales Zivilprozessrecht und Gesellschaftsrecht sowie Rechtsgeschichte.

Joachim Strauch
Prof. Dr. rer. pol. *Joachim Strauch* ist Steuerberater und lehrt seit 2012 betriebswirtschaftliche Steuerlehre und Finanzen sowie Steuerrecht am Fachbereich Wirtschaftsrecht der Westfälischen Hochschule. Daneben berät Herr Strauch in Fragen des Unternehmenssteuerrechts, insbesondere bei Unternehmenskäufen und -verkäufen. Seine Interessen in Forschung und Lehre gelten der Unternehmensbesteuerung und Unternehmensbewertung bei Mergers & Acquisitions und gesellschaftsrechtlichen Reorganisationen. Herr Strauch ist Mitherausgeber des Standardwerkes „Due Diligence bei Unternehmensakquisitionen".

Chorusch Taheri
Dr. *Chorusch Taheri*, LL. M. lehrt seit Oktober 2013 an der Westfälischen Hochschule am Fachbereich Wirtschaftsrecht. Der Bereich Corporate Governance stellt dabei einen Schwerpunkt dar.

Mike Wienbracke
Prof. Dr. iur. *Mike Wienbracke*, LL. M. (Edinburgh) lehrt seit Anfang 2010 Öffentliches Recht, insbesondere Staats- und Verwaltungsrecht sowie Europarecht am Fachbereich Wirtschaftsrecht der Westfälischen Hochschule. Zuvor war er mehrere Jahre als Rechtsanwalt in einer auf steuerzentrierte Rechtsberatung fokussierten Sozietät von Rechtsanwälten, Steuerberatern und Wirtschaftsprüfern mit Hauptsitz in Bonn tätig. Er ist Autor zahlreicher Veröffentlichungen vornehmlich zum Europa-, Verfassungs- und Verwaltungsrecht sowie zum Abgaben- und Steuerrecht.

www.ingramcontent.com/pod-product-compliance
Ingram Content Group UK Ltd.
Pitfield, Milton Keynes, MK11 3LW, UK
UKHW041830290926
8980IPUK00013B/943

9 783631 678770